国家社会科学基金西部项目"全球治理语境下知识产权与人权的关系梳理与机制融合研究"（批准号：16XFX020）最终成果

全球治理语境下知识产权与人权的关系梳理与机制融合研究

高兰英　蒋琼　著

知识产权出版社
全国百佳图书出版单位
——北京——

图书在版编目（CIP）数据

全球治理语境下知识产权与人权的关系梳理与机制融合研究 / 高兰英，蒋琼著.—北京：知识产权出版社，2023.4

ISBN 978-7-5130-8547-2

Ⅰ.①全… Ⅱ.①高… ②蒋… Ⅲ.①知识产权—关系—人权—研究 Ⅳ.① D913.4 ② D082

中国国家版本馆 CIP 数据核字（2023）第 002216 号

责任编辑：彭小华　　　　　　　　　　　　责任校对：王　岩
封面设计：智兴设计室·任珊　　　　　　　责任印制：孙婷婷

全球治理语境下知识产权与人权的关系梳理与机制融合研究
高兰英　蒋　琼　著

出版发行：知识产权出版社 有限责任公司	网　　址：http://www.ipph.cn
社　　址：北京市海淀区气象路 50 号院	邮　　编：100081
责编电话：010-82000860 转 8115	责编邮箱：huapxh@sina.com
发行电话：010-82000860 转 8101/8102	发行传真：010-82000893/82005070/82000270
印　　刷：北京九州迅驰传媒文化有限公司	经　　销：新华书店、各大网上书店及相关专业书店
开　　本：720mm×1000mm　1/16	印　　张：22.5
版　　次：2023 年 4 月第 1 版	印　　次：2023 年 4 月第 1 次印刷
字　　数：420 千字	定　　价：120.00 元
ISBN 978-7-5130-8547-2	

出版权专有　侵权必究
如有印装质量问题，本社负责调换。

目 录 / CONTENTS

引　　论　/001

上篇
全球化背景下知识产权与人权的关系梳理　/017

第一章　知识产权与人权的历史区隔　/019

第二章　知识产权与人权的现代交错　/059

第三章　知识产权的人权性质之争　/099

第四章　知识产权与人权的交集之论　/141

下篇
全球治理语境下知识产权与人权的机制融合　/177

第五章　知识产权与人权全球治理的语境　/179

第六章　知识产权与人权全球治理的主体　/201

第七章　知识产权与人权全球治理的框架　/219

第八章　知识产权与人权全球治理的原则　/247

第九章　知识产权与人权全球治理的内容　/275

第十章　知识产权与人权全球治理的实效　/309

结　论
知识产权与人权的未来交集发展　/335

参考文献　/343

引论

21世纪之交，全球化的背景和知识经济与信息技术的发展使国际法呈现多样化、部门化与碎片化趋势，一方面，曾经历史区隔、独立发展的知识产权和人权保护成为国际法关注的两大主要议题；另一方面，分别追求效益与公平价值目标的知识产权和人权发生现代交错并凸显紧张关系。全球治理的理论和实践为知识产权和人权的机制融合和平衡保护提供了出路。

知识产权与人权的关系进入学者的研究视域，始于20世纪90年代中期，自此之后，国内外都涌现出一系列研究成果。

一、国外研究动态

1998年，为纪念《世界人权宣言》通过50周年，世界知识产权组织（WIPO）[1]和联合国人权事务高级专员办公室（OHCHR）[2]联合举办了一场有关"知识产权与人权"的专家研讨会，来自全球各地的学者和实务部门专家围绕知识产权的起源与发展、知识产权与文化权、知识产权与健康权、知识产权保护与传统知识、人权视角下的知识产权和科学惠益分享权、知识产权与非歧视原则等话题进行探讨，从而拉开了知识产权领域与人权领域学术对话的序

---

1 世界知识产权组织，英文全称为World Intellectual Property Organization，以下简称WIPO。WIPO成立于1967年，于1974年成为联合国的一个专门机构。目前共有193个成员方。

2 联合国人权事务高级专员办公室，英文全称为United Nations Human Rights Office of the High Commissioner，英文简称为OHCHR，中文简称为联合国人权高专办。该机构于1993年12月通过联合国大会的第48/141号决议设立，是联合国主导人权事务的实体。联合国人权高专办官方网站，https://www.ohchr.org/EN/AboutUs/Pages/WhoWeAre.aspx, last visited on May 1, 2022.

幕。在过去的三十多年间，国外在知识产权与人权的交集领域已经产生了丰硕的研究成果。

（一）研究成果的形式

从研究成果的形式来看，包含专著、论文集和论文。有关此议题最前沿的第一本专著是劳伦斯·赫尔弗（Laurence R. Helfer）教授和格雷姆·奥斯汀（Graeme W. Austin）教授的《知识产权与人权：全球视域下的交集》。[1]该著作首先从知识产权和人权的交集出发，分析两者之间的理论框架，然后详细探讨了健康权和获取专利药品权、作者权和财产权、表达自由权和文化参与及科学惠益分享权、受教育权和学习资料的版权、食物权和植物遗传资源以及知识产权、原始居民权利和知识产权之间的具体关系。在结论中，两位教授认为知识产权和人权的交集是不可避免的，在对现行协调两种权利之间冲突的建议进行评价之后，他们提出为知识产权构建一个人权框架，并且这一人权框架应具有保护性和限制性两个维度。该专著到目前为止依然是研究知识产权与人权交集关系的经典、全面、权威著作。其余还有几部重要的与此主题相关的专著，如2007年霍尔格·赫斯特迈尔（Holger Hestermeyer）的《人权和WTO[2]：以专利与药物获取权为例》，讨论了人权、国际贸易、药物获取之间的关系，[3]2016年奥德丽·查普曼（Audrey R. Chapman）的《全球健康、人权和新自由主义政策的挑战》、[4]2013年安吉丽娜·斯诺格拉斯·戈多伊（Angelina Snodgrass Godoy）的《药品与市场：自由贸易时代的知识产权与人权》、[5]2015年李卓英（Lee Joo-Young）的《知识产权的人权框架：创新与药物获取》[6]等也探讨了人权与药物获取权之间的关系。另外，一

---

[1] Laurence R. Helfer & Graeme W. Austin, Human Rights and Intellectual Property: Mapping the Global Interface, Cambridge University Press, 2011.

[2] WTO，即世界贸易组织，英文全称为World Trade Organization，以下简称为WTO。

[3] Holger Hestermeyer, Human Rights and the WTO: The Case of Patents and Access to Medicines, Oxford University Press, 2007.

[4] Audrey R. Chapman, Global Health, Human Rights, and the Challenge of Neoliberal Policies, Cambridge University Press, 2016.

[5] Angelina Snodgrass Godoy, Of Medicines and Markets: Intellectual Property and Human Rights in the Free Trade Era, Stanford University Press, 2013.

[6] Lee Joo-Young, A Human Rights Framework for Intellectual Property, Innovation and Access to Medicines, Ashgate Publishing Group, 2015.

些学者就知识产权与人权的关系问题编辑了一些重要的论文集，2002年，奥德丽·查普曼等的专集《核心义务：为经济、社会及文化权利构建一个框架》虽然涵盖了经济、社会和文化权利的许多内容，但其关于《经济、社会及文化权利国际公约》第15条第1款的章节对于研究知识产权与人权的关系还是非常有意义的。[1] 2004年，保罗·托勒曼斯（Paul L.C. Torremans）出版了一部和知识产权领域更为直接相关的前沿专集《版权与人权：表达自由权——知识产权——隐私权》，汇集了于2002年3月由英国法律协会召开的一个有关"信息社会中的权利"的会议论文，[2] 到2020年此论文集更新至第四版，题目更换为《知识产权法和人权》，内容也从版权与相关问题扩展到了包含所有类型的知识产权。[3] 2005年乔纳森·格里菲斯（Jonathan Griffiths）等的《版权与言论自由：比较与国际分析》包含了大多美国版权法中的已有内容，比如版权与第一修正案之间的问题，但有许多章节从人权的角度分析了版权与言论自由之间的紧张关系与冲突。[4] 还有2010年威廉·格罗海德（Willem Grosheide）的《知识产权与人权：一个悖论》[5] 和2015年克里斯托夫·盖革（Christophe Geiger）的《人权与知识产权的研究集》，[6] 也收录了诸多有关知识产权与人权的论文。直接以"知识产权与人权（intellectual property and human rights）"作为论文标题，在社会科学研究网（SSRN）上搜索到的论文共计62篇，在法律专业数据库（Lexis）上搜索到的论文共计27篇；而以"知识产权与人权（intellectual property and human rights）"作为关键词，在SSRN上搜索到的论文共计779篇，在Lexis上搜索到的论文则数以千计。可

---

1 Audrey Chapman & Sage Russell eds., Core Obligations: Building a Framework for Economic, Social and Cultural Rights, Transnational Publishers, 2002.

2 Paul L.C. Torremans ed., Copyright and Human Rights-Freedom of Expression-Intellectual Property-Privacy, Kluwer Law International, 2004.

3 Paul L.C. Torremans ed., Intellectual Property Law and Human Rights, Kluwer Law International, 2020.

4 Jonathan Griffiths & Uma Suthersanen eds., Copyright and Free Speech: Comparative and International Analysis, Oxford University Press, 2005.

5 Willem Grosheide ed., Intellectual Property and Human Rights: A Paradox, Edward Elgar Publishing, 2010.

6 Christophe Geiger ed., Research Handbook on Human Rights and Intellectual Property, Edward Elgar Publishing, 2015.

见，国外研究知识产权与人权的成果是非常丰富的。

（二）研究成果的内容

从研究成果的内容来看，主要分为四个方面：一是知识产权到底是否为人权。学者最早围绕知识产权到底是否为一种人权而展开争议，如查普曼教授就认为，知识产权是一种人权；[1]而卡尔·劳斯迪亚（Kal Raustiala）教授认为，如果以财产权为基础，将知识产权视为一种人权，将进一步加深某些有关财产权的错误观念，即财产权作为一种人权，是不可侵犯的，在国际社会中也应得到优先关注；[2]余家明（Peter K. Yu）教授也认为，不能将知识产权与人权等同，只有部分知识产权具有人权属性；[3]但是，不管学者们的观点如何，联合国经济、社会及文化权利委员会，以下简称经社文委员会。2006年的第17号一般性评论已经作出了最后论断："绝不能将知识产权与《经济、社会及文化权利国际公约》第15条第1款丙项认可的人权等同起来。"[4]自此之后，学者们承认知识产权与人权已经产生关联并有所区别。二是知识产权与人权的关系到底如何。自联合国促进与保护人权小组委员会发布第2000/7号决议以后，[5]最初大部分学者认为知识产权与人权是冲突的，如保罗·托勒曼斯教授就认为，从规范术语来看，人权本身具有基本性，与知识产权相比更具重要性。[6]当然，许多国际组织包括WIPO、WTO等以及诸多学者却认为知识产权与人权是兼容的，如埃斯特尔·德克莱（Estelle Derclaye）教授通过考察国

---

[1] Audrey R. Chapman, Approaching Intellectual Property as a Human Right: Obligations Related to Article 15（1）（c）, Copyright Bull, Vol. 35, 2001.

[2] Kal Raustiala, Density and Conflict in International Intellectual Property Law, U. C. Davis Law Review, Vol. 40, 2007.

[3] Peter K. Yu, Ten Common Questions about Intellectual Property and Human Rights, Georgia State University Law Review, Vol.23, 2007.

[4] Comm. Econ., Soc. & Cultural Rights, General Comment No. 17: The Right of Everyone to Benefit from the Protection of the Moral and Material Interests Resulting from Any Scientific, Literary or Artistic Production of Which He Is the Author, Art. 15（1）（c）, ¶3, U.N.Doc. E/C.12/GC/17（Jan. 12, 2006）.

[5] ESOSOC, Sub-Comm'n on Promotion & Prot. of Human Rights, Intellectual Property Rights and Human Rights, Res. 2000/7, 52nd Sess., U.N. Doc. E/CN.4/Sub.2/RES/2000/7（Aug. 17, 2000）.

[6] Paul L. C. Torremans, Copyright（and Other Intellectual Property Rights）as a Human Right, in Paul L. C. Torremans ed., Intellectual Property and Human Rights, Kluwer Law International, 2015.

际知识产权条约和国际人权条约，认为在条约义务的层面并未发现存在所谓的冲突。[1]对于知识产权与人权之间到底是冲突还是共存，现在依然是诸多学者的研究对象，并且观点依然存在分歧。三是承认要为知识产权法律与政策构建一个人权框架，但这一框架的优点与缺点是什么以及如何构建这一框架存在分歧。比如赫尔弗教授认真分析了第17号一般性评论，呼吁为知识产权构建一个人权框架，并阐释了这一框架的三个可能特征；[2]余家明教授则回顾了《世界人权宣言》和联合国《经济、社会及文化权利国际公约》的起草历史，列举了可能使用的确定知识产权的哪些类别或方面由国际和区域性人权文件保护的不同方法，并回应了有关学者对在知识产权领域进行人权研究的质疑，对构建这一人权框架时的知识产权利益进行了理论分析。[3]四是自《反假冒贸易协议》[4]的文本被公开后，学者们从人权的角度对这一诸边知识产权条约进行了集中研究。比如余家明教授的论文《有关ACTA六大担忧》[5]分析了ACTA从秘密谈判到不得不公开谈判文本的过程，指出了ACTA条款对多种基本人权包括民主立法权、言论与新闻自由权、个人隐私权等的侵犯；大卫·莱文（David S. Levine）的论文《透明的困境：ACTA的谈判过程与"黑箱"立法》[6]具体分析了ACTA的秘密谈判、黑箱立法过程，既排除了发展中国家、也排除了发达国家广大公众的民主参与权；阿尔贝托·塞尔达·席尔瓦（Alberto J. Cerda Silva）的论文《以减损隐私的方式实施知识产权：ACTA是如何侵犯隐私

---

[1] Estelle Derclaye, Intellectual Property Rights and Human Rights: Coinciding and Cooperating, in Paul L. C. Torremans ed., Intellectual Property and Human Rights, Kluwer Law International, 2015.

[2] Laurence R. Helfer, Toward a Human Rights Framework for Intellectual Property, U. C. Davis Law Review, Vol. 40, 2007.

[3] Peter K. Yu, Reconceptualizing Intellectual Property Interests in a Human Rights Framework, U. C. Davis Law Review, Vol. 40, 2007; Peter K. Yu, The Anatomy of the Human Rights Framework for Intellectual Property, SMU Law Review, Vol. 69, 2016.

[4] 《反假冒贸易协议》，英文全称为Anti-Counterfeiting Trade Agreement，以下简称为ACTA。ACTA的官方谈判始于2008年，共11轮，最后于2011年4月15日通过最终版本。由于ACTA采取"闭门谈判"的方式，协议草案被泄露而为公众所知，第一份已知的ACTA协议版本于2010年3月被泄露。

[5] Peter K. Yu, Six Secret (and Now Open) Fears of ACTA, SMU Law Review, Vol. 64, 2011.

[6] David S. Levine, Transparency Soup: the ACTA Negotiating Process and "Black Box" Lawmaking, American University International Law Review, Vol. 26, 2011.

的》[1]专门分析了ACTA中的执法措施对个人隐私权与个人数据资料保护的潜在危害；西恩·弗林（Sean Flynn）和比扬·马达尼（Bijan Madhani）的论文《ACTA和获取药物》[2]详尽分析了ACTA中边境措施条款、禁令与临时措施条款、第三方责任条款、损害赔偿条款等对公众获取基本药品权利的影响，从而有损于公众的生命健康权。五是从传统意义上的知识产权和人权问题转向研究一些新型权利和找出新问题新方法。前者如基本药物获取权、[3]知识与教育资料获取权、[4]保护传统知识与传统文化表达的权利；[5]后者如与网络相关的人权、[6]

---

[1] Alberto J. Cerda Silva, Enforcing Intellectual Property Rights by Diminishing Privacy: How the Anti-Counterfeiting Trade Agreement Jeopardizes the Right to Privacy, American University International Law Review, Vol. 26, 2011.

[2] Sean Flynn & Bijan Madhani, ACTA and Access to Medicines, American University, WCL Research Paper No. 2012-03.

[3] Holger Hestermeyer, Human Rights and the WTO: The Case of Patents and Access To Medicines, Oxford University Press, 2007; Angelina Snodgrass Godoy, Of Medicines and Markets: Intellectual Property and Human Rights in the Free Trade Era, Stanford University Press, 2013; Lee Joo-Young, A Human Rights Framework for Intellectual Property, Innovation and Access to Medicines, Ashgate Publishing Group, 2015; Audrey R. Chapman, Global Health, Human Rights, and the Challenge Of Neoliberal Policies, Cambridge University Press, 2016.

[4] William A. Schabas, Study of the Right to Enjoy the Benefits of Scientific and Technological Progress and Its Applications, in Yvonne Donders & Vladimir Volodin eds., Human Rights in education, Science and Culture: Legal Developments and Challenges, Ashgate Publishing Group, 2007; Gaëlle Krikorian & Amy Kapczynski eds., Access to Knowledge in the Age of Intellectual Property, Cambridge University Press, 2010.

[5] Sue Farran, Human Rights Perspective on Protection of Traditional Knowledge and Intellectual Property: A View from Island States in the Pacific, in Christophe Geiger ed., Research Handbook on Human Rights and Intellectual Property, Edward Elgar Publishing, 2015; Marcelin Tonye Mahop, Intellectual Property, Community Rights and Human Rights: The Biological and Genetic Resources of Developing Countries, Routledge, 2010.

[6] Susan Perry & Claudia Roda, Human Rights and Digital Technology: Digital Tightrope, Palgrave Macmillan, 2017; Ben Wagner et al. eds., Research Handbook on Human Rights and Digital Technology: Global Politics, Law And International Relations, Edward Elgar Publishing, 2019; Peter K. Yu, Digital Copyright Enforcement Measures and Their Human Rights Threats, in Christophe Geiger ed., Research Handbook on Human Rights and Intellectual Property, Edward Elgar Publishing, 2015.

科学文化权、[1]在知识产权制度中使用人权影响评估的方法、[2]双边和区域以及诸边贸易条约带来的人权挑战问题,[3]并且,最近还有人工智能带来的人权问题,等等。[4]

(三)研究成果的深入性

从研究成果的深入性来看,在知识产权与人权的交集领域,有两个最权威的国外学者,一直从事着持续性、深入性的研究工作,并出版了一系列具有前沿性的研究成果。一位是赫尔弗教授,除其前述2011年的经典著作《人权与知识产权:全球视域下的交集》之外,他还于2003年秋季发表了一篇广为引用的论文《人权与知识产权:冲突还是共存?》,该文探讨了当时很经典的争议,即知识产权与人权到底是冲突的还是共存的。[5]其2004年的论文《体制转换:

---

[1] William A. Schabas, Study of the Right to Enjoy the Benefits of Scientific and Technological Progress and Its Applications, in Yvonne Donders & Vladimir Volodin eds., Human Rights in education, Science and Culture: Legal Developments and Challenges, Ashgate Publishing Group, 2007; Christophe Geiger ed., Intellectual Property and Access to Science and Culture: Convergence or Conflict? Global Perspectives and Challenges for the Intellectual Property System, CEIPI-ICTSD, https://www.ceipi.edu/fileadmin/upload/DUN/CEIPI/Documents/Publications_CEIPI_ICTSD/CEIPI-ICTSD_no_3.pdf, 2016; Aurora Plomer, Patents, Human Rights and Access to Science, Edward Elgar Publishing, 2015.

[2] Carlos M. Correa, Mitigating the Impact of Intellectual Property in Developing Countries Through the Implementation of Human Rights, in Christophe Geiger ed., Research Handbook on Human Rights and Intellectual Property, Edward Elgar Publishing, 2015; James Harrison, The Human Rights Impact Of The World Trade Organization, Hart Publishing, 2007; Todd Landman, Studying Human Rights, Routledge, 2006; Lisa Forman & Gillian MacNaughton, Moving Theory into Practice: Human Rights Impact Assessments of Intellectual Property Rights in Trade Agreements, Journal of Human Rights Practice, Vol. 7, 2015; Peter K. Yu, Intellectual Property, Human Rights and Methodological Reflections, Legal Studies Research Paper Series of Texas A&M University School of Law, Research Paper No. 18-36, 2018.

[3] Simon Walker, The Future of Human Rights Impact Assessments of Trade Agreements, Intersentia, 2009; Peter K. Yu, Intellectual Property and Human Rights in the Nonmultilateral Era, Florida Law Review, Vol. 64, 2012.

[4] Filippo A. Raso, et al., Artificial Intelligence & Human Rights: Opportunities & Risks, Berkman Klein Center for Internet & Society at Harvard University Research Publication No. 2018-6, available at https://cyber.harvard.edu/sites/default/files/2018-09/2018-09_AIHumanRightsSmall.pdf, last visited on May 1, 2022.

[5] Laurence R. Helfer, Human Rights and Intellectual Property: Conflict or Coexistence? Minnesota Intellectual Property Review, Vol.5, 2003.

TRIPS和国际知识产权立法新动向》论述了在公共健康和人权领域最新的国际知识产权立法活动。[1]其2006年的论文《版权集体管理制度与人权》阐释了这两种制度之间的复杂关系。[2]其2007年的论文《为知识产权构建一个人权框架》中所提出的知识产权的人权框架成为后续诸多学者展开研究的起点。[3]其系列论文,包括2008年的论文《新的创新前沿?知识产权与欧洲人权法院》和《欧洲人权法院重构:嵌入性作为欧洲人权体制的深层结构原则》及2019年的论文《新的创新前沿之再思考:知识产权与欧洲人权法院》非常详细地考察了21世纪以来欧洲人权法院中有关知识产权的判例法。[4]赫尔弗教授2018年的论文《知识产权与人权:绘制一幅不断发展且相互竞争的关系蓝图》重新回顾了知识产权与人权发展的四个阶段:第一阶段为20世纪90年代中期之前,知识产权与人权的关系呈现相互区隔状态;第二阶段为20世纪90年代中期至21世纪初,知识产权狂热扩张,人权受到明显影响;第三阶段为21世纪前10年,发展中国家和民间团体利用人权对知识产权的扩张进行抵制;第四阶段为2010年以后,人权对知识产权产生影响。[5]

另一位权威学者是国际知识产权法领域的资深专家余家明教授,在知识产权与人权的关系问题上,他除发表上述2007年的论文《人权框架下知识产权利

---

[1] Laurence Helfer, Regime Shifting: The TRIPs Agreement and New Dynamics of International Intellectual Property Lawmaking, Yale Journal of International Law, Vol. 29, 2004.

[2] Laurence R. Helfer, Collective Management of Copyright and Human Rights: An Uneasy Alliance, in Daniel J. Gervais ed., Collective Management of Copyright and Related Rights, Wolters Kluwer, 2006.

[3] Laurence R. Helfer, Toward a Human Rights Framework for Intellectual Property, U. C. Davis Law Review, Vol. 40, 2007.

[4] Laurence R. Helfer, The New Innovation Frontier? Intellectual Property and the European Court of Human Rights, Harvard International Law Journal, Vol. 49, 2008; Laurence R. Helfer, Redesigning the European Court of Human Rights: Embeddedness as a Deep Structural Principle of the European Human Rights Regime, European Journal of International Law, Vol. 19, 2008; Laurence R. Helfer, The New Innovation Frontier Revisited: Intellectual Property an d the European Court of Human Rights, Duke Law School Public Law & Legal Theory Series No. 2019-68, 2019.

[5] Laurence R. Helfer, Intellectual Property and Human Rights: Mapping an Evolving and Contested Relationship, in Rochelle C. Dreyfuss & Justine Pila eds., The Oxford Handbook of Intellectual Property Law, Oxford University Press, 2018.

益的理论重构》之外，[1] 其2007年的另一篇论文《有关知识产权与人权的十大问题》探讨了知识产权是否为人权、除药品获取权外是否存在其他影响人权保护的知识产权问题、人权争论中的专利问题是否应与著作权问题相区别、是否所有的知识产权类型均属于人权、公司是否能够针对侵犯其智力成果利益保护权的行为提起诉讼、私有财产权是否已对智力成果利益提供了足够的保护、人权利益的保护是否可以纳入知识产权体系、人权框架是否会为现行的知识产权保护体系构建一种棘齿机制、人权框架是否会促进原始居民和传统社区利益的保护、人权框架是否会促进发展中国家利益的保护等十个非常重要的问题。[2] 其2008年的论文《构建知识产权人权框架所面临的挑战》专门分析了三种可能的新挑战：一是知识产权保护的"人权棘齿"；二是知识产权持有人对人权论坛的意外主导；三是这种框架中对非西方文化和传统部落不利。[3] 其2012年的论文《去多边化时代的知识产权与人权》详细探讨了非多边化时代TRIPS-PLUS条约[4]中的知识产权规定对人权的影响，通过分析知识产权与人权交集时所面临的固有挑战和审视这些TRIPS-PLUS协议与人权制度之间的关系，指出为消除这些协议和国际人权制度的紧张关系和冲突，有必要进行规范性和制度性的调整。[5] 其2014年的论文《欧盟经济伙伴关系协议与国际人权》审视了《欧盟经济伙伴关系协议》中知识产权章节对人权保护的影响。[6] 其2015年的论文《数字版权执法措施及其对人权的威胁》讨论了包

---

[1] Peter K. Yu, Reconceptualizing Intellectual Property Interests in a Human Rights Framework, U. C. Davis Law Review, Vol. 40, 2007.

[2] Peter K. Yu, Ten Common Questions about Intellectual Property and Human Rights, Georgia State University Law Review, Vol.23, 2007.

[3] Peter K. Yu, Challenges to the Development of a Human Rights Framework for Intellectual Property, in Paul L. C. Torremans, ed., Kluwer Law International, 2020.

[4] TRIPS-PLUS条约是指在TRIRS协议通过之后签订的含有比TRIPS规定的标准更高的知识产权保护条款的条约，以下简称TRIPS-PLUS条约。而TRIRS指《与贸易有关的知识产权协议》，英文全称为Agreement on Trade-Related Aspects of Intellectual Property Rights，以下简称TRIRS。

[5] Peter K. Yu, Intellectual Property and Human Rights in the Nonmultilateral Era, Florida Law Review, Vol. 64, 2012.

[6] Peter K. Yu, EU Economic Partnership Agreements and International Human Rights, in Josef Drexl, Henning Grosse Ruse-Khan & Souheir Nadde-Phlix eds., EU Bilateral Trade Agreements and Intellectual Property: For Better or Worse?, Springer, 2014.

含在国内法和国际协议中的数字版权执法措施,特别是"渐进式反应"机制和ACTA相关知识产权数字执法措施对人权所带来的挑战和威胁。[1]其2016年的论文《知识产权的人权框架结构》集中探讨了科学作品、知识产权和人权之间的复杂关系,分析了专利权与知识产权人权框架的部分共融性,根据七个组织原则指出人权框架的四个结构层次,即成果、利益、保护和限制,以四种不同类型的科学成果包括科学出版物、科学创新(含发明)、科学知识、原始居民知识及创新和实践等为例来说明这种层次性框架,最后分析了私人财产权是否可以作为一种可替代性的知识产权的人权框架基础。[2]其2018年的论文《知识产权、人权与公私合营》关注的是与知识产权有关的公私合营在国际人权制度中的作用和责任,探讨了"保护、尊重和救济"的保护框架以及《关于企业和人权的指导原则》,以三个特定的案例来总结和表明如何利用公私合营促进知识产权与人权达成更为适当的平衡。[3]其2019年的论文《知识产权与人权的关系2.0版》根据有关人权方法和方法论中的最新研究成果,指出对知识产权与人权关系的深入研究有助于推动知识产权制度、人权制度的未来发展以及两种制度之间的有效互动,并对发展中国家的知识产权制度未来发展会大有裨益。[4]其2019年的另一篇论文《生物银行、科学成果和人权》探讨了生物银行领域涉及的人权问题。[5]其2021年的论文《知识产权、人权以及方法论反思》探讨了三个方法论上的选择,即在人权实证主义和人权自然主义的观念论上的选择、在历史主义和进化主义的解释论上的选择、在分析所涉人权利益的等级以及这些利益的互动从而构建一个有层次的等

---

[1] Peter K. Yu, Digital Copyright Enforcement Measures and Their Human Rights Threats, in Christophe Geiger ed., Research Handbook on Human Rights and Intellectual Property, Edward Elgar Publishing, 2015.

[2] Peter K. Yu, The Anatomy of the Human Rights Framework for Intellectual Property, SMU Law Review, Vol. 69, 2016.

[3] Peter K. Yu, Intellectual Property, Human Rights and Public-Private Partnership, Texas A&M University School of Law Legal Studies Research Paper Series, Research Paper No. 16-40, 2018.

[4] Peter K. Yu, Intellectual Property and Human Rights 2.0, University of Richmond Law Review, Vol. 53, 2019.

[5] Peter K. Yu, Biobanking, Scientific Productions and Human Rights, in Timo Minssen, Janne Rothmar Herrmann & Jens Schovsbo eds., Global Genes, Local Concerns: Legal, Ethical, and Scientific Challenges in International Biobanking, Edward Elgar Publishing, 2019.

级结构时的选择。[1] 这两位学者，即赫尔弗教授和余家明教授，对于知识产权与人权关系的研究，不仅涉及理论问题，也涉及实践案例；不仅关注事实论断，更注重方法论和方法的思考，从而将对知识产权与人权关系的学术研究推向了一个更高更深的层次。

（四）研究成果的实效性

从研究成果的实效性来说，在1998年的"知识产权与人权"专家研讨会召开之后，联合国促进和保护人权小组委员会于2000年和2001年通过了两个有关知识产权与人权的决议（第2000/7号决议以及第2001/21号决议）；在专家学者对TRIPS影响全球公共健康这一问题进行尖锐批判后，2001年WTO第四次部长级会议通过了《TRIPS与公共健康的多哈宣言》，并且WTO成员方于2005年通过了《关于修正TRIPS的决议》，形成第31条之二，确立了新的药品专利强制许可制度，成为有史以来第一次对WTO协议核心条款的修改；在学者们对《世界人权宣言》和《经济、社会及文化权利国际公约》中的相关知识产权条款日益关注并产生理解分歧的情况下，联合国经社文委员会分别于2006年、2009年和2020年颁布了第17号、第21号和第25号一般性评论，解释了《经济、社会及文化权利国际公约》第15条第1款丙项中的文化生活参与权、第15条第1款甲项中的智力成果利益保护权、第15条第1款乙项中的科学惠益分享权及第15条其他剩余条款所包含的内容；2007年，经过长久的争论和十多年的起草，《原始居民权利宣言》最终得以通过，这一宣言也是对学者们一直以来呼吁加强保护传统知识和传统文化表达的重要回应；2016年《马拉喀什条约：关于为盲人、视力障碍者或其他印刷品阅读障碍者获得已出版作品提供便利》（以下简称《马拉喀什条约》）的生效也离不开学者们对无障碍阅读权的关注和推动。这些政策的变化、法律的修订和解释、条约和协议的通过和生效等，及时跟进并落实了学者们的研究成果，使得知识产权与人权的学术研究不是"浮于表面"，而是实现了理论研究与立法司法实践的有效互动。

可见，国外对知识产权与人权关系的研究呈现以下特点：第一，虽然赫尔弗教授将知识产权与人权关系的研究分为四个阶段，但本书认为，国外对此问题的研究，实际划分为两个主要阶段。第一阶段从20世纪90年代中期至2010

---

[1] Peter K. Yu, Intellectual Property, Human Rights, and Methodological Reflections, in Irene Calboli & Maria Lillà Montagnani eds., Handbook of Intellectual Property Research: Lenses, Methods, and Approaches, Oxford University Press, 2021.

年前后,源于TRIPS的制定与实施;第二个阶段从2010年前后至现在,源于《反假冒贸易协议》的谈判与签署。第二,研究背景的转变。第一阶段的研究主要基于世界贸易发展的背景,知识产权随着知识产品走向国际,对不同国家之间的利益形成了威胁,而第二阶段的研究主要基于网络技术应用的背景,知识产权随着网络而走向虚拟空间,对同一国内不同主体之间的利益造成了冲击。第三,研究主体的多样性。第一阶段的研究以政府间国际组织为主导,如联合国人权委员会(理事会)及其下属机构联合国促进和保护人权小组委员会、联合国开发计划署、联合国贸易与发展会议、世界卫生组织、世界知识产权组织等,学者们积极参与探讨;第二阶段则是在许多非政府间国际组织如自由软件联盟的带动下,欧洲多国公众以实际行动阻碍了ACTA的生效,引发了学者们的反思与对知识产权未来发展的担忧。第四,研究内容的扩张。第一阶段主要关注西方国家主导的TRIPS的实施对发展中国家人权保护所产生的消极影响,主张对TRIPS进行人权变革,第二阶段则随着网络的发展与应用,知识产权与人权的冲突同时反映了出现在西方国家的知识产权权利人与普通公众之间的矛盾,学者们认为应对整个国际知识产权体制和人权体制进行协调。第五,实务领域与学术研究的积极互动。一方面,学术研究推进国际层面的立法活动;另一方面,重要的国际和区域事件开始对知识产权和人权的学术研究产生重要影响。

二、国内研究动态

吴汉东教授较早地看到了知识产权与人权的关系问题,其论文《知识产权的私权与人权属性——以〈知识产权协议〉与〈世界人权公约〉为对象》、[1]《知识产权VS.人权:冲突、交叉与协调》[2]等,从不同的角度较深入地探讨了两者之间的关系,并提出以法益优先、利益平衡的原则来协调知识产权国际保护与人权保护的冲突。吴汉东教授的所有著作和论文中,均认为知识产权具有人权属性,但宋慧献教授的系列论文则分别基于对人权和财产权的理解和认识,认为知识产权不属于人权。[3]郑万青博士的著作《全球化条件下的知

---

[1] 吴汉东:"知识产权的私权与人权属性——以《知识产权协议》与《世界人权公约》为对象",载《法学研究》2003年第3期。

[2] 吴汉东:"知识产权VS.人权:冲突、交叉与协调",载《中国知识产权报》2004年1月6日。

[3] 宋慧献、周艳敏:"冲突与平衡:知识产权的人权视野",载《知识产权》2004年第2期;宋慧献:"财产权多元论与知识产权的非人权性",载《北方法学》2011年第3期。

识产权与人权》是国内第一本针对人权与知识产权两种权利范畴探讨两种国际体制的专著。该书纵向主轴采用历史叙述方法，横向主轴则对人权与知识产权的交集进行研究，从法哲学的视野分析了作为财产权的知识产权的基本理论，分析了知识产权法律全球化的进程与影响，在质疑"知识产权是基本人权"的观点上考察了知识产权与人权的交集，探讨了知识产权与人权冲突的表现和原因，以知识产权与健康权、知识产权与传统资源权、知识产权与信息自由权三对范畴为例，探讨了知识产权与人权全球治理的原则、规制和进路。[1] 拙著《〈反假冒贸易协议〉研究——基于人权视阈的分析》从人权的角度深刻分析了ACTA失败的原因。[2] 其余涉及知识产权与人权关系问题的博士论文或专著有：华东政法学院李春林博士的学位论文《国际法上的贸易与人权关系论》以国际法上贸易与人权的关系为视角，分析两者之间的制度冲突表现以及制度整合方法，特别阐述了知识产权与有关健康权之间的规范冲突和规范整合，强调国际法律制度冲突的解决必须走制度整合之路；[3] 吉林大学王舒培博士的学位论文《知识产权与人权的联系、冲突与协调发展》考察了知识产权与人权的基本联系、冲突及冲突根源，并提出了知识产权与人权协调发展的原则和制度措施；[4] 厦门大学衣淑玲博士的学位论文《国际人权法视角下〈TRIPS协定〉的变革研究》提出针对TRIPS框架下促进人权实现的制度变革方法；[5] 王渊博士的著作《现代知识产权与人权冲突问题研究》探讨了知识产权与生存权、受教育权和发展权等人权之间的冲突，提出以利益平衡理论、利益分享理论与知识公共领域理论来促进知识产权与人权平衡和谐发展的路径；[6] 吉林大学张猛博士的学位论文《〈反假冒贸易协定〉ACTA解析：标准之变与体制之争》对ACTA的制定程序和规范内容进行了透视和解析，探讨了ACTA的本质、影响以及发展中国家应采取的应对策略，但对ACTA与人权的关系没有关注；[7] 武汉大学肖声高博士的学位论文《保护公共

---

1 郑万青：《全球化条件下的知识产权与人权》，知识产权出版社2006年版。

2 高兰英：《〈反假冒贸易协议〉研究——基于人权视阈的分析》，中国政法大学出版社2018年版。

3 李春林：《国际法上的贸易与人权问题研究》，武汉大学出版社2007年版。

4 王舒培：《知识产权与人权的联系、冲突与协调发展》，吉林大学2007年博士学位论文。

5 衣淑玲：《国际人权法视角下〈TRIPS协定〉的变革研究》，厦门大学2008年博士学位论文。

6 王渊：《现代知识产权与人权冲突问题研究》，中国社会科学出版社2011年版。

7 张猛："反假冒贸易协定（ACTA）解析：标准之变与体制之争"，吉林大学2013年博士学位论文。

健康视角下的商标使用限制法律问题研究》，针对公共健康和商标保护的关系这一命题，提出对公共健康和商标保护进行国际协调的建议；[1] 吉林大学景明浩博士的学位论文《药品获取与公共健康全球保护的多维进路》基于公共健康的角度，分析了其与药品获取之间的关联，探讨了全球治理理论下公共健康保护的机制构建、国际进路、国内进路和民间进路，其中分析了知识产权与健康权的冲突与协调；[2] 山东大学李静怡博士的学位论文《无障碍阅读权利研究——以〈马拉喀什条约〉为研究视角》从无障碍阅读权出发，分析了其与著作权的冲突，探讨了《马拉喀什条约》的签订和实施与无障碍阅读权的实现，最后提出对我国著作权法修订的启示和进一步协调著作权与无障碍阅读权的立法建议。[3] 还有诸多学者于2010—2012年对ACTA的背景、内容、对中国的影响等进行了介绍、评价与探讨，如衣淑玲的《〈反假冒贸易协议〉谈判述评》研究了ACTA的谈判进程、文本内容；[4] 陈福利的《〈反假冒贸易协定〉述评》从整体上对ACTA进行了介绍与评价；[5] 杨鸿的《〈反假冒贸易协定〉的知识产权执法规则研究》具体研究ACTA中所规定的知识产权执法措施；[6] 徐慧的《〈反假冒贸易协定〉对我国经济贸易的潜在影响分析》[7] 和彭振的《〈反假冒贸易协定〉对我国企业商标的影响及对策研究》[8] 则分析了ACTA对中国所可能产生的影响以及中国的应对之策，但很少有学者从人权角度来审视ACTA的经验与教训。

可见，国内有关知识产权与人权的研究主要有以下特点：第一，研究的持续性不够。21世纪初，知识产权与人权的关系成为国内知识产权学者研究的热点问题，涌现出了一系列丰富的成果，而2010年后诸多学者认为知识产权与人

---

[1] 肖声高：《保护公共健康视角下的商标使用限制法律问题研究》，武汉大学2014年博士学位论文。

[2] 景明浩：《药品获取与公共健康全球保护的多维进路》，吉林大学2016年博士学位论文。

[3] 李静怡：《无障碍阅读权利研究——以〈马拉喀什条约〉为研究视角》，山东大学2019年博士学位论文。

[4] 衣淑玲："《反假冒贸易协议》谈判述评"，载《电子知识产权》2010年第7期。

[5] 陈福利："《反假冒贸易协定》述评"，载《知识产权》2010年第5期。

[6] 杨鸿："《反假冒贸易协定》的知识产权执法规则研究"，载《法商研究》2011年第6期。

[7] 徐慧："《反假冒贸易协定》对我国经济贸易的潜在影响分析"，载《电子知识产权》2011年第8期。

[8] 彭振："《反假冒贸易协定》对我国企业商标的影响及对策研究"，载《江苏商论》2012年第9期。

权的关系已成为一个老问题，对知识产权与人权领域的新发展没有展开探讨，比如对ACTA的失败原因很少从人权的角度去进行分析，对经社文委员会关于《经济、社会及文化权利国际公约》第15条的三个一般性评论以及联合国文化领域特别专员法里达（Farida）有关科学惠益分享权、版权与人权、专利与人权等专题报告三部曲也很少有学者去探讨。[1]第二，研究的全面性不够。国内学者对知识产权与人权关系的研究集中在知识产权的人权属性之争，重点在于探讨知识产权国际保护制度（主要是TRIPS）对人权尤其是健康权的影响，对知识产权与其他人权的关系关注或论述不够。第三，研究的系统性不够。知识产权与人权关系在现代技术发展日新月异的背景下已显得错综复杂。国内学者未能从知识产权与人权的基础关系（知识产权是否为人权、知识产权与人权是冲突还是兼容）以及具体领域中（知识产权与健康权、知识产权与其他集体人权、知识产权与个体人权）的关系如何进行深入探讨，更未能从全球治理的角度去分析两者之间如何实现交融，因此对知识产权与人权关系的未来发展未能起到很好的指导作用。

总而言之，尽管国内外对知识产权与人权关系的研究已有相关著作和论文，但还存在以下缺陷：第一，未能梳理国际人权文件中与知识产权有关的条款和国际知识产权条约中的人权条款，没有充分考虑知识产权与人权本身的复杂性，导致无法对知识产权与人权之间的关系作出准确的定性；未能正确认识知识产权与人权的制度内涵，不能坚持区分的原则，无法厘清知识产权与人权各部分、各领域、各方面之间的不同特征，难以界定知识产权与人权之间的性质归属和基本关系；尚未在解决知识产权是否具有人权属性以及知识产权与人权到底存在何种关系的基础上，去考虑一方面协调知识产权与人权之间已经存在和可能存在的冲突，另一方面则补强知识产权与人权之间原有的相互促进关系。第二，没有提供一个高屋建瓴的理论框架，特别是未能基于全球治理的理论与实践，从治理的主体、内容、原则、框架、实效等不同方面，来探讨如何在国际场域中实现知识产权与人权的机

---

[1] Farida Shaheed（Special Rapporteur in the Field of Cultural Rights）, The Right to Enjoy the Benefits of Scientific Progress and Its Applications, Human Rights Council, U.N. Doc. A/HRC/20/26（May 14, 2012）; Farida Shaheed（Special Rapporteur in the Field of Cultural Rights）, Copyright Policy and the Right to Science and Culture, Human Rights Council, U.N. Doc. A/HRC/28/57（Dec. 24, 2014）; Farida Shaheed（Special Rapporteur in the Field of Cultural Rights）, Cultural Rights, United Nations General Assembly, U.N. Doc. A/70/279（Aug. 4, 2015）.

制融合。

（三）本书相对于已有研究的独到学术价值和应用价值

研究知识产权与人权的交集关系对知识产权制度本身、人权制度本身以及对两种制度的交集，都具有非常重要的学术、制度和实践意义。

第一，研究知识产权与人权的关系梳理与机制融合对于国际法的未来发展有着重要的学术意义。这一学术视野不仅关系着知识产权与人权国际保护的和谐共融，有利于国际法价值和理念的重构，引导国际法从"国家中心主义"走向"人类中心主义"，而且可给国际法律制度冲突的解决提供一些理论和方法的启示，有助于缓解国际法的碎片化问题。

第二，研究知识产权与人权的关系梳理与机制融合对于国际性与区域性国际知识产权协议的谈判有着重要的指导意义。厘清知识产权与人权的关系，强调人权对知识产权的影响，寻求国际知识产权制度目前所遭遇困境的变革突破口，可为国际性或区域性知识产权谈判提供实践指导。

第三，知识产权与人权在国际场合的利益博弈为中国利用全球治理理论参与国际谈判并提升国际话语权提供了一个良好的契机。本书将在吸取TRIPS和ACTA等的经验教训基础上，寻求中国主动参与知识产权国际谈判的正确立场和谈判策略，从而维护中国的利益。人权是制约发达国家知识产权持续扩张的有力工具，本书站在发展中国家的立场，指出了如何在知识产权国际谈判基于保护人权的角度提出有利于中国的议题和主张，比如从保护集体人权的角度加强与其他发展中国家的合作，从保护个体人权的角度利用发达国家内部的矛盾等。

上篇
全球化背景下知识产权与人权的关系梳理

第一章　知识产权与人权的历史区隔

第二章　知识产权与人权的现代交错

第三章　知识产权的人权性质之争

第四章　知识产权与人权的交集之论

第一章

知识产权与人权的
历史区隔

知识产权与人权作为现代法律人所耳熟能详的两种权利形态，其相关概念和法律制度的内涵与外延、正当性基础、基本原则和内容、演进历史和趋势、对人类发展和社会进步的推动意义等各方面，似乎相去甚远。许多法律人曾经好奇，为何将这两种制度结合在一起进行研究。正如研究知识产权和人权交集领域的权威教授劳伦斯·赫尔弗和格雷姆·奥斯汀描述其曾经的遭遇："当我们于20世纪90年代开始从事法学教育时，人权和知识产权是我们各自研究领域中的不同部分。我们决定把这两个不同的领域结合起来进行学术研究，这在当时是绝无仅有的。事实上，一个年长的同事建议我们最好选择其中一个领域，放弃另外一个领域，并提醒说，如果试图在两个如此不同且不相关的领域开展专业研究，不会产生什么益处，甚至可能还会存在诸多危害。我们的回应是，这两个领域之间确实缺乏一些实质性的联系，但学术界、政府部门、民间机构等不同的群体之间在许多领域均要学会互相对话，因为他们之间基本上不存在直接的对话和沟通，即使有一些沟通的话也非常零散。"[1] 赫尔弗教授和奥斯汀教授当时的遭遇反映了这样一种事实，即在20世纪90年代之前，几乎没有或很少有学者或政府部门或非政府组织将知识产权和人权联系在一起，这两种制度处于各自独立、相互区隔的发展状态之中。

一、知识产权的概念基础与历史发展

（一）知识产权的概念问题与制度特征

1. 知识产权的概念问题

"知识产权是个存有许多概念性问题的高度专业化领域。"[2] 对知识产权本身，就存在诸多认识上的争议。

---

[1] Laurence R. Helfer & Graeme W. Austin, Human Rights and Intellectual Property: Mapping the Global Interface, Cambridge University Press, 2011, p.16（Preface）.

[2] ［美］迈克尔·D.贝勒斯：《法律的原则——一个规范的分析》，张文显等译，中国大百科全书出版社1996年版，第111页。

第一，对"知识产权"一词，称谓繁杂。中文的"知识产权"，英文为"intellectual property"或"intellectual property right"，法文为"propriété intellectuelle"，德文为"Gestiges Eigentum"。安斯加尔·奥利（Angar Ollie）教授认为，虽然德国不存在"知识产权"这样的称谓，而通常使用"工业产权与著作权"的概念，但经过考察各保护法（著作权法、专利法、商标法）的功能转换和交叉重叠、排他性权利与公众自由、国际层面的法律发展与国内的法律教义学，认为应该使用"智慧所有权"作为统一的上位概念，将专利法、商标法及著作权法作为统一的法律领域来对待。[1] "知识产权"的中文也有"多种别样的称谓，如：智力成果权、智慧财产权、无形财产权、无体财产权、非物质财产权、准物权、形式财产权、符号财产权、创造性劳动权、信息产权等"。[2] 但不管国内外的称谓如何，现在已达成的共识是：自1986年原《中华人民共和国民法通则》颁布后，在中国开始正式采用"知识产权"的称谓；在国际上，则是自1967年《成立世界知识产权组织公约》签订后，"Intellectual Property"这一概念得到了世界上大多数国家和众多国际组织的承认。[3] 当然，仍有学者对使用"Intellectual Property"一词提出严厉批评，认为这是"一个具有偏见、极易混淆、很不明智的通用化术语"。[4]

第二，对于"知识产权"的出处本身也存在分歧。该词"究竟始于何时，学界有不同的说法，目前被认为最早出现在18世纪欧洲的学术著作中。"[5] 吴汉东教授认为，"将一切来自知识活动领域的权利概括为'知识产权'，最早见于17世纪中叶的法国学者卡佐夫的著作。"[6] 而彼特·达沃豪斯（Peter Drahos）教授认为，"知识产权作为一个通用术语可能于20世纪被普遍使用。"这一术语经常指工业和智慧产权。"工业产权"一词涵盖了以技术为基础的诸如专利、工业设计和商标等领域；"智慧产权"经常

---

[1] 安斯加尔·奥利、范军："智慧所有权"，载《私法》2010年第16期，第243-261页。

[2] 刘春田主编：《知识产权法》，中国人民大学出版社2010年版，第4页。

[3] 吴汉东：《知识产权总论》，中国人民大学出版社2013年版，第3-4页。

[4] Richard M. Stallman, Some Confusing or Loaded Words and Phrases That Are Worth Avoiding, Free Software Foundation, available at http://www.fsf.org/licensing/essays/words-toavoid.htm, last visited on May 1, 2022.

[5] 刘春田主编：《知识产权法》，中国人民大学出版社2010年版，第3页。

[6] 吴汉东：《知识产权总论》，中国人民大学出版社2013年版，第3页。

指版权。现代知识产权公约使用的"知识产权"同时包括工业产权和智慧产权。[1]

第三，对于"知识产权"的定义，亦认识不同。对知识产权的定义方法，主要有"列举主义"与"概括主义"两种。"列举主义"的方法，是指通过系统地列举所保护的权项，即划定权利体系范围来明确知识产权的概念。"概括主义"的方法，是指通过对保护对象的概括抽象描述，即简要说明这一权利的"属加种差"来给出知识产权的定义。[2]

事实上，许多的定义仅仅是对知识产权的类型或这些权利指向的标的物进行列举（通常是采取包含式列举法），而不是试图去确定知识产权的本质属性。1967年7月14日签署于斯德哥尔摩的《建立世界知识产权组织公约》第2条8款就采取了这种方法，该条款详细规定了知识产权所包含的范围。[3] 必须指出，每一部知识产权单行法都会对其适用的标的物提供一个定义。比如，版权法典型的定义是有关"文学作品"的术语，以及规定作品上的版权由特定的专属权利构成；专利法则根据发明来定义"专利"，然后确定可专利的标准。由于知识产权制度是不同的法律思想和法律传统的产物，这一事实进一步让以列举的方式确定知识产权的定义范围变得复杂。但不管怎样，"列举主义"的方法，表述清楚、明确，但用以说明概念，则失之烦琐；此外，由于知识产权是个动态的、开放的法律制度体系，列举式难免有遗漏之处。[4]

另外一些学者则试图采取"概括主义"的方法来定义知识产权，认为知识产权是一个通用术语，用以指代不同法律体系授予创作者对其智力活动产生的非物

---

1 Peter Drahos, The Universality of Intellectual Property Rights: Origins and Development, Intellectual Property and Human Rights, Proceedings of a Panel Discussion organized by the World Intellectual Property Organization in Collaboration with the Office of the United Nations High Commissioner for Human Rights, Nov. 9, 1998, http://www.wipo.int/edocs/pubdocs/en/intproperty/762/wipo_pub_762.pdf, p.13, last visited on May 1, 2022.

2 吴汉东：《知识产权总论》，中国人民大学出版社2013年版，第4页。

3 该条规定："知识产权"包括关于文学、艺术和科学作品的权利；关于表演艺术家的演出、录音和广播的权利；关于人类一切活动领域内的发明的权利；关于科学发现的权利；关于工业品式样的权利；关于商标、服务商标、厂商名称和标记的权利；关于制止不正当竞争的权利；以及在工业、科学、文学或艺术领域里一切其他来自知识活动的权利。

4 吴汉东：《知识产权总论》，中国人民大学出版社2013年版，第4-5页。

质财产所享有的主体性权利。[1]我国从最早段瑞春教授对知识产权的定义"知识产权是指法人、公民因文学、艺术、科学作品、科学研究成果和技术发明创造依法享有的经济权利和精神权利的总和",[2]到后来的张建申教授、郑成思教授、张玉敏教授、刘春田教授的观点,[3]再到吴汉东教授的较为被大家认可的观点"知识产权是人们对于自己的智力活动创造的成果和经营管理活动中的标记、信誉依法享有的专有权利"来看,[4]可见我国大多学者所采取的"概括主义"方法高度抽象,表述简要,但其问题关键在于概括是否准确恰当且具有最大包容性。并且目前,学者们对知识产权"概括主义"的定义尚未形成完全一致的看法。[5]

第四,对知识产权的范围内涵看法不一。有学者认为:"知识产权(IP)是一个描述创意、发明、技术、艺术作品、音乐和文学作品的措辞。"[6]齐爱民教授认为:"知识产权是调整民事主体对知识财产的支配关系的法律规范的总和。"[7]而郑成思教授则考察了"信息产权"和"知识产权"的联系和区别,认为知识(智力成果)本质上是一种特定信息,可将知识产权确定为一种"信息产权",但信息产权的范围大于知识产权的范围,信息产权是知识产权的扩展。[8]达沃豪斯教授也认为,就知识产权与人权的关系上来讲,可能将知识产权界定为信息利用权,会更好地理解知识产权的本质属性。在现代经济生活中,信息已经成为"最主要的资源",即使在诸如农业这样明显非信息型的行业中,对遗传信息的控制与拥有也成为构成这一行业的主要因素。通过行使

---

1 Silvia Salazar, Intellectual Property and the Right to Health, Intellectual Property and Human Rights, Proceedings of a Panel Discussion organized by the World Intellectual Property Organization in Collaboration with the Office of the United Nations High Commissioner for Human Rights, Nov. 9, 1998, http://www.wipo.int/edocs/pubdocs/en/intproperty/762/wipo_pub_762.pdf, p.67, last visited on May 1, 2022.

2 段瑞春:"论知识产权的法律概念",载《科学学与科学技术管理》1987年第3期,第35页。

3 相关学者对"知识产权"的定义,参见张建申:"关于知识产权概念内涵的质疑与外延的剖析",载《知识产权》1992年第1期,第38页;郑成思主编:《知识产权教程》,法律出版社1993年版,第1页;张玉敏:"知识产权的概念和法律特征",载《现代法学》2001年第5期,第105页;刘春田主编:《知识产权法》,中国人民大学出版社2010年版,第6页。

4 吴汉东:《知识产权总论》,中国人民大学出版社2013年版,第2页。

5 吴汉东:《知识产权总论》,中国人民大学出版社2013年版,第6页。

6 [南非]路易斯·哈姆斯:《世界知识产权组织知识产权保护——案例研究》,北京大学国际知识产权研究中心译,郑胜利、王晔主编,知识产权出版社2018年版,第5页。

7 齐爱民:《知识产权法总论》,北京大学出版社2014年版,第2页。

8 郑成思、朱谢群:"信息与知识产权的基本概念",载《科技与法律》2004年第2期,第44页。

知识产权来对信息进行利用，影响着作为人权诉求对象的利益。财产权本质上允许权利持有人排除他人使用这一主要资源（信息），因此作为信息利用权的知识产权和作为人权诉求对象的利益之间有可能会造成权利冲突的情形。[1]

可见，"各自眼中的知识产权，就像每人手里的万花筒一样，所见者气象多变、各不相同。这反映了学者在研究知识产权概念问题上所做的不懈努力，也说明人们对知识产权这一事物的质的规定性，还缺乏统一的认识。"[2]知识产权是一个概括性措辞，列举是没有穷尽的。如果需要进行准确的描述，最好避免使用"知识产权"，因为它将多个不同的法律制度混合在一起，包括版权、专利、商标等，而这些法律制度并没有多少共同之处。这些法律制度分别产生，规制不同的活动，以不同的方式运行，产生不同的公共政策问题。[3]

2. 知识产权的制度特征

对于知识产权的制度特征，各学者基于不同的角度与论证需要，也有不同的认识。本书所分析的下述知识产权制度特征，主要也是希冀为后文中论证知识产权与人权的关系奠定基础。

第一，知识产权是私权内涵和公益价值的统一。对于知识产权的私权或公权属性，我国学界有两种明显对立的观点。一是以吴汉东教授为代表的"知识产权私权论"。所谓私权，即私的权利，是私人的权利，是私有的权利，也是私益的权利。[4]持此种观点的学者，强烈反对知识产权的公权化趋势，[5]其确认

---

[1] Peter Drahos, The Universality of Intellectual Property Rights: Origins and Development, Intellectual Property and Human Rights, Proceedings of a Panel Discussion organized by the World Intellectual Property Organization in Collaboration with the Office of the United Nations High Commissioner for Human Rights, Nov. 9, 1998, http://www.wipo.int/edocs/pubdocs/en/intproperty/762/wipo_pub_762.pdf, p.14, last visited on May 1, 2022.

[2] 刘春田主编：《知识产权法》，中国人民大学出版社2010年版，第4页。

[3] ［南非］路易斯·哈姆斯：《世界知识产权组织知识产权保护——案例研究》，北京大学国际知识产权研究中心译，郑胜利、王晔主编，知识产权出版社2018年版，第7页。

[4] 吴汉东主编：《知识产权制度基础理论研究》，知识产权出版社2009年版，第47页。其他有关知识产权私权属性的论述，具体参见吴汉东："知识产权的多元属性及研究范式"，载《中国社会科学》2011年第5期，第39页；杨雄文编著：《知识产权法总论》，华南理工大学出版社2013年版，第56页；

[5] 吴汉东："关于知识产权私权属性的再认识——兼评'知识产权公权化'理论"，载《社会科学》2005年第10期，第59页；于志强："论知识产权的私权属性——关于'知识产权的公权化理论'的置疑"，载《法学论坛》2012年第2期，第91—95页；孙海龙、董倚铭："知识产权公权化理论的解读和反思"，载《法律科学》2007年第5期，第84页。

知识产权私权属性的基本目标在于将知识产权法归属于民法体系的范畴。二是以冯晓青教授为代表的"知识产权公私兼属论"。冯晓青教授认为，知识经济时代的知识产权正由传统意义上的私权蜕变为一种私权公权化的权利。知识产权的私权性并没有发生变化，但公权化的因素在增加，这表明知识产权兼具私权属性和公权属性，二者对立又统一。[1] 可见，该派学者的观点并非反对知识产权的私权属性，只是认为随着知识经济的到来以及知识产权制度的时代变革趋势，知识产权同时具有公权属性，其最重要的目的在于强调在知识产权所保护的私人利益与社会公共利益之间保持平衡。并且，他们认为，知识产权法不宜纳入民法典，在民法体系中具有相对独立的地位。

笔者认为，知识产权是私权内涵和公益价值的统一。尽管"人们就如何准确地划定区别私法与公法之界限的问题并未达成一般意义上的共识；再者，现代发展的趋势更使它们之间的区别变得越发模糊不清，"[2] 但一般法律意义上的"公法私法化"并不是支撑知识产权私权内涵和公益价值的主要理由。基于国际法的视域来看待知识产权的本质内涵，其重要的依据来源于TRIPS。首先，知识产权的私权内涵不容否定，这已在TRIPS的序言中所明确宣示。"知识产权所表现出来的与公权力千丝万缕的联系表象并不足以改变其原本为私权的本质属性。"[3] 其次，知识产权的公益价值应更加凸显。我们要防止一种倾向，即根据TRIPS中对"知识产权是私权"的断言，扩大对知识产权权利人（包括所有人和持有人）的保护，而忽视其他人（包括知识产权消费者和普通公众）对知识产权所享有的公共利益。毕竟，TRIPS在序言中同样宣称，"认识到各国知识产权保护制度的基本公共政策目标，包括发展目标和技术目标"。可以说，促进知识的扩散与传播、推动技术的发展与进步、实现人类社会的共同福祉，是知识产权制度的最高目标与终极追求。在现代国际知识产权制度发展极不平衡的情况下，更应强调知识产权的公益价值。

第二，知识产权是保护物质利益和精神利益的统一。我国对知识产权的本质认识经历了从一体两权到无形财产权再到私权的变化，因此，对知识产权所

---

[1] 冯晓青、刘淑华："试论知识产权的私权属性及其公权化趋向"，载《中国法学》2004年第1期，第61-68页。其他持此观点的论述，参见李永明："论知识产权之公权性质"，载《浙江大学学报》2004年第4期，第62-66页；陈思远："试论知识产权的私权属性及其公权化趋向"，载《产业创新研究》2020年第6期，第77页。

[2] ［英］弗里德利希·A.哈耶克：《法律、立法与自由（第一卷）》，邓正来等译，中国大百科全书出版社2000年版，第208页。

[3] 孙海龙："知识产权公权化理论的解读和反思"，载《法律科学》2007年第5期，第77页。

保护的利益也有不同的主张。"我国较早的知识产权著作都认为知识产权具有财产权和人身权双重权利"。[1]目前，对知识产权保护权利人的物质利益和精神利益，有如下几种观点：一种观点认为知识产权是一种具有双重性质的综合性权利，包括人身权与财产权。其中人身权主要是指著作权具有的人身权。[2]但吴汉东教授认为专利权、商号权、商誉权等绝大多数工业产权都具有财产权与人身权的内容。[3]另一种观点认为部分知识产权具有人身权和财产权双重权利。如张玉敏教授认为，商号权和商誉权具有人身权性质，但专利权和商标权并未含有人身权；只有部分知识产权具有人身权和财产权的双重权利，如著作权和部分著作邻接权（如表演者权）以及商号权、商誉权，其他知识产权则不具有双重权利。[4]直到TRIPS确认知识产权是私权后，越来越多的学者不赞成将精神权利作为知识产权的一部分，因为精神权利与财产权利存在着重大差别，特别是精神权利具有不可转让性和永久存续性等特点。并且，顾名思义，知识产权指的是"产权"而非精神权。[5]知识产权属于纯粹的财产权，[6]或者说，知识产权主要是一种财产权。[7]

正如WIPO所指出的，许多国家制定保护知识产权法律的主要原因之一是"以法律的形式规定创作者对其创造物享有的精神权利和经济权利，以及公众使用该创造物的权利"。[8]在《伯尔尼公约》中，对作者的保护也包含了经济权利和精神权利。TRIPS明确排除了伯尔尼公约保护的精神权利，其后果会造成缔约方之间权利义务的不平等。[9]并且，虽然TRIPS中对知识产权的保护范围并未涵盖知识产权权利人的精神利益，但这并不意味着、也决不能解释为知识产权权利人的人身性权利不受法律的承认与保护。[10]就我国早期观点来

---

[1] 张玉敏：" 知识产权的概念和法律特征"，载《现代法学》2001年第5期，第109页。

[2] 杨雄文：《知识产权法总论》，华南理工大学出版社2013年版，第60页。

[3] 吴汉东：《著作权合理使用制度研究》，中国政法大学出版社2005年版，第42页。

[4] 张玉敏：" 知识产权的概念和法律特征"，载《现代法学》2001年第5期，第109-110页。

[5] 张勤：《知识产权基本原理》，知识产权出版社2012年版，第187页。

[6] 李琛：" 质疑知识产权之'人格财产一体性'"，载《中国社会科学》2004年第2期，第68页。

[7] 齐爱民：《知识产权法总论》，北京大学出版社2014年版，第57页。

[8] 世界知识产权组织编著：《知识产权指南——政策、法律及应用》，北京大学国际知识产权研究中心译，郑胜利、王晔主编，知识产权出版社2012年版，第2页。

[9] 吴汉东：" 知识产权本质的多维度解读"，载《中国法学》2006年第5期，第105页。

[10] 吴汉东主编：《知识产权制度基础理论研究》，知识产权出版社2009年版，第46页。

看，大多学者认为，在保护经济权利的同时，充分保护精神权利，是我国知识产权制度的社会主义特色。[1]这种精神权的利益体现是有形的或无形的，比如现金奖励、声誉扩大、地位提升、社会尊重等。[2]甚至对于创新者来说，有时精神权的激励比财产权的激励更重要，因为精神权是永垂不朽的。[3]并且，从知识产权与人权的关系来看，精神权保护的是精神利益，作为一种人格权，有学者将之作为知识产权属于人权的理论基础；还有学者将之视为保护原始居民知识产权的重要内容。因此，知识产权保护的是物质利益和精神利益的统一。

第三，知识产权是动态性与扩张性的统一。法律概念可以被视为是用来以一种简略的方式辨识那些具有相同或共同要素的典型情形的工作性工具。[4] "知识产权"这一通用称呼用于指代一系列法律制度，每一种法律制度在不同程度上就某一特定的标的物赋予相关权利。[5]从这一制度本身的历史发展和现代变革可以看出，知识产权的范围与内涵一直在动态变化，标的物和权利呈现持续扩张。知识产权涵盖许多不同的领域，并且不仅知识产权制度本身在扩张，比如除传统的版权、专利和商标三大领域外，"知识产权公约还涉及对表演者、植物新品种育种人和半导体芯片设计者的保护，"而且知识产权的子集如版权也"已经赋予自身新的意义，因为其涵盖内容已扩展至包含计算机程序、建筑图纸、机械图纸及数据汇编等"。[6]具体而言，从知识产权的主体来看，从萌芽阶段新产品的引进者和出版商，到近代时期的发明者和作者等智力成果所有人，再到现代时期的表演者、录音录像制作者及广播组织，再到当代信息技术扩散条件下的电影制作人、数据库制作者、网络平台等，"知识

---

1 段瑞春："论知识产权的法律概念"，载《科学学与科学技术管理》1987年第3期，第36页。

2 张勤：《知识产权基本原理》，知识产权出版社2012年版，第182页。

3 张勤：《知识产权基本原理》，知识产权出版社2012年版，第189页。

4 [美] E.博登海默：《法理学、法律哲学与法律方法》，邓正来译，中国政法大学出版社1999年版，第485页。

5 Peter Drahos, The Universality of Intellectual Property Rights: Origins and Development, Intellectual Property and Human Rights, Proceedings of a Panel Discussion organized by the World Intellectual Property Organization in Collaboration with the Office of the United Nations High Commissioner for Human Rights, Nov. 9, 1998, http://www.wipo.int/edocs/pubdocs/en/intproperty/762/wipo_pub_762.pdf, p.13, last visited on May 1, 2022.

6 [南非] 路易斯·哈姆斯：《世界知识产权组织知识产权保护——案例研究》，北京大学国际知识产权研究中心译，郑胜利、王晔主编，知识产权出版社2018年版，第7页。

产权主体的日益多元化已成为现代知识产权主体制度的鲜明特色。"[1] 从知识产权的标的物来看,传统知识产权的核心是版权、专利、设计、商标与反不正当竞争保护。这些权利的标的物是不同的,因此发明、文学作品、艺术作品、设计和商品构成了早期知识产权法的标的物。尽管知识产权早期与垄断及特权的观点有着历史的联系,但其一个突出的特点是它的标的物范围一直在不断扩大。20世纪,许多新出现的标的物进入了现代知识产权制度的范围,比如,计算机软件成为版权的一部分,微生物的可专利性成为专利法的一部分;并且创立了新的知识产权制度来保护一些新出现的标的物,比如,植物新品种保护和集成电路布图设计。知识产权标的物的强扩张性特点一直没有变化,在国际层面,对数据库的特别法律保护已是WIPO工作项目的重要部分。从知识产权的权利内容来看,著作权在财产权利的基础上增加了精神权利,在财产权利本身中增加了出租权、网络传播权等。而专利权则在制造权、使用权、销售权等基础上增加了许诺销售权、进口权等内容。[2] 从知识产权与其他议题的交集来看,自TRIPS将知识产权与贸易进行联姻以来,知识产权的触角已伸入人权、投资、环境、食物、农业、文化等其他诸多领域。有学者基于期刊学科分类的视角,对国际知识产权的跨学科特征进行了分析,其结论是:国际知识产权的研究核心群体以经济学为龙头,法学、商学为主导,同时对知识产权研究关注的主题从经济贸易与技术转让、创新与专利研究,扩展到了因特网、数字版权管理、软件盗版、生物多样性与生物剽窃等多样化的研究主题。[3] 由此可见,知识产权是一个极其纷繁复杂的议题,牵涉的范围广、包含的利益多、权利的扩张性强。

事实上,"试图去界定知识产权的本质是一件非常困难的事"。[4] 认同分歧成了知识产权法体系基础研究的一个鲜明的问题。[5] 由于知识产权的动态性

---

[1] 吴汉东主编:《知识产权制度基础理论研究》,知识产权出版社2009年版,第108页。

[2] 吴汉东主编:《知识产权制度基础理论研究》,知识产权出版社2009年版,第109页。

[3] 候海燕、赵楠楠、胡志刚等:"国际知识产权研究的学科交叉特征分析——基于期刊学科分类的视角",载《中国科技期刊研究》2014年第3期,第426页。

[4] Peter Drahos, The Universality of Intellectual Property Rights: Origins and Development, Intellectual Property and Human Rights, Proceedings of a Panel Discussion organized by the World Intellectual Property Organization in Collaboration with the Office of the United Nations High Commissioner for Human Rights, Nov. 9, 1998, http://www.wipo.int/edocs/pubdocs/en/intproperty/762/wipo_pub_762.pdf, p.13, last visited on May 1, 2022.

[5] 杨雄文:《知识产权法总论》,华南理工大学出版社2013年版,第1页。

发展和扩张性本质，知识产权的制度特征也呈现出多样化。本书无意对知识产权的概念分歧和特征表现作出任何评判，从中能够得出的一个事实是：对知识产权的认识是仁者见仁、智者见智，这也从另一方面说明了知识产权制度本身在核心概念和基础理论还存在巨大分歧的情况下，因为其具有的重大功利性价值而被各国推崇并在全球范围内推广，其注定要在扩张的过程中与其他各种制度发生交集并产生冲突，问题的实质大多又回归到知识产权的制度本身缺陷，即对基础理论没有形成共识。

（二）知识产权的历史发展

虽然对"知识产权"一词及其制度本身还存在诸多分歧，但如果要对该制度进行溯源，则可以几种重要的制度或重要的公约为标准，将之分为几个不同的历史发展阶段。[1]第一个阶段是属地时代或国内时代，主要特点是知识产权制度在欧洲国内法中出现，但没有国际保护。第二个阶段是国际时代，源于欧洲，直至19世纪末，以1883年的《巴黎公约》[2]和1886年的《伯

---

[1] 不同的学者依据不同的标准，对知识产权法律制度的发展阶段有着不同的时代划分。如仅对知识产权国际法发展阶段的划分，有学者认为主要有四个，第一个阶段是1883—1967年，以《保护工业产权巴黎公约》（以下简称《巴黎公约》）等为核心；第二阶段是1967—1994年，以WIPO公约及其管辖下的公约为核心；第三阶段是 1994—2010 年，以TRIPS为核心；第四阶段是 2010 年之后，以ACTA等为重点；后面两个阶段可合在一起，称之为"后TRIPS时代"，因为ACTA尚未生效。马忠法："国际知识产权法律制度的演变、本质与中国应对"，载《社会科学辑刊》2017年第6期，第115页。而有学者认为，在国际知识产权发展阶段中的世界贸易组织时期，应将之分为两个阶段，即"前TRIPS时代"和"后TRIPS时代"。参见吴汉东主编：《知识产权法学》，北京大学出版社2014年版，第373-374页。"后TRIPS时代"指美欧及日本等发达国家和地区试图通过多边、诸边或双边机制达成的超"TRIPS"保护标准。参见杜颖："知识产权国际保护制度的新发展及中国路径选择"，载《法学家》第2016年第3期，第115页。本书对知识产权历史发展采取的三阶段说，即属地时代、国际时代、全球时代，主要参考达沃豪斯教授的观点。Peter Drahos, The Universality of Intellectual Property Rights: Origins and Development, Intellectual Property and Human Rights, Proceedings of a Panel Discussion organized by the World Intellectual Property Organization in Collaboration with the Office of the United Nations High Commissioner for Human Rights, Nov. 9, 1998, http://www.wipo.int/edocs/pubdocs/en/intproperty/762/wipo_pub_762.pdf, pp.15-23, last visited on May 1, 2022.

[2] 《巴黎公约》签署于1883年，历经多次修订：1900年12月14日在布鲁塞尔修订；1911年6月2日在华盛顿修订；1925年11月6日在海牙修订；1934年6月2日在伦敦修订；1958年10月31日在里斯本修订；1967年7月14日在斯德哥尔摩修订；1979年10月2日修正。中国于1985年加入，适用1967年斯德哥尔摩修订版本。本书所指《巴黎公约》，若无特别说明，一般指1967年修订版本。

尔尼公约》[1]为标志。第三个阶段是全球时代，以TRIPS为标志。"这几个不同的重要公约的通过时间并不代表着准确的划时代分类，但它们确实代表着知识产权保护演进方向的一个重大变化。"[2]当然，不同的时代中还会有不同的重要事件出现，影响着该时代的总体特征，从而导致各时代内部的再分化。由于对知识产权与人权交集的研究始于20世纪90年代中期，刚好在知识产权的发展由于TRIPS的通过而进入了全球时代，对于许多学者所提及的后TRIPS时代中知识产权的发展情况，本书将在第二章中予以讨论。

1. 属地时代

知识产权的不同领域起源于不同的地方、不同的时期。[3]但知识产权作为一种权利形态，首先有赖于国家法律的承认与保护，"作为工业革命的伴生物，它产生于15世纪的欧洲。"[4]也有学者指出，"知识产权这一概念，同其他很多事物一样，既非古已有之，亦非一成不变，而是当年在欧洲通过多条线索，历经枝叶漫然的演变，逐步形成今天的面貌。"[5]如果要追溯知识产权的历史发展，学者将目光投向了中世纪的欧洲。

在中世纪的欧洲，大部分国家都运行着皇室的特权给予制度，这是现代知识产权制度的雏形。专利源于1474年的《威尼斯法令》和1623年英国的垄断法规。虽然也有可能在《威尼斯法令》之前有专利制度的前身，比如某些国王授予的特权，但现有定论认为《威尼斯法令》是世界上第一部真正的专利法。

---

[1] 《保护文学和艺术作品伯尔尼公约》（以下简称《伯尔尼公约》），签署于1886年，并于1896年、1908年、1914年、1928年、1948年、1967年、1971年和1978年经过多次修订和补充。中国于1992年加入，适用1971年版本。本书以下所指《伯尔尼公约》，若无特别说明，一般指1971年版本。

[2] Peter Drahos, The Universality of Intellectual Property Rights: Origins and Development, Intellectual Property and Human Rights, Proceedings of a Panel Discussion organized by the World Intellectual Property Organization in Collaboration with the Office of the United Nations High Commissioner for Human Rights, Nov. 9, 1998, http://www.wipo.int/edocs/pubdocs/en/intproperty/762/wipo_pub_762.pdf, p.15, last visited on May 1, 2022.

[3] Peter Drahos, The Universality of Intellectual Property Rights: Origins and Development, Intellectual Property and Human Rights, Proceedings of a Panel Discussion organized by the World Intellectual Property Organization in Collaboration with the Office of the United Nations High Commissioner for Human Rights, Nov. 9, 1998, http://www.wipo.int/edocs/pubdocs/en/intproperty/762/wipo_pub_762.pdf, p.15, last visited on May 1, 2022.

[4] 郑万青：《知识产权法律全球化的演进》，载《知识产权》2005年第5期，第57页。

[5] 刘春田：《知识产权法》，中国人民大学出版社2010年版，第4页。

该法规定，威尼斯城内的任何人如果有新的或精巧的设备，并将之在（市政登记官）办公室进行了登记，就可以获得一种特权，所有其他人在10年之内都被禁止制造相同或相似的设备。[1]英国1623年的垄断法废除了所有的垄断，除了那些由"某一制造方法"的"真实第一发明人"所拥有的垄断；大革命时期的法国于1791年承认了发明人的权利。欧洲之外的美国亦于1790年颁布了专利法。此后，专利法于19世纪上半期遍布欧洲各国，但这些专利法与目前复杂的专利制度完全不同，它们内容都很简单，仅仅是承认发明人的权利。虽然商标的应用比专利要早得多，但商标法以法规的形式出现则比专利法要晚。在19世纪下半期，英国法院曾经通过反仿冒之诉来对商标提供保护。但由于多种原因，成效不太令人满意，因此，以商标登记为内容的成文法开始出现：英国于1862年、法国于1857年、德国于1874年、美国于1870年先后颁布了商标法。版权法也采取了相同的模式，"人类历史上第一部现代意义上的版权法"[2]起源于英国1709年《安娜女王法》。自18世纪后半叶开始，欧洲各国也逐渐建立了本国的版权制度。如法国在大革命后，也于1793年颁布了第一部版权法。18世纪下半叶见证了欧洲各国国内知识产权制度的兴起。这在一定程度上也是一个无序发展的时代，各国之间的知识产权法相互借鉴和移植。英国垄断法规中规定的专利法原则逐渐被其他国家承认，英国1787年颁布的第一部外观设计法却受到1806年法国设计法的影响。[3]欧洲之外，知识产权制度随着殖民地拓展的路线而发展。比如，采取自治体制的殖民地澳大利亚，颁布的版权法与专利法大多是英国模式的忠实翻版。

属地时代最主要的特征是知识产权制度由属地原则所主导，该原则认为，知识产权的效力不能超出最初授予权利的国家的领土范围。这一原则是主权、财产权和领地之间所存在的密切关系的产物，它意味着A国通过的知识产权法不能适用于B国。但问题是到了19世纪后半叶，"许多知识产品打破一国界限流向其他国度……知识产权地域性限制与知识产品的国际性需求之间出现了

---

1 Silvia Salazar, Intellectual Property and the Right to Health, Intellectual Property and Human Rights, Proceedings of a Panel Discussion organized by the World Intellectual Property Organization in Collaboration with the Office of the United Nations High Commissioner for Human Rights, Nov. 9, 1998, http://www.wipo.int/edocs/pubdocs/en/intproperty/762/wipo_pub_762.pdf, p.68, last visited on May 1, 2022.

2 王迁：《著作权法》，中国人民大学出版社2015年版，第5页。

3 ［澳］布拉德·谢尔曼、［英］莱昂内·本特利：《现代知识产权法的演进：英国的历程（1760-1911）》，金海军译，北京大学出版社2012年版，第73-75页。

巨大的矛盾。在这种情况下，国际社会谋求对知识产权保护问题进行国际协调，"[1]知识产权发展进入了下一个阶段：国际时代。

2. 国际时代

在一定程度上可以认为，知识产权的地域性是知识产权保护走向国际化的根本原因，经济发展和文化传播的全球化是知识产权国际保护制度产生的主要动力。[2]但是，对盗版的担心也是各国开始在本国知识产权法中承认互惠原则的一个直接原因。比如，英国在18世纪发现，本国许多作者的作品在国外未经许可也未收取任何版权费用就被复制。许多的"盗版"活动发生在美国，像狄更生这样的作者在美国公众和美国出版商中非常受欢迎。正如英国国会议事录（Hansard）（1837）下面的段落中所表明的，美国并不是唯一的肇事者："一个流行作家写出的每份作品——沃尔特·司各特（Sir Walter Scott）、拜伦勋爵（Lord Byron）、罗伯特·索西（Messrs. Robert Southey）、托马斯·穆尔（Thomas Moore）的所有作品——几乎是同时在法国、德国和美国被大量复印，到现在，这种情况速度越来越快、成本也越来越低。实际上，越是最受欢迎的作者，其作品越是在巴黎加里尼涅和巴登书店中被大量复印和销售。"[3]

解决这些问题的方法是：第一，在本国法令中规定对外国作品的保护。比如英国就通过了1838年和1844年法令，保护首次在英国境外出版的作品。这些法令以互惠原则为基础，即外国作品要想得到英国的保护，条件是相关国家也应同意保护英国的作品。而1852年的德国法令在没有要求互惠的前提下，也给予了外国作品和外国作者以版权保护。第二，签署以国民待遇原则（互惠原则）为基础的双边保护条约。19世纪，欧洲国家对开展知识产权保护国际合作的可能性越来越感兴趣。和版权一样，工业产权的不同部分也成为双边条约立法的内容。在本国法令和互惠原则的基础上，国家之间通过签订双边或者多边条约的形式展开了一系列知识产权领域的合作，不同国家制

---

[1] 吴汉东主编：《知识产权法》，北京大学出版社2011年版，第375页。

[2] 吴汉东、郭寿康主编：《知识产权制度国际化问题研究》，北京大学出版社2010年版，第59页。

[3] Peter Drahos, The Universality of Intellectual Property Rights: Origins and Development, Intellectual Property and Human Rights, Proceedings of a Panel Discussion organized by the World Intellectual Property Organization in Collaboration with the Office of the United Nations High Commissioner for Human Rights, Nov. 9, 1998, http://www.wipo.int/edocs/pubdocs/en/intproperty/762/wipo_pub_762.pdf, pp.16-17, last visited on May 1, 2022.

度之间的差异性日益缩小，知识产权制度的历史开始进入一个新的时期，这便是知识产权国际保护制度的出现，[1]知识产权保护进入国际时代。据统计，在1883年，约有70个这样的双边协议。[2]这些协议的运作基础是国民待遇原则，这一原则本身就是国家间互惠待遇的结果。国家已经开始接受，如果对保护知识产权来说，他们对外国人不采取歧视待遇，那么其他国家也不会对本国国民采取歧视待遇。通过这种方式，国家使其本国作者的作品在外国得到了保护。

这种知识产权的双边主义是很重要的，因为它有助于承认，必须为知识产权的保护设立一个国际框架，并且它为这一框架就原则方面提供了内容上的建议，即国民待遇原则。但这种双边主义仅仅是个前奏，它给予作者的保护是远远不会令人满意的。知识产权国际合作的真正开始以两个多边支柱的出现为标志：1883年的《巴黎公约》和1886年的《伯尔尼公约》。《巴黎公约》成立了保护工业产权的巴黎联盟，《伯尔尼公约》成立了保护文学和艺术作品的伯尔尼联盟。两个公约的核心原则是国民待遇原则，并且规定了缔约国必须承认的一系列最低标准的权利，成为工业产权和版权这两大知识产权主要领域国际协调和多边合作的起点。

此后的整个20世纪见证了国际知识产权体系的扩展和多边主义的兴盛。举例来说，订立国际条约的知识产权领域包括：商标（1891年《商标注册马德里协定》和1891年《制止商品来源的虚假或欺骗性标志的马德里协定》）、工业设计（1925年《工业品外观设计国际备案的海牙协定》）、表演（1961年《保护表演者、录音制品制作者和广播组织的罗马公约》）、植物新品种（1961年和1991年《保护植物新品种国际公约》）、专利（1970年《专利合作条约》）、半导体芯片（1989年《集成电路知识产权条约》），等等。《巴黎公约》和《伯尔尼公约》本身在20世纪也经历了多次修订、修正和补充。伴随着知识产权条约签订活动，还出现了许多国际组织。《巴黎公约》和《伯尔尼公约》导致了1893年国际局（秘书处）的设立，名为保护知识产权国际联合局（法文为RIRPI）。1967年，斯德哥尔摩知识产权大会（斯德哥尔摩会议）更新了《伯尔尼公约》，并在较小程度上修订了《巴黎公约》。这次会议结束后，通过《建立世界知识产权组织公约》成立了WIPO，取代了原保护知识产

---

1 吴汉东主编：《知识产权制度基础理论研究》，知识产权出版社2009年版，第103页。

2 郑万青："知识产权法律全球化的演进"，载《知识产权》2005年第5期，第58页。

权国际联合局，国际知识产权体制实现了转型。[1] WIPO于1974年正式成为联合国的专门机构。尽管WIPO主持下的国际知识产权体系是成员方均同意的一些基本原则体系，其中最重要的是国民待遇原则，但它绝不是一个实体规则已经得到统一的体系，成员方仍保有大量的自由来制订其管辖范围内所适用的知识产权规则。

至1992年，WIPO已经管理着24个多边条约，包含着许许多多的规则。在WIPO引领的知识产权国际时代，知识产权制度基本上有了相对统一的、最低限度的国际标准和程序，有了统一的专门主管机构，基本完成了有组织的法律全球化。[2] 而"二战"之后国际政治经济的大发展，预示着20世纪末期在知识产权保护领域将发生翻天覆地的变化。

3. 全球时代

在国际时代，知识产权的统一是一件痛苦而缓慢的事情。"二战"后，越来越多的发展中国家加入了《巴黎公约》和《伯尔尼公约》。这些公约不再是西方俱乐部，根据一国一票原则，发展中国家联合起来可将西方国家投票出局。但发展中国家也不再满足于仅仅扮演"否决票联盟"的角色，他们希望建立一个适合其本国经济发展阶段的国际体系。在版权领域，印度带领发展中国家成功地通过了1967年《斯德哥尔摩议定书》，希冀让发展中国家更多地获取版权资料。这一议定书的通过引发了国际版权制度中某种程度的危机。《巴黎公约》也变成了1980年、1981年、1982年、1984年WIPO外交会议上的修订对象，发展中国家推动制订更灵活的有关强制许可的规定。而美国，则发现自己在与《巴黎公约》相关的会议上越来越被孤立。

对于美国电影业和制药业来说，知识产权（前者是版权，后者是专利）代表其行业的命脉。像辉瑞公司这样的制药公司，知识产权涉及投资的问题。在许多这样的全球公司实体组成的游说集团中，他们希望将知识产权与贸易联系起来。这一方法有两个好处：一是如果知识产权制度能够成为多边贸易体系的一部分，这将使知识产权规则或多或少覆盖全球的范围。二是可以充分利用国家为解决贸易争端所创建的争端解决机制。在乌拉圭回合谈判中，12个美国跨国公司的高级管理人员组成的国际知识产权委员会通过国内游说与跨国动员，

---

[1] Peter K.Yu, Five Decades of Intellectual Property and Global Development, Texas A&M University School of Law Legal Studies Research Paper Series, Research Paper No.17-10, 2016, p.1.

[2] 郑万青："知识产权法律全球化的演进"，载《知识产权》2005年第5期，第60页。截至2022年5月1日，WIPO共管理着26项条约。WIPO, WIPO-Administered Treaties, https://www.wipo.int/treaties/en/, last visited on May 1, 2022.

成功地将知识产权纳入贸易谈判的主题，通过一揽子协议实现了知识产权制度的全球化。[1]

TRIPS标志着知识产权全球时代的开始。它涵盖的知识产权范围和类型最为广泛，对知识产权的保护水平虽为"国际最低标准"，但也远远超过了WIPO管理下的知识产权体系，为经济发展落后、科技创新能力不强、知识产权保护意识薄弱的发展中国家设定了较高的标准，发达国家眼中的"地板标准"实为发展中国家难以承受的"天花板标准"。同时，通过加强知识产权执法措施和争端解决机制，TRIPS一改WIPO所统领的国际时代中知识产权争端解决疲软无力的情况，"为知识产权制度的国际协调提供了有力的法律武器。"[2]TRIPS建立在属地性原则与国民待遇原则基础之上，但是它也代表着知识产权全球化的开始。通过与贸易相关联，TRIPS覆盖了多边贸易体系的所有成员方。许多新成立的区域贸易联盟将实施TRIPS作为其主要目标之一。更普遍的是，知识产权成为20世纪90年代的区域性安排特别是贸易安排中最突出和最重要的章节内容。比如，北美自由贸易协定包含了大量的知识产权条款，这些条款实际上成为就知识产权可能达到的如TRIPS中的多边保护水平的某种意义上的范本。学者迈克尔·布莱克利（Michael Blakeney）对知识产权在区域联盟中所能发挥的作用进行过调查，发现中欧以及东南亚国家联盟、湄公河流域国家、亚太经合组织（APEC）[3]等国家和地区之间的贸易协议中，均以不同形式涵盖了知识产权合作与协调的内容。[4]

TRIPS"标志着一个加强知识产权国际保护新纪元的开始"，但其作用和影响也是大多数参加谈判的代表所始料未及的。[5]发达国家与发展中国家在谈判过程中各有所得和所失，TRIPS的达成并非事情的终结，在很多方面，这仅仅只是开始。发达国家在监督TRIPS的全球履行和执行方面

---

[1] ［美］苏珊·K.塞尔：《私权、公法——知识产权的全球化》，董刚、周超译，中国人民大学出版社2008年版，第94-117页。

[2] 古祖雪：《国际知识产权法》，法律出版社2002年版，第40页。

[3] 亚洲太平洋经济合作组织，英文全称为Asia-Pacific Economic Cooperation，英文简称为APEC，中文简称亚太经合组织，是亚太地区层级最高、领域最广、最具影响力的经济合作机制。

[4] Michael Blakeney, The Role of Intellectual Property Law in Regional Commercial Unions in Europ. and Asia, Prometheus, Vol. 16, 1998, pp.341-349.

[5] 周长玲：《知识产权国际条约研究》，中国政法大学出版社2013年版，第52页。

积极进攻，发展中国家在生物多样性和药品专利方面强烈反对，"虽然已不能以任何直接方式使TRIPS消亡，但对其漏洞的抗击，对模糊语言的替代性解释，以及或许最为重要的对全球知识产权继续扩张的有效反对仍在进行"。[1]

二、人权的本质含义与制度成长

（一）人权的本质含义

1. 人权的定义

我国著名人权法学家李步云教授曾云："如果法治可以称之为法学的皇冠，那么人权就应当是皇冠上的明珠。"[2] 认识人权，可以先从人权的总括式定义出发，再将"人权"词语一分为二：一是"人"，即什么样的"人"、哪些人享有人权；二是"权"，即这些人享有什么样的"权利"，最后将人权与几个容易混淆的概念进行区别。通过以上步骤，人权的基本内涵即可窥见一斑。

第一，什么是人权？不同的学者答案不同。中外人权研究者不同程度地侧重于人权的基本要素，即从主体、客体、来源、性质、对象、内容和特征等之中的一个或多个要素给人权下定义。[3] 人权是一个人仅仅因为是人就应当享有的权利。[4] 人权就是每个人仅仅因为是人就应当享有的权利，是每个人其尊严得到保障所享有或应该享有的权利。[5] 人权是人依其自然属性和社会本质所享有和应当享有的权利。[6] 法国启蒙运动斗士德·孔多塞（De Condorcet）伯爵首次对人权给出的定义是，人权包括人身的安全、财产的安全、不偏不倚和公正的司法制度以及法律制定的参与权。[7] 奥地利学者曼弗雷德·诺瓦克

---

1 [美] 苏珊·K.塞尔：《私权、公法——知识产权的全球化》，董刚、周超译，中国人民大学出版社2008年版，第118-148页。

2 李步云：《论人权》，社会科学文献出版社2010年版，自序第1页。

3 肖君拥：《国际人权法讲义》，知识产权出版社2013年版，第13页。

4 白桂梅主编：《人权法学》，北京大学出版社2011年版，第1页。

5 北京大学法学院人权与人道法研究中心：《国际人权法概论》（修订版），https://www.hrhl.pku.edu.cn/rqxw/ztxw/bdrqzxzt/9944.htm，2017年网络版，第1页。

6 李步云：《论人权》，社会科学文献出版社2010年版，第3页。李老师的定义得到了普遍和官方的肯定，成为中国人权百科全书中所采纳的人权定义。参见刘海军、王家福主编：《中国人权百科全书》，中国大百科全书出版社1998年版，第481页。

7 [美] 林·亨特：《人权的发明：一部历史》，沈占春译，商务印书馆2011年版，第10页。

（Manfred Nowak）基于法律和哲学的视角，给人权的描述性定义是：使所有人有权基于自由、平等和对尊严的尊重而塑造他们自己的生活的基本权利；规定在普遍性和区域性人权文书以及各国国内宪法中的公民权利、政治权利、经济权利、社会权利和文化权利的集合；包括自由主义、民主、大众参与、社会正义、法治和良治成分的现行国际法中唯一获得普遍承认的价值体系。[1]而拉兹（Larz）则界定了国际人权概念所包含的三个基本含义：共时普遍的权利；限制国家主权的权利；应由正当权威的国际机构强制实施的法律权利。[2]事实上，达成一个被普遍接受的人权定义是困难的。[3]人权是个伟大的名词，但人权也是人权法学中最为混乱、最难界定的概念。这本身就说明了人权的复杂性、人权的重要性以及人权研究的巨大空间。[4]从这些概括式的定义中，或许只能领会到人权的某些意蕴。

第二，什么样的"人"、哪些"人"享有人权？"世界最幽邃的谜也许是人。"[5]但人权领域中的"人"，是指享有人权的主体。首先，人权的主体是所有的人。人权之所以称为人权，意味着一切人，根据他们的本性，人人平等享有人权，平等地受到保护——不分性别、种族和年龄，不分出身贵贱、社会阶级、民族本源、人种或部落隶属，不分贫富、职业、才干、品德、宗教、意识形态或其他信仰。[6]但人权不应该扩展到婴儿、处于植物人状态或高度痴呆状态的病人、在精神上具有严重残疾的人。[7]其次，在国内层面，它不仅指该国的公民，而且也包括居住在该国的外国人、无国籍人和难民。[8]如1789年法国《人权和公民权宣言》中"人们""人类""每一个人""所有人""所有公民""每一位公民""社会""每一种社会"等，所指都不仅限于法国人

---

1 ［奥］曼弗雷德·诺瓦克：《国际人权制度导论》，柳华文译，北京大学出版社2010年版，第1页。

2 严海良：《全球化世界中的人权：以拉兹为视角的展开》，法律出版社2015年版，第103-104页。

3 徐显明主编：《国际人权法》，法律出版社2004年版，第3页。

4 肖君拥：《国际人权法讲义》，知识产权出版社2013年版，第12页。

5 ［英］洛克：《洛克说自由与人权》，高适编译，华中科技大学出版社2012年版，第2页。

6 ［美］路易斯·亨金：《权利的时代》，信春鹰、吴玉章、李林译，知识出版社1997年版，第3页。

7 ［英］詹姆斯·格里芬：《论人权》，徐向东、刘明译，译林出版社2015年版，第114页。

8 李步云：《论人权》，社会科学文献出版社2010年版，第3页。

民。[1]同时，它不仅包括个人，也包括一些特殊群体，如少数民族、妇女、儿童、老年人、残疾人等。但由于人权的本质是个人的权利，在强调这些特定群体的人权时，其重要意义是要为这些弱势群体成员的个人提供特别的保护措施，以便最终帮助他们实现个人的人权。[2]在国际法层面，人权的主体主要是国家，其次是民族或国家集团。这就涉及争议较多的集体人权问题，也就是说，人权的主体除个人之外，能否是集体？对此国内外学者亦有不同答案。人权学者们提及三代人权：典型权利（第一代：公民及政治权利）、福利权利（第二代：经济社会文化权利）和人民权利或连带权利（第三代：集体权利包括自决权、发展权等）。这三代权利是学者们持续辩论的对象，包括观念的内在连贯性、如何识别以及在国际法中的地位等。[3]诸多学者认为，相对于个人人权而言，集体人权、群体人权都仅是一种手段性的权利，真正的受益者、作为目标而存在的人权永远是而且只能是个人。[4]但事实上，这些集体人权现在已被国际上许多人士称为"新一代人权"或"第三代人权"，其主要特点包括：主体主要是民族、社会、国家、国家集团等集体；权利诉求对象主要是整个国际社会，要求国际社会采取协调步骤与开展国际合作来保障这类人权的实现。[5]虽然它还正处在发展与完善的过程中，并且争议很大，但最重要的是，集体人权已为诸多国际人权文件所正式认可。因此，从人权的法律制度和实践来看，人权的主体包括个人、群体、国家，甚至是全人类。

第三，享有什么样的、哪些"权利"？人权的客体是权利，作为人权客体的权利范围非常广泛，随着人权的发展和实践而不断扩大。正如洛克所认为的，所有人生来就有双重的权利，一是人身自由的权利，即他的人身自由别人没有权力加以支配，只能由他自己自由处理；二是财产自由的权利，即未经本人同意，任何人的财产不能被剥夺。[6]目前，对于这些权利，不同的学者根据

---

1 [美]林·亨特：《人权的发明：一部历史》，沈占春译，商务印书馆2011年版，第4页。

2 张爱宁：《国际人权法专论》，法律出版社2006年版，第6页。

3 J. Crawford ed., The Rights of Peoples, Clarendon Press, 1988.

4 徐显明、曲相霏："人权主体界说"，载《中国法学》2001年第2期，第59页。

5 李步云：《论人权》，社会科学文献出版社2010年版，第98页。

6 [英]洛克：《洛克说自由与人权》，高适编译，华中科技大学出版社2012年版，第306-308页。

不同的划分标准和依据,有二分法[1]、三分法[2]甚至四分法[3]之说。也有学者试图给这些权利进行列举,尝试作出一个"人权一览表"。[4]著名学者李步云教授认为,人权中所指的权利主要包括三大类:一是人身人格权利,如生命权、隐私权以及自由权等;二是政治权利,如选举权、请愿权、法律平等权等;三是经济、社会和文化权利,如财产权、受教育权、科学研究自由等。在国际上,还有自决权、独立权、发展权、环境权等。[5]当然,还有学者基于人权是建立在人类普遍道德原则的基础上,提出"最低限度的人权"学说,认为最低限度的人权包括七项具体权利:生命权、公平对待的公正权、获得帮助权、在不受专横干涉这一消极意义上的自由权、诚实对待权、礼貌权以及儿童受照顾权。[6]该种学说指出应有一些最为核心、在任何情况下不能贬损的权利,让人

---

[1] 二分法是诸多学者特别是西方人权学者所赞同的观点,其依据来源是《世界人权宣言》以及1966年的人权两公约,即《公民权利和政治权利国际公约》以及《经济、社会及文化权利国际公约》。二分法认为人权包含两大类权利,一类是公民权利和政治权利,另一类是经济社会和文化权利。参见徐显明主编:《国际人权法》,法律出版社2004年版,第6页。

[2] 三分法即三代人权说。20世纪70年代,捷克人权专家卡雷尔·瓦萨克(Karel Vasak)创造了"人权分代"的表述用语,将人权分为第一代人权——公民权利和政治权利;第二代人权——经济、社会和文化权利;第三代人权——集体权利。[奥]曼弗雷德·诺瓦克:《国际人权制度导论》,柳华文译,北京大学出版社2010年版,第123页。瓦萨克所使用的措辞是社会"连带权",实际上,"连带权"是学理称谓,在国际人权文件里通常指集体人权,主要包括自决权、发展权、自然财富主权、自然与文化遗产权、环境权、和平权。肖君拥:《国际人权法讲义》,知识产权出版社2013年版,第21页。该种学说的拥趸是发展中国家。

[3] 中国学者徐显明提出第四类人权,即和谐权,认为这是21世纪的人类消弭冲突、异中求和又和而不同的依靠与凭借。徐显明:"和谐权:第四代人权",载《人权》2006年第2期。但有学者认为,第四代人权的提出为人权的概念与分类以及人权的未来演变进行了富有启发的探索,但是其令学界信服之有力论证还远没有展开。肖君拥:《国际人权法讲义》,知识产权出版社2013年版,第22页。

[4] 徐显明教授在人权一览表中指出,人权所应予保护的权利和自由至少应包括但不限于以下内容:生命权,自由权,人身安全权,私有财产权,免受酷刑或其他残忍、不人道或者有辱人格的待遇或处罚,不得因无力履行债务而被监禁,免于任意逮捕或拘禁,公正审判权,免于歧视,法律的平等保护权,隐私、家庭、住宅或通信不受任意干预,言论、出版、结社和集会自由,思想、良心和宗教自由,国籍权,选举和参与公共事务权,工作权,获得适当的生活水准权,社会保障权,健康权,教育权,参加文化生活权,民族自决权,发展权,环境权,和平与安全权。徐显明主编:《国际人权法》,法律出版社2004年版,第6页。

[5] 李步云:《论人权》,社会科学文献出版社2010年版,第3页。

[6] [英]A.J.M.米尔恩:《人的权利与人的多样性——人权哲学》,夏勇、张志铭译,中国大百科全书出版社1995年版,第171页。

在眼花缭乱的人权表中能够找到重要的核心内容。这种学说得到了许多学者的赞誉，但是，这种学说一是基于人权是一种道德权利的理念，其所列举的部分核心权利在最权威的国际人权公约中都无法找到，恐怕难以得到各国认可；二是对于具体哪些权利属于最低限度的人权，还没有也难以形成统一的认识。可见，既不能过宽地去泛化人权应该包含的权利，也不能过窄地去界定人权的内容，唯一可行的是从国际人权文件中找到依据，明确人权的具体内涵。同时不应忘记，人权的体系还没有终结，它仍然是开放的。[1]

第四，人权与几个容易产生混淆的概念如何区分？首先是人权与权利。人权也是一种权利，但并非所有的权利都是人权。人权与其他权利之间的不同包括：本原不同、客体不同、主体不同、存在形式不同等。[2]其次是人权与基本权利。人权与各国宪法中的基本权利属于同类项，[3]基本权利包含了属于一般人权性质的权利。从功能上看，基本权利和人权均有着防御国家侵害个人权利之作用，故两者在人权保护方面发挥着相似的功能。但在逻辑顺序上，人权通常先于基本权利而存在。[4]并且，人权具有自然法的意蕴，诸多学者将之视为道德权利；而基本权利一般是实证权利，是各国宪法所保护的权利。最后是基本人权与非基本人权。李步云教授指出应当且有必要区分基本人权与非基本人权，基本与否的标准为：是否由宪法所确认、是否为普遍人权（与特殊群体人权相比）、是否为原生人权、是否为不可克减的权利等。但他同时认为，这种比较只具相对的意义。[5]另有学者也认为存在基本人权与非基本人权之分。基本人权是在人权体系中处于核心地位，对于人和公民来说不可或缺、不可替代、不可让渡、具有渊源性和内在恒定性的人权。而非基本人权虽然并不意味着这些权利不重要，但只具有相对性、特殊性。区分两者的意义在于确定人权的位阶，基本人权因根本性而具有优位性地位。[6]但有学者认为，所谓基本人权之含义，实际上与人权的内涵是一致的。事实上，尽管国际社会对人权的内容和分类存在很大分歧，各种理论之间也存在冲突与重叠之处，但对人权并不

---

1 徐显明："人权研究无穷期——中美人权学术研讨会闭幕词"，载《政法论坛》2004年第2期，第37页。

2 李步云：《论人权》，社会科学文献出版社2010年版，第66-70页。

3 张翔："论人权与基本权利的关系——以德国法和一般法学理论为背景"，载《法学家》2010年第6期，第21页。

4 黄志慧：《人权保护对欧盟国际私法的影响》，法律出版社2018年版，第8页。

5 李步云：《论人权》，社会科学文献出版社2010年版，第109-110页。

6 肖君拥：《国际人权法讲义》，知识产权出版社2013年版，第22页。

存在所谓"基本人权"和"非基本人权"之分类。这也印证了人权与基本人权在内涵上应是一致的。[1]笔者不赞同区分基本人权与非基本人权，但认为人权依据其重要性程度有等级和位阶之分。尽管人权、基本权利与基本人权既有联系和重叠，也有区别和差异，但三者均强调对个人基本权利和人权的尊重与保护，可在三者重合意义的范畴上使用上述概念。[2]

2. 人权的特征

正如1993年《维也纳宣言和行动纲领》宣称，"一切人权均为普遍、不可分割、相互依存、相互联系"。人权与一般的法律权利不同，具有以下特征：

第一，人权超越于法律，但又依赖于国家。人权是先于法律而存在的，法律只是保障人权的手段之一，而不是人权的来源。[3]因为人权是一种道德权利。人权不依赖实证法的规定，不以实证法为依据。法律只是保障人权的手段，而不是人权的来源，法律不创造人权，也不应剥夺人权。[4]每个人都享有人权，保障人权是国家、政府和社会的基本义务，保障人权也是人们组成社会、政府和国家的主要目的。[5]人权对国家存在依赖性。虽然人权实现的义务主体有国家、国际组织、非政府组织和个人，但国家是人权实现的最主要的义务主体，其作用与责任远远超出其他义务主体。[6]人权保护主要对国家施加了一种超越道德意义的法律义务，主权国家必须承担起保护人权的重要职责。人权的贯彻与保障，乃至人权的内涵与标准，仍然摆脱不了由各主权国家主导的宿命。人权的具体保护和人权标准的贯彻落实，仍然需要借助国家主权的权威和力量。而且，人权的国际保护更是需要主权国家之间的能力协作。[7]

第二，人权所囊括的各类权利彼此依存、不能分割、不可剥夺。[8]国际人权文件所规定的各项人权，是一个有机组合的整体。不同的权利之间相互联

---

1 黄志慧：《人权保护对欧盟国际私法的影响》，法律出版社2018年版，第8页。

2 黄志慧：《人权保护对欧盟国际私法的影响》，法律出版社2018年版，第7-8页。

3 北京大学法学院人权与人道法研究中心：《国际人权法概论》（修订版），https://www.hrhl.pku.edu.cn/rqxw/ztxw/bdrqzxzt/9944.htm，2017年网络版，第1页。

4 白桂梅主编：《人权法学》，北京大学出版社2011年版，第2页。

5 北京大学法学院人权与人道法研究中心：《国际人权法概论》（修订版），https://www.hrhl.pku.edu.cn/rqxw/ztxw/bdrqzxzt/9944.htm，2017年网络版，第1页。

6 李步云：《论人权》，社会科学文献出版社2010年版，第198-204页。

7 黄志慧：《人权保护对欧盟国际私法的影响》，法律出版社2018年版，第6页。

8 李步云：《论人权》，社会科学文献出版社2010年版，第3页。

系，互相补充。各类权利之间也相互依赖，这种相互依赖表现为人权之间的相互促进与限制，目的都在于保证人权的共同发展，服从于人的尊严。[1]假设生存权的含义多于物质形态的生存，它就要求诸如健康权和社会保障权等经济和社会权利；教育权的实现决定着人们实际享有所有其他权利的能力，对于一种有尊严的生活来说至关重要。[2]在1998年WIPO主办的专家研讨会上，一名与会者认为，根据1993年世界人权大会上通过的《维也纳宣言和行动纲领》，所有的人权都是不可分割的、相互依存的。现在很难说那些权利比另外一些权利更重要。特别是在知识产权的背景下，经济社会文化权利受到的威胁更大。这些权利应该被得到加强，如果将人权作出不同种类的区分会很危险，经济、社会、文化权利将被继续边缘化。[3]因此，"人人享有所有人权"，也指所有人权的不可分割性和相互依存性，经济、社会、文化权利和集体人权与公民权利和政治权利一样重要和必要。真正的人权保护只能通过不同人权的综合平衡才能实现，这些人权既考虑个人不受干预的权利，又考虑所有人权要求国家采取积极行动的内在要求。[4]

第三，人权是个人人权与集体人权的统一。这已在人权的定义中有所阐述。国际人权法除了保护个人人权之外，也逐步注重对自决、发展、环境、和平与安全等集体人权的保护，而国内人权法通常确认的是个人人权。[5]个人享有人权是毫无争议的，但集体人权肇始于发展中国家的主张与推进。最早被认可的集体人权是自决权，后来发展权、和平权、环境权等陆续得到承认，它们被视为属于"第三代人权"。[6]社会主义人权观强调个人人权与集体人权的统

---

[1] 白桂梅主编：《人权法学》，北京大学出版社2011年版，第29页。

[2] 徐显明主编：《国际人权法》，法律出版社2004年版，第6页。

[3] Edited Transcrip.of Discussion, Intellectual Property and Human Rights, Proceedings of a Panel Discussion organized by the World Intellectual Property Organization in Collaboration with the Office of the United Nations High Commissioner for Human Rights, Nov. 9, 1998, http://www.wipo.int/edocs/pubdocs/en/intproperty/762/wipo_pub_762.pdf, p.62, last visited on May 1, 2022.

[4] ［奥］曼弗雷德·诺瓦克：《国际人权制度导论》，柳华文译，北京大学出版社2010年版，第14页。

[5] 肖君拥：《国际人权法讲义》，知识产权出版社2013年版，第7页。

[6] 北京大学法学院人权与人道法研究中心：《国际人权法概论》（修订版），https://www.hrhl.pku.edu.cn/rqxw/ztxw/bdrqzxzt/9944.htm，2017年网络版，第1页。

一性和一致性，但集体人权并不高于个人人权。[1]

第四，人权同时具有普遍性与特殊性。人权的普遍性主要包括三个向度：人权主体的普遍性、人权内容与标准的普遍性、人权价值的普遍性。此外，还有尊重和保障基本人权应成为各国普遍的共同义务。[2]但普遍性原则无论如何都不排除区域的或者国内的差异性和特殊性。[3]人权既是一种基于法律规则和制度发展的产物，同时也是一种根植于特定历史时期人文价值和信仰体系的文化之反映。因此，对各主权国家在人权的含义、内容和范围以及保护人权的方法和实践上所存在之差异，也就不难理解。人权文化存在多样性。[4]比如，何种权利属于人权，不同历史阶段的法律文件有着不同的选择。[5]即使在同一个国家，在不同的历史时期，其主张的人权也可能会存在差异；而在同一时期的不同国家内，对人权的认识和理解以及法律规定可能有诸多不同。重要的是，人类生活并非千篇一律，存在着不同的文化和文明传统，一种恰当的人权概念，应当考虑到人类的多样性。[6]

第五，人权的丰富性和开放性兼具。一般来说，人权指的是那些人之生存所必需的、基本的、不可剥夺的权利，但这些权利应当包含哪些内容，人们还未形成共识。[7]从目前人权已有的内容看，其权利的内容日益增加，丰富多彩。人权概念已经不是单纯的个人权利，而是将集体人权也纳入其中。并且，人权具有开放性，人权的内容并非一成不变，而是随着历史的发展而发展。[8]人权一定不能视为一种静态的制度，它们的法典化在国内和国际都是一个不断发展的、永无休止的过程。最新的科技发展和其对人类所带来的威胁，比如由基因技术或者生物医学带来的影响，无疑使得发展出一套进一步的人权规则成

---

[1] 李步云：《论人权》，社会科学文献出版社2010年版，第104-105页。

[2] 白桂梅主编：《人权法学》，北京大学出版社2011年版，第22页。

[3] [奥]曼弗雷德·诺瓦克：《国际人权制度导论》，柳华文译，北京大学出版社2010年版，第3页。

[4] 黄志慧：《人权保护对欧盟国际私法的影响》，法律出版社2018年版，第6页。

[5] 吴汉东："知识产权的多元属性及研究范式"，载《中国社会科学》2011年第5期，第41页。

[6] 徐显明主编：《国际人权法》，法律出版社2004年版，第5页。

[7] 国际人权法教程项目组：《国际人权法教程（第1卷）》，中国政法大学出版社2002年版，第11页。

[8] 白桂梅主编：《人权法学》，北京大学出版社2011年版，第20页。

为必要。[1] 人权制度不断地扩张，以至于有些学者已经开始呼吁对这些权利的起源首先要进行质量控制。[2]

第六，人权本身的神圣性与人权保护的软弱性并存。人权本身自带光环。"人权"是当今世界最引人瞩目的词藻之一。[3] 不容置疑的是，国内和国际人权保护的真实目的是尽可能地防止人权受到侵犯。但只要看一下21世纪初世界各地发生的无数严重、系统地对人权侵犯的事件，这好像只是一个愿景。[4] 不过，人权的国际保护或者实施这样的术语只有当相关的国际机构（国际组织的政治机构、专家机构或者国际法庭）被授权监督这些国际义务的履行时，才是适用的。且只有当一个监督机构的决定或者建议能够针对相关国家得到执行，才能认为这些国际监督程序是有效的。事实上，这一直是国际人权保护制度面临的主要挑战，也是它最大的弱点。[5]

综上，从上述人权的定义、主体、内容、特征等各方面来看，学者们的认识还存在着诸多差异。并且，人权作为一种法律制度极具争议性，不仅体现在人权的基本概念问题上，同时也反映在人权实践的方法与准则之中。[6]

（二）人权的制度成长与实践

1. 人权的发展历史

公元前5世纪，自然正义观已在古希腊自然哲学的基础上发展起来，并开始了人权意识的历史传统。[7] 但人权概念在本质上并不是西方文化的专利，而是东西方文化经过长期的历史积淀出现的文化现象。[8]

有学者认为，在西方，从有史记载开始到中世纪，人权起源于宗教中的人本主义哲学和斯多葛派哲学；在启蒙运动时期，一系列重要文件如《人身保

---

1 [奥]曼弗雷德·诺瓦克：《国际人权制度导论》，柳华文译，北京大学出版社2010年版，第3页。

2 P. Alston, Conjuring up New Human Rights: A Proposal for Quality Control, American Journal of International Law, Vol.78, 1984, p.607.

3 徐显明主编：《国际人权法》，法律出版社2004年版，第3页。

4 [奥]曼弗雷德·诺瓦克：《国际人权制度导论》，柳华文译，北京大学出版社2010年版，第27页。

5 [奥]曼弗雷德·诺瓦克：《国际人权制度导论》，柳华文译，北京大学出版社2010年版，第27-28页。

6 黄志慧：《人权保护对欧盟国际私法的影响》，法律出版社2018年版，第363页。

7 李步云：《论人权》，社会科学文献出版社2010年版，第45页。

8 白桂梅主编：《人权法学》，北京大学出版社2011年版，第34页。

护令》、英国《权利法案》、美国《独立宣言》[1]以及法国《人权与公民权宣言》[2]体现了近代意义上的自由主义与人权；工业时代以社会主义与人权为标志；而当代人权，则出现于20世纪晚期。[3]我国学者李步云教授认为，近代人权大体经历了三个主要发展阶段。第一阶段是资产阶级革命时期以及这一革命在全球范围内取得胜利以后的一个很长时期，它的诞生与确立以美国的《独立宣言》和法国的《人权与公民权宣言》为主要标志，这段时期的人权内容，主要以人身人格权利、政治权利与自由为核心；第二阶段是伴随着19世纪初开始的反对剥削与压迫的社会主义思潮、运动与革命而出现的人权，在东方以苏联的《被剥削劳动人民权利宣言》为代表，在西方以德国的《魏玛宪法》为标志，其基本内容是经济、社会和文化权利；第三阶段是在"二战"以后反对殖民主义压迫的民族解放运动中产生并发展起来的人权，其特点是人权保护的范围由国内进入国际，以《世界人权宣言》《公民权利和政治权利国际公约》和《经济、社会及文化权利国际公约》三个基本国际人权文件（以下称为国际人权三文件）为基础，其内容还包括民族自决权、发展权、环境权等国际集体人权。[4]

在东方社会，特别是在汉字文化圈中，中国、韩国和日本的传统文化，都蕴含着深厚的人权思想，比如中国传统文化中的人权乃天赋权利、人权与博爱

---

[1] 1776年的美国《独立宣言》，将一份18世纪关于政治不满的有代表性的文献变为一份永久性的人权宣言。［美］林·亨特：《人权的发明：一部历史》，沈占春译，商务印书馆2011年版，第3页。这份文件庄严宣称："我们认为这些是不言而喻的，即人人生而平等，他们由上帝赋予了某种不可剥夺的权利，其中包括生命、自由和追求幸福的权利。"

[2] 1789年法国《人权和公民权宣言》体现了普遍人权的未来，宣言中重要的内容包括：所有的人——而不只是法国人——"在权利方面，都是生来并且一直是自由平等的"（第1条）。自由、财产、安全和反抗压迫的权利（第2条）存在于"天赋的、不可剥夺的和神圣的人权"之中。"所有的公民"都有权参与制定法律，这对每一个人都是相同的（第6条）。宣言还禁止无端地支配没收的财产（第17条），坚持"任何人都不应因他的舆论观点、甚至在宗教信仰方面的看法而被干扰"（第10条）而更强有力地维护新闻自由（第11条）。［美］林·亨特：《人权的发明：一部历史》，沈占春译，商务印书馆2011年版，第97页。权利宣言的影响已经超越了法国，几乎在一夜之间转变成每一个人的语言。［美］林·亨特：《人权的发明：一部历史》，沈占春译，商务印书馆2011年版，第99页。

[3] ［美］米歇琳·伊谢："人权的历史形成：从观念到制度"，周力、钟夏露编译，载《中国人权评论》2015年第1卷，第153-163页。

[4] 李步云：《论人权》，社会科学文献出版社2010年版，第6页。

平等、人权与天法天刑及自然法等。[1]在中国近代，经康有为、孙中山、邹容等实现了中国人权文化的启蒙；在现代，毛泽东人权思想确立了崭新的社会主义人权制度，开创了中国人权革命的历史新纪元；在当代，中华人民共和国60多年的人权建设实践，特别是改革开放以来40多年的人权实践创新和理论创新，使得当代中国特色人权文化进入了崭新的自觉自信阶段。[2]

2. 人权的国际法实践

虽有学者将国际人权法的历史发展过程分为三个阶段，即"一战"前的萌芽阶段、两次世界大战之间的产生和初步发展阶段、"二战"后的全面发展阶段，[3]但大多数学者认为，人权保护进入国际领域主要是20世纪的事情，它标志着人权的发展进入了一个全新的阶段。[4]人权国际保护的必要性基于人权国内保护的不足，[5]可归因于第二次世界大战期间德、意、日法西斯对人权极大的侵犯。[6]因此，"二战"后，尽管人权仍然被视为内政，但很快就开始由纯粹的国内领域发展到国际领域。[7]

1945年，《联合国宪章》（以下简称《宪章》）在人类历史上第一次将人权规定在一个具有很大权威的国际组织的纲领性文件中。[8]《宪章》庄严宣布并重申基本人权、人格尊严和价值。作为现代国际法律体系的起点，联合国的宗旨包括发展国际法，以保护人权、防止战争并促进经济与社会发展。[9]虽然《宪章》对人权问题只作了一般性规定，缺乏对"人权"及"基本自由"的定义，但其人权条款是人权国际化、主流化的开端，是国际人权法形成的基础，

---

1 白桂梅主编：《人权法学》，北京大学出版社2011年版，第37-41页。

2 鲜开林："论中国人权文化的历史变迁"，载《人权》2012年第3期，第25-28页。

3 郭曰君教授划分国际人权法历史发展三阶段的依据是，国际人权法的产生必须符合三项标准：以国际人权条约的形式确定缔约国应当遵守的人权标准；依法建立专门负责监督该人权条约实施的国际机构；建立法定的监督程序。郭曰君："论国际人权法的产生和历史分期"，载《广州大学学报》（社会科学版）2017年第5期，第22-25页。

4 李步云：《论人权》，社会科学文献出版社2010年版，第213页。

5 肖君拥：《国际人权法讲义》，知识产权出版社2013年版，第5页。

6 徐显明主编：《国际人权法》，法律出版社2004年版，第29页。

7 北京大学法学院人权与人道法研究中心：《国际人权法概论》（修订版），https://www.hrhl.pku.edu.cn/rqxw/ztxw/bdrqzxzt/9944.htm，2017年网络版，第1页。

8 李步云：《论人权》，社会科学文献出版社2010年版，第109-110页。

9 ［英］菲利普·桑斯：《无法无天的世界：当代国际法的产生与破灭》，单文华、赵宏、吴双全译，人民出版社2011年版，第8页。

也是"二战"后国际社会人权活动的基本法律依据。[1]

1948年联合国大会上通过的《世界人权宣言》是多年来人类为权利所进行的斗争的结晶。它包含了诸多有关公民权利、政治权利、经济权利、社会权利和文化权利的重要内容，为世界民众列出了一系列道德义务，但是它却没有强制执行的机制。[2]《世界人权宣言》堪称人类第一个基本人权法典，是实施联合国"人权应该得到法律保护"的决议的努力的第一步。虽然这是一个没有法律约束力的文件，但它直接导致了有约束力的规范和欧洲、美国、非洲一系列新的人权法律文件的产生。[3]至今《世界人权宣言》已经被翻译成360多种文字，是全世界翻译版本最多的文件。[4]

1966年联合国大会通过了《公民权利和政治权利国际公约》以及《经济、社会及文化权利国际公约》，分别规定了两类最为重要的人权，一类是以国家承担"消极"义务、需要立即实现的公民权利和政治权利，包括民族自决权、生命权、人身自由和安全权、人格权、私生活和名誉权、主张和表达自由、参政议政权和少数者权利等；另一类是国家承担"积极"义务、可以采取措施逐步实现的经济、社会和文化权利，包括工作权、享受公正和良好的工作条件的权利、获得相当的生活水准的权利、享有能达到身心健康标准的权利、受教育权、享受文化和享受科学进步利益的权利等。并且，这两个公约都建立一个明显不同的、旨在保证缔约方遵守其条约义务的国际执行制度。[5]可以说，这两个公约体现了全面的国际人权标准，是联合国促进、监督和保护人权活动的主要依据。这些文件成为后来联合国制定一系列国际人权公约、宣言和决议等人权文书的理论基础和法律依据。[6]

在此之后，联合国还通过了一系列专门性的人权条约，来对特定的人权问题进行调整，并保护一些特定的人群，包括《防止及惩治灭绝种族罪公约》《消除一切形式种族歧视国际公约》《禁止并惩治种族隔离罪行国际公约》

---

[1] 白桂梅主编：《人权法学》，北京大学出版社2011年版，第70-71页。

[2] ［美］林·亨特：《人权的发明：一部历史》，沈占春译，商务印书馆2011年版，第155页。

[3] ［英］菲利普·桑斯：《无法无天的世界：当代国际法的产生与破灭》，单文华、赵宏、吴双全译，人民出版社2011年版，第11页。

[4] 白桂梅主编：《人权法学》，北京大学出版社2011年版，第3页。

[5] ［美］托马斯·伯根索尔、黛娜·谢尔顿、戴维·斯图尔特：《国际人权法精要》（第四版），黎作恒译，法律出版社2010年版，第32页。

[6] 张爱宁：《国际人权法专论》，法律出版社2006年版，第109页。

《禁止酷刑或其他残忍、不人道或有辱人格的待遇或处罚公约》《保护所有移徙工人及其家庭成员权利国际公约》《消除对妇女一切形式歧视公约》以及《儿童权利公约》。[1]联合国还建立了一套自己的人权条约机构，以实现人权的保护、监督和执行，其具体职能包括：审议缔约方报告、发布一般性意见、审议国家间来文、审议个人来文以及紧急行动和调查等其他职能。[2]1993年6月，在维也纳召开第二次世界人权大会，通过了《维也纳宣言和行动纲领》，被许多人视为现代人类为加强人权保障而奋斗的历史进程中一个新的里程碑。在发达国家强调人权普遍性的意义、发展中国家则强调要充分肯定人权的特殊性的激烈争论下，这一文件强调了人权具有普遍性，也肯定了人权的普遍性同特殊性是统一的、不可分割的。[3]另外，区域性人权公约与人权保护机制也方兴未艾，在人权的保护中凸显了重要作用。在欧洲，作为《欧洲人权公约》的执行机构，欧洲人权委员会[4]和欧洲人权法院的创造性实践，使《欧洲人权公约》成为当今世界最具活力的人权公约之一。[5]在美洲，《美洲国家组织宪章》系统、《美洲人权公约》系统、美洲人权委员会和美洲人权法院相得益彰。[6]在非洲，也建立了以《非洲人权和民族权宪章》及其议定书为基础的人权监督机制，成立了非洲人权和民族权法院。[7]

目前，国际人权法体系已经全面形成，国际人权法也成为国际法中发展最快的一个分支。[8]问题是，有关人权的法律和规定已经比较全面和科学，而人权的实施和保障机制却相对非常微弱。正如前文所述，人权本身的神圣性和人权实施机制的软弱性是不成正比的。

---

1 徐显明主编：《国际人权法》，法律出版社2004年版，第83-109页。

2 陈士球："联合国人权条约机构的历史与改革进程"，载《人权研究》2020年第3期，第42-46页。

3 李步云：《论人权》，社会科学文献出版社2010年版，第114页。

4 该委员会已于1998年11月停止运作。现申请人所有的申请均直接向欧洲人权法院提出，由欧洲人权法院根据案件事实作出裁决。

5 黄志慧：《人权保护对欧盟国际私法的影响》，法律出版社2018年版，第42页。

6 [美]托马斯·伯根索尔、黛娜·谢尔顿、戴维·斯图尔特：《国际人权法精要》，黎作恒译，法律出版社2010年版，第178-226页。

7 徐显明主编：《国际人权法》，法律出版社2004年版，第160-173页。

8 迟德强："国际人权法的发展及中国对世界人权事业的贡献"，载《人权》2019年第6期，第94页。

三、知识产权与人权的制度区隔

通过对知识产权和人权两种制度的基本理论考察，可以发现两种制度之间的差异是巨大的。当然也不可否认，当把这两种制度联系在一起从而使两者产生交集时，两种制度之间或多或少也是存在共通之处的。虽然有学者疑惑，"为何长期以来知识产权与人权互相独立、互不相干，还是一个谜，人们所知甚少"，[1]实际上如果从这两种制度本身的内涵与发展脉络去寻求原因，应该比较容易解开此一谜题。

（一）知识产权与人权的制度区别

从认识论上来看，学界一直在知识产权与人权交集之前将之视为两种完全不同的权利形态和由此产生的制度体系，认为两者沿着各自不同的发展轨迹并行不悖地向前发展。其实，在两者发生交集之后，仍有学者认为知识产权与人权是存在本质区别的，因此，不能将知识产权视为一种人权。此部分并非讨论知识产权是否从性质上属于人权，而是分析知识产权与人权的制度区别，旨在从制度理论的角度解释为何在20世纪90年代中期之前两种制度没有产生关联。

1. 称谓定义不同

知识产权和人权本身的含义，都是一个充满争议的问题，不同时期不同的学者不同的地方给出的是不同的答案。虽然早在"知识产权"这一称谓之前，已经存在"工业产权""版权""专利权""商标权"等之类的属于知识产权子集的权利称谓，但知识产权最终成为对人类智力成果或知识财产或工商业标志权利保护的总称。其定义也随着保护范围的扩大以及权利类型的增多而不断发生变化，列举式无法穷尽其涵盖类型，概括式无法精准描述其内涵，不管怎样，知识产权关注的是对人类智力劳动、知识、信息等产生的权利特别是物质和经济利益的保护，一般包括专利权、商标权、著作权及邻接权，依TRIPS还包括对地理标识、工业设计、拓扑图、商业秘密以及反不正当竞争等享有的权利。而人权这一概念，最初与权利相关但最终又超越于一般的权利，是人因其为人而应当或实际享有的权利。人权存在应有人权、法定人权与实有人权三种权利形态。从应有人权转化为法定人权再转化为实有人权，这是人权在社会生活中得到实现的基本步骤。[2]人权关注的是对人的基本权利包括人身、物质和精神利益的保护，一般涵盖公民权利和政治权利，经济、社会和文化权利

---

1 Laurence R. Helfer, Human Rights and Intellectual Property: Conflict or Coexistence? Minnesota Intellectual Property Review, Vol.5, 2003, p.49.

2 白桂梅主编：《人权法学》，北京大学出版社2011年版，第3页。

以及集体人权。可以看出，知识产权和人权的称谓、定义、涵盖内容、权利类型、制度关注等，是极其不同的。无怪乎有人指出，"如果被问及将哪些自由界定为人权保护的自由，即使是最有学问的人权学者也不太可能列举出知识产权（作者和发明人保护其智力劳动成果的权利）。"[1] 也就是说，人权学者也认为，这种权利（知识产权）不是作为人权来保护的，可见两种制度之间存在显著差异，一般情况下不会将知识产权和人权混淆或等同起来。

2. 权利特征不同

虽然知识产权与人权的权利特征具有多样性，但两者之间最重要的区别存在以下两个方面：

第一，人权具有普遍性或称普适性，而知识产权具有地域性或称属地性。虽然并不存在被人们普遍接受的人权定义，但人权的普遍性却被广泛认可。[2] 人权一经提出或由相关人权文件确认，立即具有超越一国界限的影响。比如虽然美国《独立宣言》的时间较早，但其真正的权利法案到1791年第一次宪法修正案批准时才出现，结果1789年法国的《人权和公民权宣言》实际上先于美国的权利法案出现，并立即吸引了国际上的注意力。[3] 这种普遍影响力是由人权的本质所确定的，虽然某一种类型的人权在其他国家或国际上不会立即得到认可，但经过相关的程序或经历一段时间之后，这种人权会对其他国家或在国际上产生一定影响。而知识产权的地域性是非常明显的，因为知识产权的最初起源不像人权那样是天赋的并具有自然法上的至高性，而是需要国家的法律认可。国际知识产权保护的出现也正是为了克服知识产权的地域性，一国承认和保护的知识产权并不必然得到其他国家或国际社会的认可。因此，人权是普遍的，超越地域性的，而知识产权则是一种属地性的权利。另外，人权没有必要必须受到在任一国家请求保护的约束，也没有保护期限的限制，而知识产权有一个确定的保护期限，两个领域之间存在差异。[4]

---

1 Laurence R. Helfer, Toward a Human Rights Framework for Intellectual Property, U. C. Davis Law Review, Vol. 40, 2007, p.978.

2 郑万青：《全球化条件下的知识产权与人权》，知识产权出版社2006年版，第105页。

3 [美]林·亨特：《人权的发明：一部历史》，沈占春译，商务印书馆2011年版，第93页。

4 Edited Transcrip.of Discussion, Intellectual Property and Human Rights, Proceedings of a Panel Discussion organized by the World Intellectual Property Organization in Collaboration with the Office of the United Nations High Commissioner for Human Rights, Nov. 9, 1998, http://www.wipo.int/edocs/pubdocs/en/intproperty/762/wipo_pub_762.pdf, p.201, last visited on May 1, 2022.

第二，人权具有基本性，而知识产权具有可转让性。人权具有的基本性是指人权归根结底隶属于人，它与"人"的属性紧密相连，是人作为人享有的权利，具有永久性和不可转让性，不可能出现甲将其人权转让给乙的情况。人权制度本身的价值在于确保人的自由，尊重人的尊严，实现人的价值。而知识产权主要作为一种财产或经济利益，其权利来源虽然依据的是人的创造性智力劳动或知识标记和信息，但知识产权的可转让性是毋庸置疑的，并且知识产权在转让的过程中可以获得巨大的利益，从而实现知识产权本身的价值。

3. 发展历史不同

正如前述，知识产权这一通用术语最先起源于17或18世纪，最后于20世纪在国际社会得到普遍认可和应用。对知识产权的保护也较早地进入国家法律的范畴，其目的在于保护发明人或作者的专有权利，或工商业中相关的标志，与权利人的财产或经济利益相关。知识产权的发展脉络是从属地时代到国际时代再到全球时代，进入国际场域中的知识产权呈现出不断扩张和分化的趋势，从WIPO独治转变为由WIPO和WTO共治。知识产权国际制度关注的是如何建立最低限度的知识产权保护标准，以及如何加强知识产权的实施和执法，确保权利人的权利实现。而人权这一概念，最初的萌芽是相关的权利思想和观念，最终正式进入法律的认可和保护，以美国的《独立宣言》和法国的《人权和公民权宣言》为标志。人权进入国际法中，以《联合国宪章》以及人权三文件为基础，演化成联合国人权保护体系，并且区域性的人权保护机制也日趋完善。人权法关注的是人权的道德性功能，倡导回归对人的关怀，力争转变人权法作为"软法"的性质，加强人权的实施，监督各国国内对人权的保护。虽然知识产权与人权在"二战"后都同时出现在国际舞台，但两者发展的轨迹并不相同。

（二）对国际人权文件中创作/造者权利的忽视

知识产权与人权在国际人权文件中有过交集，但这并未引起注意。有学者认为，"这种权利（作者和发明人的物质和精神利益保护权，或者更为广泛意义上的知识产权）在国际人权运动发源之初就已被承认为人权。"[1] 像1948年《世界人权宣言》这样庄严的原则声明，就在第27条第2款中规定："人人对由于他所创作的任何科学、文学或美术作品而产生的精神的和物质的利益，有

---

[1] Laurence R. Helfer, Toward a Human Rights Framework for Intellectual Property, U. C. Davis Law Review, Vol. 40, 2007, p.978.

享受保护的权利。"[1]一名学者通过考察《世界人权宣言》的起草历史发现，虽然参与谈判的政府为何支持将第27条的内容纳入《世界人权宣言》的动机并不是非常明确，其真正意图我们现在还是无法得知，但保护作者权并不是一件偶然的事情。起草者们看上去分成了两派：一派是最初坚决的反对者，认为将知识产权视为一种人权无论如何是不合适的，或者从更普遍的意义上看，知识产权已经在现有制度中得到了足够的保护；另一派则是支持者，他们认为这种道德权利（知识产权）值得保护，也有必要保护，符合人权的标准。支持派中的另外有些人则认为需要进一步推进版权的持续国际化进程，从这一方面来看的话，将这种权利纳入《世界人权宣言》或许是一个很好的途径。[2]几乎是20年后，《经济、社会及文化权利国际公约》第15条第1款丙项采取了与《世界人权宣言》几乎完全一致的语言表述："本公约缔约各国承认人人有权：对其本人的任何科学、文学或艺术作品所产生的精神上和物质上的利益，享受被保护之利。"该国际公约将《世界人权宣言》中的经济和社会保证变为具有条约法上的法律约束力。但起草者为何采取与《世界人权宣言》类似的表述，其意图同样并不明确。[3]在《经济、社会及文化权利国际公约》的起草过程中，有关知识产权条款的争议主要源于冷战思维，起草者们"似乎并未深入思考过知识产权在公众需求和私人权利之间所需要达成的艰难平衡，一旦提出这个问题，他们倾向于立即将之否决掉。"[4]可以看出，虽然两个重要的国际人权文

---

[1] 大多学者将该条规定中的权利视为知识产权，但也有学者认为，为避免与所谓的知识产权——这是一个用于描述版权、专利、商标、商业秘密和其他已有或新出现的相关权利的统称——相混淆，应使用术语"智力创造精神和物质利益保护权"或简单地说，"智力创造利益保护权"。虽然这些术语看上去又长又笨，但它们比简单化的前一术语（即知识产权）要更好，因为"知识产权"这一措辞可能会模糊这些权利所施加的义务的真实含义。Peter K. Yu, Ten Common Questions about Intellectual Property and Human Rights, Georgia State University Law Review, Vol.23, 2007, p.711.

[2] Johannes Morsink, The Universal Declaration Of Human Rights: Origins, Drafting and Intent, University of Pennsylvania Press, 1999, pp.220-221.

[3] Paul Torremans, Copyright as a Human Right, in Paul L.C. Torremans ed., Copyright and Human Rights-Freedom of Expression-Intellectual Property-Privacy, Kluwer Law International, 2004, p.6.

[4] Maria Green, Int'l Anti-Poverty L. Ctr., Drafting History of the Article 15（1）（c）of the International Covenant, pp.41-43, U.N. Doc. E/C.12/2000/15, available at http://www.unhchr.ch/tbs/doc.nsf/0/872a8f7775c9823cc1256999005c3088? Opendocument, last visited on May 1, 2022.

件中将作者和发明人的物质和精神利益保护之权涵盖在内，但起草者们对这一权利的重视度是完全不够的，这也导致了后来的人权学者们对此权利的直接漠视。当然，也有学者认为，这些条款中的知识产权只局限于版权，因此，除了版权被实质性地列为人权，其他知识产权分支一概被排斥在人权体系之外。难怪长期以来，人们几乎没有将知识产权与人权相提并论。[1]不管怎样，"二战"后兴起的国际人权体系中，知识产权一直处于一种规范化的静止状态，与其他人权相比，并没有为世人所重视。[2]

同样，人权法中加入创作者和发明人权利的热情也并未得到国际知识产权制度的回应。[3]在诸如《巴黎公约》《伯尔尼公约》和《罗马公约》[4]这样的多边知识产权条约中根本未出现或指向任何与"人权"有关的措辞，"人权"一词也未出现在TRIPS之中。这些知识产权条约反复地将对作者、发明人和其他知识产权所有人的法律保护称为"权利"[5]"私权"[6]和"专有权利"[7]等，这些措辞表面上看是在说明两种法律制度好似有着目标上的共同性。其实，这些语言和文本上的相似性仅仅是表面上的。[8]知识产权条约中所指的"权利"服务于知识产权条约结构与制度上的特别目的。它们有助于将这些知识产权条约界定为属于国际私法而不是国际公法所调整的范围，因为传统上来看，国际私法调整的是私人主体之间的权利义务关系。[9]虽然知识产权具有法定性，即这种权利的来源必须通过国家法律的承认或认可，也具有地域性，但这些条约授

---

1 张乃根："论TRIPS协议框架下知识产权与人权的关系"，载《法学家》2004年第4期，第147页。

2 冯洁菡：《公共健康与知识产权国际保护问题研究》，中国社会科学出版社2012年版，第20页。

3 Laurence R. Helfer, Toward a Human Rights Framework for Intellectual Property, U. C. Davis Law Review, Vol. 40, 2007, p.979.

4 《保护表演者、音像制品制作者和广播组织罗马公约》（以下简称《罗马公约》）。

5 如《巴黎公约》第2条第1款中提及"本公约特别规定的权利"。

6 如TRIPS的序言提及"认识到知识产权属于私权"。

7 如《伯尔尼公约》第9条第1款规定："受本公约保护的文学艺术作品的作者，享有授权以任何方式和采取任何形式复制这些作品的专有权利。"

8 Laurence R. Helfer, Toward a Human Rights Framework for Intellectual Property, U. C. Davis Law Review, Vol. 40, 2007, p.979.

9 Janet Koven Levit, A Bottom-Up Approach to International Lawmaking: The Tale of Three Trade Finance Instruments, Yale Journal of International Law, Vol.30, 2005, p.125.

权个人和企业针对另外一些私人当事人（特别是外国的私人当事人）在国内法院中根据国内法而主张法律保护的权利。知识产权条约通过承认知识产权的私人属性，加上条约中的国民待遇原则，使得知识产权突破了地域性的限制。另外，使用"权利"这一措辞有助于促进知识产权所有人在外国法律制度中主张权利，这些外国法律制度可能不太熟悉或质疑这些条约为非本国国民所创设的法定权利。因此，在知识产权条约中使用"权利"措辞的主要理由，并非基于人类内在属性或需求的义务论上的主张，而是来源于实现跨境保护知识产品的经济和工具利益的努力。[1]知识产权学者也并未考虑过援引国际人权文件的规定，将知识产权上升至一种人权的高度。

因此，虽然超过170多个国家已经成为《经济、社会及文化权利国际公约》的成员国，[2]这些国家有法律义务遵守这些规定，但绝大多数情况下，政策制订者和立法者不会将人权考虑作为其制订知识产权制度和政策时的一个因素，相反，他们主要依赖于经济方面的考虑。这种情况部分反映了知识和利益范畴内的制度碎片化现象。知识产权法学者很少关心人权法的发展，人权法的专家也不讨论科学、技术或知识产权的问题。并且，虽然科学领域的很多成员成为人权倡导者，特别在那些不太尊重人权规则的社会中，但他们的活动通常更具实务性而不是理论性，其目的是试图带来基本的政治变革，以尊重人权或旨在保护那些正在遭受迫害的同事。[3]多年来，知识产权在人权规范领域中一直处于荒僻之角，虽然从法理的角度出现了许多其他新型的权利，但知识产权在人权条约中以及人权学者眼里，一直被忽视。[4]因此，尽管有着《经济、社会及文化权利国际公约》第15条第1款丙项这样具有法律约束力的规定，无论

---

1 Laurence R. Helfer, Toward a Human Rights Framework for Intellectual Property, U. C. Davis Law Review, Vol. 40, 2007, p.979.

2 截至2022年5月1日，批准或加入《经济、社会及文化权利国际公约》的成员方共有171个。以上信息来源于联合国公约与宣言检索系统，https://treaties.un.org/pages/ViewDetails.aspx?src=TREATY&mtdsg_no=IV-3&chapter=4, last visited on May 1, 2022.

3 Audrey Chapman, A Human Rights Perspective on Intellectual Property, Scientific Progress, and Access to the Benefits of Science, Intellectual Property and Human Rights, Proceedings of a Panel Discussion organized by the World Intellectual Property Organization in Collaboration with the Office of the United Nations High Commissioner for Human Rights, Nov. 9, 1998, http://www.wipo.int/edocs/pubdocs/en/intproperty/762/wipo_pub_762.pdf, pp.128-129, last visited on May 1, 2022.

4 Laurence R. Helfer, Human Rights and Intellectual Property: Conflict or Coexistence? Minnesota Intellectual Property Review, Vol.5, 2003, p.50.

是知识产权领域还是人权领域,均未将知识产权视为人权来对待。

(三)知识产权与人权的相互独立发展

从"二战"结束到20世纪90年代以及21世纪初的几十年间,知识产权与人权在国际人权文件中短暂交集后又失之交臂。诸多学者不免疑惑:究竟是什么带来了这种法理上的区别呢?部分原因在于两套法律制度都有自己关注的焦点,两者都认为对方对自己领域的扩张,不会带来任何影响或机会或帮助,也不会产生任何威胁。[1]

"二战"后的几十年间,从联合国人权体系和其监督机制的发展变化可以看出,人权领域最为迫切的问题是制订和编纂法律规则,加强监督机制。[2]这一发展进程导致对人权进行了事实上的区分,包括一系列核心的最高准则,即公民权利和政治权利,以防止国家不法行为的侵害,再到经济、社会和文化权利,再到发展中国家极力主张的集体权利。在这些不同的人权种类中,经济、社会和文化权利的发展是最落后的,也最不具备规范性。在国际人权话语体系中,很长一段时间内,经济、社会和文化权利一直不受重视,被有意无意地当作"次一等"的人权,因此,与《公民权利和政治权利国际公约》受到学术界的这种宠爱相比,《经济、社会及文化权利国际公约》则长期处于门庭冷落、无人问津的状态。[3]至于属于经济、社会和文化权利中的知识产权是否是一项人权,则更没有人去展开研究了。同时,人权具有软法性质,本身缺乏强制性,这样,作为软法的国际人权公约的力量仅在于一国基于国家理性的参与,一国参与国际交往的相互压力,以及国际社会准则对国家行为的评判。[4]国际人权机构关注的是如何加强人权的实施与监督。

相反,对于知识产权保护的提倡者来说,国际立法的中心问题包括两个方面:一是如何通过不断修订《伯尔尼公约》《巴黎公约》和其他公约来逐渐扩大知识产权的调整对象和权利范围,二是如何在知识产权与贸易之间创建一种联系。而人权法对这两方面的作用都不大。"它既不会为不断扩大和加强的、

---

[1] Laurence R. Helfer, Human Rights and Intellectual Property: Conflict or Coexistence? Minnesota Intellectual Property Review, Vol.5, 2003, p.51.

[2] Laurence R. Helfer, Forum Shopping for Human Rights, University of Pennsylvania Law Review, Vo.148, 1999, pp.296-301.

[3] 孙世彦:"《经济、社会、文化权利国际公约》研究述评——从《经济、社会、文化权利国际公约:评论、案例和资料》谈起",载《国际法研究》2014年第4期,第112-113页。

[4] 张永和、严冬:"论软法的力量——基于国际人权公约视角的研究",载《思想战线》2013年第3期,第57页。

国家授予的知识产权垄断权（不管其是否与贸易结合在一起）以必要或足够的合法性理由来表示支持，它也不能成为知识产权不断扩大过程中潜在的制约因素。"[1] 知识产权与人权两个领域之间的关系，是一个长期以来被人权与知识产权学界都忽视了的主题，很少有学者认为它们之间存在这样一种或促进或制约的关系，而将之视为各自领域中重要的议题或辩题，一般都认为对方是本领域中无关紧要的边缘性问题。[2]

可见，知识产权与人权属于两种不同的权利形态，有着各自的内涵与外延、特征与意义；知识产权法与人权法属于两个不同的部门法，有着各自的法律制度体系、适用范围；对知识产权法与人权法的关注旨趣也存在于不同的群体，这些群体持有不同的利益诉求、研究偏好。这些巨大的差异形成两种制度在产生交集前的两股分流：尽管在国际人权文件中规定有作者和发明人的物质和精神利益保护之权，但知识产权与人权仍旧在各自的领域中向前发展，直至21世纪降临。

本章小结

知识产权是个存有许多概念性问题的高度专业化领域。对于"知识产权"一词，称谓繁杂；对于"知识产权"的出处，存在分歧；对于"知识产权"的定义，认识不同；对知识产权的内涵，亦看法不一。知识产权的制度特征包括但不限于：知识产权是私权内涵和公益价值的统一；是保护物质利益和精神利益的统一；是动态性与扩张性的统一。知识产权的历史发展沿袭属地时代、国际时代、全球时代的脉络。

人权概念也是人权法学中最为混乱、最难界定的概念，归根结底，人权是人依其自然属性和社会本质所享有和应当享有的权利。人权的特征包括但不限于：人权超越于法律，但又依赖于国家；人权所囊括的各类权利彼此依存、不能分割、不可剥夺；人权是个人人权与集体人权的统一；人权同时具有普遍性与特殊性；人权兼具丰富性和开放性；人权本身的神圣性与人权保护的软弱性并存。人权遵循着从国内走向国际的路线，并在《宪章》和国际人权三大文件

---

[1] Laurence R. Helfer, Human Rights and Intellectual Property: Conflict or Coexistence? Minnesota Intellectual Property Review, Vol.5, 2003, p.51.

[2] Laurence R. Helfer & Graeme W. Austin, Human Rights and Intellectual Property: Mapping the Global Interface, Cambridge University Press, 2011, p.1.

中得以确认。

　　知识产权与人权在各自的发展历史中，在20世纪90年代中期之前存在制度区隔的主要原因：一是两者本身存在制度区别，在称谓定义、权利特征、发展历史上均存在差异和不同；二是源于知识产权以及人权的理论界和实务界对国际人权文件中有关创作/造者权利的忽视。最后导致了知识产权与人权两个领域相互独立发展，有着各自不同的制度关注。

第二章

知识产权与人权的
现代交错

赫尔弗教授于2003年的论文中指出，"人权和知识产权，曾经是互为陌生人的两套法律制度，现在正日益成为两个亲密的伙伴。数十年来，这两个领域在完全相互隔离的状态下各自发展。但是，近几年来，国际规则制订活动已经开始导致一种前所未有的人权法与知识产权法的交集。"[1]在人类社会进入21世纪之交（20世纪90年代中期与21世纪的前几年），整个国际社会对知识产权与人权的认识和实践都发生了深刻的变化，两种权利制度由于各种原因出现了现代交错。

一、知识产权与人权现代交错的背景和标志性事件

"二战"末期的罗斯福—丘吉尔计划中比较重要的两点是：通过制定以法治保护人权的国际文件，保证维护人类的"固有尊严"和"平等及不可剥夺的权利"；制定自由贸易规则和履行在对外投资和知识产权方面的国际义务以推动经济自由化。[2]可见，在联合国成立之前，对人权的保护和对知识产权的关切已成为国际秩序关注的焦点。但是，两种制度同在"二战"后几十年的国际舞台之中，却向着各自的方向发展着、前进着；当然也蔓延着、扩张着，直至彼此的触角伸入对方的领域。

（一）知识产权与人权现代交错的背景

1. 世纪之交的国际场域

20世纪90年代以来，人权领域获得了一连串的成功，全世界见证了"冷战"的结束，许多国家批准了大量重要的人权条约，联合国维和部队可用以应对大规模的屠杀事件，等等。这些事件的出现，看上去预示着一个"权利时代"的来临。正如路易斯·亨金在其著作中所称："我们的时代是权利的时

---

[1] Laurence R. Helfer, Human Rights and Intellectual Property: Conflict or Coexistence? Minnesota Intellectual Property Review, Vol.5, 2003, p.47.

[2] ［英］菲利普·桑斯：《无法无天的世界：当代国际法的产生与破灭》，单文华、赵宏、吴双全译，人民出版社2011年版，第8页。

代。人权是我们时代的观念,是已经得到普遍接受的唯一的政治与道德观念。人权几乎在当今世界170个国家的宪法中都被奉为神圣……"[1]对国际知识产权制度来说,20世纪90年代也是一个规则和制度迅速扩张的年代。[2]在规则制订方面,知识产权立法活动从WIPO到GATT[3]再到TRIPS,使得专利、版权、商标和商业秘密成为全球贸易体系的重要组成部分,虽然各国对此存在诸多争议但也已成为既定现实。在私营领域,新的产业如生物技术的出现以及新的如因特网销售模式的出现,增加了知识产权保护新形式和知识产权所有人强化其经济利益的新方法的重要性。如解决域名持有人和商标所有人之间争议的统一域名争议解决机制,[4]为"解决由于跨境活动带来的巨大法律挑战起到了示范作用"。[5]

2. 交叉议题的出现和对国际协调的呼吁

知识产权逐渐与诸多不同的政策领域发生关联,包括贸易、健康、投资、环境、科学与技术进步。知识产权法在社会进步中的作用不能过分夸大;适当的知识产权保护可以促进世界不同人口的经济、社会和文化发展。但是,知识产权在发展和相关政策领域中的作用引发了很多复杂的、快速发展的、有时是具有争议性的问题。同时,随着人权话题在全球范围内展开,理解此领域的多

---

[1] [美]路易斯·亨金:《权利的时代》,信春鹰、吴玉章、李林译,知识出版社1997年版,前言第1页。

[2] Laurence R. Helfer &Graeme W. Austin, Human Rights and Intellectual Property: Mapping the Global Interface, Cambridge University Press, 2011, p.1.

[3] GATT,英文全称为General Agreement on Tariffs and Trade,即《关税及贸易总协定》,英文缩称及以下简称为GATT。

[4] 为有效解决域名持有人和商标所有人之间的争议,打击域名抢注,保护商标所有人的合法权利,互联网名称与数字地址分配机构(Internet Corporation for Assigned Names and Numbers, ICANN)于1999年通过了《统一域名争议解决政策》(Uniform Domain Name Dispute Resolution Policy, UDRP)和《统一域名争议解决政策之规则》(Rules for Uniform Domain Name Dispute Resolution Policy, UDRP Rules),从而建立起专门性域名争议解决机制——统一域名争议解决机制。该机制以专家裁决的方式解决ICANN管理的通用顶级域名争议,被学者誉为是一套独一无二的、非国家的和低成本的争议解决机制。丁颖、冀燕娜:"统一域名争议解决机制实施15年成就与挑战",载《知识产权》2014年第8期,第16页。

[5] Laurence R. Helfer & Graeme B. Dinwoodie, Designing Non-National Systems: The Case of the Uniform Domain Name Dispute Resolution Policy, William & Mary Law Review, Vol.42, 2001, p.141.

元化观点的挑战也前所未有。[1] 1997年，联合国秘书长的改革建议将人权变成一个几乎与每项联合国活动都相关的交叉议题，在其改革计划中提出的主要建议之一即全部的联合国机构应更密切和有效地推进和保护人权。[2]

就法律制度而言，国家和私人行为体很早之前就已经承认了仅从国内层面作出回应是不够的。在人权的背景下，"二战"之中的大屠杀让大家产生了这样一种理念和义务，即主权国家不能是基本人权的唯一赋予者。联合国的创建者和《世界人权宣言》的起草者承认，人权必须提升至国际制度以及国际法律义务的高度。在知识产权的背景下，不管是私营公司还是政府也早已承认，有效地应对盗版和假冒以及最近所提出的保护遗传资源与原始居民的知识，不能仅从国内的层面就可得到充分地解决。另外，知识产权立法，通过一些非常重要的反馈机制，可以使在国际和国内层面制订的规则相互产生重要的影响。[3] 因此，随着知识产权和人权都成为交叉议题，更加呼吁在国际规则层面进行协调。

（二）知识产权与人权形成现代交错的标志性事件

两个非常重要的事件让全世界范围内的知识产权与人权领域学者的目光投向了这两种权利的交集，从而开启了知识产权与人权交集领域的大规模、丰富的研究与实践。

1. 1998年WIPO专家研讨会

（1）研讨会的召开背景。从历史上看，WIPO-OHCHR专家研讨会[4]的时间再合适不过了。[5]

第一，对《世界人权宣言》的周年纪念。1948年12月10日，国际社会通过了《世界人权宣言》——这是一个普遍的标准，它承认所有国家所有人的

---

1 [美]米歇琳·伊谢："人权的历史形成：从观念到制度"，周力、钟夏露编译，载《中国人权评论》2015年第1卷，第153页。

2 Brian Burdekin, Opening Address, Intellectual Property and Human Rights, Proceedings of a Panel Discussion organized by the World Intellectual Property Organization in Collaboration with the Office of the United Nations High Commissioner for Huamn Rights, Nov. 9, 1998, http://www.wipo.int/edocs/pubdocs/en/intproperty/762/wipo_pub_762.pdf, p.5, last visited on May 1, 2022.

3 Laurence R. Helfer &Graeme W. Austin, Human Rights and Intellectual Property: Mapping the Global Interface, Cambridge University Press, 2011, p.13（Preface）.

4 由WIPO主办、联合国人权高专办承办，因此也称WIPO-OHCHR专家研讨会。

5 Peter K. Yu, Intellectual Property and Human Rights 2.0, Legal Studies Research Paper Series of Texas A&M University School of Law, Research Paper No. 19-24, 2019, p.1384.

内在尊严、平等及基本权利。1998年年底，在宣言通过之后的50周年时，回顾历史和承认所取得的许多成就是非常合适的。自宣言通过之后，在人权领域已经制订了大量的国际法，包括许多公约与协约。人权机制，比如特别专员、工作组、委员会等也建立起来。越来越多的国家和私人团体承认人权在促进和平与安全、经济繁荣和社会公平等方面所发挥的重要作用。因此，20世纪90年代末期的时间非常合适来重申50年以前所作出的承诺，并继续努力采取更有效、彻底和平衡的人权实施机制。正如研讨会主席阿达马·迪昂（Adama Dieng）在开幕词中所称："在《世界人权宣言》演进为一份关于发展的文件之前，开始只是表达了一种希望。五十年来，它激励着我们，不断地适应着世界的变化，给我们吟唱着发展的赞歌，获得人们对它的信任。而我们只是在其中附和着。但是，我们今天来此，并不是回忆它的荣光，而是给我们自己一个承诺：承诺我们会前所未有地将人权真正地置于一个优先话题的地位。这就是我们对WIPO和OHCHR令人钦佩的、高尚的举动一个最好的解释。"[1]

第二，重申WIPO的职责。1967年《建立世界知识产权组织公约》的序言规定了WIPO的职责："通过各国之间的合作，以及在适当情况下与任何其他国际组织合作，在全球范围内促进知识产权保护。"并且，根据1974年《联合国和世界知识产权组织之间的协议》第1条，世界知识产权组织负责"促进创造性智力活动，促进向发展中国家转让技术，以加速经济、社会和文化发展。"尽管TRIPS生效后，知识产权被重新定义为贸易问题，但WIPO仍致力于在知识产权领域建立国际共识。重要的是，1995年12月，WIPO和WTO签署了一项旨在进一步加强二者合作的协议。WIPO同意对发展中国家提出的法律和技术援助请求，特别是有关于履行TRIPS义务的请求作出回应。[2] 时任WIPO副总干事罗伯特·卡斯特罗（Roberto Castelo）指出，"在WIPO中，我们相信，知识产权保护会推动经济、社会和文化发展。我们也坚定认

---

[1] Adama Dieng, Introductory Remarks, Intellectual Property and Human Rights, Proceedings of a Panel Discussion organized by the World Intellectual Property Organization in Collaboration with the Office of the United Nations High Commissioner for Human Rights, Nov. 9, 1998, http://www.wipo.int/edocs/pubdocs/en/intproperty/762/wipo_pub_762.pdf, p.11, last visited on May 1, 2022.

[2] Laurence R. Helfer & Graeme W. Austin, Human Rights and Intellectual Property: Mapping the Global Interface, Cambridge University Press, 2011, p.31.

为，知识产权的普及要求进一步深入研究知识产权与发展的联系。卡米尔·伊德里斯（Kamil Idris）作为总干事，他的意图是WIPO能根据其职责，促进大家更好地认识和理解知识产权制度在推进全世界经济、社会和文化进步中所发挥的适当作用。"[1]

第三，对TRIPS的高度质疑。这一研讨会召开的时间节点，一方面是TRIPS通过后立即遭遇了部分发展中国家政府的抵制，另一方面也恰好是政策制订者和学者们，特别是那些来自发展中国家的政策制订者和学者们对WTO的TRIPS高度质疑的时候。比如在生命专利方面，正如联合国开发计划署在其1999年的《人类发展报告》中所说："TRIPS是在大部分政府和人们明白生命专利的社会和经济作用前签署的。极少部分发展中国家成员参与了谈判，许多发展中国家直到现在才发现该影响。"[2] 学者们则从不同的角度，对TRIPS提出了质疑：TRIPS只不过是一个"经济学帝国主义[3]的友好表征假象"；[4] TRIPS推动了美国版权制度的全球化，损害了欠发达国家的利益；[5] TRIPS远远没有将范围局限于贸易关系，也远未纠正现存国际贸易中的不平衡关系，更未能降低贸易壁垒和关税，相反，它试图将国际版权法重塑为西方的版权法律体系。[6] TRIPS所带来的影响成为该时期的热点问题。

----

[1] Roberto Castelo, Opening Address, Intellectual Property and Human Rights, Proceedings of a Panel Discussion organized by the World Intellectual Property Organization in Collaboration with the Office of the United Nations High Commissioner for Human Rights, Nov. 9, 1998, http://www.wipo.int/edocs/pubdocs/en/intproperty/762/wipo_pub_762.pdf, p.3, last visited on May 1, 2022.

[2] UNDP, Human Development Report, https://www.undp.org/content/undp/en/home/librarypage/hdr/human-development-report-1999.html, Jul. 9, 1999, last visited on May 1, 2022.

[3] "经济学帝国主义"是指一种将经济学的研究范围、经济学的原理和理论、经济分析和解释的范围与对象，以及经济的思维范式和市场价值观扩张至人类社会所有行为和领域的理论趋势和现象，其基本观点包括：人类的一切理性行为都属于经济行为，效率是社会生活中唯一有价值的准则，经济分析是分析人类行为最有效的方法。赵昆："'经济学帝国主义'的伦理实质"，载《道德与文明》2019年第2期，第128-130页。

[4] A. Samuel Oddi, TRIPS— Natural Rights and a "Polite Form of Economic Imperialism", Vanderbilt Journal of Transnational Law, Vol. 29, 1996, p.415.

[5] Surendra J. Patel, Can the Intellectual Property Rights System Serve the Interests of Indigenous Knowledge? in Stephen B. Brush & Doreen Stabinsky eds., Valuing Local Knowledge: Indigenous People and Intellectual Property Rights, 1996, pp.315-316.

[6] Marci A. Hamilton, The TRIPS Agreement: Imperialistic, Outdated, and Overprotective, Vanderbilt Journal of Transnational Law, Vol. 29, 1996, p.614.

（2）研讨会的召开情况。此次研讨会直接以"知识产权与人权"为主题，由WIPO主办、联合国人权事务高专办承办，于1998年11月9日在日内瓦召开。共有代表35个国家的59名个人、来自20个政府间与非政府间组织的代表、其他参与人13名、主旨发言人6名、WIPO参与人8名等实务界与理论界人士参加了此次研讨会。[1]

WIPO-OHCHR专家研讨会召开一年之后，WIPO就以第762号出版物——论文集——的形式出版了会议的全部内容。这些内容包括前言、时任WIPO副总干事卡斯特罗和代表联合国人权事务高级专员玛丽·罗宾逊（Mary Robinson）参会的布莱恩·伯德金（Brian Burdekin）[2]的开幕词、此次研讨会会议主席阿达马·迪昂的引言、一些知识产权与人权领域的著名专家包括奥德丽·查普曼、彼特·达沃豪斯、西尔克·冯·莱文斯基（Silke von Levinski）等的发言。这些来自各国的专家受邀在其各自的专业能力范围内讨论这些问题。发言的主题涵盖了知识产权的起源与发展、知识产权与文化权、知识产权与健康权、知识产权保护与传统知识、知识产权和科学惠益分享、知识产权与非歧视原则等诸多方面。[3]几乎每一个主题都涉及与知识产权、人权和发展相关的、新出现的、复杂的、交叉问题。

（3）研讨会的召开意义。第一，揭开了知识产权领域和人权领域对话的序曲。如果知识产权制度将继续作为经济、文化和社会发展的引擎，必须持续探究知识产权与人权的关系问题，并推动进一步的讨论。WIPO和联合国人权事务高专办根据其职责要求，通过召开此次研讨会，促进了对这些问题的讨论，推动了对知识产权制度在发展中的作用进行正确的理解和评

---

[1] List of Participants, Intellectual Property and Human Rights, Proceedings of a Panel Discussion organized by the World Intellectual Property Organization in Collaboration with the Office of the United Nations High Commissioner for Human Rights, Nov. 9, 1998, http://www.wipo.int/edocs/pubdocs/en/intproperty/762/wipo_pub_762.pdf, pp.213-223, last visited on May 1, 2022.

[2] 布莱恩·伯德金是联合国人权事务高级专员玛丽·罗宾逊国内机构的特别顾问。布莱恩长期在人权领域工作，有着杰出的成绩。

[3] Intellectual Property and Human Rights, Proceedings of a Panel Discussion organized by the World Intellectual Property Organization in Collaboration with the Office of the United Nations High Commissioner for Human Rights, Nov. 9, 1998, http://www.wipo.int/edocs/pubdocs/en/intproperty/762/wipo_pub_762.pdf, last visited on May 1, 2022.

价。[1]自此以后，知识产权领域出现了人权活动者的身影，人权的国际舞台上也有人开始探讨知识产权问题。后续所有研究知识产权与人权关系和交集的学者，都会溯源至此次研讨会的重要影响，并且也会从诸位发言人的主题中得到或多或少、或这或那的启示。

第二，引发了对国际人权文件中相关知识产权条款的重视。如前所述，《世界人权宣言》第27条第2款和1966年《经济、社会及文化权利国际公约》第15条第1款丙项中均规定了作者和发明人的物质和精神利益保护权，并得到了1993年第二次世界人权大会通过的《维也纳宣言和行动纲领》以及其他国际和区域性文件的重申。虽然这一权利已经存在了多年，但是直到1998年WIPO研讨会上政策制订者和学者们重新回顾这些条款之前，它们一直都没有引起大家的关注。多名学者指出，在20世纪90年代中期以前，知识产权与人权领域几乎不存在什么沟通。[2]知识产权与人权领域看上去自我独立地运行着，对另一领域的发展丝毫不感兴趣，更不用说两个领域之间有何互动了。[3]与公民和政治权利相比，不管是从为实施这一权利的机制框架来看，还是从对这一权利的法律解释来看，经济、社会和文化权利一直处于边缘化状态。[4]直到最近，从概念上将这些知识产权利益塑造为受到国际保护的人权才得到了学者们的重视和探讨。知识产权在"二战"后迅速发展的人权运动中一直是一个与世隔绝的规范领域，国际法庭、政府和法律学者根本没有注意到知识产权的人权属性问题。[5]唯一例外的是鲁思·加纳（Ruth L. Gana）的论文，基于非洲国家现代化的过程中需要从发达国家获得的技术转让角度，认为国际知识产权制度促

---

1 Foreword, Intellectual Property and Human Rights, Proceedings of a Panel Discussion organized by the World Intellectual Property Organization in Collaboration with the Office of the United Nations High Commissioner for Human Rights, Nov. 9, 1998, http://www.wipo.int/edocs/pubdocs/en/intproperty/762/wipo_pub_762.pdf, at 1, last visited on May 1, 2022.

2 Molly K. Land, The Marrakesh Treaty as Bottom Up.Lawmaking: Supporting Local Human Rights Action on IP Policies, U.C. Irvine Law Review, Vol. 8, 2018, p.517.

3 Paul L.C. Torremans, Copy-right (and Other Intellectual Property Rights) as a Human Right, in Paul L.C. Torremans ed., Intellectual Property Law and Human Rights, Kluwer Law International, 2015, pp.221-222.

4 Rosemary J. Coombe, Human Rights & Sovereignty: New Dilemmas in International Law Posed by the Recognition of Indigenous Knowledge and the Conservation of Biodiversity, Indiana Journal of Global Legal Studies, Vol. 6, 1998, p.60.

5 Laurence R. Helfer, Toward a Human Rights Framework for Intellectual Property, U. C. Davis Law Review, Vol. 40, 2007, p.975.

进了这种技术转让，从而为发展中国家的发展注入了动力，这其中最重要的是《世界人权宣言》中对知识产权的承认，为发达国家与国际组织鼓励发展中国家也承认并享受知识产权保护提供了合法性基础。[1]对这一条款的重新回顾，或者至少可以说获得重视，部分是由于WIPO和OHCHR组织的这场有关"知识产权与人权"的专家研讨会。

2. 联合国人权委员会促进和保护人权小组委员会[2]的第2000/7号决议

（1）议题的提出和通过。尽管1998年的WIPO-OHCHR研讨会已经在与知识产权保护和全球贸易的背景下表达出来了对人权的关切，但知识产权和人权的议题真正进入联合国的视域，人权委员会促进和保护人权小组委员会中一位名叫彼特·普罗夫（Peter Prove）的专家功不可没。小组委员会试图通过一个决议呼吁，在设计国际知识产权保护和全球贸易制度时应注意使用人权方法。

2000年7月底，彼特·普罗夫向小组委员会提交了一份他和三个非政府组织的联合声明。这一联合声明敦促小组委员会对TRIPS采取具体措施，并主张人权优先于诸如TRIPS这样的协议，因为这种协议所基于的是商业和利益驱动的需求。联合声明还特别呼吁关注经济全球化对人权的影响、TRIPS对生物盗版的认可、在技术转让方面TRIPS对跨国公司利益的严格保护等。[3]

其实在彼特提交联合声明之前，有关全球化、原始居民的权利保护和跨国公司的行为等问题已经分别被提及多年，然而，小组委员会并未对TRIPS和国际知识产权保护制度采取任何行动。彼得找到了一个同盟A.艾德（Asbjorn

---

[1] Ruth L. Gana, The Myth of Development, The Progress of Rights: Human Rights to Intellectual Property and Development, Law & Policy, Vol. 18, 1996, p.329.

[2] 联合国负责人权促进和保护工作的主要机构是成立于1946年的人权委员会。人权委员会于1947年设立了促进和保护人权小组委员会，原名为防止歧视及保护少数群体小组委员会。最初，促进和保护人权小组委员会承担的主要任务是防止歧视及保护少数群体，后来该小组委员会的工作范围逐步扩大到许多与人权相关的事务。最后，联合国大会于2006年3月14日通过第60/251号决议建立人权理事会，取代了人权委员会。参见联合国官方网站，https://www.un.org/chinese/hr/issue/chr.htm.

[3] The Realization of Economic, Social and Cultural Rights Joint written statement submitted by Habitat International Coalition and the Lutheran World Federation, non-governmental organizations in special conservative status, ESCOR, Commission on Human Rights, Sub-Commission on the Promotion and Protection of Human Rights, 52nd Sess. Provisional Agenda item 4, U.N. Doc. E/CN.4/Sub.2/2000/NGO/14, pp.4-6, 2000.

Eide），这是小组委员会中的一个挪威籍成员。艾德提议通过一个决议，来批评现行的国际知识产权制度。由于没有谁预料到会有这样一个提议，因此对艾德提出通过一个表达对TRIPS人权关切的决议也没有多少人反对。由于没有什么反对意见，加上小组委员会已经认识到全球化和原始居民权利所带来的相关问题，这些都有助于艾德将国际知识产权保护问题推入小组委员会的议题。[1] 2000年8月17日，在小组委员会第25次会议上，未经投票而通过了有关《知识产权与人权》的第2000/7号决议。[2]

（2）第2000/7号决议的内容。第2000/7号决议沿袭了1998年WIPO-OHCHR专家研讨会中的主题——"知识产权与人权"，这在联合国系统的宣言、决议等文件中是独一无二的。决议的内容非常简单，只有短短两页，分为三个部分。

第一部分是对已有权利、文件、声明和报告的援引。决议重申了《世界人权宣言》第28条所宣称的内容："人人有权享有社会和国际秩序，得在其中充分实现《世界人权宣言》列明的权利和自由"；强调有必要努力实现所有民族和社区的权利，包括《经济、社会及文化权利国际公约》中所庄严载入的食物权、住房权、工作权、健康权和教育权；忆及联合国人权委员会所作出的一系列相关决议，包括1998年8月20日的第1998/8号决议和第1998/12号决议、1999年8月25日的第1999/8号决议、1999年8月26日的第1999/29号决议和第1999/30号决议以及1999年4月28日的第1999/59号决议；指出联合国经社文委员会在1999年11月30日至12月3日于西雅图召开的WTO第三次部长级会议上的声明，即第E/C.12/1999/9号文件；最后感谢奥洛卡·奥扬（J. Oloka-Onyang）和迪皮卡·乌达加马（D. Udagama）所提交的有关全球化及其对充分享有人权的影响的前期报告（UN Doc. E/CN.4/Sub.2/2000/13）。

第二部分是对国际场域下存在的某些事实和问题的判断。决议意识到WTO下的TRIPS以及WTO下TRIPS理事会对该协议最近的审议以及1998年12月9日WIPO-OHCHR举办了有关"知识产权与人权"的专家讨论会；指出《生物多样性公约》回应了《经济、社会及文化权利国际公约》中的自决权，以及在保护知识产权时如何平衡内在的权利和义务，应关注该公约的相

---

[1] David Weissbrodt and Kell Schoff, Human Rights Approach to Intellectual Property Protection: The Genesis and Application of Sub-Commission Resolution 2000/7, Minnesota Intellectual Property Review, Vol. 5, 2003, pp.26-27.

[2] Sub-Commission on Human Rights Resolution 2000/7, U.N. Doc. E/CN.4/Sub.2/RES/2000/7, Aug. 17, 2000.

关条款，特别是与保障生物多样性以及与生物多样性有关的原始居民权利的条款，以及促进环境可持续性型技术的转让；同时指出1999年和2000年的《人权发展报告》明确了可归因于TRIPS的实施并构成对国际人权法的违反的情形；也指出原始居民权利工作小组的成员、WIPO有关知识产权与原始居民权利圆桌会议（1998年7月23—24日和1999年12月1—2日）的参与人员以及原始居民代表呼吁对原始住民的传统知识和文化价值给予充分保护；进一步指出TRIPS的实施和经济、社会及文化权利的实现之间存在真实或潜在的冲突，特别是向发展中国家转让技术的障碍与对因植物多样性而享有的食物权的影响、对基因改变器官的专利与"生物盗版"[1]及社区（特别是原始居民社区）对其自身遗传和自然资源及文化价值控制的减少、对获取专利药品的限制与对享有健康权的意义。

　　第三部分是决议的重点内容，即决议请求采取的一系列行动，包括：重申根据《世界人权宣言》第27条第2款以及《经济、社会及文化权利国际公约》第15条第1款丙项，享有保护源于其是作者的科学、文学或艺术作品的精神和物质利益的权利，是一项人权，但受到公共利益的限制；宣布由于TRIPS的实施没有充分反映所有人权的根本属性和不可分割性，包括人人享有科学进步及其应用的利益的权利、健康权、食物权和自决权，体现在TRIPS中的知识产权制度和国际人权法存在着明显的冲突；提醒所有政府，人权义务应高于经济政策与协议；请求所有政府以及国内、区域和国际经济组织在制订国际经济政策时，应充分考虑国际人权义务和原则；请求政府根据国际人权义务和原则，将保护知识产权社会功能的规定加入其国内和当地的立法和政策之中；请求政府间国际组织根据国际人权义务和原则，将保护知识产权社会功能的规定加入其政策、实践和行动之中；呼吁《经济、社会及文化权利国际公约》成员方履行第2条第1款、第11条第2款和第15条第4款下的义务，为实现公约下的包括在国际知识产权制度背景下的义务而开展国际合作；请求WTO从总体上特别是TRIPS

---

[1] "生物盗版"一词用于描述商业机构旨在占有原应"属于"发展中国家或原始居民部落的对生物资源的知识产权的任何行为。CEAS Consultants（Wye）Ltd & Center for European Agriculture Studies, Final Report for DG TRADE European Community: Study on the Relationship between the Agreement on TRIPS and Biodiversity Related Issues, 2000, p.78. "生物盗版"一般是指发达国家的跨国公司、研究机构以及其他有关生物产业的机构凭借其生物技术上的优势，未经资源拥有方的许可和同意，利用这些国家丰富的遗传资源和相关传统知识，在物种、粮食和医药等领域进行研究和用于商业开发，进而利用西方现行的知识产权法律体系对已开发的技术申报专利，完全不考虑资源提供国/者的利益而独自获利的行为。唐海燕、熊琼、胡峰："TRIPS框架下的生物盗版问题"，载《科技进步与对策》2010年第1期，第97页。

理事在其对TRIPS的定期审查中特别要将成员方在国际人权文件中的现行义务全面考虑在内；请求负责全球化及其对充分实现人权的影响的特别专员在下一个报告中考虑TRIPS的实施对人权的影响；请求联合国人权事务高级专员分析TRIPS对人权的影响；鼓励经社文委员会阐明知识产权与人权的关系，包括起草一个有关此项主题的一般性评论；推荐WIPO、WHO[1]、UNDP（联合国开发计划署）[2]、UNCTAD（联合国贸易与发展会议）[3]、UNEP（联合国环境规划署）[4]与其他相关联合国机构持续深入分析TRIPS的影响，包括考虑它对人权的影响；建议讨论《生物多样性公约》的巴黎会议在作出决定时，从总体上评估多样性问题与知识产权的关系，特别评估《生物多样性公约》与TRIPS的关系，敦促其在开展这种评估时也考虑人权原则和人权文件；鼓励相关的民间机构与其各自政府一起，在其经济决策过程中，提高全面加入和尊重现行人权义务的必要性，并持续监督和公开没有考虑这些义务的经济政策所产生的影响；请求联合国秘书长就此问题在其第53次会议中向小组委员会提交一份报告；决定在第53次会议中以相同议程主题持续对此问题开展讨论。

---

1 世界卫生组织，英文全称为World Health Organization，英文简称为WHO，是联合国下属的一个专门机构，总部设在瑞士日内瓦，是国际上最大的政府间卫生组织。其工作是在突发事件中发挥作用，包括指导和协调卫生应对措施，向国家提供支持，开展风险评估，确定重点和制定战略，提供关键的技术指导、供应和资金，并监督卫生状况。世界卫生组织的官方网站是https://www.who.int。

2 联合国开发计划署，英文全称为The United Nations Development Programme，英文简称为UNDP，是世界上最大的负责进行技术援助的多边机构。它是联合国的一个下属机构，总部位于纽约。联合国开发计划署的工作是面临民主治理、减少贫穷、危机预防与恢复、环境与能源、艾滋病毒/艾滋病等挑战，关注如何帮助各国找到并与其他国家分享应对挑战的方法。联合国开发计划署的官方网站是https://www.un.org/。

3 联合国贸易和发展会议，英文全称为United Nations Conference on Trade and Development，英文简称为UNCTAD，中文简称贸发会议，成立于1964年，是联合国大会常设机构之一。其任务就是确保将所有国家都纳入全球贸易。作为联合国内在贸易、金融、技术、投资和可持续发展领域处理与发展有关的问题的协调中心，贸发会议致力扩大发展中国家的贸易、投资和发展机会，帮助这些国家面对全球化引起的各项挑战，并在公平的基础上融入世界经济。贸发会议的官方网站是http://www.unctad.org/。

4 联合国环境规划署，英文全称为United Nations Environment Programme，英文简称为UNEP。正式成立于1973年1月，作为联合国统筹全世界环保工作的组织，其工作包括评估全球、区域和国家的环境状况及动向；制订国际和国家环境保护文书；加强环境管理建设。联合国环境规划署的官方网站是https://www.unenvironment.org/。

(3) 第2000/7号决议的意义。第一，第2000/号决议作出了一系列有关知识产权与人权关系的重要论断。虽然与前述非政府组织联合声明中所使用的强烈语气相比，小组委员会已在一定程度上缓和了其基调，但第2000/7号决议中所敦促的行动是一系列极其重要的主张。决议中一些论断，比如"TRIPS的实施和经济、社会及文化权利的实现之间存在真实或潜在的冲突；TRIPS的实施没有充分反应所有人权的基础性质和不可分割性；一方面体现在TRIPS中的知识产权制度和另一方面的国际人权法存在着明显的冲突；人权保护义务优先于经济政策与协议"等，意味着小组委员会"相信国际知识产权制度并未充分地考虑人权规则"。[1]这些论断表明了小组委员会对知识产权与人权关系的基本态度，也成为佐证知识产权对人权产生不利影响、知识产权与人权之间存在冲突关系的重要论据，更是用以指导协调知识产权和人权冲突关系的文件准则。

第二，第2000/7号决议对TRIPS持高度批判态度，并开启了一系列野心勃勃的有关审议知识产权与人权关系的新议程。第2000/7号决议意味着联合国人权机构第一次将其注意力转向TRIPS。它通过指出TRIPS与人权之间存在的冲突关系，敦促国家、政府间组织和NGO承认人权"优先于经济政策与协议"。但是，这一优先性的主张并不具有任何直接的法律后果，因为小组委员会的决议依其自身的规定并不具有法律约束力。并且小组委员会也不试图去解释TRIPS的文本和语法以明确其所违反的特定（且具有法律约束力）的人权义务到底是什么。相反，第2000/7号决议的主要目标是开启一个野心勃勃的新议程，来在联合国人权框架内审查知识产权问题，这一议程最主要的特点是人权至上原则。在决议通过后的十年内，对小组委员会相关议程的反响一直很大。联合国人权机构通过了许多的决议、报告、评论和声明，并采取了一系列其他与TRIPS相关和更广泛意义上的知识产权规则相关的措施。

总之，这些表面看上去代表不同利益的贸易和全球化、知识产权保护和人权规则通过第2000/7号决议而最终交融在一起。[2]该决议也因此成为日后学

---

[1] David Weissbrodt and Kell Schoff, Human Rights Approach to Intellectual Property Protection: The Genesis and Application of Sub-Commission Resolution 2000/7, Minnesota Intellectual Property Review, Vol. 5, 2003, p.1.

[2] David Weissbrodt and Kell Schoff, Human Rights Approach to Intellectual Property Protection: The Genesis and Application of Sub-Commission Resolution 2000/7, Minnesota Intellectual Property Review, Vol.5, 2003, pp.1-2.

者、国际机构、非政府组织和国家政府开展知识产权和人权研究和探讨时的起点性文件。

二、知识产权与人权现代交错的原因

许多的因素——某些是知识产权方面的，另外一些是人权方面的，还有一些是全球化方面的、贸易方面的、国际法方面的等——终结了知识产权与人权的历史区隔，在世纪之交的前后十余年间，引发了大量新的关于这两种法律制度发生现代交错时所产生的争论。

（一）两种制度现代交错的前提条件——全球化

"全球化"成为各个阶层流行的话语是20世纪最后5年的一个重要现象。[1]知识产权与人权正是在这样一个时间节点和背景场域下交集在一起。可以说，在国内场合中，这两种制度如果存在冲突或紧张关系的话，完全可以通过国内法价值序位制度予以解决，而在国际法中这个问题表现得特别明显，又因国际法的平权特性而难以协调。所以，如果不是因为全球化将各种议题联结在一起，将知识产权与人权同时推向国际场域，两种制度的现代交错可能还不会成为国家、政府、国际组织、各种团体关注的对象。

1. 全球化将贸易、知识产权与人权裹挟其中

全球化是一个多维的概念，也是一种普遍的现象。全球化作为一种现实，它突出表现在经济方面，并扩展至其他领域，包含世界经济的一体化、问题的世界性、交往和观念的全球性、国际性组织的大量涌现等。全球化实际上标志着人的活动已超出了民族国家的范围，达到一个新的水平、新的规模、新的层次和具有新性质，即全球的水平、规模、层次和性质。[2]

经济全球化是全球化最先的起点。随着知识产权与贸易相结合，TRIPS的出现，全球化已将知识产品的贸易推向世界各国。全球化中的贸易，包括了不同的方面，也对许多领域产生了深刻的影响。对国际贸易的调整已经超出了法律与政治的范围。然而，许多其他国际或区域体制也影响了贸易活动。这些专门的体制共存于一个"法律的丛林"。[3]与国内法律体系不同，

---

[1] 杨雪冬："全球化的文明化和民主化：一条艰难的路（译序）"，［英］戴维赫尔德等：《全球大变革——全球化时代的政治、经济与文化》，杨雪冬等译，社会科学文献出版社2001年版，第1页。

[2] 严存生：《法的"一体"和"多元"》，商务印书馆2008年版，第205-207页。

[3] Panagiotis Delimatsis, The Fragmentation of International Trade Law, TILEC Discussion Paper, Feb. 2010, p.9.

他们缺乏一个共同的协调机制，来确保其谈判、制订、适用和/或解释时的一致性。WTO规则日益影响着其他领域的法律与政策，比如环境保护、农业与区域政策、劳工标准、投资、人权与文化多样性。同样，一些有关人权或环境保护的国际规则也对贸易产生了不良影响，特别是有些国家将贸易壁垒作为采取某些特定措施的理由时。然而，贸易、知识产权、人权等各领域之间的相互作用并未改变这一事实，即WTO法也很难为国际法的其他部门所接受，它与国际法的其他部门保持着一种相互冲突、相互影响又齐头并进的关系。

全球化一方面推动着各种议题的国际化，另一方面又对各种领域产生了威胁。在1998年WIPO-OHCHR的专家研讨会上，就有学者指出，在很多方面，全球化是反人权的。人权，包括《经济、社会及文化权利国际公约》第15条中所包含的作者和发明人精神和物质利益保护权在内，都因为全球化而面临着威胁。知识产权也不例外，全球化也有可能影响着知识产权。因为一些集体权利比如发展权因为全球化遭受了威胁，而发展权又进一步对知识产权造成了影响。[1]

2. 全球化使跨国公司的行为受到关注

一方面，实力强大的跨国公司不仅占据着全球化的各种资源，成为全球化的最强劲推动者和最大获益者，它们在游说政府、制订全球规则的能力上也无与伦比，特别是它们在推动知识产权全球化过程中所发挥的作用已经有目共睹。但是，另一方面，人们也开始怀疑，跨国公司作为利益集团，是否从自身利益出发利用院外游说和其他政策形成渠道，利用和操纵世界贸易组织规则的可能性。[2] 同时，跨国公司的某些行为也将贸易、知识产权与人权结合起来，引发了大家的关注和质疑。

转基因"终结者"种子在20世纪90年代末期的出现是质疑跨国公司行为的一个明显例证。农业部门的跨国公司从这些技术获得了巨大的利益，因为这意味着农民不能持续拥有种子，以前可以在一个收获的季节留下种子以供下一季

---

[1] Edited Transcrip.of Discussion, Intellectual Property and Human Rights, Proceedings of a Panel Discussion organized by the World Intellectual Property Organization in Collaboration with the Office of the United Nations High Commissioner for Human Rights, Nov. 9, 1998, http://www.wipo.int/edocs/pubdocs/en/intproperty/762/wipo_pub_762.pdf, p.169, last visited on May 1, 2022.

[2] 王奇才：《法治与全球治理：一种关于全球治理规范性模式的思考》，法律出版社2012年版，第150页。

种植——这种自己留种的技术在许多发展中国家是一种广泛流传的惯例。虽然许多其他农业公司也在开发转基因种子，但美国孟山都公司因其向发展中国家的市场预期销售无育种子而成为公众关注的目标。[1] 在1998年10月举行的国际农业研究磋商小组会上，乌干达、印度、英国、荷兰、德国代表明确表示反对终结者技术的使用，认为这一技术——影响农民的育种和留种权利。[2] 国际反对的呼声最终导致孟山都公司作出保证，它将不再商业利用产生无育种子的终结者技术。虽然孟山都公司的声明预示着发展中国家的一个重要胜利，但终结者技术的批评者们迅速指出，对种子的基因控制存在的危险并没有消除。就在作出不再在市场销售无育种子的决定的时候，据说孟山都公司在发展中国家中还有其他87项终结者技术专利正在申请之中，[3] 包括一种转基因的技术，"可使种子停止发芽，除非该种子暴露在一种特定的化学物质之下。"其他重要的农业公司也在申请类似的专利，他们的技术可用于控制"植物的不同发展阶段——包括发芽、抽枝、开花与果实成熟。"而发达国家的政府对这些行为的正名和推动也是引发公众担心的重要因素，比如英国政府环境释放顾问委员会发布的相关指南，只能看作是为这一被控违背基本人权的成果的商业化发展扫清道路的行为。[4]

这些技术可能给发展中国家的农业部门带来的潜在的致命影响是大家所担心的，这也正促使了促进和保护人权小组委员会对有关跨国公司及其他商业实体所应承担的人权义务进行研究和起草。在1998年8月20日的第1998/8号决议中，小组委员会决定"成立一个专门工作组，为期三年，考虑到地域分布的公平性，由5名成员组成，来审查跨国公司的工作方法与活动"。[5] 1999年工作

---

[1] David Weissbrodt and Kell Schoff, Human Rights Approach to Intellectual Property Protection: The Genesis and Application of Sub-Commission Resolution 2000/7, Minnesota Intellectual Property Review, Vol.5, 2003, p.24.

[2] 阎华、万劲波、周艳芳："'空前''绝后'的终结者作物育种技术控制"，载《科学》2003年第2期，第49页。

[3] John Vidal, World braced for terminator 2, The Guardian, Oct. 6, 1999.

[4] 阎华、万劲波、周艳芳："'空前''绝后'的终结者作物育种技术控制"，载《科学》2003年第2期，第51页。

[5] E.S.C. Res. 1998/8, The Relationship between the Enjoyment of Economic, Social and Cultural Rights and the Right to Development, and the Working Methods and Activities of Transnational Corporations, ESCOR, Commission on Human Rights, Sub-Commission on Prevention of Discrimination and Protection of Minorities, 50th Sess., U.N. Doc. E/CN.4/1999/4, E/CN.4/Sub.2/1998/45（1998）.

小组的第一次会议要求准备一份跨国公司行为守则草案。[1]虽然行为守则草案第一稿并未包含有关知识产权与人权的条款，但工作小组成员于2002年提供了一份最新的文件中追溯了TRIPS的第7条（保护知识产权的目标）。[2]这说明，国际社会已经采取了一系列方法和措施，来对跨国公司在贸易、知识产权领域的行为对人权所造成的影响进行评价。

3. 全球化总体上对人权的实现产生消极影响

为全面掌握全球化从总体上对人权的消极影响，促进和保护人权小组委员会指定了两个特别专员——奥洛卡·奥扬和迪皮卡·乌达加马，即有关全球化及其对人权充分实现影响的特别专员，来对全球化的影响提供一个报告。从第2000/7号决议的序言可以看出，特别专员有关全球化的报告是支持小组委员会决定通过第2000/7号决议的重要因素。[3]

两位特别专员在2000年6月就向小组委员会提交了一份前期报告。[4]该报告在第1—5段首先提醒小组委员会，全球化不是一项与人权价值及政策相分离的纯粹的经济现象。相反，报告在第7段中主张，"市场运作的界限是由政治来决定的，产生于政府间在多边论坛比如WTO中的直接谈判"。通过指出政治决策形塑着全球化的路径，特别专员在报告第7—10段指出某些人权问题可以在其来源之处得以减缓，比如通过修改促进全球化的政治决策。

报告在第13—19段批评WTO促进并增加了全球范围内的不平等和歧视。它也将WTO的结构及其有关全球贸易的主张视为是严重偏向并有利于跨国公

---

1 The Realization of Economic Social and Cultural Rights: Report of the Sessional Working Group on the Working Methods and Activities of Transnational Corporations on Its First Session, ESCOR, Commission on Human Rights, Sub-Commission on the Promotion and Protection of Human Rights, 51st Sess., at 11, U.N. Doc. E/CN.4/Sub.2/1999/9（1999）.

2 Human Rights Principles and Responsibilities for Transnational Corporations and Other Business Enterprises: With Commentary on the Principles, ESCOR, Commission on Human Rights, Sub-Commission on the Promotion and Protection of Human Rights, at 5, U.N. Doc. E/CN.4/Sub.2/2002/WG.2/WP.1/Add.2（2002）.

3 David Weissbrodt and Kell Schoff, Human Rights Approach to Intellectual Property Protection: The Genesis and Application of Sub-Commission Resolution 2000/7, Minnesota Intellectual Property Review, Vol. 5, 2003, p.22.

4 J. Oloka-Onyango & Deepika Udagama, The Realization of Economic, Social and Cultural Rights: Globalization and its Impact on the Full Enjoyment of Human Rights, ESCOR, Sub-Commission on the Promotion and Protection of Human Rights, 52d Sess., Provisional Agenda item 4, U.N. Doc. E/CN.4/Sub.2/2000/13（2000）.

司和发达国家的。事实上，WTO规则所基于的推定是完全不公平的，甚至是带有偏见的。这些规则反映的内容，只有利于促进已经在国际贸易领域处于垄断地位和占据主宰的公司利益。尽管WTO可以很公正地被视为形式上是民主的，因为它允许一位成员一票，并支持使用合意的方式来进行决策，但实际上，WTO在运行的过程中对欠发达国家是不公平的，因为这些国家在制订政策的过程中未能参与。如果考虑一下争端解决程序、实施协议的机制或者挑选出来用于谈判的领域，即可以发现，WTO的结构是严重倾向并有利于发达国家的，事实上，发展中国家完全被排除在决策机制之外，并且他们自己所面临的特殊问题根本没有得到充分考虑。因此，报告呼吁，WTO的审议和决策程序应该更加透明，并对发展中国家的建议采取一种更乐于接受的态度。

特别专员的报告也极不赞成WTO的知识产权保护制度，它在第18段中主张TRIPS规定的对植物多样性和生命体的可专利性是一种法律和经济上的篡取。因此，特别专员建议，如果WTO真的希望致力于建立一个平衡的贸易自由制度，它应该就发展中国家的担心开展一种纳入式的对话。WTO不仅应考虑发达国家的知识产权保护利益，也应关注发展中国家现行或潜在的一些担心问题，比如体现在传统医药中的知识财产权利，或者是发展中国家市场中的药品定价等。

由此可见，全球化既推动了经济、政治和法律的相互关联，全球化也是各种领域相互冲突与产生紧张关系的深层次根源。特别是在全球化的条件下，知识产权和人权的保护都不再仅仅是由国内法所调整的领域，它们都跨越了国界。一国的知识产权和公民人权，都有可能要求得到其他国家的保护。这就是全球化对知识产权和人权这两个不同领域所提出的挑战。[1]

（二）两种制度现代交错的内在因素——制度扩张

将知识产权法和人权法想象成为国内和国际法律和制度逐渐积聚和扩张的产物，这是可能的。[2]国际知识产权法从最初的主权国家之间的双边协议，发展到19世纪末期的两个重要多边知识产权公约，即《巴黎公约》和《伯尔尼公约》。国际人权制度在更为近代的时间内才出现，直至"二战"后联合国的成立，特别是1948年《世界人权宣言》的通过。从这些国际起源开始，两种制度

---

[1] 朱景文："一种博弈：在人权和知识产权之间"，载《法制日报》2007年11月18日，第14版。

[2] Laurence R. Helfer & Graeme W. Austin, Human Rights and Intellectual Property: Mapping the Global Interface, Cambridge University Press, 2011, p.11（Preface）.

所占据的领域开始不断扩大,表现在实质问题的扩张、规范问题的细化以及效力范围的延伸。[1]

1. 知识产权的扩张

20世纪90年代中期,三个相关的发展促成了知识产权保护标准和实施机制的明显扩张:一是公司知识产权所有人大量游说,诱使美国和欧盟向发展中国家地区施压,要求保护外国的知识产权;二是美国和欧盟成功将知识产权谈判从WIPO移入GATT,导致TRIPS的通过;三是同样源于这些国家以及一些非国家行为体的压力,要求知识产权保护标准超出了那些在TRIPS中的规定。[2]这些扩张后来引发了在WTO和在WIPO中的反制,大量地延缓了国际知识产权条约制订的速度,并且来自发展中国家的要求明确和扩大例外及限制性规定、承认鼓励创新和发明可以采用非专有性方法的压力不断增大。

第一,知识产权保护从发达国家扩展至发展中国家。1994年春季,美国及其工业化国家盟友已经达成了他们的核心目标———一个《与贸易有关的知识产权协议》。TRIPS无异于实现了知识产权法的变革。它加强了以前在WIPO中谈判的知识产权公约的实体性标准,并将之纳入一个单一的全面性的协议之中。它的义务延伸至所有的WTO国家,包括许多发展中国家。这些经济落后的发展中国家,曾经在加强知识产权保护规则方面的承诺是虚无缥缈的、模棱两可的。[3]有学者指出,在1994年之前,世界上近50个国家都没有承认对药品可以进行知识产权保护。[4]因此,发展中国家执行TRIPS的脚步和措施的落实情况,无疑是发达国家所看重和关注的。[5]

第二,知识产权争端解决的机制从"软弱"转向"强硬"。WTO争端解决机制增加了执行程序,成功地将GATT争端解决机制这只"没牙的老虎"

---

[1] Laurence R. Helfer & Graeme W. Austin, Human Rights and Intellectual Property: Mapping the Global Interface, Cambridge University Press, 2011, p.11(Preface).

[2] Laurence R. Helfer & Graeme W. Austin, Human Rights and Intellectual Property: Mapping the Global Interface, Cambridge University Press, 2011, p.35.

[3] Laurence R. Helfer & Graeme W. Austin, Human Rights and Intellectual Property: Mapping the Global Interface, Cambridge University Press, 2011, p.39.

[4] Carlos M. Correa, Trade-Related Aspects of Intellectual Property Rights: A Commentary on the TRIPS Agreement, Oxford University Press, 2007, p.271.

[5] 初开荣:"TRIPS协议对发展中国家的影响",载《中华商标》2000年第7期,第35页。

装上了牙齿。[1]与以前的知识产权条约所不同的是，再不能通过部分履行义务或利用软弱的争端解决程序来逃避遵守TRIPS的规定。[2]对私人知识产权所有人来说，TRIPS的承诺意味着本国的国内法中会出现有意义的实施机制，这种承诺要求WTO成员方对其国内司法和行政体系进行广泛的修改和修订。对于国内知识产权保护水平不高的WTO成员方来说，TRIPS通过两个新的制度来敦促其严格遵守协议规定：一是成立一个TRIPS理事会，审查各国国内的实施措施，指出可能没有遵守协议规定的相关领域；二是设立一个争端解决机制，其权力在于裁决申诉，并且在必要的情况下，对协议违反方进行处罚。面临着可能的强劲国际审查和TRIPS实施机制，WTO成员方投入了大量的时间和资源去在国内法律体系中实施TRIPS的规定，甚至美国也不例外。[3]

第三，适当的过渡性条款和弹性规定以维持知识产权制度的利益平衡。TRIPS的谈判者们承认，对国内知识产权保护和实施规则进行大修可能会引发争议，并且也耗时费力。因此，TRIPS为最不发达国家、发展中国家以及处于经济转型期内的国家规定了过渡期，以全面符合协议的规定。更重要的是，谈判者们也加入了这样的一些条款——比如强制许可、专属权利的例外规定、平行进口规则等——以允许所有的WTO成员方拥有一点灵活性来实现知识产权保护和其他社会经济利益之间的平衡。[4]这些过渡性条款和弹性规定软化了TRIPS坚硬的棱角。

第四，TRIPS-PLUS协议的出现进一步提升了知识产权的保护水平。TRIPS的棱角又因为美国和欧盟与许多发展中国家谈判签订的双边和区域贸易协定而迅速再次变得锋利起来。[5]有学者将这些协议称为TRIPS-PLUS条约，因为它们：包含的知识产权保护标准要比TRIPS的规定更加严格；要求发展中国家在其规定的过渡期内必须充分实施TRIPS；或者要求这些国家加入或遵守

---

1 毛燕琼："WTO争端解决机制问题与改革"，华东政法大学2008年博士学位论文，第49页。

2 Laurence R. Helfer & Graeme W. Austin, Human Rights and Intellectual Property: Mapping the Global Interface, Cambridge University Press, 2011, p.39.

3 Laurence R. Helfer, Regime Shifting: The TRIPS Agreement and New Dynamics of International Intellectual Property Lawmaking, Yale International Law Journal, Vol. 29, 2004, p.23.

4 WIPO, Advice on Flexibilities under the TRIPS Agreement, available at http://www.wipo.int/ip-development/en/legislative_assistance/advice_trips.html, last visited on May 1, 2022.

5 Laurence R. Helfer & Graeme W. Austin, Human Rights and Intellectual Property: Mapping the Global Interface, Cambridge University Press, 2011, p.40.

其他多边知识产权条约的要求和规定。[1]这就是第一章中所提及的知识产权保护的后TRIPS时代。通过与单个的或一小部分的发展中国家进行谈判，美国和欧盟试图"以比在WTO框架内明显更快的速度推进知识产权的一体化。"[2]某些学者将这种行动带来的结果嘲讽式地称为知识产权保护的"超级一刀切"的方法。[3]

第五，知识产权与人权制度之间的关系呈现紧张状态。除了加强知识产权保护标准和实施机制之外，TRIPS和TRIPS-PLUS条约还产生另外一个重要但又常不为人所知的影响：它们增加了国际知识产权制度和其他国际制度包括人权制度之间的紧张关系。这些紧张关系既有实体层面的也有程序层面的。[4]从实体层面上看，TRIPS和它衍生的双边及区域条约要求成员方将知识产权授予给诸如种子、植物多样性以及药品等标的物，而这些标的物在其他国际制度中会基于道德、文化或公共健康的理由而被置于私人所有和控制的范围之外。英国知识产权委员会在其2002年的报告中指出，一些国家基于道德理由反对赋予生命形式以专利，其理由是，允许私人拥有产生于自然界的物质是错误的，对全世界不同地区的文化价值来说都是不可容忍的。[5]某些发展中国家"从道德或伦理上相信"生命形式是特别的、与一般物质不同的，不能视为一种财产权利，由某些人拥有而另外一些人无法获得。[6]从程序上看，造成紧张关系的原因主要是知识产权条约比人权条约中规定了更加严格的实施机制。在人权领域，国际法其他领域中所存在的主要守约机制大部分是缺失的，人权监督制度存在"严重不足"。[7]"在欧洲之外，人权条约审查程序普遍都比较软弱，对于不

1　Genetic Resources Action International, "TRIPs-plus" through the Back Door: How Bilateral Treaties Impose Much Stronger Rules for IPRs on Life Than the WTO, available at http://www.grain.org/docs/trips-plus-en.pdf, Jul. 2001.

2　Peter Drahos, BITs and BIPs, Journal of World Intellectual Property, Vol.4, 2001, pp.792-807.

3　James Boyle, A Manifesto on WIPO and the Future of Intellectual Property, Duke Law & Technology Review, Vol. 9, 2004, p.3.

4　Laurence R. Helfer &Graeme W. Austin, Human Rights and Intellectual Property: Mapping the Global Interface, Cambridge University Press, 2011, p.40.

5　Commission on Intellectual Property Rights, Integrating Intellectual Property Rights and Developing Policy, 2002, http://www.iprcommission.org/, p.59, last visited on May 1, 2022.

6　Sean D. Murphy, Biotechnology and International Law, Harvard International Law Journal, Vol.42, 2001, p.65.

7　Oona A. Hathaway, Do Human Rights Treaties Make a Difference? Yale Law Journal, Vol. 111, 2002, p.1938.

遵守条约的情况处以直接或间接的处罚的情况非常少见。"[1]这些实施机制的不同造成了一种不平衡,特别是当两种国际制度产生交集的时候,对人权条约的遵守要服从于对TRIPS和TRIPS-PLUS条约的遵守。

由此可见,知识产权制度本身的扩张已将其触角伸向人权领域,并且因为知识产权强劲的实施机制而与人权呈现出一种紧张关系。

2. 人权领域的发展

正在国际知识产权保护规则和实施机制不断扩张的同时,国际人权法本身也在经历重要的转型。自在20世纪中期出现之后,国际人权法所占据的领域也在迅速增长。有法律约束力的公约和一般性评论、判例法、各自条约机构的建议以及区域人权法院和人权委员会的决定一起,大大提升了人权法的规范效力。值得特别注意的是,新出现了对某类人群的人权的承认,这种新的承诺对世界上所有的原始居民来说是非常重要的。此外,就人权的实施而言,最重要的活动发生在区域和国内层面,特别是欧洲、美洲以及其他地区。国内法院越来越多地直接实施人权条约,或者在解释国内宪法和法规时援引国际人权规则。在所有的层面上,多种审议机制和司法机构通过他们的解释活动塑造了人权法。[2]

第一,原被忽视的原始居民权利因一些重要案件而得到关注。20世纪90年代,涉嫌侵犯原始居民文化财产权利的事件显露出来。三个有关原始居民文化与知识产权制度相冲突的事例表明,为何1998年WIPO-OHCHR的专家研讨会要对传统资源的保护问题进行探讨,以及为何促进和保护人权小组委员会认为有必要在第2000/7号决议中主张对传统知识进行人权保护。[3]

1991年,一位名叫泰瑞·雅布鲁(Terry Yumbulul)的原始居民艺术家创作了一幅名为"梦想星极"的手工艺品,这代表着人在死后的灵魂归属。这个手工艺品对原始居民来说是神圣的,因为这是一个只在揭秘和授秘仪式上才能使用的图案,泰瑞·雅布鲁不得不援引创始权以获得创作这个手工艺品的许

---

1 Laurence R. Helfer, Overlegalizing Human Rights: International Relations Theory and the Commonwealth Caribbean Backlash against Human Rights Regimes, Columbia Law Review, Vol. 102, 2002, p.1856.

2 Laurence R. Helfer &Graeme W. Austin, Human Rights and Intellectual Property: Mapping the Global Interface, Cambridge University Press, 2011, p.12(Preface).

3 David Weissbrodt and Kell Schoff, Human Rights Approach to Intellectual Property Protection: The Genesis and Application of Sub- Commission Resolution 2000/7, Minnesota Intellectual Property Review, Vol. 5, 2003, p.15.

可。泰瑞·雅布鲁将该手工艺品的版权转让给了一个代理机构，该机构将该手工艺品的复制品转移给了澳大利亚银行，而银行在一张纪念纸币中使用了手工艺品的图片。泰瑞·雅布鲁对银行提起诉讼，试图阻止纸币的发行，因为该宗族认为这是对他们的圣像的亵渎。澳大利亚高等法院作出有利于银行的判决，理由是版权已经有效转让。但是，法院指出澳大利亚版权法可能"不承认原始居民社群就原本属于社群共同所有的作品规范他人复制、使用作品的主张。"[1] 法院也拒绝提供救济，因为"从法律上承认原始居民部落对复制神圣物品的利益的问题，是一个由法律改革者和立法者考虑的问题。"[2]

1994年，一个由越南人生产编织的地毯设计模板涉及使用一幅澳大利亚原始居民画作。[3] 该画是在澳大利亚国家画廊展示的，描述的是一个冥想中发生的故事。使用一幅神圣的画像作一个用以走路的饰品，被认为是对艺术家和其部落感情的强烈侵犯。艺术家们代表其部落起诉禁止使用该图片，声称该部落整体受到了文化上的伤害。在该案中，查明的事实是，这一原始居民画作只被授权以教育类展览之用，并且艺术家们也已证明，将这一图片用在地毯上严重侵犯了他们及其所属部落的感情。澳大利亚高等法院指出，如果对作品的使用会给原始居民社群带来尴尬和蔑视，则使用将被禁止。[4] 同时，法院试图赔偿原始居民部落所受到的文化伤害，因此给予每一位在世的艺术家因为受到公然的版权侵权而获得一笔赔偿金。[5] 每一位艺术家获得15 000美元的赔偿，以弥补他们所处的文化环境所受到的伤害。然而，法院拒绝给部落作为一个整体来判决赔偿金，因为澳大利亚版权法中没有规定对涉嫌侵犯共同所有权的情况可以提供救济。弥普鲁鲁（Milpurrurru）案和雅布鲁案中所受到的文化伤害涉及《经济、社会及文化权利国际公约》所保护的权利，因为公约第15条第1款甲项承认人人有权"参与文化生活"，第15条第1款丙项承认人人有权"获得保护源于其是作者的科学、文学或艺术作品中产生的精神和物质利益"。这两

---

1 华劼："比较法视角下的民间文学艺术法律保护"，文字实录：2011'南湖论坛分论坛1-2，主题发言阶段，2011年5月9日，http://www.iprcn.com/IL_Zxjs_Show.aspx? News_PI=4129.

2 Yumbulul v. Reserve Bank of Australia,（1991）21 I.P.R. 481（Austrl.）.

3 Milpurrurru v. Indofurn Pty. Ltd.,（1994）54 F.C.R. 240（Austl.）.

4 华劼："比较法视角下的民间文学艺术法律保护"，文字实录：2011'南湖论坛分论坛1-2，主题发言阶段，2011年5月9日，http://www.iprcn.com/IL_Zxjs_Show.aspx? News_PI=4129.

5 澳大利亚法律允许针对版权侵权行为增加损害赔偿金额，如果侵权行为的实施不仅完全侵犯了作为原告的版权人的法律权利，还侵犯了他的感情以及他对家庭尊严和自豪的感觉。Williams v. Settle, 1 W.L.R.1072, 1052（1960）（Eng.C.A.）.

个事例阐明了版权制度在保护澳大利亚原始居民文化利益方面的不足和低效。

2000年，有关印度传统知识的案例受到了广泛的关注，该案例与一个专利的有效性相关，该专利的标的物是一棵亚洲树油的提炼物。苦楝树是一种在印度次大陆土生土长的树。楝树皮几个世纪以来都被作为一种传统的药物、杀虫剂和杀真菌剂。格雷斯制药公司（W.R.Grace）最早针对苦楝树油提炼物的真菌特性向欧洲专利局申请并获得了一项专利，[1]然后又厚颜无耻地想在印度市场出售该专利产品。[2]在欧洲议会绿党以及印度的一个非政府组织联合上诉之下，欧洲专利局撤销了该项专利，理由是根据印度社会中对楝树皮的传统使用，该专利不是一项新颖的发明，因为未满足专利的三性之一，即新颖性的要求。[3]该案提升了公众关于跨国公司会不当地利用原始居民和传统知识所带来的严重威胁意识。

为回应这三个案件引发的担心，小组委员会成员艾丽卡·艾琳·泽斯（Erica-Irene Daes）主张保护原始居民文化财产权。作为分委员会原始居民工作小组的主席和特别专员，泽斯博士是1993年《原始居民权利宣言》草案的核心执笔人。[4]这一宣言草案呼吁广泛承认和尊重原始居民的权利，包括其文化和知识产权。[5]泽斯博士一直呼吁主张关注原始居民利益，在起草了1993年的宣言草案之后，还于1995年撰写了《保护原始居民遗产的原则与指南》，[6]并于

---

1 European Patent No. EP0436257，授权日期为1991年7月10日。

2 Symposium, Global Intellectual Property Rights: Boundaries of Access and Enforcement, Panel II: The Law and Policy of Protecting Folklore, Traditional Knowledge, and Genetic Resources, Fordham Intellectual Property Media & Entertainment Law Journal, Vol. 12, 2002, p.765.

3 Karen Hoggan, Neem Tree Patent Revoked, BBC News Onling, May 11, 2000, available at http://new.bbc.co.uk/1/hi/sci/tech/745028.stm, last visited on May 1, 2022.

4 Erica-Irene Daes, Equality of Indigenous Peoples Under the Auspices of the United Nations – Draft Declaration on the Rights of Indigenous Peoples, Saint Thomas Law Review, Vol. 7, 1995, p.494.

5 Discrimination Against Indigenous Peoples: Report of the Working Group on Indigenous Populations on its eleventh session, U.N. ESCOR, Commission on Human Rights, Sub-Commission on Prevention of Discrimination and Protection of Minorities, 45th Sess., Agenda item 14, annex I, U.N. Doc. E/CN.4/Sub.2/1993/29（1993）.

6 Principles and Guidelines for the Protection of the Heritage of Indigenous Peoples in 1995. Discrimination Against Indigenous Peoples: Protection of the heritage of indigenous people, U.N. ESCOR, Commission on Human Rights, Sub-Commission on Prevention of Discrimination and Protection of Minorities, 47th Sess., Provisional Agenda item 15, at annex I, U.N. Doc. E/CN.4/Sub.2/1995/26（1995）.

2000年主持修订了这些原则与指南。[1]通过直接指出原始居民对植物、动物和微生物的权利，该原则和指南还对1992年《生物多样性公约》中所体现的主题进行了回应。[2]苦楝树案以及对有关农业生产中终结技术的使用的争论，正是《生物多样性公约》中所讲的生物多样性利用的不当例证。第2002/7号决议也指出，《生物多样性公约》也是促进和保护人权小组委员会决定通过该决议的促进因素之一。这些指南弥补了在前面三个案件中反映出来的知识产权对传统遗产保护不足的问题。联合国机构在20世纪90年代对原始居民权利的关注，促进和推动了国际人权机构去关注知识产权的问题。[3]1998年的专家研讨会后，不到两年就成立了一个关于知识产权和遗传资源、传统知识和民间文化的政府间委员会。[4]这一机构在WIPO的监管下于2000年9月成立，最主要的任务是为了有效保护传统文化表达、传统知识和遗传资源，而制订一项或多项相关国际法律文件。[5]考虑到《原始居民权利宣言》草案已经颁布了超过六年的时间，这种保护是非常急需的。

可见，原始居民权利本身就是一个交叉议题，涉及保护传统知识、原始居民文化，这是知识产权领域的问题，同时保护原始居民权利也是保护人权的必然内容之一。因此，这种人权议题的扩张也是两种制度发生交集的重要原因。

---

1 Human Rights of Indigenous Peoples: Report of the Seminar on the draft principles and guidelines for the protection of the heritage of indigenous people, U.N. ESCOR, Commission on Human Rights, Sub-Commission on Prevention of Discrimination and Protection of Minorities, 52nd Sess., Provisional Agenda item 7, at annex I, U.N. Doc. E/CN.4/Sub.2/2000/26（2000）. 泽斯博士还强调联合国成员国不仅要承认原始居民权利的存在，也要颁布国内立法，为这些权利提供严格的实质性和管辖性保护。她呼吁"为实施国际私法，应强化国内法院的跨境管辖权，确保国际场合下尊重并将原始居民的知识产权习惯法视为一种法律选择的问题。"Erica-Irene Daes, Intellectual Property and Indigenous Peoples, American Society International Law, Vol.95, 2001, p.150.

2 Convention on Biological Diversity, June 5, 1992, 16 U.N.T.S. 229, U.N. Doc.UNEP/BIO. Div/N7-INC.5/4（1992）. 作为1992年地球峰会的成果，《生物多样性公约》试图鼓励对生物多样性的各组成部分进行可持续性的使用，并且以一种公平公正的方式来对这些使用所产生的利益进行分享。

3 Laurence R. Helfer & Graeme W. Austin, Human Rights and Intellectual Property: Mapping the Global Interface, Cambridge University Press, 2011, p.432.

4 Peter K. Yu, Traditional Knowledge, Intellectual Property, and Indigenous Culture: An Introduction, Cardozo Journal of International & Comparative Law, Vol. 11, 2003, pp.239-240.

5 Peter K. Yu, Cultural Relics, Intellectual Property, and Intangible Heritage, Temple Law Review, Vol. 81, 2008, p.437.

第二，跨国公司的知识产权人权悖论。正如前所述，全球化将跨国公司的行为纳入大家关注的范围。在知识产权与人权交集的问题上，跨国公司也出现了所谓的人权悖论。

一方面，跨国公司根据国际人权文件中的规定，主张知识产权是一种人权，从而要求加大对跨国公司知识产权的保护力度。基于《世界人权宣言》和一些区域性人权文件（特别是1950年《欧洲人权公约》）中关于财产权的规定，这些公司实体认为，对已授予的知识产权利益进行限制应当被解释为与对不动产或有形财产的征用无异，那么公司和其他商业实体——并非自然人或由自然人组成的群体——就是所谓的受害人。这些跨国公司关注的不是消除（救济）知识产权保护的扩张所带来的不利影响，相反，涉及违反公司财产权的主张声称，人权法要求更为广泛地保护发明、商标和创作的作品。根据现有法理，公司不能拥有在许多人权公约中得到承认的保护源于创作者的精神和物质利益的权利，那么这一排除性规定使财产权在公司拥有知识产权的问题背景下显得特别突出。[1]跨国公司从条约规定、欧盟指令、法院判决、国际谈判以及学术论文多种角度和实践中提出，应将知识产权视为一种公司能够享有的人权，从而要求加强和扩大知识产权的保护。跨国公司的这种主张，正是许多学者所担心的。

另一方面，跨国公司日益扩大的活动表明其人权意识的淡漠，国际社会要求跨国公司也需承担人权保护责任。"二战"后，国际人权法最主要关心的是国家、政府和公共官员的活动。但是随着跨国公司的活动范围不断增大，并且传统国际公法对这些活动无法进行有效规制，国际上采取了许多措施来关注这些私行为体。这些措施对于知识产权来说有着特殊的意义，因为知识产权在国内法律体系中的实质范围和实施问题受到这些在创新、娱乐和内容行业的私营公司的立法游说和司法诉讼活动的巨大影响。对这些公司的活动进行人权审查的努力朝着两个不同的方向进行：一是将国家的条约义务解释为有义务阻止其本国管辖范围内的私行为体侵犯人权，并为此种侵权提供救济；二是制订一些因违反特定人权而直接让公司和其他商业实体承担责任的原则。[2]为更明确地理解公约规定的权利，委员会为所有成员方构建了一个三层义务框架——"尊

---

1 Laurence R. Helfer & Graeme W. Austin, Human Rights and Intellectual Property: Mapping the Global Interface, Cambridge University Press, 2011, pp.61-62.

2 Laurence R. Helfer & Graeme W. Austin, Human Rights and Intellectual Property: Mapping the Global Interface, Cambridge University Press, 2011, pp.57-58.

重"的义务、"保护"的义务和"实现"的义务。[1]尽管尊重和实现的义务指向的是政府行为体,而保护的义务则要求国家应阻止非国家行为体干涉经济、社会和文化权利。2000年,经社文委员会发布了有关享有最高可达的健康标准的权利的第14号一般性评论,[2]对保护这种权利的义务进行了详细的注解:如果一国没有采取一切必要措施保证在其管辖范围内的人免于被第三方侵犯健康权,则该国违背了保护的义务。这些种类的行为包括疏于规制个人、群体或公司的活动,以避免其侵犯他人的健康权;未能保护消费者避免受有损于健康的行为比如药物制造者的行为的不利影响。因为"只有国家才是公约成员方,因此对遵守公约负有最终义务",一般性评论没有提及企业或其他私行为体是否具有独立的人权义务。委员会仅仅只是主张"所有社会成员——包括私营企业部门——在实现健康权方面均有责任。"自第14号一般性评论通过之后,非政府组织、利益相关人、消费者群体以及有些政府以此为依据,不断向联合国施压来要求解决跨国公司的人权责任问题。

对被忽视的原始居民权利的强调以及对跨国公司知识产权人权悖论的关注,表明人权在其自己的领域中也在不断扩大,从而与知识产权之间的交集也在扩大。现在,已有一系列广泛的有关法律、社会、经济、实践和哲学上的问题同时存在于两个领域之中。这些新的发展体现了从人权的角度分析时,知识产权法所暴露出来的规范瑕疵。[3]并且,这些新事物也迅速引起了关注,并出现了新的法律措施,从而引发了不断加强的紧张关系,特别是从冲突论还是共存论去界定人权和知识产权的关系问题。[4]

(三)两种制度现代交错的直接导火线——TRIPS的实施

1. TRIPS生效后发展中国家的觉醒与回应

TRIPS的生效,从客观上提高了知识产权的国际保护标准,也强化了知识产权的实施和制裁机制,总体而言对发达国家是有利的。它为所有的WTO成

---

1 Michael J. Dennis & David P. Stewart, Justiciability of Economic, Social, and Cultural Rights: Should There Be an International Complaints Mechanism to Adjudicate the Rights to Food, Water, Housing, and Health? American Journal of International Law, Vol.98, 2004, p.491.

2 Comm. on Econ., Soc., & Cultural Rights, General Comment No. 14–the Right to the Highest Attainable Standard of Health, Para. 43, U.N. Doc. E/C.12/2000/4(Aug. 11, 2000).

3 Laurence R. Helfer, Regime Shifting: The TRIPs Agreement and New Dynamics of International Intellectual Property Lawmaking, Yale Journal of International Law, Vol.29, 2004, p.51.

4 Laurence R. Helfer, Human Rights and Intellectual Property: Conflict or Coexistence? Minnesota Intellectual Property Review, Vol.5, 2003, pp.51-52.

员，包括发展中国家和最不发达国家，规定了相对较高的保护标准，而这些国家以前对专利、版权和商标的保护几乎是没有的或者最多是模棱两可的。并且和之前的知识产权公约不同，TRIPS是有牙齿的。[1]虽然TRIPS的通过是发达国家和发展中国家利益博弈和相互妥协的结果，但TRIPS生效后，发展中国家迅速发现，TRIPS的内容是以牺牲自己的利益为代价的，影响也是巨大的：民族工业的损失和无形资产的流失、丧失根据本国情况制定有关知识产权立法的权利、经济和技术差距被拉大，等等。[2]有学者甚至基于条约法的视野，认为TRIPS的签订过程中，对发展中国家来说，存在认识上的"错误"；对发达国家来说，存在事实上的"强迫"。总之，TRIPS的执行，使发展中国家陷入内外交困。[3]发展中国家迅速作出回应，其中最突出的表现是2001年由WTO全体会议通过了《关于TRIPS和公共健康的多哈宣言》，以及由发展中国家和民间组织联合发起并于2004年通过的WIPO发展议程。[4]可见，无论是国家还是国际组织，都已十分关注知识产权与人权的关系。[5]

2. 联合国人权事务高级专员对TRIPS的高度批判性报告

2000年，联合国人权机构将注意力转移至TRIPS，而这年刚好是协议中针对发展中国家的过渡期届满。2000年8月，促进和保护人权小组委员会通过的第2000/7号决议对TRIPS完全持敌对态度。2001年6月27日，玛丽·罗宾逊作为联合国人权事务高级专员，发布了一份有关TRIPS对人权影响的报告，严厉批评TRIPS。[6]该份报告采取了一个两步式的分析方法。首先，报告评估了

---

1 J.H. Reichman, The TRIPS Agreement Comes of Age: Conflict or Cooperation with the Developing Countries? Case Western Reserve Journal of International Law, Vol.32, 2000, pp.443-447.

2 王恒："TRIPS协议对发展中国家的影响"，载《华中理工大学学报》（社会科学版）2000年第2期，第25-26页。

3 田曼莉："条约法视野下对TRIPS协议的反思"，载《同济大学学报》（社会科学版）2012年第3期，第109-114页。

4 Laurence R. Helfer & Graeme W. Austin, Human Rights and Intellectual Property: Mapping the Global Interface, Cambridge University Press, 2011, p.34.

5 冯洁菡：《公共健康与知识产权国际保护问题研究》，中国社会科学出版社2012年版，第20页。

6 The Impact of the Agreement on Trade-Related Aspects of Intellectual Property Rights on human rights: Report of the High Commissioner, ESCOR, Commission on Human Rights, Sub-Commission on the Promotion and Protection of Human Rights, 52nd Sess., Provisional Agenda item 4, U.N. Doc. E/CN.4/Sub.2/2001/13（2001）.

TRIPS在何种程度上与知识产权保护的人权框架相吻合。其次，TRIPS在何种程度上没有遵守人权标准，报告还建议在TRIPS内增加灵活性，这样可促进一个在知识产权保护框架内更加以人权为导向的方法。[1]

（1）报告对TRIPS的批评。高级专员认为，如以现在这种方式实施的话，TRIPS与人权的目标并不完全兼容。第一，高级专员指出：TRIPS的全部要旨在于通过提供经济激励来促进创新。它与人权所保护的目标——促进公共健康、食物和营养、环境和发展等——的各种联系一般是通过例外规则的方式表现出来的，而不是指导原则本身，并受到协议其他规定的约束。到目前为止，唯一广为接受的观念是知识产权与贸易是有关联的，这为TRIPS纳入WTO体系之中提供了正当性，但是知识产权与其他领域的关联性，比如它也是与教育、健康、环境等有关联的，这些观点却还未被接受。[2]第二，虽然TRIPS指出有必要达成权利义务的平衡，但它对如何达成这种平衡没有提供任何指导。虽然TRIPS非常详细地列举了知识产权的内容——比如授予权利的要求、保护的期限以及实施的模式——但它只间接提到知识产权持有人的责任，即应将这些权利与它自己的目标相平衡。和它所列举的权利不同，协议没有确定责任的内容，或者也没有确定这些责任该如何实施。第三，因为要求提供最低限度的保护标准，TRIPS剥夺了WTO成员方的高度自治权以及大量的制订政策的空间。缺乏这种自治权反过来可能影响它们促进和保护人权包括发展权的能力。而1986年《发展权宣言》第2条第3款规定，国家有权利和义务制定适当的国家发展政策，不断改善全体人民和所有个人的福利。[3]第四，TRIPS规定的保护关注的是从工业化国家发展起来的保护形式。因此，欠发达国家所要求提供的保护并不总能考虑当地需求、利益和条件。更糟的是，这种保护可能会严重削

---

1 David Weissbrodt and Kell Schoff, Human Rights Approach to Intellectual Property Protection: The Genesis and Application of Sub- Commission Resolution 2000/7, Minnesota Intellectual Property Review, Vol. 5, 2003, p.28.

2 Sisule F. Musungu, Rethinking Innovation, Development and Intellectual Property in the UN: WIPO and Beyond, Quaker International Affairs Programme, Ottawa, TRIPS Issues Paper No. 5, 2005, available at http://www.quno.org/geneva/pdf/economic/Issues/ TRIPS53.pdf, last visited on May 1, 2022.

3 Declaration on the Right to Development, G.A. Res. 41/128, Annex, U.N. GAOR, 41st Sess., Supp.No. 53, U.N. Doc. A/41/53（1986）, available at http://www.un.org/en/events/rightto development/declaration.shtml, last visited on May 1, 2022.

弱一国保护公共健康或参与发展的能力。第五，在现行国际知识产权制度下，很少去关注"当地部落和原始居民的文化遗产和技术"的保护问题。还有一种不断增长的担心是使用贸易压力来要求制订TRIPS-PLUS国内立法，这可能会导致制订出与国家在人权法下的责任不相符合的知识产权制度。[1]

（2）报告提出的建议。尽管存在这些担忧，高级专员还是承认了TRIPS内在的弹性机制，指出大部分问题还要取决于协议真正如何得到实施。虽然这些弹性条款是很重要的，也可能会帮助在国际知识产权体系内达到平衡，但更重要的是，国家要充分利用这些弹性条款，需要专业和资源。

基于这些缺陷，高级专员提出了一系列建议。第一，国家应该通过国内立法监督TRIPS的实施，以确保符合《经济、社会及文化权利国际公约》中所详细列举的人权标准。第二，高级专员鼓励国家修订其知识产权制度来为原始居民部落的利益提供保护。第三，国家应该通过立法来确保获得基本药品，以保护获得最高标准的健康权利。报告中很大一部分的内容都在分析TRIPS是否为成员方解决公共健康的问题留下了自由的空间。报告的结论是，TRIPS允许成员方颁布立法，在出现公共健康危机的时候可以授予强制许可，并允许药品的平行进口。因此，高级专员建议成员方制订成员方内立法来享受这一权利。第四，高级专员建议TRIPS第7条应予以修订，明确包括人权。第五，高级专员鼓励小组委员会继续审议知识产权与其他人权的互动关系。[2]

可以说，TRIPS作为发达国家在全球化的背景下将知识产权与贸易相关联、从而提高全球范围内知识产权保护标准的重要举措，它的生效和实施是引发发展中国家第一次人权觉醒和回应的直接导火线。

三、知识产权与人权现代交错的后续回应

如果说在2000年夏天之前，国际知识产权保护、全球化和人权之间关系还不是那么特别明显的话，促进和保护人权小组委员会的第2000/7号决议则引发

---

[1] Peter K. Yu, Intellectual Property and Human Rights in the Nonmultilateral Era, Florida Law Review, Vol. 64, 2012, pp.1084-1086.

[2] David Weissbrodt and Kell Schoff, Human Rights Approach to Intellectual Property Protection: The Genesis and Application of Sub-Commission Resolution 2000/7, Minnesota Intellectual Property Review, Vol. 5, 2003, p.29.

了来自联合国体系下的机构、世界范围内的政府间组织和非政府组织、各国政府以及相关利益群体的不同反应，联合国人权机构更是通过了一系列文件，也采取了许多与知识产权及人权相关的措施。

（一）国际组织和各国政府的反应和态度

为向促进和保护人权小组委员会提交一份第2000/7号决议中所要求的报告，联合国秘书长于2001年3月6日向各国发出普通照会并致函各国际组织和非政府组织，要求它们提供与报告有关的资料。截至2001年5月29日，巴西、巴基斯坦、联合国贸发会议、WTO、德国马克斯·普朗克研究所等作了答复。在联合国秘书长于2001年6月14提交了第E/CN.4/Sub.2/2001/12号文件之后，又收到了危地马拉、墨西哥、WIPO等的答复，联合国秘书长又于2001年7月3日提交了第E/CN.4/Sub.2/2001/12/Add.1号文件。

1. 相关国际组织的反应

（1）WTO。WTO作为知识产权与人权交集时所关注甚至是严厉批评的对象，其对联合国秘书长的回应包含在第E/CN.4/Sub.2/2001/12号文件的第Ⅱ（B）部分，共分为13段，主要内容如下：

第一，WTO认为个人人权（人权和作者及发明者的公平待遇）和公共利益是知识产权保护的传统基础，是知识产权制度的支柱，两种概念的起点是相辅相成而不是互相排斥的。但还应该注意到，社会目标因知识产权的不同领域而异，且知识产权的经济重要性近几十年随着以信息和知识为基础的工业的作用日渐提高。第二，知识产权保护是出于公共利益，其目标之一是通过在有限时期内向权利持有者提供独占权的办法来促进长期的公共利益，并且也被认为可以促进实现人权至关重要的其他价值观。第三，权利持有者和使用者之间的利益分歧可通过最佳平衡来实现，TRIPS第7条就强调了平衡的必要性。人权可被用来作为理由，通过调整现有权利或创立新权利的手段达到知识产权制度向上或向下倾斜的目的。第四，药品专利保护问题是争取适当平衡方面特别尖锐的一个问题，但TRIPS是在各种考虑因素之间寻找适当平衡的一次努力。第五，TRIPS理事会也正在讨论传统知识的保护问题，建议要么通过现有知识产权制度在一定程度上予以保护，要么探讨专门针对传统知识的保护形式。第六，TRIPS对知识产权与生物多样性的问题保持沉默，意味着TRIPS让各国政府根据《生物多样性公约》的要求去自由立法。[1]

总体而言，WTO的回复语气带有几分惊讶，[2]且不同意知识产权与人权相互冲突的观点。WTO认为TRIPS已经很好地关注了公共利益的问题，两者是"相互补充而不是相互排斥的"。

（2）WIPO。虽然TRIPS不在WIPO的管辖范围之内，但它作为最传统、最大、最专业的知识产权管理机构，WIPO在其迟交的答复中，也表达了它对知识产权与人权问题的看法。WIPO的答复共17段，主要内容如下：

第一，WIPO重申人权文件中与知识产权相关的条款，提及1998年专家研讨会，并认为应就具体情况对知识产权与人权的关系作出技术上的精确分析。

第二，WIPO承认知识产权的不同方面既有可能相辅相成，又有可能相互竞争，这是知识产权与其他人权之间发生矛盾和冲突的原因。

第三，WIPO认为解决矛盾和实现平衡，对知识产权体制并非陌生。不管是专利领域还是版权问题，均可使用知识产权制度本身的例外和限制条款，以平衡权利持有者和公众之间的权利与利益。

第四，对例外和限制条款的确切范围、含义和实效应予以明确，但不得作出过于广泛的解释。

第五，各类人权之间的矛盾并非不寻常的现象，只是对于何为"适当的平衡"始终存在着合理的分歧意见。[3]

WIPO对此的反应可以说是见怪不怪，因为利益矛盾、冲突、博弈、平衡，早已与知识产权制度本身相伴相随。WIPO认为可利用知识产权本身的平衡制度来解决知识产权与人权之间的相互冲突和竞争问题。

（3）欧盟委员会。总的来说，欧盟委员会也主张，TRIPS的规定足够支持人权的实现，因为协议第7条为各种利益达成了一个适当的平衡。

---

1 Intellectual property rights and human rights: Report of the Secretary General, ESCOR, Commission on Human Rights, Sub-Commission on the Promotion and Protection of Human Rights, 52nd Sess., Provisional Agenda item 4, §II.B.2, U.N. Doc. E/CN.4/Sub.2/2001/12 (2001).

2 David Weissbrodt and Kell Schoff, Human Rights Approach to Intellectual Property Protection: The Genesis and Application of Sub-Commission Resolution 2000/7, Minnesota Intellectual Property Review, Vol.5, 2003, p.30.

3 Generally Intellectual property rights and human rights: Report of the Secretary-General, Addendum, ESCOR, Commission on Human Rights, Sub-Commission on the Promotion and Protection of Human Rights, 52nd Sess., Provisional Agenda item 4, U.N. Doc.E/CN.4/Sub.2/2001/12/Add.1 (2001).

第一，对于传统知识的保护。欧盟委员会认为，TRIPS的原则并不允许对传统知识授予专利。TRIPS并未直接提及这一问题，但相信这种沉默为成员方提供了足够的自由空间去颁布特定的保护传统知识的立法，只要他们愿意这样做。欧盟委员会鼓励建立传统知识数据库，包含所有来自所有国家针对生物物质的专利申请（不管其地理位置起源如何，即不管专利申请在何国提起），以减少类似于楝树案中所存在的冲突。

第二，关于公共健康的问题。欧盟委员会并不相信TRIPS有修改的必要性，以使成员方来解决公共健康的问题。发展中国家和国际社会应该集中考虑防止疾病，促进药品分配机制，建设医疗健康基础设施，而不是迫使一些大型制药公司去提供廉价药品。提供廉价药品可能会导致平行进口的问题。另外，严格的专利保护是必要的，这是为了给制药公司提供激励以使其继续一些研发项目。[1]

2. 各国政府对此所持的态度

共有四个国家（巴西、墨西哥、危地马拉、巴基斯坦）对联合国秘书长的邀请作出回应。各国所关注的重点与态度立场有所不同，此处以地域的代表性为原则，选择介绍巴西和巴基斯坦的态度。

（1）巴西。巴西政府针对联合国秘书长于2001年3月6日发出的普通照会，进行了回复。鉴于巴西政府的意见完全以增进和保护健康权为重点，因此巴西政府的意见并未与其他实体的回复一起载于联合国秘书长提供的报告之中，而是载于联合国人权事务高级专员关于TRIPS对人权的影响的报告即第E/CN.4/Sub.2/2001/13号文件之中。

巴西提供了有关该国艾滋病方案、该国知识产权法所发挥的作用以及该法对健康政策影响的资料。首先，巴西的回复详细介绍了该国艾滋病的基本情况、提供治疗的基本药物、巴西政府为此的开支和进行的谈判等；其次，巴西知识产权法允许在适当的情况下，特别是出现国家紧急情况或出于公共利益的情况下，政府当局可以颁布强制许可，这一制度有助于增加巴西艾滋病防治方案的实施，取得了重大成果；最后，巴西指出，通过实施TRIPS的公共健康保障条款，巴西政府成功地将协议与其根据人权法所承担的义务，特别是提供可

---

[1] Submission to the United Nations Secretary General from the Services of the European Commission with Regard to Resolution 2000/7 and the Request for a Report on Intellectual Property Rights and Human Rights, July 31, 2001.

承担价格基本药品的义务相结合。[1]

巴西的回复可以说是在知识产权制度范围内，解决知识产权和人权所谓冲突的一个绝好例证。

（2）巴基斯坦。巴基斯坦的回复内容较短，大概分为三个方面：第一，国际知识产权制度呈现加强化的趋势，其目标是强化创新、增加外国投资、加强研究与发展、加强技术转让。第二，许多来自发展中国家的事实说明，知识产权协议的基本目标没有实现，发展中国家承担的代价高于收获。第三，需要对国际知识产权制度进行全面审查，以恢复利益平衡，确保目标实现，促进发展中国家的发展，并使TRIPS的实施与国际人权文件的相关规定并行不悖。[2]

（二）联合国人权机构的一系列文件和措施

世纪之交知识产权与人权的关系问题，引发了全球范围内的高度关注。特别是为了回应联合国人权委员会促进和保护人权小组委员会在第2000/号决议中提出的倡议，除了文中上述所提及的联合国秘书长有关知识产权与人权的报告，以及联合国人权事务高级专员有关全球化以及TRIPS对人权实现消极影响的两个报告之外，许多联合国人权机构还相继通过了一系列有关知识产权与人权的文件和措施。从这些重要文件和事件的内容可以看出基于人权的视角来审视知识产权问题所引发的回应的广度和深度。本书会详细讨论这些文件的主要内容，此处只作简单介绍。

1. 联合国人权高专办所采取的措施

第一，通过知识产权与人权关系的三部曲。如前所述，联合国人权事务高级专员对TRIPS的详细分析报告（U.N. Doc. E/CN.4/Sub.2/2001/13），主张知识产权法必须促进获取知识与技术，反对制订TRIPS-PLUS条约，强调国家提供获取治疗艾滋病的必需药物方面的义务；两个特别专员提交的有关全球化的报告（U.N. Doc. E/CN.4/Sub.2/2000/13），主张知识产权保护有损于人权

---

[1] The Impact of the Agreement on Trade-Related Aspects of Intellectual Property Rights on human rights: Report of the High Commissioner, ESCOR, Commission on Human Rights, Sub-Commission on the Promotion and Protection of Human Rights, 52nd Sess., Provisional Agenda item 4, U.N. Doe. E/CN.4/Sub.2/2001/13（2001）.

[2] Intellectual property rights and human rights: Report of the Secretary General, ESCOR, Commission on Human Rights, Sub-Commission on the Promotion and Protection of Human Rights, 52nd Sess., Provisional Agenda item 4, §I.B, U.N. Doc. E/CN.4/Sub.2/2001/12（2001）.

保护的目标；2002年夏天，联合国人权高专办提交了其审查知识产权与人权互动关系三部曲中的最后一份报告（U.N. Doc. E/CN.4/Sub.2/2002/9），报告将成员方义务的范围扩展至包含了健康权、教育权、水权和劳动权。[1]

第二，特别专员公布了制药公司在获取药物方面的人权指南。指南主张，这些公司"在获取药物方面具有人权责任"，并敦促他们"作出并尊重一个公开承诺，即不再游说立法机构要求保护高于TRIPS所确定的知识产权利益"。[2]

第三，有关食物权的特别专员的两个报告。这些报告批评使用专利制度来控制植物原材料，包括转基因种子的质量、供应与价格。[3]

联合国人权事务高级专员还试图在WTO中寻求观察员地位，以参与审议TRIPS，但到目前为止还未成功。[4]

2. 人权委员会（人权理事会）的决议

2006年之前的人权委员会，分别于2001年、2002年和2003年连续通过三个决议，敦促各国确保"在诸如艾滋病、结核病以及疟疾等流行病的背景下获得药品"。[5]其中2001年的第2001/33号决议由巴西推动，在第3（b）段中要求各国在实施可达成的最高健康标准权利时，应"根据可适用的国际法，通过立法或其他措施，"以"确保获得这些药品"，并"免受任何第三方的限

---

1 Liberalization of Trade in Services and Human Rights: Report of the High Commissioner, Sub-Comm'n on the Promotion and Protection of Human Rights, 54th Sess., Provisional Agenda Item 4, at 7, U.N. Doc. E/CN.4/Sub.2/2002/9（2002）.

2 U.N. Special Rapporteur on the Right of Everyone to the Enjoyment of the Highest Attainable Standard of Physical and Mental Health, Human Rights Guidelines for Pharmaceutical Companies in Relation to Access to Medicines, UN Doc. A/63/263, Pmbl. Para. i & Guideline 26（Aug. 11, 2008）（prepared by Paul Hunt）.

3 U.N. Special Rapporteur of the Commission on Human Rights on the Right to Food, Report to Commission on Human Rights, U.N. Doc. E/CN.4/2004/10, Para. 39（Feb. 9, 2004）（prepared by Jean Ziegler）; U.N. Special Rapporteur on the Right to Food, Report to U.N. General Assembly, U.N. Doc. A/64/170（July 23, 2009）（prepared by Olivier De Schutter）.

4 WTO, International Intergovernmental Organizations Granted Observer Status to WTO Bodies, available at https://www.wto.org/english/thewto_e/igo_obs_e.htm, last visited on May 1, 2022.

5 Comm'n on Human Rights, Res. 2001/33, U.N. Doc. E/CN.4/RES/2001/33（Apr. 23, 2001）; Comm'n on Human Rights, Res. 2002/32, U.N. Doc. E/CN.4/RES/2002/32（Apr. 22, 2002）; Comm'n on Human Rights, Res. 2003/29, U.N. Doc. E/CN.4/RES/2003/29（Apr. 22, 2003）.

制"。[1] 2006年人权理事会取代人权委员会之后，也于2009年通过了一个决议，强调"各国政府有责任不加歧视地为所有公民提供可负担的、安全的、有效的、高质量的药品，特别是必需药品。"[2]

3. 促进和保护人权小组委员会的第2001/21号决议

促进和保护人权小组委员会有关知识产权和人权的第2000/7号决议，是开启联合国机构和其他国际组织、各国政府关注知识产权和人权问题的起点。2001年，促进和保护人权小组委员会再次通过第2001/21号决议，确定在TRIPS和人权义务之间存在一系列广泛的"真实或潜在冲突"。这些人权义务包括"自决权、食物权、住房权、工作权、健康权和教育权，以及向发展中国家转移技术"，因此主张"有必要进一步澄清TRIPS相关条款的范围和含义"，同时要求成员方政府在制订区域内和国际经济政策场合中，"应充分考虑国际人权义务与原则"。[3]

4. 经社文委员会

第一，召开相关研讨会，为起草一般性评论做准备。促进和保护人权小组委员会通过第2000/7号决议三个月后，经社文委员会于2000年11月召开了一天的研讨会，考虑TRIPS是否与经社文公约中的人权规则存在潜在的冲突。这一整天的讨论试图为最终通过一个有关知识产权与人权规则之间关系的一般性评论奠定基础。[4]

第二，经社文委员会于2001年通过了"有关人权与知识产权的声明"，主张知识产权"必须与参与社会文化生活的权利以及享有科学进步及其应用的利益的权利保持平衡"，并且"国内和国际知识产权制度必须遵守"经社文委员会所规定的成员方义务。[5] 这是一份不太那么明显也不太那么有野心的声明，

---

1 Human Rights Commission Calls on States to Use TRIPS Flexibilities, Bridges Weekly Trade News Digest, Switzerland, Apr. 20, 2005, p.5.

2 Human Rights Council, Res. 12/24, U.N. Doc. A/HRC/RES/12/24（Oct. 2, 2009）.

3 ECOSOC, Sub-Comm'n on the Promotion and Prot. of Human Rights, Intellectual Property and Human Rights, Res. 2001/21, U.N. Doc. E/CN.4/Sub.2/RES/2001/21（Aug. 16, 2001）.

4 Report on the Twenty-second, Twenty-third and Twenty-fourth Sessions, ESCOR, Committee on Economic, Social and Cultural Rights, 22nd-24th Sess., Supp.No. 2, 578, U.N. Doc. E/2001/22 and E/C.12/2000/21（2000）.

5 ECOSOC, Comm. on Econ., Soc. & Cultural Rights, Substantive Issues Arising in the Implementation of the International Covenant on Economic, Social and Cultural Rights, U.N. Doc. E/C12/2001/15（Dec. 14, 2001）.

列举了他们对于知识产权制度对源于《经济、社会及文化权利国际公约》中的重要人权原则的影响的担忧。[1] 委员会的声明提醒成员方"将国际人权规则加入至知识产权法的立法与解释之中的重要性",并以一种平衡的方式来保护知识产权制度中所存在的公共和私人利益,而不侵犯基本的人权。当出现一些密切相关的问题比如何为适当的平衡时,成员方所维持的平衡应足够保证人权的完整性。

第三,经社文委员会最终于2006年通过了解释《经济、社会及文化权利国际公约》第15条第1款丙项的第17号一般性评论——"人人有权对其本人为作者的任何科学、文学或艺术作品所产生的精神上和物质上的利益,享受被保护之利";[2] 于2009年通过了解释《经济、社会及文化权利国际公约》第15条第1款甲项的第21号一般性评论——"人人有权参与文化生活";[3] 于2020年通过了解释《经济、社会及文化权利国际公约》第15条第1款乙项和剩余条款的第25号一般性评论——"科学惠益分享权"。[4]

另外,联合国人权条约机构就国内知识产权法律与政策和成员方人权条约义务之间的兼容性也发布了总结性评论和建议。[5] 这些决议、报告和研究中,许多都对TRIPS、TRIPS-PLUS条约以及更广泛意义上的不断扩张的知识产权规则进行了严厉的批评。

---

1 David Weissbrodt and Kell Schoff, Human Rights Approach to Intellectual Property Protection: The Genesis and Application of Sub-Commission Resolution 2000/7, Minnesota Intellectual Property Review, Vol. 5, 2003, p.36.

2 Comm. Econ., Soc. & Cultural Rights, General Comment No. 17: The Right of Everyone to Benefit from the Protection of the Moral and Material Interests Resulting from Any Scientific, Literary or Artistic Production of Which He Is the Author, Art. 15 (1)(c), U.N.Doc. E/C.12/GC/17 (Jan. 12, 2006).

3 Comm. Econ., Soc. & Cultural Rights, General Comment No. 21: The Right of Everyone to Take Part in Cultural Life, Art. 15 (1)(a), U.N.Doc. E/C.12/GC/21 (Dec. 21, 2009).

4 Comm. Econ., Soc. & Cultural Rights, General Comment No. 25 (2020) on Science and Economic, Social and Cultural Rights (Article 15 (1)(b), (2), (3) and (4) of the International Covenant on Economic, Social and Cultural Rights), U. N. Doc. E/C.12/GC/25 (30 April 2020).

5 3D-Trade Human Rights Equitable Economy, UN Human Rights Treaty Monitoring Bodies Review of State Implementation of International Conventions (ICESCR, ICCPR and CRC): References to Intellectual Property and Human Rights, available at http://www.3dthree.org/pdf_3D/TreatyBodyIPrefs_en.pdf, last visited on May 1, 2022.

（三）对跨国公司人权责任的持续关注

2003年，促进和保护人权小组委员会发布了有关跨国公司和其他商业实体在人权方面的责任的规则草案。[1]该规则草案明确表明自己没有法律约束力。但是，它们试图为跨国公司描述一个内容广泛及效力权威的在"其活动和影响范围"内的人权义务。草案第一段指出，"在其各自的活动和影响范围内，跨国公司和其他商业实体有义务促进、实现、尊重、保护国际法以及国内法所承认的人权。"

规则草案并未明确提及知识产权问题，但是与之相伴的评论性意见规定企业"应该尊重、保护知识产权，并以下列方式适用知识产权：有助于促进技术创新和技术的转让与扩散；有助于实现技术知识的生产者和使用者的共同利益；有利于提高社会和经济福祉比如保护公共健康；有利于平衡权利和义务。"[2]这些规定与TRIPS第7条的文本非常类似。

虽然规则草案引发了许多公众和学者的评论，但联合国人权委员会拒绝通过这一草案，部分是因为来自于企业实体方面的反对。[3]相反，2005年，人权委员会请求联合国秘书长指派一个特别代表，来审查公司的国际法律责任以及明确公司"影响范围"的概念。[4]秘书长最终指定了哈佛大学肯尼迪政治学院的约翰·鲁杰（John Ruggie）教授作为特别代表。通过与许多感兴趣的利益相关方进行广泛的协商，特别代表于2008年4月公开了一份报告，列举了一个开展企业实体与人权关系的讨论时有助于指导所有相关行为体的概念和政策框架。这一框架调和了三大核心原则：一是国家有义务保护人权免受第三方包括企业的侵犯；二是公司有责任尊重人权；三是有必要保证更有效地获得

---

1 ECOSOC, Sub-Comm'n on Promotion and Prot. of Human Rights, Draft Norms on the Responsibilities of Transnational Corporations and Other Business Enterprises with Regard to Human Rights, U.N. Doc. E/CN.4/Sub.2/2003/12/Rev.2（Aug. 26, 2003）.

2 ECOSOC, Sub-Comm'n on Promotion and Prot. of Human Rights, Commentary on the Norms on the Responsibilities of Transnational Corporations and Other Business Enterprises with Regard to Human Rights, Para. 10 Cmt. d, U.N. Doc. E/CN.4/Sub.2/2003/38/Rev.2（Aug. 26, 2003）.

3 David Kinley & Rachel Chambers, The UN Human Rights Norms for Corporations: The Private Implications of Public International Law, Human Rights Law Review, Vol.6, 2006, pp.462-478.

4 Comm'n on Human Rights Res. 2005/69, U.N. Doc. E/CN.4/RES/2005/69（Apr. 20, 2005）, last visited on May 1, 2022.

救济。[1] 2008年6月，人权理事会批准了这一报告，并将特别代表的职责延续了三年。理事会请求特别代表通过"对企业和其他利益相关人提供具体的指导"，建议一些方法来"促进国家履行义务，保护所有的人权免受跨国公司及其他企业实体的侵犯"，并"进一步明确公司尊重所有人权的责任的范围与内容。"[2]

可见，联合国人权机构热切地回应了全球对于知识产权与人权的关注热点，对知识产权问题投入了史无前例的注意力。这些文件、报告、措施的许多内容包括对TRIPS和不断扩张的知识产权规则的严厉批评。但是也有一些指出这两套国际制度存在共同的目标和某些方面的共性，并试图用人权的方法来分析TRIPS，从而协调成员方的条约义务。[3]

正如第一章中讨论的，在知识产权与人权这两个法律领域中存在的任何有意义的互动，在20世纪90年代之前都还没有发生，是相对最近才发生的。正如赫尔弗教授所说，十多年后，发生了很大的变化。"现在当我们向同事和学生解释我们研究的是知识产权与人权之间的交集领域时，得到的反映是些许的认可和一两个提问——关涉专利药和艾滋病，但也越来越多的提及表达自由、网络技术或艺术家的精神权利等。在探讨这些问题时我们已绝不孤独。撰写有关这两个领域交集的论文和专著的作者在全球范围内已经越来越多。"[4] 那么，当两个领域的交集已不可避免并大量存在，这两种制度之间到底存在一种什么样的关系呢？

本章小结

世纪之交的国际场域，看上去预示着一个"权利时代"的来临。特别是20世纪90年代中后期，对国际人权制度来说，既令人兴奋而又充满希望；对国际知识产权制度来说，规则和制度迅速扩张。1998年WIPO-OHCHR主办有关

1　John Ruggie, Special Representative of the Secretary-General on the Issue of Human Rights and Transnational Corporations and Other Business Enterprises, Protect, Respect and Remedy: A Framework for Business and Human Rights, U.N. Doc. A/HRC/8/5（Apr. 7, 2008）.

2　Human Rights Council, Res. A/HRC/8/L.8（June 12, 2008）.

3　Laurence R. Helfer, Human Rights and Intellectual Property: Conflict or Coexistence? Minnesota Intellectual Property Review, Vol.5, 2003, pp.56-57.

4　Laurence R. Helfer & Graeme W. Austin, Human Rights and Intellectual Property: Mapping the Global Interface, Cambridge University Press, 2011, pp.13-14（Preface）.

知识产权与人权的专家研讨会揭开了知识产权领域和人权领域对话的序曲；联合国人权委员会促进和保护人权小组委员会的第2000/7号决议成为日后学者、国际机构、非政府组织和国家政府开展知识产权和人权研究的起点性文件。这两个标志性事件让学者的目光投向了这两种权利的交集。

知识产权与人权发生现代交错的前提条件是全球化，它将贸易、知识产权与人权裹挟其中，使跨国公司扩张知识产权追求利润但却罔顾人权的行为备受关注，全球化总体上对人权的实现产生了消极影响。两种制度现代交错的内在因素存在于两种制度本身，知识产权在扩张，人权领域在发展，原来被忽视的原始居民权利因一些重要案件而得到重视，跨国公司的知识产权人权悖论受到关注。两种制度现代交错的直接导火线是TRIPS的实施，协议生效引发了发展中国家的觉醒与回应，联合国人权事务高级专员发表了对TRIPS的高度批判性报告。

知识产权与人权发生现代交错后，引发了来自联合国体系下的机构、世界范围内的政府间组织和非政府组织、各国政府以及相关利益群体的不同反应，联合国人权机构更是通过了一系列文件，采取了许多与知识产权及人权相关的措施。WTO和WIPO认为知识产权与人权是相互补充而不是相互排斥，欧盟委员会也主张TRIPS的规定足够支持人权的实现。巴西的回复表明可以在知识产权制度范围内解决知识产权和人权的冲突；巴基斯坦则认为TRIPS的基本目标没有实现，建议对国际知识产权制度进行全面审查。联合国人权高专办通过了知识产权与人权关系的三部曲；联合国人权委员会（人权理事会）通过一系列与药物获取权相关的决议；联合国促进和保护人权小组委员会进一步发布了第2001/21号决议；经社文委员会于2001年通过了"有关人权与知识产权的声明"，并于2006年、2009年、2020年通过了解释《经济、社会及文化权利国际公约》第15条的三个一般性评论。对跨国公司人权责任方面，也在持续关注。

第三章

知识产权的
人权性质之争

当知识产权与人权同时进入学者们的视野时，特别是在探讨知识产权与人权到底存在何种关系之前，第一个争议的焦点便是：从性质上来看，知识产权本身到底是不是人权？对这一问题，从20世纪90年代末期开始，学者们就开始探讨，[1]不同的学者从不同的角度给出了不同的答案。如果答案是肯定的，那么知识产权是人权，人权包含知识产权，知识产权是人权的子集，人权和知识产权的关系便是包含与被包含的关系；两种权利之间若存在矛盾和冲突，则属于人权体系内部子权利之间的矛盾，应利用人权的理论、制度和方法去解决。如果答案是否定的，那么知识产权不是人权，知识产权和人权分别是两种不同的权利形态，有各自的制度关注和利益焦点，两者之间的关系到底如何则另当别论，两者之间的矛盾和冲突如何解决也需另辟蹊径。因此，本章的内容将为下一章探讨知识产权与人权的关系奠定基础。

一、肯定论：知识产权是人权

"知识产权是人权"的观点得到许多学者、公司、群体、机构、国际组织的支持。正如开启知识产权与人权领域对话序幕的1998年专家研讨会结束后，WIPO在1999年将研讨内容结集出版时，该论文集的前言第一句话就是，"在《世界人权宣言》中，知识产权被奉为人权。"[2]时任WIPO副总干事罗伯特·卡斯特罗在1998年研讨会上的开幕致辞中，认为"知识产权作为人权的特点可能还没有被人们充分认识，"并多次提及"知识产权作为人权"或"知识产权的人权

---

[1] Peter K. Yu, The Anatomy of the Human Rights Framework for Intellectual Property, SMU Law Review, Vol. 69, 2016, p.44.

[2] Foreword, Intellectual Property and Human Rights, Proceedings of a Panel Discussion organized by the World Intellectual Property Organization in Collaboration with the Office of the United Nations High Commissioner for Human Rights, Nov. 9, 1998, http://www.wipo.int/edocs/pubdocs/en/intproperty/762/wipo_pub_762.pdf, p.i, last visited on May 1, 2022.

特点"。[1] 研讨会主席阿达马·迪昂在引言中也反复使用"知识产权是人权"的措辞，并指出研讨会所传达的"信息既简单又复杂：知识产权就是人权。"[2] 我国吴汉东教授更是认为，"将知识产权视为人权，或者说在人权视野中考察知识产权的基本属性，是学术界关于知识产权本质性认识的一种深化。"[3]

（一）"知识产权是人权"的基本学说

1. 自然权利说

为知识产权规则找到这种更深层次的理论基础的方法之一是，主张知识产权是一种自然权利。一种证明知识产权合理存在的观点是知识产权是自然权利。[4] 此种观点认为知识产权作为人权，源于它是一种自然权利。[5] 启蒙思想家关于财产权与人权关系的阐述，是知识产权蕴含人权寓意的重要思想渊源。根据劳动财产权理论，作为人权的知识产权是"不可剥夺的""普遍权利要求"，从而将资本主义式的财产权与封建特许权区别开来。这种人权观构成了近代知识产权制度正当性的基础。[6] 最典型的代表是洛克的财产权自然法理

---

[1] 他在当天开幕词中指出，虽然知识产权的人权特征为《世界人权宣言》和其他国际和区域人权文件所承认，且知识产权已经成为诸多政策领域的重要话题，但知识产权的人权特征，以及知识产权与其他人权的关系还没有被充分探讨。当天的专家研讨会，目的在于引起大家关注知识产权的普遍性，并且关注知识产权在经济、社会、文化与发展中不可或缺的作用。Roberto Castelo, Opening Address, Intellectual Property and Human Rights, Proceedings of a Panel Discussion organized by the World Intellectual Property Organization in Collaboration with the Office of the United Nations High Commissioner for Human Rights, Nov. 9, 1998, http://www.wipo.int/edocs/pubdocs/en/intproperty/762/wipo_pub_762.pdf, p.2, last visited on May 1, 2022.

[2] Adama Dieng, Introductory Remarks, Intellectual Property and Human Rights, Proceedings of a Panel Discussion organized by the World Intellectual Property Organization in Collaboration with the Office of the United Nations High Commissioner for Human Rights, Nov. 9, 1998, http://www.wipo.int/edocs/pubdocs/en/intproperty/762/wipo_pub_762.pdf, p.12, last visited on May 1, 2022.

[3] 吴汉东主编：《知识产权制度基础理论研究》，知识产权出版社2009年版，第57页。

[4] Peter Drahos, The Universality of Intellectual Property Rights: Origins and Development, Intellectual Property and Human Rights, Proceedings of a Panel Discussion organized by the World Intellectual Property Organization in Collaboration with the Office of the United Nations High Commissioner for Human Rights, Nov.9, 1998, http://www.wipo.int/edocs/pubdocs/en/intproperty/762/wipo_pub_762.pdf, p.30, last visited on May 1, 2022.

[5] 郑万青：《全球化条件下的知识产权与人权》，知识产权出版社2006年版，第97-98页。

[6] 吴汉东："知识产权的私权与人权属性——以《知识产权协议》与《世界人权公约》为对象"，载《法学研究》2003年第3期，第70-71页。

论。洛克认为自然状态的自由是以财产权作为其核心的。财产权就是一种自然产生的权利，政府必须保护财产以获得合法性基础。而对财产权的最初获得，洛克认为，人类通过劳动确立了对自然物品的财产权。[1]因此，财产权源于人的劳动，但财产权也受到一定的限制。基于自然权利学说来解释知识产权的人权属性，即人类通过从事创作作品、发明技术和采纳相关工商标记等智力劳动活动，拥有对这些作品、技术、标记的权利。我国吴汉东教授即根据国际人权公约和经典学说理论，将知识产权这一私人财产权定位为一项普遍的人权。[2]他认为知识产权是与生俱来的自然权利，他基于天赋人权理论来诠释知识产权作为人权的基本属性，认为作为人权的知识产权是"天赋的"。[3]

实际上，洛克的劳动学说虽然解释了财产或财产权这一概念，并没有直接关涉知识产权，但由于将该理论运用到无形财产领域时，可与知识产权制度相结合而产生巨大的契合力，以至于能够解开知识产权制度的神秘面纱，从而被视为知识产权领域的理论图腾。[4]但是，知识产权是否属于自然财产权？不管是援引实证法上的普遍承认还是援引洛克的有形财产理论来解释知识产权是一种无形财产，都难以自洽。财产权是否必然就是人权？这一问题还无法得出统一答案。并且知识产权具有时间性，而自然权利不可能有时间上的限制。[5]吴汉东教授也承认，以天赋人权来解说知识产权存在明显缺陷：知识产权的人权意义，更重要的是在强调保护知识产权所创造的个人财富的基础上，也应考虑知识财产利益在社会公众中的合理分享。知识产权创造的财富，是个人与社会的共享财富。[6]因此，运用到知识产权领域，劳动自然权利理论有一定的局限性，如它没有能够说明思想在起初阶段不包括相关的劳动；它关注的是个人利益，对社会利益有所忽视；它也未能从根本上考虑智力劳动成果所蕴含的人格方面。[7]

因此，使用自然权利理论的概念工具来将知识产权界定为人权面临着许多问题。第一个问题是，即使可以证明私有财产权是自然财产权利，但是知识产

---

1 [英]洛克：《政府论》（下篇），叶启芳、瞿菊农译，商务印书馆2011年版，第18页。

2 吴汉东："关于知识产权私权属性的再认识——兼评'知识产权公权化'理论"，载《社会科学》2005年第10期，第61页。

3 吴汉东主编：《知识产权制度基础理论研究》，知识产权出版社2009年版，第58页。

4 冯晓青：《知识产权法哲学》，中国人民公安大学出版社2003年版，第4页。

5 郑万青：《全球化条件下的知识产权与人权》，知识产权出版社2006年版，第99-100页。

6 吴汉东主编：《知识产权制度基础理论研究》，知识产权出版社2009年版，第58页。

7 冯晓青：《知识产权法哲学》，中国人民公安大学出版社2003年版，第137页。

权是否是自然财产权利的问题并没有解决。对此一个可能的答案是，知识产权肯定是财产权利，因为世界各国的立法均宣布它们是个人财产权。但问题是从定义上看，自然权利的存在并不取决于一部立法的宣告。第二个问题是，知识产权仅存在于一段有限的时期，或者如果想继续这种权利的话，需要满足登记的条件。最适合自然权利条件的肯定是生命和自由权。我们不会认为这些权利在权利持有人的有生期间还会有期限的限制。并且人权是归属于所有人的一种权利。但是我们是否可以合理推测，所有的国家颁布的专利制度都不会违背人权的规定？事实证明专利制度确实在很多方面与人权是相冲突的。另外，自然权利理论的概念工具也不能因为从事了劳动，就直接能够推断出，对劳动所得的财产就享有自然权利。[1]在有关财产的自然权利理论中，大家还认为财产权本身具有一定的公共性质，这种权利是可以被国家限制的。[2]

2. 创造者人格说

得出知识产权是基本人权的第二个观念路径是，认为知识产权保护的是信息产品创作者和信息本身之间的关系，是信息隶属于信息产品创作者的这种从属关系，是创作者的人格，因此知识产权属于人权的范畴。[3]创造者人格说和财产自然权利的思想极为类似，只是创作者人格理论更加强调财产与人格的关系。此种学说的理论来源是康德和黑格尔的思想，即道德权利是作者决定作品命运的权利，这不仅关乎作品，还关涉保护作者的人格。康德解释了著作权与言论自由、思想表达、作者人格之间的关系，认为人格是任何财产制度的基础。[4]他不仅将财产权视为人格发展的一个必要条件，而且视为人格发展的自我展现。人的自由意志的充分表达不得不通过实体化的财产这一外在领域。财产是自由最初的存在，财产本身就是目的。[5]这种理论为大陆法系学者所利用，并成为

---

[1] Peter Drahos, A Philosophy of Intellectual Property, Dartmouth Publishing Company, 1996, pp.13-32.

[2] Peter Drahos, The Universality of Intellectual Property Rights: Origins and Development, Intellectual Property and Human Rights, Proceedings of a Panel Discussion organized by the World Intellectual Property Organization in Collaboration with the Office of the United Nations High Commissioner for Human Rights, Nov.9, 1998, http://www.wipo.int/edocs/pubdocs/en/intproperty/762/wipo_pub_762.pdf, pp.30-31, last visited on May 1, 2022.

[3] 郑万青：《全球化条件下的知识产权与人权》，知识产权出版社2006年版，第100-102页。

[4] 冯晓青：《知识产权法哲学》，中国人民公安大学出版社2003年版，第148-162页。

[5] 卿越："对知识产权法的哲学反思——以人权为视角"，载《云南大学学报》（法学版）2012年第2期，第148-149页。

大陆法系著作权法中保护精神权利的哲学基础，强调的是作者声誉的重要性和知识产权的非物质因素。如果用此理论来看待知识产权是否属于人权的问题，它认为人类的智力劳动创造了知识产权的客体，因此，知识产权与智力劳动者的人身和人格密切相连，知识产权一经授予，便与智力劳动者的人身和人格不能分离。[1] 国际人权文件中所列举的版权，包含了没有时间性的著作者精神权利，这种权利与作者的人格具有永远不可分割的关系。[2]

但问题在于不是所有种类的知识产权都能够表现出人格，著作权法中的作者"精神权利"本身并不具有广泛性，工业产权其实就是纯粹的经济权利。如果只有部分的知识产权能够体现人格利益，那么将创作者人格理论作为基础来证明所有知识产权的性质则是有疑问的。由此的推论是，部分知识产权或者可以说是有限的知识产权属于人权的范畴。再退一步说，即使部分知识产权，特别是某些知识产权上的人格利益可归属于人权范畴，并不意味着所有的知识产权都保护智力成果创造者的人格利益，因此得出知识产权是普遍人权的结论。[3] 知识产权中存在不同的人格展现，并且知识产权可转让性与人格的不可转让性也存在着明显的冲突。因此，以人格为基础的方法来证明合法性虽然已经是大陆法系中作者权的基础，但其最大的问题是以人格为基础的理论是否都能合理地证明所有的知识产权都是人权。[4] 可能证明的结果是只有极少部分知识产权能够进入人权的范畴。即使承认人格权可以归属于人权的范畴，但它并不能以此推出所有的知识产权保护知识产权创作人的人格利益。[5]

3. 普遍权利说

此种观点认为知识产权已经得到了普遍承认，当然地成为普遍人权。他们采用论证的方法来证明知识产权的普遍性，即列出有关国际人权法律文书中的

---

1 吴汉东："关于知识产权若干理论问题的思考"，载《中南政法学院学报》1988年第1期，第18页。

2 张乃根："论TRIPS协议框架下知识产权与人权的关系"，载《法学家》2004年第4期，第147页。

3 郑万青：《全球化条件下的知识产权与人权》，知识产权出版社2006年版，第101-102页。

4 J. Hughes, The Personality Interest of Artist and Inventors in Intellectual Property, Cardozo Arts & Entertainment Law Journal, Vol. 16, 1998, p.81.

5 Peter Drahos, The Universality of Intellectual Property Rights: Origins and Development, Intellectual Property and Human Rights, Proceedings of a Panel Discussion organized by the World Intellectual Property Organization in Collaboration with the Office of the United Nations High Commissioner for Human Rights, Nov. 9, 1998, http://www.wipo.int/edocs/pubdocs/en/intproperty/762/wipo_pub_762.pdf, p.31, last visited on May 1, 2022.

条款，或者列举有关知识产权保护本身的国际条约和国内立法，认为知识产权已经得到普遍承认，因此当然地成为普遍人权。[1]第一类理由，知识产权条款得到了国内法与国际人权文件的承认。20世纪以前国内人权由各国宪法加以保护的事实和进入20世纪之后一系列国际性和区域性人权文件对知识产权相关问题的关注，便是这一结论的明证。[2]第二类理由，知识产权本身已经得到普遍承认。如前所述，知识产权从属地时代到国际时代再到全球时代，经历了双边协定时期，到《巴黎公约》和《伯尔尼公约》时期，再到世界知识产权组织的建立，直至TRIPS的签订，最终国际知识产权法过渡到了后TRIPS时代。[3]知识产权从国内走向国际，已经成为国内法与国际法中不可忽视的内容，更是得到了各国政府、国际组织的青睐。

知识产权已经被普遍承认，这是经验事实。但是，对一个规则的普遍承认将使该项规则转化为一项人权规则？知识产权被普遍承认就必然推导出它们是普遍规则吗？换句话说，知识产权被普遍承认就必然推导出它们是人权吗？如果把普遍规则界定为那些已经得到普遍承认的规则，那么答案很明显是肯定的。但将被普遍承认的权利界定为普遍人权，其实是有悖于人权传统的。[4]对那些具有人权传统的人来说，特别是对于那些认为人权在道德实在主义的框架中的理论学者来说，这种定义式答案可能并不会使其满意。对道德实在论者，普遍权利的存在并不取决于以承认为标准。[5]如果普遍性道德权利存在，他们是存在于实在法的框架之外的。即使对非道德实在论者，一个简单的承认标准也不是一种令人满意的方式，来决定某项权利是否具有人权的地位。世界各国的国际机场里，调整乘客相互之间行为的礼仪规则就是被普遍承认的规则的例证。是否就可以此推断出来，如排队权，具有与生命和自由权相同的普遍地位吗？不管是否为道德实在论者，普遍性人权规则的理念中应该还要包含更深层次的东西。[6]

---

1 郑万青：《全球化条件下的知识产权与人权》，知识产权出版社2006年版，第102-104页。

2 吴汉东主编：《知识产权制度基础理论研究》，知识产权出版社2009年版，第59页。

3 王肃、李尊然主编：《国际知识产权法》，武汉大学出版社2012年版，第14页。

4 董东晓："国际法视野下的知识产权与人权"，广西师范大学2011年硕士学位论文，第14页。

5 Peter Drahos, The Universality of Intellectual Property Rights: Origins and Development, Intellectual Property and Human Rights, Proceedings of a Panel Discussion organized by the World Intellectual Property Organization in Collaboration with the Office of the United Nations High Commissioner for Human Rights, Nov. 9, 1998, http://www.wipo.int/edocs/pubdocs/en/intproperty/762/wipo_pub_762.pdf, p.30, last visited on May 1, 2022.

6 M. J. Perry, Are Human Rights Universal? The Relativist Challenge and Related Matters, Human Rights Quarterly, Vol. 19, 1997, pp.461-509.

通过简单分析之后得出的结论是，有关所有的知识产权因为其普遍承认就属于人权的观点是有问题的。这里顺便提一句，人权倡导者还可以很容易主张，在侵犯人权的情况下也经常间接地涉及侵犯知识产权。比如，其论据是，在全球范围内保护知识产权成为允许跨国公司在劳动标准相对较低或根本就没有什么劳动标准的贫困国家内设立工厂。在这种情况下，既侵犯了人权，也可能会存在侵犯知识产权的情况。但这没有什么可奇怪的。复制了某人的艺术作品（侵犯知识产权）和夺取了某人的床铺、食物、药品或其他构成日常生活必需品的个人财产（侵犯人权）毕竟还是不一样的。[1]因此，这种观点存在的问题是：第一，只有极少数国家的法律条文，比如阿塞拜疆的宪法，宣称知识产权是基本人权；第二，虽然知识产权是得到普遍承认的权利，为国际法和国内法所广泛认可，但不能推导出得到普遍承认的权利就是基本人权；第三，从更高层次的意义上看，人权作为道德权利，独立于法定权利，不管一国的实在法是否承认某项人权，该项权利的普遍性都是不可否认的。[2]

（二）"知识产权是人权"的文件依据

1. 以人权文件中的智力成果利益保护权为依据

大部分学者认为知识产权是人权，主要是从国际人权文件中规定的智力成果利益保护权推演出来的。学者们认为，承认作者、创造者的知识产权是一种人权，最早是在《世界人权宣言》和《经济、社会及文化权利国际公约》的起草过程中提出的。不同历史时期的不同法律文件基于不同的价值取向，分别阐释了知识产权的人权属性。[3]特别是国际文件，即1948年的《世界人权宣言》，可以说是人权制度的宪法性基础。其第27条第2款和第1款规定的权利在1966年的两个人权公约中得到了进一步的发展。在"冷战"时代，在苏联的带领下，新出现的非洲和亚洲主权国家形成了这两个公约的草案，目的在于强调

---

1 Peter Drahos, The Universality of Intellectual Property Rights: Origins and Development, Intellectual Property and Human Rights, Proceedings of a Panel Discussion organized by the World Intellectual Property Organization in Collaboration with the Office of the United Nations High Commissioner for Human Rights, Nov. 9, 1998, http://www.wipo.int/edocs/pubdocs/en/intproperty/762/wipo_pub_762.pdf, p.31, last visited on May 1, 2022.

2 郑万青：《全球化条件下的知识产权与人权》，知识产权出版社2006年版，第102-103页。

3 卿越："对知识产权法的哲学反思——以人权为视角"，载《云南大学学报》（法学版）2012年第2期，第147页。

自决权、国家对自然资源的主权以及免于种族歧视。[1]《经济、社会及文化权利国际公约》第15条第1款丙项的含义可推定，作者有权保护其利益，并且包括精神利益和物质利益。这两项公约与《世界人权宣言》一起，构成国际人权法赖以存在的基础，这就是人们经常所称的国际权利法案。[2]

这些主要的国际人权公约都赋予了智力成果利益保护权以人权的内容及意义。国际社会也基本上承认了创造者的智力成果利益保护权和社会公众的科学惠益分享权是一种人权。[3]因此，以国际人权文件中的智力成果利益保护权为依据，有学者认为在普遍人权的视野中，公民基本权利在知识财产范畴内一分为二，一是智力劳动者的知识产权，二是社会公众的利用权。[4]

2. 以人权文件中的财产权为依据

虽然有些人以《经济、社会及文化权利国际公约》第15条第1款丙项中保护源于智力成果的精神和物质利益的权利作为知识产权的人权基础，但也有学者将《世界人权宣言》中的私有财产权利作为知识产权的另一人权基础。因为《世界人权宣言》第27条中对作者权利的认可也得到了第17条第1款中关于普通财产权的规定的补充。该条规定，"人人得有单独的财产所有权"，并且第17条第2款规定，"任何人的财产不得任意剥夺。"第17条第2款的意义就是国家确实有规制个人财产权的权利，但是他们必须根据法律这样做。还有一些国际人权文件确实承认了一项更普遍的财产权或与之类似的权利。1981年《非洲人权与民族权宪章》第14条保证了财产权，虽然它继续承认这一权利可能会因"公共利益的需要或因整个社会的共同利益"而受到限制。1969年《美洲人权公约》第21条第1款也承认了财产权，这是一项"除非适当补偿给予支付"的情况下，不得被剥夺的人人享有的权利。财产权在1950年的《欧洲人权与基本自由公约》中没有规定，因为对其起草存在诸多争议，但是1952年该公约第一议定书的第1条规定："每一自然人或法人均有权和平拥有财产。除非基于公共利益，并根据法律和国际法一般原则规定的条件，不得剥夺任何人的财产。"2000

---

1 Peter Drahos, The Universality of Intellectual Property Rights: Origins and Development, Intellectual Property and Human Rights, Proceedings of a Panel Discussion organized by the World Intellectual Property Organization in Collaboration with the Office of the United Nations High Commissioner for Human Rights, Nov. 9, 1998, http://www.wipo.int/edocs/pubdocs/en/intproperty/762/wipo_pub_762.pdf, p.24, last visited on May 1, 2022.

2 H. J. Steiner & P. Alston, International Human Rights in Context, Clarendon Press, 1996, p.121.

3 许颖辉：《备受争议的知识产权》，世界知识出版社2010年版，第33页。

4 吴汉东：《知识产权总论》，中国人民大学出版社2013年版，第18页。

年《欧盟基本权利宪章》第17条第2款规定："知识产权应得到保护。"

因此，虽然大部分学者采取的是一种相当谨慎的方法，来审视知识产权与人权的关系，但也有人认为，基于财产权是人权，应将知识产权的地位提升为人权。"长久以来，对知识产权的保护就已被承认为一项基本人权……对他人财产的征用，不仅有损于创造与创新，也有害于经济和社会的发展。"[1]将知识产权认为是一项普遍人权，毫无疑问植根于西方关于财产权的观念之中。[2]文化领域特别专员法里达·沙希德（Farida Shaheed）也认为，在欧洲区域人权体系以及某些欧洲境内外的国家宪法中，将知识产权视为人权的另一替代性基础是财产权。[3]但这些观点有时会省略有形财产和无形财产的重要区别，因此不再强调知识产权的非竞争性和非排他性。[4]我国吴汉东教授关于知识产权是人权的观点，其最终依据也还是基于财产权。他认为，知识产权的客体即知识产品是一种无形财产。[5]再结合洛克的劳动财产权理论，加上天赋人权的自然权利学说，知识产权便成其为人权。近代人权理论的视野中，财产权与其他人权一样，是超时代、超社会的普遍权利。因此，知识产权是普通权利。[6]张乃根教授认为，对知识产权的人权属性，应从财产权的角度来分析。第一，知识产权是无形财产权，因此，只有首先厘清财产权与人权的关系，才可能进一步认识作为财产权的知识产权与人权的关系。第二，《世界人权宣

---

1 Tom Giovanetti & Merrill Matthews, Intellectual Property Rights and Human Rights, Sept. 2005, https://www.ipi.org/docLib/IPandHumanRights.pdf-OpenElement.pdf, last visited on May 1, 2022.

2 Robert L. Ostergard, Jr., Intellectual Property: A Universal Human Right? Human Rights Quarterly, Vol. 21, 1999, p.175.

3 Farida Shaheed (Special Rapporteur in the Field of Cultural Rights), Special Rapporteur's Report on Copyright Policy, Copyright Policy and the Right to Science and Culture, Human Rights Council, U.N. Doc.A/HRC/28/57 (Dec. 24, 2014).

4 Mark A. Lemley, Property, Intellectual Property, and Free Riding, Texas Law Review, Vol. 83, 2005, p.1031.根据萨缪尔森（Samuelson）的定义，公共产品具有两个本质特征：一是非排他性，二是消费上的非竞争性。非排他性是指不可能阻止不付费者对公共产品的消费，对公共产品的供给不付任何费用的人同支付费用的人一样能够享有公共产品带来的益处。消费上的非竞争性指一个人对公共产品的消费不会影响其他人从对公共产品的消费中获得的利益，即额外增加一个人消费该公共产品不会引起产品成本的任何增加。

5 吴汉东："无形财产权若干理论问题"，载《法学研究》1997年第4期，第82-83页。

6 吴汉东："关于知识产权私权属性的再认识——兼评'知识产权公权化'理论"，载《社会科学》2005年第10期，第59页。

言》第17条非常明确地规定了财产权是人权，或者说至少根据《世界人权宣言》，个人财产权是人权之一。对财产权的保护，体现了对人们劳动的尊重，无可非议。第三，知识产权由于具有私权属性，因此不能不认可作为财产权的知识产权本质上也是人权之一。只要《世界人权宣言》第17条没有被废除，"将知识产权作为人权保护，完全是天经地义的事"。因此，切入财产权的视角，首先应从本质上肯定知识产权是人权。[1]

问题是可以追溯至法国大革命宣言和美国权利法案中的带有完全的自由传统的普通财产权却没有进入两个具有法律约束力的《公民权利和政治权利国际公约》和《经济、社会及文化权利国际公约》。[2] 当然其原因是多方面的，包括人们认为在一定条件下知识产权与人权是冲突的。这种认识直接影响的是将专利权、注册商标权这些具有强烈经济色彩的知识产权排除在人权宣言以及主要的人权公约之外。[3] 以财产权是人权，由此推论出知识产权是人权，学者们质疑的是"知识产权到底是与财产观念相符合——即一种对某物占有、使用、收益和处分的绝对且不受限制的权利，或是一种允许或拒绝他人获得该物的权利——还是它是一种为实现一个不同目标而自成一体的权利"。[4] 有学者认为，有必要区分"对一辆自行车的人权"以及"人权法中要求保护我对我拥有的自行车这一财产的权利"，从而明确知识产权的人权基础到底是什么。[5] 我国郑万青教授也认为，创造者权利应当区分为两类：一类是作为财产权的知识产权，另一类是（作为文化权利的）对知识财产的人权。国际人权中的知识产权条款应为对后者的规定。[6] 当然，保护作为财产权的知识产权是人权的应有

---

[1] 张乃根："论TRIPS协议框架下知识产权与人权的关系"，载《法学家》2004年第4期，第147-148页。

[2] Peter Drahos, The Universality of Intellectual Property Rights: Origins and Development, Intellectual Property and Human Rights, Proceedings of a Panel Discussion organized by the World Intellectual Property Organization in Collaboration with the Office of the United Nations High Commissioner for Human Rights, Nov. 9, 1998, http://www.wipo.int/edocs/pubdocs/en/intproperty/762/wipo_pub_762.pdf, p.24, last visited on May 1, 2022.

[3] 张乃根："论TRIPS协议框架下知识产权与人权的关系"，载《法学家》2004年第4期，第148页。

[4] Jakob Cornides, Human Rights and Intellectual Property: Conflict or Convergence, Journal of World Intellectual Property, Vol. 7, 2004, p.146.

[5] Jan Brinkhof, On Patents and Human Rights, in Willem Grosheide ed., Intellectual Property and Human Rights: A Paradox, Edward Elgar Publishing, 2010, pp.140-146.

[6] 郑万青："知识产权与人权的关联辨析——对'知识产权属于基本人权'观点的质疑"，载《法学家》2007年第5期，第43页。

之义，但有学者认为，保护源于智力成果的精神和物质利益的权利，"并不是设计用以保护智力产品中未具合理性的以财产为基础的利益，而是用以保护对智力劳动进行适当补偿的狭窄利益。"[1] 并且，一个以财产为基础的制度"并未能对源于智力成果的精神利益提供足够保护，比如那些通过精神权利或其他非经济性权利来保护的利益。"[2] 就知识产权的权利层级链条而言，知识产权甚至只是工具的工具。[3]

不管怎样，赫尔弗教授等认为，援引国际人权文件中有关创作者的智力成果利益保护权或者财产权的条款来作为依据，知识产权界自以为抓住了"人权"这一王牌，试图将知识产权保护水平锁定在"最大化"状态，这其实是对相关条款的一种误读。[4]

（三）"知识产权是人权"的其他主要理由

1. 知识产权是基本人权中的"发展权"

从知识产权的制度设计来看，它一般的目标在于保护知识产权人的利益，但知识产权制度的最终目标应当是促进科学技术的进步，文化和文明的传播，推动全人类的发展。不仅基于财产权是人权，知识产权可视为人权，而且基于集体人权中的"发展权"，知识产权也可视为人权；或者与其说知识产权是私权、财产权，毋宁说知识产权是一项人权，具有"发展权"的属性。在许多国际或区域性的国际人权文件中，与知识产权相关的条款能够得以最终纳入，最主要的原因是知识产权既可作为目的本身，也可作为工具手段，最终有助于人权的实现。并且，只有保护智力成果劳动者的权利，生产更多的知识产品，才能保证普通公众积极参与社会文化生活，享有科学文化艺术自由，享受科学进步及科学应用所带来的利益。国际人权文件中的内容都是对知识产权人权属性的进一步肯定。[5]

---

[1] Peter K. Yu, Reconceptualizing Intellectual Property Interests in a Human Rights Framework, U. C. Davis Law Review, Vol. 40, 2007, pp.1128-1112.

[2] Peter K. Yu, The Anatomy of the Human Rights Framework for Intellectual Property, SMU Law Review, Vol. 69, 2016, pp.88-89.

[3] 许颖辉：《备受争议的知识产权》，世界知识出版社2010年版，第32页。

[4] Laurence R. Helfer & Graeme W. Austin, Human Rights and Intellectual Property: Mapping the Global Interface, Cambridge University Press, 2011, p.510.

[5] 吴峰："知识产权、人权、发展"，载《上海理工大学学报》（社会科学版）2005年第3期，第29-31页。

2. 知识产权与人权具有内在一致性

一方面，知识产权不仅是财产权，更重要的是它还是人们生存、发展的权利，是人权的重要内容，是一个人应具有的权利。另一方面，知识产权有利于发展人权，有利于人权的真正实现，有利于人类进步和社会发展。知识产权的重要目的在于推动创新，促进科技文化发展和传播。通过赋予知识产权，创造的知识产品和智力成果越多、越丰富，促进人们实现经济、社会和文化方面人权的可能性就越大。因此，人权与知识产权具有内在一致性。如果将知识产权从人权中剥离出来，将人权与知识产权独立地看待，不仅不能真正实现人权的目的，而且知识产权的存在和发展也会停滞。[1]

3. 将知识产权视为人权可使之直接受到宪法保护

此种观点超越了将知识产权视为财产权而受法律保护的局限，而是直接将知识产权视为人权，将之提升至受国内宪法保护的高度。因为如果将知识产权视为无形财产权，再将无形财产权归属于财产权，最终由宪法来进行保障的话，这无法将知识产权作为人权中的一种独立形态，从而直接上升至宪法保护的地位。并且，知识产权还涵盖了许多财产权所未有的权利内容或关涉到其他的权利因素，这是财产权保护所未能达到的。既然知识产权已经成为生存和发展权的重要实现手段，同时其所涉及的范围不仅仅局限于无形财产权（甚至包含人格权的因素在其中，已经发展成为一个独立的权利形态），而人权实质就是人的生存权和发展权，[2]那么就应该将知识产权直接视为人权，并直接受到国内宪法的保护。

4. 将知识产权视为人权可提升知识产权的地位

在人权社会的语境中，知识产权的概念与制度功能有着更为全面而崇高的解释。首先，知识产权被定位为一项普遍的人权。这说明知识产权不是中世纪的特许之权。其次，知识产权的保护对象——智力成果——体现了人类的尊严、自由和价值。就知识产权的客体来说，其基本的人权定位是，国际人权公约要求这些受保护的智力成果，第一，要符合个人人格的人类尊严原则，第二，要符合社会发展的公共利益原则，这是一种概括而抽象的法律保护条件。最后，知识产权的保护方式和水平，应有利于实现其他人权。就制度功能而言，国际人权公约要求创造者的智力成果利益保护权与社会公众的"文化生活参与权""科学惠益分享权"应保持一致，相互协调，相互促进，这一人权因

---

[1] 许颖辉：《备受争议的知识产权》，世界知识出版社2010年版，第34-35页。

[2] 刘茂林、刘永："中国知识产权国际保护的人权视野"，载《安徽农业大学学报》（社会科学版）2010年第4期，第62页。

素应高于"操纵知识产权法的简单经济运作"。[1]一部现代知识产权法即是协调创造者、传播者、使用者三者权利的平衡法。[2]因此，应将智力创造活动上升为公民的根本权利，即人权。这一知识产权的人权定位，进一步提升了知识产权应有的法律地位，使知识产权私权的平等性得到真正的体现。[3]

当然，还有学者为知识产权是人权提供了其他的理由或依据，比如本土著作权的观念可以被认为促进（或者至少是影响）了最近发生的视知识产权为人权的运动。[4]越来越多的学者认为，知识产权所反映的特征，不仅仅是产权的体现，更有人权的色彩，并试图通过各种理论来阐释其人权属性的正当性。[5]不管学者们采用哪种学说、使用人权文件中哪一条款作为依据，甚至给出不同的理由，该类学者的主要目的只有一个，即论证知识产权是人权。

二、否定论：知识产权不是人权

与知识产权是人权完全对立的观点是，知识产权不是人权。持该种观点的学者属于少数派，他们一般会首先基于批判的视角，指出"知识产权是人权"的学说、基础、依据、逻辑、理由等方面所存在的问题，然后得出"知识产权不是人权"的结论。

（一）基于对财产权的认识来反对将知识产权视为人权

由于国外许多学者援引财产权作为依据，通过"知识产权是财产权，财产权是人权，从而知识产权是人权"的三段式论证，证明知识产权是人权，因此美国学者彼特·达沃豪斯教授通过论证财产权在人权法中的地位来质疑知识产权是人权的观点。[6]

---

1 ［美］奥德丽·查普曼："将知识产权视为人权：与第15条第1款第3项有关的义务"，刘跃伟译，载《版权公报》2001年第3期，第3-4页。

2 吴汉东："知识产权的私权与人权属性——以《知识产权协议》与《世界人权公约》为对象"，载《法学研究》2003年第3期，第72-73页。

3 许颖辉：《备受争议的知识产权》，世界知识出版社2010年版，第33页。

4 ［澳］布拉德·谢尔曼、［英］莱昂尔内·本特利：《现代知识产权法的演进：英国的历程（1760—1911）》，金海军译，北京大学出版社2012年版，第231页。

5 王燕："小议知识产权的私权和人权属性"，载《行政与法》2006年第2期，第121页。

6 Peter Drahos, The Universality of Intellectual Property Rights: Origins and Development, Intellectual Property and Human Rights, Proceedings of a Panel Discussion organized by the World Intellectual Property Organization in Collaboration with the Office of the United Nations High Commissioner for Human Rights, Nov. 9, 1998, http://www.wipo.int/edocs/pubdocs/en/intproperty/762/wipo_pub_762.pdf, pp.24-27, last visited on May 1, 2022.

第一，由于财产权的性质不定、范围多样，导致国际法中财产权的地位并不明确。国际法中财产权的地位引起了一些比较复杂的问题。主张财产权是国际法规则的一部分，这看上去是没有争议的。国家通过实践与条约也承认了其国民的财产权以及其他国家及其国民的财产权。如果没有这种承认，旅游、外交、投资和国际商业活动均不可能发生。难题在于这种权利的性质和范围。它是一种消极的权利（保证自己对财产的拥有不受干扰的权利）还是它也包含积极的因素（获得财产的权利）？根据许多的法律分类方法，财产权还可以分解成许多不同的类型（不动产和动产、衡平法上的财产和普通法上的财产、有形财产和无形财产、登记制财产和非登记制财产，等等）。那么，在国际法上承认的财产权，会以同样的效力适用于所有能够区分的不同类型的财产吗？这些不同类型的财产权是全部、部分还是都不能视为是基本人权？学者们将人权也分为许多不同的种类。一类是基本人权，包括诸如禁止屠杀之类的行为；还包括其他种类的人权。知识产权也有许多不同类型，因此更大的问题是，"所有的知识产权都属于基本人权的范畴吗？如果答案是肯定的，那就太让人震惊了。"[1]

第二，将财产权归属于基本人权的类型，存在一定的困难。首先，根据美国学者亨利·谢默斯（Henry Schermers）的观点，大部分的财产权不能归结于基本人权的种类之中。人权与财产权都可以分成不同的种类。而基本人权"是如此重要的人权以至于对它们的国际保护包含了国际实施的权利，甚至可能是义务。"大部分财产权利都不适于这一种类。当然，也很难认为知识产权可以适于这一种类。唯一可能的例外是那些以需求为基础的个人财产权利，如果不能行使这些个人财产权利的话，诸如生命权这样的其他权利将毫无意义。[2]其次，财产权作为人权还未成为习惯国际法的一部分。这是因为具有法律约束力的《公民权利和政治权利国际公约》以及《经济、社会及文化权利国际公约》中均没有规定普遍财产权，这弱化了关于它是习惯国际法一部分

---

[1] Edited Transcrip.of Discussion, Intellectual Property and Human Rights, Proceedings of a Panel Discussion organized by the World Intellectual Property Organization in Collaboration with the Office of the United Nations High Commissioner for Huamn Rights, Nov. 9, 1998, http://www.wipo.int/edocs/pubdocs/en/intproperty/762/wipo_pub_762.pdf, p.60, last visited on May 1, 2022.

[2] Henry G. Schermers, The International Protection of the Right of Property, in Franz Matscher and Herbert Petzold ed., Protecting Human Rights: The European Dimension, Carl Heymanns Verlag KG, 1988, pp.565-580.

的主张。[1] 并且，试图将财产权归结于基本人权的类型，也会遭遇一个概念难题。在起草《世界人权宣言》第17条时，代表们均同意财产所有权受国内法调整，但没有必要在《世界人权宣言》中对此予以规定。因为根据国际私法和国际公法规则，均承认主权国家有权规制财产权利，以适应其国内的经济社会背景。然而，这和所能想到的诸如禁止屠杀、酷刑和奴隶等有关基本人权规则，是完全不同的方式，至少有些学者认为这些规则是习惯国际法的一部分。国家不能修订这些规则以让自己更方便。但是，对于财产来说，不仅国家有修订财产规则的便利，而且他们有权这样做，因为这对其经济发展来说是至关重要的。正出于这种原因，欧洲人权委员会认为，根据荷兰法给予一专利药品以强制许可并未妨碍专利持有人根据《欧洲人权公约第一议定书》第1条所拥有的权利。"强制许可是合法的，并且追求的是鼓励技术和经济发展的合法目标。"

第三，在人权的背景下思考财产权的问题恰恰揭示了"财产的悖论"，即稳定性与变化性之间的悖论。一方面，很难想象，在一个群体中，如果缺乏保障个人拥有财产的稳定性的财产权规则，个性的发展和个人权益的保护将会如何。另一方面，在社会群体的背景下，又没有任何其他的规则像财产权规则这样要求不断地进行修订。根据洛克的自然权利理论，也承认了各国政府有权通过实证法来调整财产所有权制度。[2] 现代政府不断地修改着有关土地使用、个人财产、税收和福利等方面的规则。在现代社会中，财产权一直处于不断修订的状态。它们是政府用以解决外部效应问题的手段。也正因如此，如果一项普通的财产权在一项人权文件中被承认，那是因为它基于某些重大的公共利益的合法考虑。在信息社会中，越来越多个人以生产、处理与转让信息来谋生，财产的悖论更加凸显。比如，有关表达自由从原来的消极权利转化为积极权利。围绕表达自由而在美国出现的复杂法理也证明了不断变化的技术背景要求我们去重新界定权利的概念。[3]

第四，财产权作为人权的软法性质与知识产权的硬法特点呈现冲突。如果在国际法中确定和承认财产权作为人权，将可能导致与知识产权产生潜在冲突

---

1 R. B. Lillich, Global Protection of Human Rights, in Theodor Meron ed., Human Rights in International Law: Legal and Policy Issues, Clarendon Press, 1992, pp.115-170.

2 Peter Drahos, A Philosophy of Intellectual Property, Dartmouth Publishing Company, 1996, pp.48-53.

3 S. Fraser, The Conflict Between the First Amendment and Copyright Law and Its Impact on the Internet, Cardozo Arts & Entertainment Law Journal, Vol. 16, 1998, pp.1-52.

与紧张关系。因为人权文件倾向于以一种原则性的方式起草，使用开放性的条文规定。这些权利的准确内容是很难去界定的。并且，这些文件许多是处于规范性的模糊地带，许多国际法学者视之为软法。完全不同的是，大多数国际知识产权规则是源于有约束力的、内容明确的、有强制力的条约法的规定。两者之间的冲突显然可见。

据此，在财产权是否为人权还不确定的情况下，将之作为认为知识产权是普遍人权的观点的依据是值得质疑的。

（二）基于对人权和财产权的认识来反对将知识产权视为人权

此种方法为我国宋慧献教授所采纳。宋慧献教授2004年的论文基于对人权的认识和理解，认为知识产权不是人权。他从新人权观点出发，认为知识产权与人权的本质属性有所不同，人权是一项具有基本性和普遍性、道德性和终极性的权利，而知识产权具有国家授予性和可让与性、经济性和工具性。其基本的逻辑推论是：要回答知识产权是否属于人权这一问题，首先应该解决什么是人权的问题，人权是不是一种独立的、自足的法律权利。他认为，人权是一个相对开放、动态发展的"权利集合"；人权的义务主体是代表公权力的国家，即国家承担着保护人权的主要义务；人权具有道德人格的意蕴，即使是纯粹的财产权保护，也须与人本身的尊严和自由相关；人权是一种人人共有的"公共权利"，此种权利是属于个人，但具有"公共性"，这是人权主体普遍性的表现。因此，知识产权不属于人权，但保护知识产权也需要以人权诉求为依据。[1]

宋慧献教授基于对财产权的认识和理解在2011年的论文中，再次论证了知识产权不是人权。他认为，知识产权是基本人权的逻辑推论是：知识产权是财产权，财产权是人权，因此知识产权是人权。那么知识产权之人权性证成需要解决两个关键的前提性问题：一是知识产权是不是财产权；二是财产权是不是基本人权。由于知识被逐渐"财产化"，其客体并非实有，知识产权与其他财产权相比，其核心特征在于它的虚拟性和法律上的拟制性。基于财产权的"三元论"体系，知识产权属于机会性财产权。虽然知识产权据此也属于财产权，但因其财产价值的实现最不确定，属于财产权体系中的边缘部分。如果以财产权的"二元论"体系为依据，即在基本人权的框架下，从人类生活需要的角度，将财产权区分为满足个人与家庭生活所必要的与非必要的两部分，即

---

[1] 宋慧献、周艳敏：" 冲突与平衡：知识产权的人权视野"，载《知识产权》2004年第2期，第56页。

将财产权分为人类基本财产权和非基本财产权,据此知识产权属于非基本财产权。最后,通过比较知识产权与人权在本质属性方面存在的主要差异,比如人权的主体是自然人或由自然人组成的群体,而知识产权的主体还包括法人;人权是一种道德权利,具有人性价值和至高无上性,而大部分知识产权则属于财产性、商业性、经济性利益,应该服从于道德权利;人权是目的性权利,而知识产权属于工具性权利;人权与人身相连,不可转让或剥夺,没有期限,而知识产权是被赋予的权利,有时间性、地域性,可转让或被剥夺。宋慧献教授的最终结论是,基于财产权的角度,知识产权也不能被视为基本人权,具有非人权性。[1]

(三)基于知识产权与人权的区别来反对将知识产权视为人权

此种方法为我国郑万青教授所采纳。郑万青教授在其专著和论文中充分表达了他反对将知识产权视为人权的观点,其基本逻辑如下:[2]

首先,质疑了"知识产权是基本人权"的三种观点。第一种观点是自然权利说,郑万青教授认为,用自然权利的理论来解释知识产权面临一系列问题,比如知识产权是否一定是财产权,财产权是否必然就是人权,知识产权具有时间限制而自然权利不可能有时间限制等。第二种观点基于创造者人格说,认为知识产权应该属于人权。但问题在于不是所有种类的知识产权都能够表现人格,结论可能会是只有非常有限的知识产权可以进入人权范畴,也可能无法推导出知识产权是普遍人权的结论。第三种观点即普遍承认产生普遍人权说。问题是不能简单地认定凡是得到普遍承认的权利就是人权,并且通过实定法进行人权"承认测试",显然会导致人权泛滥的结果。三种观点都存在这样那样的问题,依据和推论都不能令人信服。

其次,郑万青教授指出了知识产权与人权的两个重要区别:一是人权具有基本性和普遍性,而知识产权具有国家授予性和可让与性。人权是基本的、不可让与的普遍的权利,人权的普遍性已被广泛认可;知识产权是国家通过制订法授予的权利,权利的范围、保护的对象、保护的时间均以主权国家的法律规

---

[1] 宋慧献教授提出了财产权的"三元论"体系,即以物质财产(权)为基础与核心,以财产权的物质性与消费性特征为参照,将财产权分为实物性财产权、可预期性财产权和机会性财产权三类。宋慧献:"财产权多元论与知识产权的非人权性",载《北方法学》2011年第3期,第39-48页。

[2] 郑万青:《全球化条件下的知识产权与人权》,知识产权出版社2006年版,第97-120页;郑万青:"知识产权与人权的关联辨析——对'知识产权属于基本人权'观点的质疑",载《法学家》2007年第5期,第35-43页。

定为前提，知识产权具有时间限制，可以让与，可评估、可交易，甚至可被抛弃或废弃。二是人权具有道德性和终极性，而知识产权具有经济性和工具性。人权最基本的含义在于它们是至高无上的道德权利，也是平等地属于所有的人的普遍的道德权利，具有终极性、自证性和逻辑上的优先性；知识产权是经济性权利，它不是正义的基础，而是实现正义的工具，它所追求的法律价值是社会利益的最大化，所关注的不是法律的抽象内容，而是法律实施的具体后果。因此，知识产权与人权是有显著区别的。

最后，对《世界人权宣言》第27条和《经济、社会及文化权利国际公约》第15条的规定进行解释。基于历史解释、系统解释（即比较《宣言》和公约规定的不同）、学理解释和规范性解释的方法，认为《世界人权宣言》第27条和《经济、社会及文化权利国际公约》第15条的规定在性质上应当属于文化权利。由此应当区分两类权利：一类是作为财产权的知识产权，一类是（作为文化权利的）对知识财产的人权。

郑万青教授的结论是："知识产权与人权之间存在密切关系，知识产权具有人权含义，但知识产权本身不是人权。"[1]

（四）基于综合角度来反对将知识产权视为人权

我国学者衣淑玲博士采用此种方法，但她的论证逻辑与郑万青教授的有类似之处，即先驳后立。她首先也是对"知识产权是人权"的观点之依据进行分析，指出其不足和存在的问题，然后再论证自己的观点。[2]

第一，分析"知识产权是人权"观点之依据。针对财产权自然权利理论依据，分为两个部分：一是质疑洛克的财产权理论，包括运用洛克的学说来解释作为累积性劳动产物的智力成果财产权难以自圆其说、专利权制度中关于专利权只授予最先申请者或最先发明人的规定超出了洛克理论预设的范围、洛克关于通过劳动于公有资源而取得的财产权利能够和应当永远存在而多数知识产权迟早会到期终止、洛克的财产权劳动理论不能作为知识产权创设的前提和基础等；二是质疑财产权依据，包括财产权并未被纳入《经济、社会及文化权利国际公约》以及《公民权利和政治权利国际公约》、私人财产权的定性不确定、财产权不是绝对的和普遍的、财产权利不是天赋而是多重因素作用之下的一种

---

[1] 郑万青：《全球化条件下的知识产权与人权》，知识产权出版社2006年版，第104-105页。

[2] 衣淑玲："国际法视角下知识产权与人权关系之探讨——以《TRIPS协定》为中心"，载《国际经济法学刊》2007年第4期，第191-194页；衣淑玲：《国际人权法视角下〈TRIPS协定〉的变革研究》，厦门大学出版社2010年版，第61-83页。

中庸安排,认为宪法上的财产权无论如何也不能涵盖知识产权的多样性和复杂性,因此财产权自然权利理论不能充分说明知识产权的人权属性。针对财产权人格理论依据,认为人格理论对于论证知识产权的人权属性也没有充分的说服力。即使就作者的精神权利的人权属性而言,学者们的观点也存在着争议。

第二,对知识产权与人权关系的思考。从权利的起源追溯、制度的历史考察、特征的比较分析(知识产权与人权存在五个方面的不同)、国际人权条约的文本分析、对承认知识产权为人权的后果分析等不同的角度,详细阐释了不同的观点和学说,是我国学者中对此问题分析最为透彻的。她的基本观点是:不认为知识产权本身就是人权,但由于许多学者认为《经济、社会及文化权利国际公约》第15条第1款丙项所指的权利为知识产权,从而据此将知识产权视为人权,这种曲解可能会导致知识产权保护标准的进一步增强,而这又会进一步加剧知识产权国际保护制度与人权国际保护的冲突。

衣淑玲博士最后的结论是:"知识产权不是人权,知识产权是实现基本人权的工具性权利。"[1]

(五)其他反对将知识产权视为人权的理由

吉林大学王培舒博士对"知识产权是人权"的观点持较为谨慎的态度。他认为在未经充分论证的前提下,不能将知识产权简单地等同于基本人权。第一,从财产权的人权理论根源分析上看,单纯以"天赋人权"的自然权利理论认识财产权的性质是不能令人信服的,在财产权理念已有较大发展的当代,这种自然法理论将受到更大的挑战。因此将这种自然权利理论直接运用到知识产权上,并凭此将知识产权视为一项基本人权是值得怀疑的。第二,知识产权的普遍性也不能用经验上的证据来证明,知识产权被各国普遍确认这一事实认定不能证明它具有人权的法律地位。第三,人权社会将知识产权列入人权体系中,但这不是有效的人权论证,而是具有极强工具主义色彩的推断。因此,将所有知识产权视为普遍的人权缺乏足够的理论基础和论证,与一般有形财产权相比,将知识产权称为人权可能获得更弱的支持。[2]

贵州大学王亮硕士认为,关于知识产权人权定性的论证既有世界公认的国际法作依据,又有充分的理论分析,使知识产权闪烁着人权光辉,但事实上并

---

[1] 衣淑玲:《国际人权法视角下〈TRIPS协定〉的变革研究》,厦门大学出版社2010年版,第83页。

[2] 王培舒:"知识产权与人权的联系、冲突与协调发展",吉林大学2007年博士学位论文,第26-33页。

不是如此。他分析国际人权条约中的知识产权条款、人权语境对知识产权概念与制度功能解释的缺陷、知识产权进入人权视野的真正原因等,指出不能因为知识产权法平等地保护知识产权的主体就认为知识产权具有人权属性,联合国促进和保护人权小组委员会通过的第2000/7号决议也表明世界人权组织将知识产权与人权的关系视为一方与另一方的外部关系。并且,人权对于人类尊严而言具有最基本的价值和利益,而知识产权的临时性、可撤销性、可转让性、可分配性、受限制性、可交易可修改可丧失等,都与人权的基本属性"背道而驰"。因此,知识产权并非人权。[1]

还有其他一些反对者认为,社会公众享受文化与科学进步的利益与个人对知识的垄断权利不能混为一谈,这种权利有可能约束社会公众对智力成果利益的分享。[2]不管他们的理由如何,逻辑推论如何,结论均为:知识产权不是人权。

三、区分论:部分知识产权是人权

知识产权是否是一种人权,在学术领域素来争议不休。[3]美国学者余家明教授作为知识产权与人权领域的权威专家,他的观点与大部分学者的观点均有所不同,认为不能绝对地将知识产权均视为人权,也不能绝对地认为知识产权都不是人权,应该区分对待知识产权的不同属性,即具有人权属性的知识产权和根本不具有人权基础的知识产权。我国也有学者认为,"不能完全说知识产权就属于人权"。[4]本书也持此观点。

(一)区分知识产权的人权属性和非人权属性

余家明教授关于知识产权是否为人权的区分论观点,主要体现在其最早关于知识产权与人权关系的论文之中,即2007年的《人权框架下知识产权利益的

---

1 王亮:"知识产权的人权视野——从知识产权与人权关系谈我国的知识产权战略",贵州大学2006年硕士学位论文,第8—10页。

2 蔡博:"知识产权——私权与人权的对立统一",载《法制与经济》2008年第1期,第30页。

3 王燕:"小议知识产权的私权和人权属性",载《行政与法》2006年第2期,第121页。

4 王渊博士认为,依照洛克的劳动财产权理论和黑格尔的人格利益理论,一定程度上能够证明知识产权具有人权属性,当然不能完全说知识产权就属于人权。因为已有的研究忽视了另外一方面,即现代知识产权的主体除了创造者以外,还有继受主体,尤其是那些投资企业成为知识产权的主体,很难说他们的知识产权就是人权。王渊:《现代知识产权与人权冲突问题研究》,中国社会科学出版社2011年版,第10页。

理论重构》，[1]并在其以后的一系列相关论文中得到了体现和深化，[2]其基本逻辑如下。

1. 分析知识产权不同属性的原因

第一，国际人权机构的最近决议和报告与国际人权文件已有规定之间的矛盾。众所周知，《世界人权宣言》第27条与《经济、社会及文化权利国际公约》第15条规定，创造者对其智力成果利益享有被保护的权利。而联合国促进和保护人权小组委员会第2000/7号决议认为知识产权与人权之间存在强烈的紧张关系与冲突，为避免冲突，小组委员会建议"人权义务要高于经济政策与协议"。同时，联合国人权事务高级专员也在其有关TRIPS对人权的影响评估报告中，援引1993年《维也纳宣言》的内容，指出"各成员方在履行TRIPS的最低保护标准时，应该同时牢记其人权义务和TRIPS所规定的弹性和灵活性条款，并应承认保护人权是各成员方的第一义务"。虽然这种权利的等级体系看上去是很直观明显的，但是实际上的情形却更为复杂，因为知识产权的某些属性已经在国际性或区域性的人权文件中得到保护。根据这些国际人权文件，当知识产权与人权产生冲突时，很难去争论或认为知识产权法律或政策应该总是让位于人权义务。相反，认真仔细而合理地分析知识产权的不同属性才是符合逻辑的。[3]

第二，避免冲突论与共存论的弊端。当政策制订者、国际机构、政府和非政府组织以及学者来审视知识产权保护的人权含义时，他们经常采用两种方法：冲突论或共存论。冲突论将两种权利视为基本冲突，而共存论认为它们本质上是兼容的。虽然每种方法各有利弊，但都忽略了这样一种事实：知识产权的某些属性在国际或区域人权文件中已经得到保护，而其他属性却根本没有任何的人权基础。因此，与其追问人权和知识产权相互之间是冲突还是共

---

1 Peter K. Yu, Reconceptualizing Intellectual Property Interests in a Human Rights Framework, U. C. Davis Law Review, Vol. 40, 2007, pp.1041-1074.

2 Peter K. Yu, Ten Common Questions about Intellectual Property and Human Rights, Georgia State University Law Review, Vol.23, 2007; Peter K. Yu, Intellectual Property and Human Rights in the Nonmultilateral Era, Florida Law Review, Vol. 64, 2012; Peter K. Yu, The Anatomy of the Human Rights Framework for Intellectual Property, SMU Law Review, Vol. 69, 2016; Peter K. Yu, Intellectual Property and Human Rights 2.0, Legal Studies Research Paper Series of Texas A&M University School of Law, Research Paper No.19-24, 2019.

3 Peter K. Yu, Reconceptualizing Intellectual Property Interests in a Human Rights Framework, U. C. Davis Law Review, Vol. 40, 2007, pp.1041-1042.

存，不如先找出知识产权保护的人权因素，将之与知识产权保护的非人权方面相区别。[1]

第三，来自赫尔弗教授的启发和提示。最先研究知识产权与人权交集关系的赫尔弗教授在其2007年的论文中指出，很有必要"为知识产权法律和政策建立一个全面的、具有内在联系的人权框架。"但如果要建立这样一种框架，必须更好地理解人权和知识产权制度中所保护的权利的不同属性、相关行为准则的性质、这些准则对政府和私行为体如何适用，以及寻找可以解决相互重叠的国际和国内法律和政策之间的冲突和不协调的原则。[2]余家明教授就是从赫尔弗教授留给学者们探讨的问题开始，讨论在国际人权文件中所保护的知识产权的不同属性，区分这些具有人权属性的知识产权和那些根本不具有人权基础的知识产权，然后探讨用以解决具有人权属性和非人权属性的知识产权保护之间的冲突的方法。

2. 确定分析知识产权不同属性的逻辑起点

第一，避免所用术语产生的混淆。正如第一章所指，余家明教授广泛使用的措辞是"智力创造精神和物质利益保护权"或其简称"智力创造利益保护权"，而并未使用"知识产权"或德语droit d'auteur一词。虽然"知识产权"已是通用概念，但它与国际人权文件中所使用的措辞是完全不同的，两者不可等同。德语droit d'auteur一词，即英文中的authors' right，中文译为"作者权"，其实和国际人权文件中的语言是极为相近的。但这两个词都容易产生混淆，比如知识产权容易让人认为国际人权文件保护的是所有的知识产权类型，而作者权容易让人误解国际人权文件只保护著作权。余家明教授宁愿选择较长且复杂的"智力创造精神和物质利益保护权"，其目的在于避免混淆。

第二，指出所采用的实证主义人权理念。在对人权的认识上，正如理查德（Richard）教授所解释的，有两种法学流派，即实证主义学派和自然主义学派。"实证主义者认为，人权的内容应由各国同意的协议文本来确定，并体现在有效的条约之中，或由各国实践来确定，但必须达到形成有效的国际习惯的法律状态。而自然主义者则认为，人权的内容主要源于一种不可改变的价值，

---

1 Peter K. Yu, Ten Common Questions about Intellectual Property and Human Rights, Georgia State University Law Review, Vol.23, 2007, pp.709-711.

2 Laurence R. Helfer, Toward a Human Rights Framework for Intellectual Property, U. C. Davis Law Review, Vol. 40, 2007, p.977.

体现在具有普遍有效性的标准与准则中。"[1]虽然两种学派由于不同的原因都有一定的吸引力，但余家明教授所采取的是实证主义观点，即基于国际人权文件——包括《世界人权宣言》和《经济、社会及文化权利国际公约》中的相关规定来进行分析。

3. 详细回顾《世界人权宣言》第27条和《经济、社会及文化权利国际公约》第15条的起草历史

第一，《世界人权宣言》第27条的起草历史。《世界人权宣言》的起草经历了一个漫长而又审慎的过程，其形成主要有七个起草阶段、多个文本讨论、多处利益博弈等。第27条第1款，即"人人有权自由参加社会的文化生活，享受艺术，并分享科学进步及其产生的福利"，几乎没有什么异议就通过了，但是对于第27条第2款，也即智力创造利益保护权，在整个起草过程中却争议很大。首先，在最开始的约翰·汉弗莱（John Humphrey）草案文本中，并未包含智力创造利益保护权，后来在法国代表勒内·卡森（Rene Cassin）的草案文本中才出现，并且只强调了保护精神利益。其次，在起草委员会讨论这一条款时，美国和英国极力反对，认为这一权利应归属于版权领域。虽然时值包含智力创造利益保护权的美洲宣言已经通过并且在《伯尔尼公约》关于保护精神权利的第六条之二修订会议召开前夕，但最终由于英国、美国、苏联、印度等国代表的反对，草案条款并未在起草委员会中通过。然后，当宣言草案文本进入联合国大会第三委员会[2]讨论时，古巴、法国和墨西哥代表提出重新引入智力创作利益保护权的条款。美国、古巴、英国、澳大利亚代表还是存在各种担忧，而拉美国家作为一个联盟予以支持，中国代表张彭春也认为这一条款不仅是为了保护具有创造力的艺术家，也是为了保障所有人的利益。此次讨论花费了两个多月的时间——委员会召开了85次会议，分委员会还召开了许多其他会议——才最后通过了草案文本，并将之提交给联大的全体会议。最后，虽然联大对全部的文件和部分规定还进行了一些讨论，但第27条经联大第三委员会

---

[1] Richard Falk, Cultural Foundations for the International Protection of Human Rights, in Abdullahi Ahmed An-Naim ed., Human Rights in Cross-Cultural Perspectives: A Quest for Consensus, University of Pennsylvania Press, 1992, p.44.

[2] 联合国大会最初设立了七个委员会，主要处理以下事务：（1）政治与公民事务；（2）经济与财政事务；（3）社会、人道与文化事务；（4）托管事务；（5）行政与财政预算事务；（6）法律事务；（7）特别政治事务。联大第三委员会即负责社会、人道与文化事务的委员会。U.N. General Assembly, Background Information, available at http://www.un.org/ga/60/ga_background.html, last visited on Feb.15, 2021.

批准后最终以48票赞成、0票反对、8票弃权的票数通过。到现在为止，还不清楚到底是什么促使代表们去投票赞成第27条第2款。[1]但不管动机如何，也不管赞成率是否有限，《世界人权宣言》已明确保护智力创造利益保护权。

第二，《经济、社会及文化权利国际公约》第15条的起草历史。首先，在1948年《世界人权宣言》通过之后，起草一个人权公约又重新提上议程。从最初公约草案只包含公民权利和政治权利，到加入经济、社会和文化权利，再到将两类权利分开，分别起草两个公约草案，联合国经社理事会、人权委员会以及联合国大会都发挥了作用。其次，虽然《经济、社会及文化权利国际公约》第15条的内容与《世界人权宣言》第27条的规定非常类似，但其加入并不是自动的，并且公约的文本也不仅仅是宣言规定的"翻版"（本书会在后面章节中详细比较两者之间的不同）。再次，《经济、社会及文化权利国际公约》第15条第1款中的甲项、乙项即文化参与和发展的权利、享有科学进步的权利，几乎没有什么疑义，很快得以通过，而有关智力创造利益保护权的讨论，仍旧分歧很大。经由多次讨论中被否定、又重新被不同国家的代表提出，各国对此种权利的认识仍不能达成一致意见。最后，1955年，也就是在召开第三次委员会审议这一公约草案文本的两年前，《世界版权公约》正式生效。联合国教科文组织作为《世界版权公约》的主持制订者，也是智力创造利益保护权进入《经济、社会及文化权利国际公约》的强力推动者。《世界版权公约》的通过扫除了承认智力创造利益保护权的最大障碍，这一刚生效的走中间路线的《世界版权公约》引起了代表们在第三次会议召开之前的立场改变。并且基于在《世界人权宣言》中已有相关的规定，《经济、社会及文化权利国际公约》这一规定以39票赞成、9票反对、24票弃权的票数得以通过。1966年，在《世界人权宣言》通过近二十年之后，《经济、社会及文化权利国际公约》最终通过。又用了十年的时间得到了规定的35个国家的批准，并于1976年1月3日正式生效。

4. 总结立法历史中得出的结论

从智力创造利益保护权在《世界人权宣言》和《经济、社会及文化权利国际公约》的起草历史可以看出，这是一个漫长的过程，也是一个争议的焦点，它证明了智力创造利益保护权的存在远非自我证成。与文化生活参与和发展权或科学惠益分享权不同，智力创造利益保护权一直饱受争议。一部分代表

---

[1] Audrey R. Chapman, Core Obligations Related to ICESCR Article 15（1）（c）, in Audrey Chapman & Sage Russell eds., Core Obligations: Building A Framework for Economic, Social and Cultural Rights, Transnational Publishers, 2002, p.315.

认为将之作为一项基本人权来进行保护毫无价值，一部分代表则质疑它与一些已存权利比如拥有财产的权利、劳动的正当报酬权利或者这两种权利存在重合之处。实际上，不管是《世界人权宣言》的第27条第2款还是《经济、社会及文化权利国际公约》第15条第1款丙项，都是经过充分的讨论才将之引入。因此，也无怪乎奥德丽·查普曼教授认为，立法历史只证明了将知识产权视为人权的观点是比较软弱的。[1]

5. 对余家明教授此种观点的评价

最终，余家明教授认为，部分知识产权或知识产权的某些方面具有人权属性，而部分知识产权根本不具备任何人权基础。对此种观点，笔者的评论如下。

第一，其可取之处在于：首先，他没有采取绝对化的观点，并非"一刀切"，出现一个"非此即彼"的结果，即知识产权要么是人权，否则就不是人权。他明确了国际人权文件中的知识产权条款，肯定对知识产权的某些方面进行了保护，并将这些方面上升至了人权的地位，这样否定知识产权是人权的观点肯定存在缺陷；但是他又指出了国际人权文件中的知识产权条款并非包含全部的知识产权，这样将知识产权与人权完全等同起来的观点也值得怀疑。因此，他所认可的只是部分知识产权是人权，并非全部知识产权是人权，并且也非知识产权就不是人权。其次，他对国际人权文件中"智力创作利益保护权"的来龙去脉进行了详细的分析，因为这是众多学者将之作为支持知识产权是人权的最重要依据，似乎是牢不可破的，可以完全画上等号的，但余家明教授指出人权文件中规定的这种权利既不是广泛意义上的知识产权，并且从一开始也充满争议。但是不管怎样，具有知识产权属性的智力创作利益保护权已经成为《世界人权公约》第27条和《经济、社会及文化权利国际公约》第15条中的重要组成部分，这是不争的事实。

第二，此种观点存在的最大缺点是范围不明确。余家明教授在论文中反复提及"知识产权的某些属性或某些方面或某些部分或某些内容"具有人权的基础或属性，但却始终没有指明，到底何种类型的知识产权或知识产权的哪种属性、哪些类型、哪些方面、哪些内容、哪些利益等属于人权，哪些又不属于人权。虽然最后他又以排除的方式指出哪些知识产权不具有人权的基础，"在所

---

[1] Audrey R. Chapman, Core Obligations Related to ICESCR Article 15（1）（c）, in Audrey Chapman & Sage Russell eds., Core Obligations: Building A Framework for Economic, Social and Cultural Rights, Transnational Publishers, 2002, p.314.

有的所谓知识产权中,对公司商标的保护最不可能被认为是一项人权。同样,公司拥有的商业秘密也没有任何的人权基础,因为他们是由其他人——公司雇员创造或开发的。现行知识产权制度中缺少人权基础的事例还有职务作品、雇员发明、邻接权、数据库保护、实验数据专属权保护以及其他保护机构性作者和发明人的经济投资的权利。"[1]但从肯定的角度看,他似乎想指明的是只有"智力创作利益保护权"既是知识产权的内容之一,又是人权保护的对象,但对这种"智力创作利益保护权"本身,他又没有进行详细的说明和分析。并且,他从国际人权文件中所归纳出并予以使用的这个简化概念本身,也是存在一定问题的。"智力创作精神和物质利益保护权",虽然确实与"知识产权"这一措辞不同,但他使用的语言与人权文件的也是不一样的。在《世界人权宣言》中,这种权利是指"对由于他所创作的任何科学、文学或美术作品而产生的精神的和物质的利益,有享受保护的权利";在《经济、社会及文化权利国际公约》中,这种权利是指"有权对其本人的任何科学、文学或艺术作品所产生的精神上和物质上利益,享受被保护之利"。[2]因此,在明白余家明教授所得出的结论后,最终有种云里雾里、似是而非的感觉。结论是似乎清楚的,正如他在2007年论文《关于知识产权与人权的十大常见问题》中以斜体字重点标明的这段话:"知识产权的某些属性在国际或区域人权文件中已经得到保护,而其他方面却根本没有任何的人权基础。"但是对于这段话中的"某些"和"其他",并没有作出解释和说明。对于具有还是不具有人权属性的那些知识产权,内容和范围并不太明确。

(二)笔者观点

1. 回归至最根本的概念和认识问题

探讨知识产权是否属于人权,必须回归至最根本的问题,也就是如何认识"知识产权"和"人权"这两个概念本身。

第一,认识"知识产权"的概念。正如第一章中所述,对使用"知识产权"这一称谓,本身是存在诸多争议的。它是一个泛化的通用术语,可以包含并表明知识产权的多样性、复杂性和变化性,但在特定的或特指的情况下,需要进一步明确具体的知识产权主体、对象、范围、内容或类型。正如不同的学

---

[1] Peter K. Yu, Ten Common Questions about Intellectual Property and Human Rights, Georgia State University Law Review, Vol.23, 2007, pp.727-728.

[2] 本书引用的《世界人权宣言》和《经济、社会及文化权利国际公约》的相关中文条款,均来源于联合国网站上所公布的正式官方中文译本,尽管笔者认为这些中文译本的某些内容存在问题。

者所指出的，"知识产权"是一个伞式术语，它将种类不同的、起源不同的、保护标的不同的、政策目的不同的权利混集在一起，容易引起思考简单化，从而忽略了版权、专利、商标、商业秘密与其他邻接权之间的不同特点以及其所受到的限制；[1] 出版商与律师喜欢将版权描述为知识产权，这是一个适用于专利、商标和其他更为隐晦的法律部门的术语。这些法律的共同之处很少，区别却很大，如果将它们都归于一个泛化的名词是极不明智的。最好是非常明确地命名为"版权"或"专利"或"商标"。[2] 据此，必须指出的是，将迥然不同的知识产权种类视为相同的而合并在一起进行分析，这是一种曲解，将频繁地受到批评，毕竟，能够很好地支撑版权或商标的观点并不一定总会对专利、商业秘密也适用，反之亦然。[3] 所以，在回答"知识产权是否属于人权"这个问题上，同样用这个泛化的通用术语（知识产权）来作出肯定或否定的回答，是极不合适的。不可能所有的知识产权类型都属于人权，也不可能所有的知识产权类型都不属于人权。必须要对知识产权有所区分。

第二，选择人权的基本理念。人权也是一个极其复杂的概念，是一个权利的集合体。如前所述，采取人权的自然主义理念带有较强的理想色彩，但如果采用实证主义理念，从国际人权文件中去寻找相关的内容，回归至《世界人权宣言》和《经济、社会及文化权利国际公约》的具体规定，集中在这些已经获得国际共识虽然还可能不是普遍同意的一些权利上，还是极具实务价值的。[4] 毕竟，对于各国来说，能达成一致的意见，并将这些权利在《世界人权宣言》和《经济、社会及文化权利国际公约》中得到认可已属非常不易。考虑到不同的利益、背景、信仰及理念，就这些权利达成国际上的一致性几乎是不可能的事情。[5] 并且，这些规定也并不必然具有一个普遍认同的目标，除了促进人的

---

1 Peter K. Yu, Intellectual Property and the Information Ecosystem, Michigan State Law Review, Vol. 2005, 2005, p.1.

2 Richard M. Stallman, Some Confusing or Loaded Words and Phrases That Are Worth Avoiding, Free Software Foundation, available at https://www.fsf.org/licensing/essays/words-toavoid.htm, last visited on Mar. 31, 2021.

3 Peter K. Yu, The Anatomy of the Human Rights Framework for Intellectual Property, SMU Law Review, Vol. 69, 2016, p.44.

4 Peter K. Yu, Ten Common Questions about Intellectual Property and Human Rights, Georgia State University Law Review, Vol.23, 2007, p.716.

5 Jack Donnelly, Universal Human Rights in Theory & Practice, Cornell University Press, 2003, p.16.

尊严和相互尊重这一广泛目标之外。代表们有不同的担忧，出于不同的动机来投票赞成，有的是想保护精神利益，有的是想促进国际协同，有的是想顺带实现其他人权。[1]另外，因为人性或人的本质是人权的根源这一事实，也决定了达成一致相当困难。正如杰克教授所说："在道德或政治哲学中，很少有比人的本质这一理论更有争议或是更难解决的问题。"[2]因此，只基于人权的实证主义观点，从被国际人权文件认可的权利中去寻找，而不是基于一种抽象的精神或道德考量来分析，这样更能说明人权的内涵是什么，以及我们所讲的知识产权或知识产权的某些部分是否存在于这些国际人权文件之中。

正如在1998年的专家研讨会讨论环节中，一名提问者所指出的疑惑："当我们在知识产权的背景下使用人权时，好像有点令人混淆。单词是很好理解的，但是句子不好理解，或许这就是疑惑所在。比如，当我们讲人权时，它有'基本权利'的含义。隐含的意思是，人权比在特定的条约协议中规定的知识产权更加重要。当我们说作为人权的知识产权，我们是在说什么呢？我们说的是在《世界人权宣言》和《经济、社会及文化权利国际公约》中所指的具有更广泛、抽象意义的知识产权？还是作为特定的知识产权条约或协议中的知识产权？我认为如果说TRIPS中规定的知识产权是人权，那恐怕有点过分了。看上去是将这一概念延伸过宽。另外，当我们在人权文件中讨论某些侵犯了科学进步获益权的事项时，我们讨论的权利是那些赋予创造者，而不是那些本质上赋予所有人的权利，因此在作者与知识产权的所有人（可能是公司）之间必须作出区分。难道没有必要在作者和知识产权的所有者之间作出区分吗？"[3]这段发问，表明了本书在此所要表达的意思，在不同的情况和场景下，对于"知识产权"与"人权"这两个通用的、复杂的、开放式的概念，应予以具体的明确与区分。

2. 肯定论者和否定论者余留的"但"字内容

第一，张乃根教授是国内较早研究知识产权与人权关系的学者，对于"知

---

1 Peter K. Yu, Reconceptualizing Intellectual Property Interests in a Human Rights Framework, U. C. Davis Law Review, Vol. 40, 2007, p.1073.

2 Jack Donnelly, Universal Human Rights in Theory & Practice, Cornell University Press, 2003, p.16.

3 Edited Transcrip.of Discussion, Intellectual Property and Human Rights, Proceedings of a Panel Discussion organized by the World Intellectual Property Organization in Collaboration with the Office of the United Nations High Commissioner for Human Rights, Nov. 9, 1998, http://www.wipo.int/edocs/pubdocs/en/intproperty/762/wipo_pub_762.pdf, pp.59-60, last visited on May 1, 2022.

识产权是否属于人权"这一问题，他是比较积极的肯定论者。当然，正如前述，他是基于财产权的视角，得出作为财产权的知识产权本质上是人权之一的结论的。但是，在分析国际人权文件时，他指出，"显然，第2段（即《世界人权宣言》第27条第2款）是作为人权的著作者权利（版权）"；"第3条（即《经济、社会及文化权利国际公约》第15条第1款丙项）也完全是保护作为人权的版权"；"除了版权被实质性地列为人权，其他知识产权分支一概被排斥在人权体系之外"，等等，这些断言，说明张乃根教授认为，根据《世界人权宣言》第27条以及《经济、社会及文化权利国际公约》第15条的规定，也有一些重要的知识产权类型（如专利权和商标权）不在人权体系之内。[1]

第二，即使是最坚定的否定论者宋慧献教授也认为，他主要是从财产权的角度论证知识产权的非人权性。"通说认为，知识产权，尤其是版权由财产权与人格权共同构成，而人格权属于自然人的基本权，所以知识产权也应该属于基本人权。就名称而言，知识的'产权'包含人格权，显然是一种矛盾说法，于法理不合；而如何看待所谓知识'产权'中的人格权的性质，其是否属于人权，尚需另当别论。"[2] 这段话说明宋慧献教授并未否定知识产权特别是版权中的人格权有属于人权的可能性。

两位教授一个从肯定论中排除了一些重要的知识产权类型是人权，另一个持否定论时又指出知识产权中的人格权是否属于人权需另当别论，其实都为论证部分知识产权属于人权、部分知识产权不属于人权留下了空间。说到底，这都是因为不同的学者，基于不同的角度来看待相关问题。如英国知识产权委员会在2002年的研究报告中指出，"一些人认为知识产权主要是经济或商业权利，而其他人则认为知识产权类似于政治或人身权利。TRIPS同意前一种观点"。[3] 如果基于TRIPS中的这种观点，知识产权可能不是人权；如果基于后一种观点，可能知识产权是人权；如果将知识产权视为一种文化权利，则可能知识产权也是人权。

3. 对以财产权作为依据的质疑

援引财产权来主张知识产权是一种人权的学者，主要基于以下三段论（两

---

1 张乃根："论TRIPS协议框架下知识产权与人权的关系"，载《法学家》2004年第4期，第147-148页。

2 宋慧献："财产权多元论与知识产权的非人权性"，载《北方法学》2011年第3期，第48页。

3 英国知识产权委员会：《知识产权与发展政策的整合》（Integrating Intellectual Property Rights and Development Policy），英国知识产权委员会2003年版。转引自郑万青：《全球化条件下的知识产权与人权》，知识产权出版社2006年版，第4页。

个前提,得出一个结论):

前提一:知识产权是私人财产权。

前提二:私人财产权是人权。

结论:因此知识产权是人权。

这种逻辑的问题在于,如果前提一或前提二不成立,那么就不能得出知识产权是人权的结论。并且极大的可能是,两个前提均不成立。[1]并且许多学者一直在质疑,首先(前提一中的)知识产权是否存在。比如有学者认为,版权与专利权对于创新和创造来说并非必要,并且这两种权利对公共产品有害。[2]如果知识产权法最后保护了信息全球垄断霸权、成为全球范围内垄断霸权争霸工具的话,它摧毁的将是整个人类法治文明而绝不仅仅是某个发展中国家的法治梦想。[3]

首先看前提一,知识产权是私人财产权。政策制订者、知识产权界和部分学者都将知识产权视为私人财产权。娱乐界也多次谴责未经授权使用版权资料的行为是"盗窃",非法共享文件的行为是"窃取"。美国广播音乐公司(一个表演权组织)的前任主席和首席执行官弗兰西斯·普利斯通(Frances Preston)认为,"非法下载音乐是一种不折不扣的盗窃行为。它盗取了作曲家、艺术家及支持他们的音乐界的财产和美好生活。"[4]这些将知识产权与私有财产权等同起来的做法是可以理解的,毕竟版权、专利、商业秘密和其他许多种类的知识产权是作为财产权予以保护的。但是,第一,知识产权的范围和保护期限的有限性会让很多学者去质疑,是否要将这种权利和传统观念中的财产权相区分。有学者指出,"版权不是一般的财产权,而是财产权的一种混种或变种。"该学者甚至进一步建议,将知识产权从财产权中剥离,将之作为一种人权或是一种推动经济发展的工具,比如说交易权,则可以超出这种知识产权是否为人权的争论,为之找到一个新的、利益均衡的理论框架,在这种框架

---

[1] Peter K. Yu, The Anatomy of the Human Rights Framework for Intellectual Property, SMU Law Review, Vol. 69, 2016, pp.86-87.

[2] Michele Boldrin & David K. Levine, Against Intellectual Monopoly, Cambridge University Press, 2008.

[3] 徐瑄:"关于知识产权的几个深层次理论问题",载《北京大学学报》(哲学社会科学版)2003年第3期,第101页。

[4] Press Release, Recording Industry Association of America, Recording Industry to Begin Collecting Evidence and Preparing Lawsuits Against File "Sharers" Who Illegally Offer Music Online, June 25, 2003.

内，对知识产权的保护与公众对智力成果的获取可以视为相互补充的目标。[1] 第二，并不是所有的知识产权都在以财产权为基础的制度下得以保护。比如，财产权制度就不能为源于智力成果的精神利益提供足够的保护，比如那些通过精神权利或其他非经济权利来获得保护的利益。因此，即使私人财产所有权被用来支持承认知识产权是一种人权的观点，这一权利也不能为所有的知识产权提供支撑。那些没有依据的知识产权仍然需要另一个替代性的人权基础，比如智力成果利益保护权。需要指出的是，《世界人权宣言》《经济、社会及文化权利国际公约》和其他国际性和区域性的人权文件其实并未授予与未排斥使用财产权制度来保护源于智力成果的利益。相反，这些文件仅区分了两种源于智力成果的权利保护对象：精神利益和物质利益。[2]

其次看前提二，私人财产权是人权。虽然在各种社会中，私人财产权利存在的必要性和所能带来的利益再明显不过，但正如前述，这项特定权利在现行国际性或区域性人权文件中得到了何种程度的承认，却还是存在争议的。由于冷战政治的存在和社会主义国家表达出来的担心，不管是《公民权利和政治权利国际公约》还是《经济、社会及文化权利国际公约》，都没有规定个人的私有财产所有权。[3]即使在今天，当时的环境已不复存在，但这些国家是否还同意就此种权利达成一项新的规定仍不清楚。《经济、社会及文化权利国际公约》及其起草历史表明，对个人私有财产所有权并未达成国际共识，并且《经济、社会及文化权利国际公约》第15条第1款丙项所保护的权利和个人财产所有权是相互独立的。唯一载有个人财产所有权的国际人权文件是《世界人权宣言》。但是仔细研读它所使用的特定语言，可以发现，这一规定并未暗示着保护个人私有财产所有权。[4]由于在《经济、社会及文化权利国际公约》起草过程中苏联和其他西方集团国家提出了类似的担心，以及在《世界人权宣言》起

---

1 Daniel J. Gervais, How Intellectual Property and Human Rights Can Live Together: An Updated Perspective, in Paul L.C. Torremans ed., Intellectual Property and Human Rights, Kluwer Law International, 2015, pp.22, 92-94.

2 Peter K. Yu, The Anatomy of the Human Rights Framework for Intellectual Property, SMU Law Review, Vol. 69, 2016, pp.88-89.

3 Peter K. Yu, Reconceptualizing Intellectual Property Interests in a Human Rights Framework, U. C. Davis Law Review, Vol. 40, 2007, p.1085.

4 Craig Scott, Multinational Enterprises and Emergent Jurisprudence on Violations of Economic, Social and Cultural Rights, in Asbjorn Eide et al. eds., Economic, Social and Cultural Rights: A Textbook, Martinus Nijhoff Publishers, 2001, p.564.

草中拉美国家的强烈推进，代表们最终达成妥协，去掉了"私有"一词，然后加入了"单独以及同他人合有的"这一词组。[1] "省略了私有一词"导致"高度普遍性接受"，[2]并且"得到了采取不同经济体制的资本主义和社会主义国家的公开认可。"[3]虽然"人人得有单独的财产所有权"这一规定毫无疑问绝对为知识产权提供了一个强有力的文本基础，但是"人人得有同他人合有的所有权"这一规定，如果词组"他人"是指代社会公众成员的话，它则可能会为构建丰富的公有领域和对无限制地获取受保护的资料提供必要的文本基础。因为这些可能不同的解释，对第27条第2款中的智力成果利益保护权，个人私有财产所有权是否提供了保护基础，第17条第1款的措辞充其量是模棱两可。[4]当然，区域性文件的规定就比较明确，保护个人私有财产所有权。比如，《美洲人的权利和义务宣言》第28条规定，"为满足体面生活和帮助维持个人和家庭尊严的必要性，人人享有拥有自己的私有财产的权利。"[5]然而，正如智利代表赫南在《世界人权宣言》起草过程中对这一特定条款的陈述："对本条款文本所规定的任何以外的物质财产所有权，都可能不被看成是一项人权。"[6]因此，对智力成果利益的保护权利不能包括对这类利益的保护，即通常不是要求用来满足体面生活和维持个人和家庭尊严所必需的利益。总而言之，虽然现在

---

1 《世界人权宣言》第17条规定：（1）人人得有单独的财产所有权以及同他人合有的所有权。（2）任何人的财产不得任意剥夺。正如学者玛丽·格林（Maria Green）回忆道，美国强烈支持保护个人私有财产所有权，以对抗未经适当保障的情况下对私有财产的公共剥夺。但是，英国劳工党政府的代表坚持这样一种立场，该条应该删除，认为对财产权的规制在现代社会广泛存在，再提及一种所有权没有任何意义。许多拉美国家则采取完全相反的策略：他们希望有这个条款，明确一种能够保证体面存在的私有财产权利就够了。对于苏联来说，则是完全反对这样一种体面的存在要基于私有财产基础之上的观念，坚持认为该条款要考虑不同国家的不同经济制度。Mary Ann Gliendon, A World Made New: Eleanor Roosevelt and the Universal Declaration of Human Rights, Random House, 2001, p.182.

2 Mary Ann Gliendon, A World Made New: Eleanor Roosevelt and the Universal Declaration of Human Rights, Random House, 2001, p.183.

3 Johannes Morsink, The Universal Declaration of Human Rights: Origins, Drafting and Intent, University of Pennsylvania Press, 1999, p.147.

4 Peter K. Yu, The Anatomy of the Human Rights Framework for Intellectual Property, SMU Law Review, Vol. 69, 2016, p.94.

5 Organization of American States, American Declaration of the Rights and Duties of Man art. 28, May 2, 1948, OEA/Ser. L./V./II.23, doc. 21 rev. 6（1948）.

6 Johannes Morsink, The Universal Declaration of Human Rights: Origins, Drafting and Intent, University of Pennsylvania Press, 1999, p.145.

几乎所有的国家都保护个人的私人财产所有权,但是这项权利在《世界人权宣言》《公民权利和政治权利国际公约》和《经济、社会及文化权利国际公约》中是否被承认为一项人权,是有疑问的。对国际人权文件是否要求保护以财产权为基础的知识产权制度,而是否同时也要求承认存在一个稳固而丰富的公有领域,那就更值得探讨了。虽然前一项制度似乎可由《世界人权宣言》第17条中的"人人得有单独的财产所有权"来支撑,后一项制度也同样由该条规定明确支持,即"人人得有同他人合有的所有权"。

由此可见,知识产权不一定是私人财产权,且私人财产权不一定是人权,两个前提都存在问题和不确定之处,私人财产所有权不能为知识产权保护提供一个可替代的人权基础。

4. 经社文委员会第17号一般性评论的最终定性

如前所述,虽然针对《世界人权宣言》第27条和《经济、社会及文化权利国际公约》第15条存在诸多争议,但代表们并未就这些规定中不同条款之间的关系与冲突展开充分的讨论。[1]起草会议中的讨论和辩论"主要集中在是否要包含知识产权条款,而不是该条款怎么解释。"[2]正如玛丽·格林在解释《经济、社会及文化权利国际公约》时所说,"给我们制订了《经济、社会及文化权利国际公约》的那些伟人们好像没有去认真考虑当涉及知识产权时公共需求和私人权利之间的艰难平衡。当提出问题时,他们倾向于对其视而不见。最主要的,他们看上去认为,第15条第1款乙项的目标是显而易见的,不需要讨论,科学利益作为一项基本人权归属于所有人。但是,根据起草者们的观点,他们似乎将第15条第1款丙项看成不那么重要的事情,只是用于保护一些不同的潜在利益。"[3]现在,起草者们所忽视或意图留给其他时间来解决的问题已经变得越来越重要了。[4]在学者们开始关注知识产权与人权的关系问题并为此而争吵不休时,这些条款之间到底如何理解和解释成为国际人权机构的重要任

---

[1] Maria Green, Drafting History of the Article 15(1)(c) of the International Covenant, p.43, U.N. Doc. E/C.12/2000/15(Oct. 9, 2000).

[2] Audrey R. Chapman, Core Obligations Related to ICESCR Article 15(1)(c), in Audrey Chapman & Sage Russell eds., Core Obligations: Building A Framework for Economic, Social and Cultural Rights, Transnational Publishers, 2002, p.315.

[3] Maria Green, Int'l Anti-Poverty L. Ctr., Drafting History of the Article 15(1)(c) of the International Covenant, p.45, U.N. Doc. E/C.12/2000/15(Oct.9, 2000).

[4] Peter K. Yu, Reconceptualizing Intellectual Property Interests in a Human Rights Framework, U. C. Davis Law Review, Vol. 40, 2007, p.1073.

务。经社文委员会作为监督缔约国落实《经济、社会及文化权利国际公约》情况的独立专家机构,发布一般性评论是其解释公约条款的主要途径,以消除公约条款在权利内容和缔约国义务性质方面存在的模糊性和不确定性。[1]2006年1月,经社文委员会最终发布了第17号一般性评论,[2]其基本内容如下:

第一,第17号一般性评论第1-3段明确指出,《经济、社会及文化权利国际公约》第15条第1款丙项中的智力成果利益保护权是人权,但它不能等同于知识产权。[3]首先,它认为人权具有基本性和普遍性,而对知识产权则持工具论。"人权是隶属于个人的,在特定的情况下属于由个人组成的群体和社区,它是一项基本的、不可剥夺的、普遍的权利。人权是基本的,因为它们是人之所以为人的内在属性,而知识产权是国家试图为发明和创新提供动力、鼓励创作和发明产品的扩散、发展文化认同性,保证科学、文学和艺术作品的完整性,并为全体社会的利益而使用的一种首要和最重要的工具。"其次,它认为知识产权具有临时性和可转让性,而人权具有永久性和不可分割性。"知识产权一般只具有临时的属性,并且可被撤销、许可或转让给其他人使用。虽然在大多数知识产权制度中,知识产权,当然其精神利益除外,可以被重新分配,受到时间和范围的限制,可以被交易、修改甚至是没收,而人权则是个人基本权利的永久表达。"最后,它认为,知识产权和人权保护的范围不同,人权是基本利益,而知识产权可能是过高利益。"尽管保护源于智力成果的精神和物质利益中的人权利益保障了作者与其作品、人们、社区或其他群体与其集体文化遗产之间的属人联系,以及他们基本的、使得作者能够享受足够的生活标准的物质利益,知识产权制度则主要保护企业、公司、投资人的利益。"该条规定保护的作者精神和物质利益的范围,并不必然与国内立法或国际条约中所赋予的知识产权的范围一致。因此,第17号一般性评论在分析了该项权利与知识产权的

---

1 张雪莲:"经济、社会和文化权利委员会的一般性意见",载《国际法研究》2019年第2期,第89-90页。

2 Comm. on Econ., Soc. & Cultural Rights, General Comment No. 17: The Right of Everyone to Benefit from the Protection of the Moral and Material Interests Resulting from Any Scientific, Literary or Artistic Production of Which He or She Is the Author(Article 15, Paragrap.1(c), of the Covenant), U.N. Doc. E/C.12/GC/17(Jan. 12, 2006).

3 Comm. on Econ., Soc. & Cultural Rights, General Comment No. 17: The Right of Everyone to Benefit from the Protection of the Moral and Material Interests Resulting from Any Scientific, Literary or Artistic Production of Which He or She Is the Author(Article 15, Paragrap.1(c), of the Covenant), pp.1-3, U.N. Doc. E/C.12/GC/17(Jan. 12, 2006).

不同之后，结论是"绝不能将知识产权与第15条第1款丙项中认可的人权等同起来，这一点很重要。"

第二，第17号一般性评论对智力成果利益保护权的各个要素进行了解释，从这些要素的解释中可以将知识产权的不同方面进行区分，从而寻找出知识产权的哪些属性具有人权基础，哪些属性不具有人权基础。首先，从知识产权的主体来看，并不是所有的知识产权主体拥有的知识产权都具人权因素。作者毫无疑问是自然人，但也可能是由个人组成的群体，以及社区；但作为知识产权持有人的法律实体，即公司，可以享有知识产权法中的权利，但对它们的权利不是从人权的层面来保护的。也即作者、群体、社区的知识产权具有人权因素，而公司的知识产权不具人权因素。其次，从知识产权的类型来看，"任何科学、文学和艺术成果"中，文学和艺术成果属于版权或著作权的内容是没有任何争议的，但科学成果是否包含专利，则是学者们争议的焦点。第17号一般性评论的解释包含了专利，原因有二：原因之一是与公约中使用的"作者"相比，这一词语大家经常认为的是著作权或版权中的作者，第17号一般性评论即将之解释成"创造者"，使用的转化术语是很简单的："作者，即创造者"，但对创造者的理解一般是既包括著作权中的作者，也包括专利权中的发明人。原因之二，认为"任何科学、文学或艺术作品"是指人类智力的创造物，从公约中的成果转化为创造物，并特别指出，既包括"文学和艺术成果"，也包括"科学成果"，诸如科学出版物和创新，而发明是创新的重要内容和要素。这样，知识产权的类型中，著作权和专利权具有人权的因素，而其他诸如商标权等，是否具有人权因素，需要寻找其他的文件依据。最后，从知识产权保护的利益来看，既包括精神利益，也包括物质利益。其中，精神利益是基于人类智力创作的每一个成果都具有不可分离的人格特点和创作者与其成果之间的持久联系，包括作者有权被承认是其成果的创作者，反对对这类成果进行任何歪曲、割裂与或其他修改、或其他有害于作者的名誉和声誉的贬损行为。物质利益与其他人权不同，与创造者的人格没有直接联系，而是有助于创作者享受获得适足生活水准的权利。可见，具有人权属性和基础的、能以人权文件中的智力成果利益保护权作为依据的物质利益并不是无限扩张的，仅以能够满足创作者获得适足生活水准的物质利益为限，当然，这是最低限度的人权标准，各国可以根据本国的经济条件和国际义务制订更高的标准，但更高的标准不是必需的。

可见，第17号一般性评论详细地解释了公约第15条第1款丙项中智力成果利益保护权的各个不同方面，包括其范围、内容和义务。这是一份突破性的文件，诠释了保护源于智力成果的精神和物质利益的权利。由于委员会有职责解释《经济、社会及文化权利国际公约》的规定，这一权威性的解释为许多学者提供了分析第15条第1款丙项的权利义务的依据，[1]它同时也回应了上述诸多学者对知识产权与人权性质及关系的认识分歧。比如，在1998年的专家研讨会讨论环节中，达沃豪斯教授面对其中一名提问者的问题，认为"知识产权是一种工具性的权利"，[2]这和第17号一般性评论中将人权作为目的、知识产权作为工具的结论是不谋而合的。我国也有学者认为，第17号一般性评论的权威解释，指出了"并非知识产权权利的所有属性都具有人权的性质"。但是，在承认知识产权与人权体系间存在差异的同时，委员会也进一步指出，知识产权的一些属性，产生于所有人的固有尊严和价值，这些属性因而受到《世界人权宣言》和《经济、社会及文化权利国际公约》的保护。因此，知识产权中的人权属性与财产权属性有着根本的区别。知识产权的人权属性通常关注的是对创造、人类尊严以及公共产品的保护，其目的是促进人类福利而不是经济利益的最大化。[3]

5. 本书对"知识产权是否属于人权"的结论

根据以上的论证，特别是基于对以财产权为基础的观点的质疑以及以第17号一般性评论中对智力成果利益保护权的解释，本书认为部分知识产权属于人权，部分知识产权不属于人权。

第一，基于财产权为依据的三段式推论：知识产权不一定是人权如图3.1、图3.2所示。

他人观点：

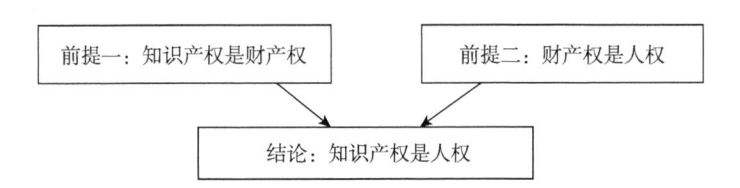

图3.1　基于财产权的"知识产权是人权"观点

---

[1] Peter K. Yu, Intellectual Property and Human Rights 2.0, Legal Studies Research Paper Series of Texas A&M University School of Law, Research Paper No. 19-24, 2019, p.1388.

[2] Edited Transcrip.of Discussion, Intellectual Property and Human Rights, Proceedings of a Panel Discussion organized by the World Intellectual Property Organization in Collaboration with the Office of the United Nations High Commissioner for Human Rights, Nov. 9, 1998, http://www.wipo.int/edocs/pubdocs/en/intproperty/762/wipo_pub_762.pdf, p.59, last visited on May 1, 2022.

[3] 冯洁菡：《公共健康与知识产权国际保护问题研究》，中国社会科学出版社2012年版，第21-22页。

本书观点：

```
┌─────────────────────────┐      ┌─────────────────────────┐
│ 前提一：知识产权不一定是财产权 │      │ 前提二：财产权不一定是人权 │
└─────────────────────────┘      └─────────────────────────┘
                    ↓                    ↓
              ┌─────────────────────────┐
              │ 结论：知识产权不一定是人权 │
              └─────────────────────────┘
```

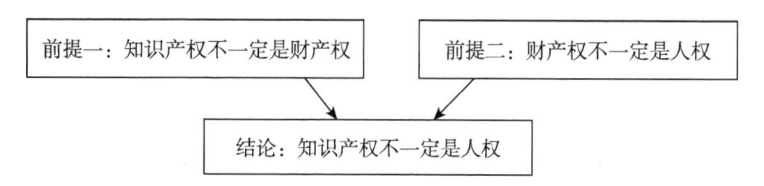

图3.2　基于财产权的"知识产权不一定是人权"观点

第二，基于智力成果利益保护权为依据的三段式推论：部分知识产权是人权，如图3.3、图3.4所示。

他人观点：

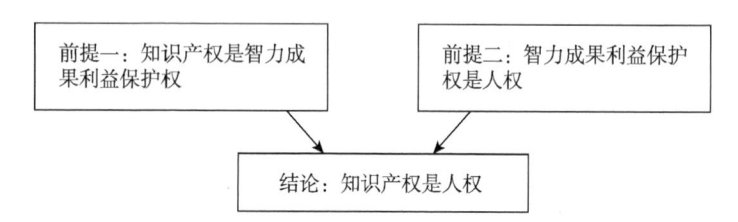

```
┌─────────────────────────┐      ┌─────────────────────────┐
│ 前提一：知识产权是智力成 │      │ 前提二：智力成果利益保护 │
│ 果利益保护权             │      │ 权是人权                 │
└─────────────────────────┘      └─────────────────────────┘
                    ↓                    ↓
              ┌─────────────────────────┐
              │ 结论：知识产权是人权     │
              └─────────────────────────┘
```

图3.3　基于智力成果利益保护权的"知识产权是人权"观点

本书观点：

```
┌─────────────────────────┐      ┌─────────────────────────┐
│ 前提一：智力成果利益保护权 │      │ 前提二：智力成果利益保护权 │
│ 是部分知识产权           │      │ 是人权                   │
└─────────────────────────┘      └─────────────────────────┘
                    ↓                    ↓
              ┌─────────────────────────┐
              │ 结论：部分知识产权是人权 │
              └─────────────────────────┘
```

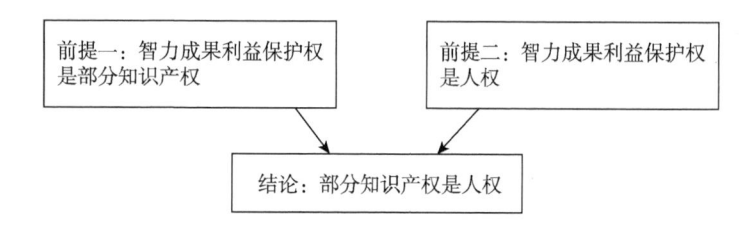

图3.4　基于智力成果利益保护权的"部分知识产权是人权"观点

第三，针对知识产权的人权性质之争，即"知识产权是否是人权"这一问题，持肯定论的观点认为，知识产权是人权，即知识产权是诸多人权中的一种，人权包含知识产权，知识产权是人权的子集。持否定论的观点认为，知识产权不是人权，两者存在诸多重要的区别，虽然相互之间也有联系，并互相存在影响，但知识产权与人权是两种独立存在的权利形态。本书认为，部分知识产权是人权，知识产权既不是人权的子集，知识产权与人权也不是完全平行而没有交集的两种权利形态。这些观点如图3.5、图3.6、图3.7所示，表明了知识产权与人权之间的性质关系。

肯定论：知识产权是人权，人权包含知识产权。

图3.5 肯定论

否定论：知识产权不是人权，两者独立存在。

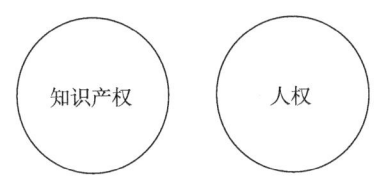

图3.6 否定论

交集论（本书观点）：部分知识产权是人权，图中阴影部分即为智力成果利益保护权。

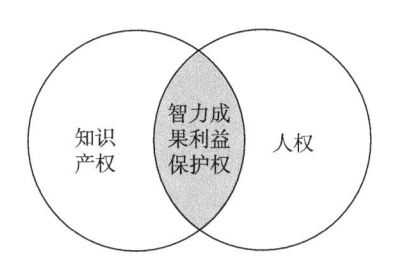

图3.7 交集论

第四，具体而言，"部分知识产权是人权，部分知识产权不是人权"是指：知识产权的主体中，自然人、群体、社区拥有的知识产权具有人权属性，而法人拥有的知识产权不具有人权属性；知识产权的类型中，著作权或版权、部分专利权具有人权属性，而商标权、商业秘密、雇员发明、职务作品、邻接权、数据库保护等是否具有人权属性尚需另当别论；知识产权保护的利益中，精神利益具有人权属性，而物质利益则以能够满足创作者适足生活水准所必需的物质利益为最低限度，超出部分则不在人权文件所规定的保护范围之内。

尽管知识产权具有私权属性，但是，迄今为止所有国际人权保护的法律文件都没有明确将知识产权列为人权。[1]比如，《世界人权宣言》就并未明确地指向知识产权。[2]学理上对于知识产权是否是一种人权，一直都存在争论。[3]直到现在，是否将知识产权视为人权仍需要深入的论证，这不仅有助于从理论上厘清二者的关系，而且有助于在当代社会重新认识知识产权制度的意义及影响，并对现行规范体系进行重构。[4]希望本书的推演能对认识知识产权与人权的关系有所裨益。

本章小结

"知识产权是人权"的肯定论观点，其基本理论基础包括自然权利说、创造者人格说、普遍权利说；其文件依据是人权文件中的智力成果利益保护权和财产权。其他一些重要的理由比如：知识产权是基本人权中的"发展权"；知识产权与人权具有内在一致性；将知识产权视为人权可使之直接受到宪法保护；将知识产权视为人权可提升知识产权的地位，等等。

持"知识产权不是人权"即否定论观点的学者属于少数派，他们主要基于对财产权、人权和财产权、知识产权和人权的区别、综合角度等的认识来反对将知识产权视为人权。也有学者通过知识产权人权观念产生的背景、现实依据以及人权与知识产权差异的探讨，认为知识产权不是人权。最重要的是，在未经充分论证的前提下，不能将知识产权简单地等同于基本人权。

持"部分知识产权是人权"即区分论观点的学者更少。余家明教授提出应区分知识产权的人权属性和非人权属性，其基本逻辑如下：分析知识产权不同属性的原因，确定分析知识产权不同属性的逻辑起点，详细回顾《世界人权宣

---

1 张乃根："论TRIPS协议框架下知识产权与人权的关系"，载《法学家》2004年第4期，第146页。

2 Peter Drahos, The Universality of Intellectual Property Rights: Origins and Development, Intellectual Property and Human Rights, Proceedings of a Panel Discussion organized by the World Intellectual Property Organization in Collaboration with the Office of the United Nations High Commissioner for Human Rights, Nov.9, 1998, http://www.wipo.int/edocs/pubdocs/en/intproperty/762/wipo_pub_762.pdf, p.24, last visited on May 1, 2022.

3 蔡博："知识产权——私权与人权的对立统一"，载《法制与经济》2008年第1期，第30页。

4 王培舒：《知识产权与人权的联系、冲突与协调发展》，吉林大学2007年博士学位论文，第27页。

言》第27条和《经济、社会及文化权利国际公约》第15条的起草历史，在总结立法历史中得出结论。本书受此观点启发，认为探讨知识产权是否属于人权，首先必须回归至最根本的概念和认识问题，"知识产权"是一个泛化的通用术语，对人权的理解应基于实证主义的观点；其次指出最坚定的肯定论者和否定论者也留有余地，为论证部分知识产权属于人权，部分知识产权不属于人权留下了空间；然后对以财产权作为依据的观点提出了质疑，认为财产权论者的三段论不能令人信服；接着分析经社文委员会第17号一般性评论的内容，为《经济、社会及文化权利国际公约》第15条第1款丙项最终定性，该条规定是智力成果利益保护权，是人权，但不能等同于知识产权。

本书对"知识产权是否属于人权"的最后结论是：第一，基于财产权依据的三段式推论，知识产权不一定是人权。第二，基于智力成果利益保护权依据的三段式推论，部分知识产权是人权。第三，针对知识产权的人权性质之争，即"知识产权是否是人权"这一问题，部分知识产权是人权，知识产权既不是人权的子集，知识产权与人权也不是完全平行而没有交集的两种权利形态。第四，具体而言，"部分知识产权是人权，部分知识产权不是人权"是指：知识产权的主体中，自然人、群体、社区拥有的知识产权具有人权属性，而法人拥有的知识产权不具有人权属性；知识产权的类型中，著作权或版权、部分专利权具有人权属性，而商标权、商业秘密、雇员发明、职务作品、邻接权、数据库保护等是否具有人权属性尚需另当别论；知识产权保护的利益中，精神利益具有人权属性，而物质利益则以能够满足创作者适足生活水准所必需的物质利益为最低限度，超出部分则不在人权文件所规定的保护范围之内。

第四章

知识产权与人权的**交集之论**

在知识产权与人权领域，两种制度之间的现代交错除了引发第一个基本问题，即第三章中所探讨的知识产权到底是否为人权的思考之外，知识产权与人权理论界及实务界，包括许多人权机构与国际知识产权组织，对这两种制度之间到底存在何种关系也有诸多研究，甚至争论。可以说，当人权与知识产权发生关联时，21世纪的第一个十年见证了对它们产生的法律和政治问题越来越多的关注和高度的争议。这些争议试图划定这些新政策空间的边界，并明确知识产权与人权这两个领域之间的适当关系。一方面，有些国家的政府、某些国家的法院、公共利益非政府组织以及学者认为对知识产权保护过度，并潜在地侵犯了诸多人权利益。另一方面，公司和其他经济实体则认为对知识产权保护不足，也援引人权法来试图加强知识产权保护规则。[1]虽然本章的讨论在第三章的基础上展开，但不管对第三章的问题持肯定论、否认论或者区分论的观点，即不管知识产权是不是人权，知识产权与人权发生关联已成既定事实。因此本章旨在探讨知识产权与人权之间的关系到底如何。

一、有关知识产权与人权关系的冲突论和兼容论

2003年秋季，正在经社文委员会忙于起草有关《经济、社会及文化权利国际公约》第15条第1款丙项的解释性评论时，赫尔弗教授发表了一篇广为引用的论文《人权与知识产权：冲突还是共存？》。该文基于他在美国法学院联盟2003年年会上的发言，把知识产权与人权的关系从第一大问题（即知识产权是否为人权）引申开去，强调并探讨了当时的经典争议，即知识产权与人权关系的第二大问题，两种制度之间是基本冲突的还是能够共存的？该文发表之时，国际组织、政策制订者和学者对这一特定的争论存在很大的分歧。赫尔弗教授通过对诸如WIPO、联合国人权委员会和联合国人权促进与保护小组委员会、WTO、世界卫生组织和生物多样性公约缔约国会议等一些国际政府间或非政

---

1 Laurence R. Helfer & Graeme W. Austin, Human Rights and Intellectual Property: Mapping the Global Interface, Cambridge University Press, 2011, p.2.

府间组织中的立法活动进行审视,认为对人权和知识产权的关系问题存在两种完全不同的观点。这两种完全不同的观点源于完全不同的理念基础,并且也对国家与私人的权利义务框架给予完全不同的描述。[1]

（一）知识产权与人权的冲突论

第一种观点即冲突论,认为知识产权和人权这两种权利是存在基本冲突的,因此两者之间的关系呈现出对立和紧张状态。

1. 持此观点的代表机构与学者

持这种观点的比如联合国人权促进和保护小组委员会。如前所述,其连续于2000年及2001年通过了两个重要的决议,第一个是第2000/7号决议,在序言第11段指出"在履行TRIPS义务和实现经济、社会和文化权利之间存在实际的或潜在的冲突";[2]第二个决议是第2001/21号决议,重申"在实施TRIPS与实现经济、社会和文化权利方面存在实际或潜在的冲突"。[3]在经社文委员会2001年有关知识产权与人权的声明中,也认为"任何让缔约方更难履行其有关健康权、食物权、教育权或者特别是公约所列举的其他权利的核心义务的知识产权规则,都是有违缔约方具有约束力的法律义务的"。[4]我国学者王渊博士是国内关于知识产权与人权关系冲突论的典型代表。在其专著《现代知识产权与人权冲突问题研究》中,她并未像其他学者一样大篇幅地去探讨知识产权是否是人权的问题,而是直入主题,并以冲突论贯穿全部章节,论述了知识产权与人权冲突的含义与概念、背景、表现与影响、原因、本源,最后对未来知识产权与人权的和谐发展提出了自己的设想。[5]另外,我国大多学者对知识产权与人权的关系均持冲突论观点,即使是对"知识产权是否属于人权"持肯定

---

[1] Laurence R. Helfer, Human Rights and Intellectual Property: Conflict or Coexistence? Minnesota Intellectual Property Review, Vol.5, 2003, pp.47-49.

[2] ESOSOC, Sub-Comm'n on Promotion & Prot. of Human Rights, Intellectual Property Rights and Human Rights, Res. 2000/7, 52nd Sess., pmbl. p.11, U.N. Doc. E/CN.4/Sub.2/RES/2000/7（Aug. 17,2000）.

[3] ECOSOC, Sub-Comm'n on the Promotion and Prot. of Human Rights, Intellectual Property and Human Rights, Res. 2001/21, Pmbl., Recital 11, U.N. Doc. E/CN.4/Sub.2/RES/2001/21（Aug.16, 2001）.

[4] ECOSOC, Comm. on Econ., Soc. & Cultural Rights, Substantive Issues Arising in the Implementation of the International Covenant on Economic, Social and Cultural Rights, ¶ 12, U.N. Doc. E/C12/2001/15（Dec. 14, 2001）.

[5] 王渊:《现代知识产权与人权冲突问题研究》,中国社会科学出版社2011年版,第19-207页。

论观点或持否定论观点的学者,均认为知识产权与人权之间存在冲突,或紧张关系,或知识产权消极影响了人权的实现,措辞不同而已,实质上都认为两种权利形态之间多多少少存在这样或那样的冲突。比如,坚持"知识产权是人权"观点的吴汉东教授,通过对知识产权与人权的四对权利范畴进行探讨,分析了两者之间的冲突关系。[1]而坚持"知识产权不是人权"观点的郑万青教授,也分析了知识产权与人权冲突的表现、原因,并选择了三对范畴进行了考察,最后就如何治理这种权利冲突提出自己的建议。[2]总之,持这种观点的机构或学者认为,知识产权的强保护正在破坏一个广泛的人权义务框架,特别是在经济、社会和文化权利领域,尤为突出,因此知识产权与人权之间产生了冲突。[3]

2. 知识产权与人权冲突的表现

知识产权与人权的冲突,其表现形式具有多样性。第一,知识产权制度或人权规则本身,就蕴含着内在的冲突。如《世界人权宣言》第27条本身就蕴含着一种与知识产权法类似的紧张关系——保护信息创作者的规则与确保信息的使用与扩散的规则之间的紧张关系。而这些规则既是知识产权,又是人权。[4]第二,一种制度的实施妨碍了另一种制度目标的实现。许多机构和学者就认为,知识产权与人权之间的冲突是实施知识产权规则与实现人权之间的冲突,即履行知识产权法下的义务妨碍了人权的实现,或对人权的实现产生了消极影响。由于利益的冲突,在知识产权制度实施的过程中,知识产权与其他人权也发生了权利冲突。[5]比如联合国促进和保护人权小组委员会的第2001/21号决议,重申"在实施TRIPS与实现经济、社会和文化权利……方面存在实际或潜在的冲突",这并不是规则本身之间的冲突,而是实施规则与达成目标之间的

---

[1] 吴汉东:"知识产权VS. 人权:冲突、交叉与协调",载《中国知识产权报》2004年1月6日。

[2] 郑万青:《全球化条件下的知识产权与人权》,知识产权出版社2006年版,第121–249页。

[3] Laurence R. Helfer, Human Rights and Intellectual Property: Conflict or Coexistence? Minnesota Intellectual Property Review, Vol.5, 2003, p.48.

[4] Peter Drahos, The Universality of Intellectual Property Rights: Origins and Development, Intellectual Property and Human Rights, Proceedings of a Panel Discussion organized by the World Intellectual Property Organization in Collaboration with the Office of the United Nations High Commissioner for Human Rights, Nov.9, 1998, http://www.wipo.int/edocs/pubdocs/en/intproperty/762/wipo_pub_762.pdf, p.24, last visited on May 1, 2022.

[5] 黄玉烨:"知识产权与其他人权的冲突及其协调",载《法商研究》2005年第5期,第14页。

冲突。[1]第三，根据不同的标准，可将知识产权和人权的冲突区分为两种类型的冲突：外部冲突与内部冲突。外部冲突存在于人权与知识产权制度的交集之处，内部冲突只存在于人权制度内部。据此而产生的解决冲突的方法也有所不同。特别是针对内部冲突，可能人权至上的原则就不能再适用。[2]第四，在具体的权利类型冲突上，知识产权与人权也在多个领域、范围与权利类型上存在紧张关系。"知识产权正在许多领域影响着人权的实现，如公共健康、获取知识和农业领域等。"[3]同样是联合国促进和保护人权小组委员会的第2001/21号决议，重申"在实施TRIPS与实现经济、社会和文化权利，特别是自决权、食物权、住房权、工作权、健康权和受教育权之间以及在向发展中国家转让技术方面存在实际或潜在的冲突"，特别指明了自决权、食物权、住房权、工作权、健康权和受教育权等人权类型。[4]余家明教授也认为药物获取并不是唯一的引发保护人权关注的知识产权问题。还有其他一些重要的问题，包括获取计算机软件、文化与教育资料、专利种子和食物产品以及保护传统知识和原始居民资料等。[5]第五，知识产权与人权的冲突表现还可分为制度表现与现实表现，制度表现主要从知识产权制度本身出发，现实表现则从人权的分类出发。[6]

3. 知识产权与人权冲突的原因

学者们不太关注知识产权与人权产生冲突的原因到底是什么。但大多认为是由于知识产权与人权制度的迅速扩张而引起的。这些扩张增加了两种制度的复杂性，并让国家和非国家行为体在越来越多的制订相关规则和政策的国际与国内场合面临挑战，不知所措。这些发展增加了政策空间的密集度，导致以前

---

1 ECOSOC, Sub-Comm'n on the Promotion and Prot. of Human Rights, Intellectual Property and Human Rights, Res. 2001/21, Pmbl., Recital 11, U.N. Doc. E/CN.4/Sub.2/RES/2001/21 (Aug. 16, 2001).

2 Peter K. Yu, Ten Common Questions about Intellectual Property and Human Rights, Georgia State University Law Review, Vol.23, 2007, p.711.

3 Daniel J. Gervais, Intellectual Property and Human Rights: Learning to Live Together, in Paul L. C. Torremans ed., Intellectual Property and Human Rights, Kluwer Law International, 2015, pp.3-22.

4 ECOSOC, Sub-Comm'n on the Promotion and Prot. of Human Rights, Intellectual Property and Human Rights, Res. 2001/21, Pmbl., Recital 11, U.N. Doc. E/CN.4/Sub.2/RES/2001/21 (Aug. 16, 2001).

5 Peter K. Yu, Ten Common Questions about Intellectual Property and Human Rights, Georgia State University Law Review, Vol.23, 2007, p.719.

6 王渊：《现代知识产权与人权冲突问题研究》，中国社会科学出版社2011年版，第50-81页。

一些毫不相关的原则、规则和制度越来越多地出现重叠,并且相互之间并不协调一致。[1]当然,利益冲突是两者冲突的根本原因,在全球化条件下,人权的成长与知识产权的扩张也导致权利冲突,另外,人权与知识产权制度的历史隔绝以及有关国际人权文书本身存在的问题也导致产生冲突。[2]也有学者基于功利主义的观点和逻辑,认为知识产权制度在于激励作者和发明家,调动其创造性。但随着资本全球化和知识产权商业化的发展,将知识产权作为追求利润和效益最大化的工具时,知识产权本身的终极价值与一般目标就会发生背离,从而与人权产生冲突。[3]而实际上,知识产权与人权冲突的表征原因是多方面的,比如价值目标不同,理论基础不同,制度设计不同,利益倾向不同等,从而使外在的权利呈现出冲突与紧张的状态。在制度设计上知识产权的稀缺性、知识产权属性的认定、知识产权法律制度扩张等,日益侵犯人权领域;在利益层面,对知识产权权利人的保护出现过度倾向,而忽略了社会公众的利益,从而与社会公众的人权发生冲突。[4]

4. 解决知识产权与人权冲突的方法

为解决这些冲突,联合国人权机构敦促各国承认"人权义务优先于经济政策和协议"。[5]正如保罗·托勒曼斯教授所认为的,"对其支持者来说,这种解决方案本身就是带有强制性的,因为从规范术语来看,人权本身就具基本性,并与知识产权相比更具重要性"。[6]吴汉东教授提出的"法益优先保护"原则处理权利冲突、以"利益衡平"原则进行权利协调的思想,也与此类似,强调的也是人权特别是健康权和环境权等的法益优先于知识产权保护的法

---

1 Laurence R. Helfer & Graeme W. Austin, Human Rights and Intellectual Property: Mapping the Global Interface, Cambridge University Press, 2011, p.64.

2 郑万青:《全球化条件下的知识产权与人权》,知识产权出版社2006年版,第135-159页。

3 胡朝阳:《知识产权的正当性分析——法理和人权法的视角》,人民出版社2007年版,第187页。

4 王渊:《现代知识产权与人权冲突问题研究》,中国社会科学出版社2011年版,第82-127页。

5 ESOSOC, Sub-Comm'n on Promotion & Prot. of Human Rights, Intellectual Property Rights and Human Rights, Res. 2000/7, 52nd Sess., ¶ 3, U.N. Doc. E/CN.4/Sub.2/RES/2000/7 (Aug. 17, 2000).

6 Paul L. C. Torremans, Copyright (and Other Intellectual Property Rights) as a Human Right, in Paul L. C. Torremans ed., Intellectual Property and Human Rights, Kluwer Law International, 2015, p.196.

益。[1]当然，解决知识产权与人权冲突的方法还有很多，比如权利限制原则、工具主义原则、公众参与原则[2]等；在制度措施上，可对知识产权权利进行内部和外部的限制以作为平衡知识产权与人权的基础，采取反垄断措施作为协调知识产权与人权的外部机制，尝试采取其他替代措施如自由软件制度，构建知识产权制度的人权审查机制等。[3]针对知识产权与人权冲突类型的不同，对于外部冲突，即知识产权和人权交集时产生的冲突，根据人权至上原则，知识产权保护中的非人权属性部分应该从属于或让位于人权保护义务；而对于内部冲突，即在人权领域内权利的冲突，则采取公平补偿的方法、最低限度义务的方法和逐步实现的方法。[4]还有学者认为，欲实现未来知识产权与人权的和谐发展，应将现代人权理论作为知识产权法的理论基础；以民主的国际社会作为未来知识产权发展的背景；各国根据本国经济条件进行知识产权立法活动；通过一系列理论、制度、观念等来创新知识产权与人权冲突的基本理论。[5]

（二）知识产权与人权的兼容论

第二种观点针对知识产权与人权的关系，认为两个法律领域存在相同的问题：在确定授予作者和发明人私人垄断权而为其创作与发明提供足够激励的同时，确保作为消费者的公众能够充分地获取他们的智力劳动成果。这种观点认为人权与知识产权法本质是兼容的，[6]可以共存的，但是经常对一方面提供激励另一方面又确保公众获取时如何保持平衡存在分歧。[7]

---

1 吴汉东："知识产权VS.人权：冲突、交叉与协调"，载《中国知识产权报》2004年1月6日。

2 郑万青：《全球化条件下的知识产权与人权》，知识产权出版社2006年版，第228—239页。

3 王培舒："知识产权与人权的联系、冲突与协调发展"，吉林大学2007年博士学位论文，第143—161页。

4 Peter K. Yu, Reconceptualizing Intellectual Property Interests in a Human Rights Framework, U. C. Davis Law Review, Vol.40, 2007, p.1045.

5 王渊：《现代知识产权与人权冲突问题研究》，中国社会科学出版社2011年版，第157—201页。

6 Laurence R. Helfer, Human Rights and Intellectual Property: Conflict or Coexistence? Minnesota Intellectual Property Review, Vol.5, 2003, p.48.

7 Paul L.C. Torremans, Copyright (and Other Intellectual Property Rights) as a Human Right, in Paul L. C. Torremans ed., Intellectual Property and Human Rights, Kluwer Law International, 2015, pp.222—223.

1. 诸多联合国人权文件中体现的兼容论

虽然正如前述,联合国促进和保护人权小组委员会对知识产权与人权的关系持冲突论,通过第2000/7号决议和第2001/21号决议将此观点表露无遗,并号召所有的机构、专员以及国家政府和非政府组织对知识产权与人权的关系进行探讨。但在后来一系列联合国人权文件中,承认两种法律制度具有相同目标并可以兼容的观点随处可见。[1]

第一,WTO坚持兼容论。在WTO提交给经社文委员会分析人权与TRIPS关系的一份声明中,采用的就是兼容论观点。该份声明指出,《经济、社会及文化权利国际公约》第15条第1款中,一方面存在于甲项和乙项中和另一方面存在于丙项中的紧张关系,和知识产权制度中存在的对利益平衡的考虑是相同的。声明强调现有的国际贸易协议中本身就规定了内在的灵活性条款,可以利用这些条款来缓和知识产权与人权之间的冲突。[2] 还有前述WTO针对联合国秘书长的回函中,也认为知识产权与人权两种概念的起点是相辅相成而不是互相排斥的,知识产权的保护也被认为可以促进实现人权至关重要的其他价值观。现行的国际协议给予了成员方足够的空间去平衡知识产权与人权的保护标准,但是指出,"通过调整现行的知识产权权利或通过创设新的权利,人权可以用来——虽然已经用来或正在用来——作为平衡这一体系或向上发展或向下发展的手段。"[3]

第二,联合国人权事务高级专员也持兼容论。同样,联合国人权事务高级专员在其有关TRIPS对人权的影响的报告中,认为国际人权文件(即《经济、社会及文化权利国际公约》第15条和《世界人权宣言》第27条)中有关公共利益和私人利益之间的平衡,与知识产权法中已有的利益平衡是类似的,这是知识产权法中的一个正常现象,是人们较熟悉的一项条款。知识产权的垄断权利是有限的,必须受到公共利益的限制。因此,在《经济、社会及文化权利国际公约》第15条与传统的知识产权制度之间有一定程度的可比较性。但问题的关键是,需要找到正确的平衡点在哪里。天平的一方是倾向于保护创造者

---

1 Laurence R. Helfer &Graeme W. Austin, Human Rights and Intellectual Property: Mapping the Global Interface, Cambridge University Press, 2011, p.73.

2 Secretariat of the World Trade Organization, Protection of Intellectual Property under the TRIPS Agreement, p.9, U.N. Doc. E/C.12/2000/18(Nov.27, 2000).

3 Intellectual Property Rights and Human Rights: Report of the Secretary-General, ESCOR Sub-Comm'n. on the Promotion and Protection of Human Rights, 52nd Sess., Provisional Agenda Item 4 at 8, U.N. Doc. E/CN.4/Sub.2/2001/12(2001).

的智力成果利益呢，还是从更广泛的意义上促进公众的文化参与和信息获取？应当注意的是，从人权角度看待知识产权保护有一些先决条件。[1]

第三，其他一些国际人权文件的核心观点。比如前述经社文委员会发布的有关创作者权利的第17号一般性评论，其第35段的核心要义包括：缔约方具有平衡保护的双重义务，一方面要承担第15条第1款丙项下保护智力成果利益保护权的义务，同时还要承担《经济、社会及文化权利国际公约》其他条款规定和其他公约项下的义务，并保证这些义务之间的适当平衡性；保护义务的平衡性，体现在创造者的智力成果利益保护权与其他权利之间的平衡，包括公众广泛的文化生活参与权、享受艺术的自由、分享科学所带来的惠益，更重要的是，还有一些其他的公众人权，比如食物权、健康权和教育权等；知识产权是一种社会产品，具有社会功能，对知识产权的保护不应造成基本药物、植物种子或其他粮食生产手段或学校课本和其他学习材料价格过高；缔约方有权利用TRIPS赋予的自由裁量权，来确定可专利性的标准，比如当某些技术和发明会违反人权和人类尊严、侵犯健康和隐私时，则可将之排除在专利的标的物范围之外。[2]另外，世界卫生组织也认为获取基本药物是一项人权，但是呼唤世界卫生组织的成员方利用现行TRIPS中的保障条款来提高专利药品的可负担性或可获得性。[3]

2. 持兼容论的学者观点

该类学者一种是基于驳论，从现行知识产权条约和人权条约的规定入手，认为在条约义务的层面，并未发现存在所谓的冲突。因此，同时遵守人权和知识产权条约的国家不存在相互冲突的国际义务。[4]如果WTO规定与人权条约规定之间的冲突确实存在，必须要提供证据来证明WTO所要求履行的义务却是

---

1 High Commissioner's Report, U.N. High Commissioner for Human Rights, The Impact of the Agreement on Trade-Related Aspects of Intellectual Property Rights on Human Rights, p.11-12, U.N. Doc. E/CN.4/Sub.2/2001/13（June 27, 2001）.

2 Comm. on Econ., Soc. & Cultural Rights, General Comment No. 17: The Right of Everyone to Benefit from the Protection of the Moral and Material Interests Resulting from Any Scientific, Literary or Artistic Production of Which He or She Is the Author（Article 15, Paragrap.1（c）, of the Covenant）, p.35, U.N. Doc. E/C.12/GC/17（Jan. 12, 2006）.

3 Globalization, TRIPS and Access to Pharmaceuticals, WHO Policy Perspectives on Medicines（World Health Organization）, No. 3, Mar. 2001, p.5.

4 Estelle Derclaye, Intellectual Property Rights and Human Rights: Coinciding and Cooperating, in Paul L. C. Torremans ed., Intellectual Property and Human Rights, Kluwer Law International, 2015, pp.133-140.

人权条约所禁止的，或者WTO所禁止的行为却是人权条约所要求履行的。但这种情形几乎是不存在的。[1]有时冲突确实可能产生于没有实现利益平衡的知识产权规则内容，这通常是知识产权持有人大量游说所产生的不幸结果，在这些情况下，"法院应该严格解释知识产权规则，以恢复其内部的利益平衡，同时也可履行国家在人权方面的义务。"[2]这些学者质疑所谓的冲突是否存在，并认为即使知识产权与人权之间存在冲突，也可利用知识产权内部的平衡机制去予以解决。

该类学者是基于另一种立论，直接从国际知识产权法的角度出发来证明两者之间是共存的。其基本论证逻辑是：首先，看知识产权保护的作用和功能。高效的市场需要运转良好的制度，包括财产权制度。知识产权保护提供了一种挖掘新观念、新思想和新发明内在价值并将之推广应用的机制，从而这些新观念、新思想和新发明能够更加便于交换和扩散，促进社会利益。同时，知识产权保护有不同的经济功能：专利、版权和外观设计支持创新与发明；商标、地理标志可以纠正信息不对称，避免混淆。虽然诸如健康权、食物权、教育权、表达自由权、发展权经常被援引，但知识产权保护并非真的与这些人权的实现相悖。知识产权（专利、版权）制度很少能够形成真正有效的"垄断"，它本身就包含一个平衡机制，通过标的物的排除性规定、对权利的例外和限制性条款、保护期限制度等，一方面使权利持有人获利，另一方面允许使用人使用以及其他创作者使用或提升这些产品。这就反映了《经济、社会及文化权利国际公约》第15条中的平衡要求。其次，看国际条约中的规定。WTO的基本特点是一个以规则为基础的体系，国民待遇、最惠国待遇所体现的非歧视原则是其核心，其决策程序是合意。虽然在谈判过程中涉及一些困难的决定，需要有各种权衡，但是只能作为一揽子协议，所有当事方都有失有得。它是一个不断发展的体系，由于高效的争端解决程序，在知识产权保护问题上可以跨领域报复，导致其权力的形式发生了变化，可以说它并不是完美的，还需要加强，这是基于更为贫穷的国家的利益而考虑。TRIPS中，第3、4、6、7、8、27、30、31条均体现了人权保

---

1 Gabrielle Marceau, WTO Dispute Settlement and Human Rights, European Journal of International Law, Vol.13, 2002, p.792.

2 Estelle Derclaye, Intellectual Property Rights and Human Rights：Coinciding and Cooperating, in Paul L. C. Torremans ed., Intellectual Property and Human Rights, Kluwer Law International, 2015, p.141.

护的原则，并且还有2001年11月14日通过的《多哈宣言》来补充。在《伯尔尼公约》中，第9、10条也考虑到了人权的方面，特别是附件中针对发展中国家的特别条款，完全出于照顾发展中国家的利益而制订。另外再加上相关的案例等，比如WTO中的一系列案件，包括DS434、DS409、DS408、DS372、DS362、DS290、DS176、DS174、DS171、DS170、DS160号案件等，可见WTO争端解决机制中的对合理使用、强制许可等知识产权例外性规定的运用。最后，结论是，总体上看国际知识产权法，也包括特别的TRIPS，确实包含了足够的政策空间，让成员方可以追求不同的人权目标和考量，并铭记维持人权法和知识产权法之间的平衡。当然，这种平衡在不同的国家之间、同一国家不同的时期之间，会基于不断变化的经济、社会和文化考虑而有所不同。[1]

3. 兼容论中的关键问题——现行知识产权规则的利益平衡

兼容论提出的一个关键问题是，基于人权的考虑，如何恰当地修订现行的知识产权保护规则。也就是说，既然知识产权与人权是能够共存的，那么在现行知识产权制度的利益平衡体系中，一定要既保护创作者利益，也要保护公众利益，在有关激励创新和确保公众获取的平衡中必须更加关注促进社会福祉。[2]当然，可能不同的机构、学者就如何达成平衡，所采用的方式方法是不同的。

第一，利用知识产权内部制度中的弹性条款，来促进人权目标的实现。采用这种方法的如联合国人权事务高级专员，在其有关TRIPS对人权的影响的报告中第59—69段使用了这种方法。首先，TRIPS鼓励成员方在考虑平衡权利义务的必要性基础上，以促进经济和社会发展的方式实施知识产权制度。协议允许成员方采取措施来保护公共利益，包括促进公共健康。《经济、社会及文化权利国际公约》第15条要求成员方在设计知识产权保护规则时应平衡公共和私人利益。其次，成员方在实施TRIPS的最低标准时，应牢记他们的人权义务以及TRIPS内部制度中的弹性条款，并承认"人权保护义务是各国政府的首要责任"。最后，在具体实施TRIPS时，成员方应牢记下列目标，包括：促进《经

---

1 Jayashree Watal, Human Rights and International IP Law – Some Thoughts, in EIPIN Conference Organized by the CEIPI, Human Rights and Intellectual Property: From Concepts to Practice, April 5-7, 2013.

2 Laurence R. Helfer & Graeme W. Austin, Human Rights and Intellectual Property: Mapping the Global Interface, Cambridge University Press, 2011, pp.73-74.

济、社会及文化权利国际公约》第15条的实现、促进所有人享有科学进步及其应用的好处、促进健康权、促进原始居民和当地社区的文化权利、增进获取可负担的基本药品的便利、促进国际合作落实TRIPS、增进和保护所有人权、保持灵活性并维持权利与义务之间平衡的知识产权立法。[1]

第二，以人权为价值取向，利用人权的方法来实现知识产权与人权的平衡。这种方法由学者奥德丽·查普曼提出。首先，人权的方法可在知识产权制度内部为发明人和创作者的权利以及更广泛的社会公众的利益之间达成巧妙的平衡，并使之更为明晰与精准。以人权为价值取向，它的前提是以保护与培育人的尊严以及公共福祉为中心。通过扩展适用，发明人或作者的权利要以有助于公共福祉以及社会福利为条件。为与《经济、社会及文化权利国际公约》第15条的全部内容保持一致，人权的方法必须尤为关注知识产权与"参与文化生活"的权利以及"享受科学进步及其应用带来的利益"的权利之间的相互联系，并进一步要求国家保护其公民免受知识产权的不利影响。其次，为与人权规则保持一致，人权方法建议缔约方在知识产权制度中应承担最低限度的核心义务，比如知识产权法应包含明确的人权与伦理条款，作为评价专利和商标的应用效果的标准，并构建一个促进作出这种决定的制度机制；制订的知识产权制度的性质应当反映该国的发展需求，并应与少数群体的文化取向保持一致；对现行的知识产权制度进行修订，并且/或者创建新的知识产权权利类型，以对传统和原始居民知识以及艺术作品提供适当的保护。最后，由于在知识产权领域缺乏国际人权标准，人权方法可以明确下列行为明显构成对义务的违反：制订的知识产权制度不能反映伦理和人权考量；对传统知识的利用不给予任何补偿；对其他国家的知识产权政策进行干预。[2]

正如在1998年的专家研讨会讨论环节中，一名与会人员评论说，"知识产权是否与人权相关联，这两种制度是否可以兼容，这不是一个理论问题。我们已经看到，TRIPS已经并且经常对人权造成有害的影响，这是一个现实问题。这也不是一个一种制度比另一种制度更重要的问题。人权是第一也是首要的义

---

1 High Commissioner's Report, U.N. High Commissioner for Human Rights, The Impact of the Agreement on Trade-Related Aspects of Intellectual Property Rights on Human Rights, pp.59-69, U.N. Doc.E/CN.4/Sub.2/2001/13（June 27, 2001）.

2 Audrey R. Chapman, Approaching Intellectual Property as a Human Right（obligations related to Article 15（1）（c）), Copyright Bulletin, Vol.35, 2001, pp.4-30.

务，这在维也纳宣言中已得到强调。正是基于这种背景，我们才能正确认识知识产权。"[1] 不管是冲突论还是兼容论，都有其可取之处，但也都存在一定的缺陷。正如丹尼尔·热尔韦（Daniel J Gervais）采取双重主义观点，认为两种观点都是正确的，尽管在不久的将来，第二种观点（即兼容论）可能会也应该会更加正确。[2]

二、有关知识产权与人权关系的其他观点

（一）基于知识产权的角度看知识产权与人权的关系

1. 从权利属性出发，认为知识产权具有人权意义

知识产权从属性或性质上看，是人权，是此类观点的根本遵循。知识产权具有人权意义或意蕴，是此类观点的具体内容。在学术界，关于知识产权本身是否为一项人权存有广泛争议，但并不否认知识产权具有人权意义。[3]

第一，对"人权意义"具有多种不同称呼，如"人权性""人权性质""人权属性""人权内涵""人权色彩""人权地位"等。特别是持"知识产权是人权"观点的中国学者，使用的词语可谓五花八门。知识产权是以立法的名义反映的自然权利，这使得知识产权具有人权色彩。大多国际人权公约中都规定了相应的智力创造者权利，其中的一些内容被学者们视为明确了知识产权的人权属性。[4] 吴汉东教授在分析知识产权的属性时，首先认为知识产权具有人权属性，[5] 然后又指出国际人权公约赋予了知识产权的人权内涵，再指出《世界人权宣言》以及其他主要国际人权公约都赋予了知识产权及相关权利的人权意义，还指出近现代启蒙思想家关于财产权与人权关系的阐述，是知识

---

1 Edited Transcrip of Discussion, Intellectual Property and Human Rights, Proceedings of a Panel Discussion organized by the World Intellectual Property Organization in Collaboration with the Office of the United Nations High Commissioner for Human Rights, Nov. 9, 1998, http://www.wipo.int/edocs/pubdocs/en/intproperty/762/wipo_pub_762.pdf, p.62, last visited on May 1, 2022.

2 Daniel J. Gervais, Intellectual Property and Human Rights: Learning to Live Together, in Paul L. C. Torremans ed ., Intellectual Property and Human Rights, Kluwer Law International, 2015, p.3.

3 吴汉东："知识产权的多元属性及研究范式"，载《中国社会科学》2011年第5期，第40页。

4 卿越："对知识产权法的哲学反思——以人权为视角"，载《云南大学学报》（法学版）2012年第2期，第147页。

5 吴汉东主编：《知识产权制度基础理论研究》，知识产权出版社2009年版，第57页。

产权包含人权蕴意的重要思想渊源。[1]不管他使用的"人权属性、人权内涵、人权意义、人权意蕴"等措辞为何,都不影响他坚持"知识产权作为人权"的观点。

第二,对知识产权的人权意义有不同理解。知识产权人权性,即知识产权的人权性质,是指知识产权具有人权性的内容,也具有人权性的意义。[2]吴汉东教授认为,知识产权的人权意义包括两个方面的内容,首先是基于个人的利益,即智力成果创造者对自己的劳动产品所享有的权利,其次是社会的角度,即社会公众对科学进步和科学应用中所带来的利益进行分享的权利。这两项权利紧密联系在一起,都是国际社会的基本人权。[3]但是,知识产权作为一项人权的确立,是在知识产权由国家确定为法定权利之后,这是知识产权与其他人权的不同之处。作为一项人权意义上的知识产权与作为法定财产权的知识产权有着根本的区别。[4]

2. 从权利内容出发,认为知识产权包含人权的内容

第一种方式是,基于对人权文件或人权文件中智力成果利益保护权的理解。比如,《世界人权宣言》从人权的角度阐释了知识产权的内涵,宣言中的知识产权既有个人人权的含义,即创造者的利益保护,又有尊重社会公众合理分享利益的要求。[5]而郑万青教授认为,知识产权与人权之间的密切联系表现为知识产权具有人权含义,因为对智力成果的保护体现了人的内在价值、人的尊严和人的生存权及劳动权。[6]

第二种方式是,基于对经济贸易条约和知识产权条约的理解。举例来说,有学者认为,WTO协议作为TRIPS的总领性文件,在其序言部分,就有诸多体现保护人权利益的内容,具体如表4.1所示。

---

1 吴汉东主编:《知识产权制度基础理论研究》,知识产权出版社2009年版,第58页。
2 许颖辉:《备受争议的知识产权》,世界知识出版社2010年版,第31-36页。
3 吴汉东:"知识产权的私权与人权属性——以《知识产权协议》与《世界人权公约》为对象",载《法学研究》2003年第3期,第70页。
4 冯洁菡:《公共健康危机与WTO知识产权制度的改革》,武汉大学出版社2005年版,第54-55页。
5 王燕:"小议知识产权的私权和人权属性",载《行政与法》2006年第2期,第121页。
6 郑万青:《全球化条件下的知识产权与人权》,知识产权出版社2006年版,第104-105页。

表4.1　WTO协议规定与人权的对应关系

建立WTO的马拉喀什协议	具体规定	对应的人权
序言第一段	提高生活水平	适足生活水准权
序言第一段	为持续发展之目的扩大对世界资源的充分利用	发展权
序言第一段	保护和维护环境	环境权
序言第一段	以符合不同经济发展水平下各自需要的方式，加强采取各种相应的措施	自决权
序言第二段	以确保发展中国家，尤其是最不发达国家，在国际贸易增长中获得与其经济发展相适应的份额	发展权
序言第三段	在国际贸易关系中消除歧视待遇	不歧视原则

另外，TRIPS和《伯尔尼公约》中的国民待遇条款、最惠国待遇条款、目标条款、公共利益原则、防止滥用原则、客体排除条款、权利用尽制度、合理使用制度、专利例外制度等，也包含着人权的内容。[1]

3. 从权利功能出发，强调知识产权是促进实现人权这一目的的手段

在本质上讲，知识产权与人权之间的关系应该是目的和手段的关系。实现和促进人权是知识产权的目的。知识产权是人权的手段。[2]根据经社文委员会第17号一般性评论第9、10段的解释，知识产权是实现这一人权（第15条第1款丙项所保护的人权）的重要方式。事实上，知识产权也是促进和实现其他人权的工具。[3]正如在1998年的专家研讨会上，发言人也即中美洲经济一体化秘书处顾问、知识产权与人权领域研究专家西尔维娅·萨拉扎（Silvia Salazar）所言："知识产权本身并非目的，而是达成目的的手段，最终我们

---

1 Jayashree Watal, Human Rights and International IP Law – Some Thoughts, in EIPIN Conference Organized by the CEIPI, Human Rights and Intellectual Property: From Concepts to Practice, April 5-7, 2013.

2 王亮："知识产权的人权视野——从知识产权与人权关系谈我国的知识产权战略"，贵州大学2006年硕士学位论文，第10页。

3 衣淑玲：《国际人权法视角下〈TRIPS协定〉的变革研究》，厦门大学出版社2010年版，第41-42页。

想要达到的是全人类共同的发展，不歧视任何一个种类，这实际上也是《世界人权宣言》所追求的目标。"[1]

4. 从权利效果出发，认为知识产权对人权的实现产生了影响

第一，这种影响可以是单向的，即知识产权对人权实现的积极或消极影响。知识产权在当代具有深刻的人权意义，这种意义不是在于用天赋人权理论来解说和认识知识产权，而主要在于知识产权对人的许多基本权利实现的影响和作用。在实践中，知识产权制度对其他人权的影响表现为双重性。一方面，知识产权制度会促进其他人权的实现与发展，这在知识产权制度和经济、科技都很发达的国家表现得尤为明显。另一方面，在科技、文化、经济不发达国家，情况却并非如此，权利往往发生失衡。[2]第二，这种影响也可以是双向的。比如，知识产权影响着人权的实现，而人权也影响着知识产权的执法。有学者断言，知识产权是基本的人权，但一国的人权法案对于知识产权执法存在潜在的影响。知识产权法律受到宪法的制约。通常，这一问题所涉及的基本权利是自由表达的权利、隐私权和财产权。在强调保障社会权利的国家，影响可能会更大，可能会引起药品专利的范围和强制性与获得卫生保健服务或儿童权利关系的争论；版权的主张，可能会受到教育权及信息获取权的挑战。[3]

（二）基于人权的角度看知识产权与人权的关系

国外也有诸多学者从人权的角度出发，提出一些不同的理论与方法，去指导知识产权的发展。这种情况下，一般是针对知识产权与人权关系的未来发展。

1. 知识产权的人权方法

戴维·威斯布罗特（David Weissbrodt）和凯尔·肖夫（Kell Schoff）在对联合国促进和保护人权小组委员会第2000/7号决议的起源和适用进行考察之后，认为第2000/7号决议是呼吁联合国成员国、政府间组织以及各种联合国

---

[1] Silvia Salazar, Intellectual Property and the Rights to Health, Intellectual Property and Human Rights, Proceedings of a Panel Discussion organized by the World Intellectual Property Organization in Collaboration with the Office of the United Nations High Commissioner for Human Rights, Nov. 9, 1998, http://www.wipo.int/edocs/pubdocs/en/intproperty/762/wipo_pub_762.pdf, p.87, last visited on May 1, 2022.

[2] 王培舒：“知识产权与人权的联系、冲突与协调发展"，吉林大学2007年博士学位论文，第33，36页。

[3] [南非] 路易斯·哈姆斯：《世界知识产权组织知识产权保护——案例研究》，北京大学国际知识产权研究中心译，郑胜利、王晔主编，知识产权出版社2018年版，第12页。

机构去重申他们对实现国际人权规则的承诺，采取人权的方法去创建国际知识产权制度，并进一步研究知识产权保护和人权之间的互动关系。小组委员会所希望的是采取进一步措施，来为国际知识产权保护和贸易自由化提供一个人权方法。[1]

另外，如前所述，知名的人权与知识产权学者奥德丽·查普曼也提出人权的方法来推动知识产权制度的内部平衡。第一，人权的方法可为评价授予一个特定的艺术作品、发明或一系列知识以知识产权保护的适当性比在现行知识产权法规定下提供一个不同且更加准确的标准，因为这已经不是知识产权制度的内部评价，而是以人权的方法来进行外部评价，所以评价更为科学与准确。第二，人权的方法必须尤为关注知识产权与"参与文化生活"的权利以及"享受科学进步及其应用带来的利益"的权利之间的相互联系。为与《经济、社会及文化权利国际公约》第15条的全部内容保持一致，任何知识产权制度所提供的保护类型与水平都应便于并促进文化参与和科学进步，并以一种广泛地促进社会全体成员（包括个人层面与集体层面）福利的方式来实现这一目标。这些考虑往往会超越于简单的经济衡量，而这种经济衡量经常是在知识产权法中所使用的方法。第三，人权的方法进一步要求国家保护其公民免受知识产权的不利影响。为此，政府有必要对特定发明所带来的可能影响进行谨慎且分类式的分析，同时对知识产权范式所带来的可能变化进行评估，然后利用这些数据来确保最终的结果不会产生歧视。在作出选择和决定的时候，它要求特别关注对那些其福利在作出相关知识产权决策而进行经济衡量时经常被忽视的群体所产生的影响：贫穷者、弱势群体、少数民族和语言上的少数群体、妇女以及农村居住者。[2]

2. 知识产权的人权框架

框架论的最先倡导者为赫尔弗教授，一经提出后立即得到了余家明教授的响应，是目前国外学界较为通用的观点。

赫尔弗教授分析了经社文委员会发布的两个文件，即第2001/15号文件关于知识产权与人权的声明、第17号一般性评论关于《经济、社会及文化权利

---

1 David Weissbrodt and Kell Schoff, Human Rights Approach to Intellectual Property Protection: The Genesis and Application of Sub-Commission Resolution 2000/7, Minnesota Intellectual Property Review, Vol. 5, 2003, pp.1-46.

2 Audrey R. Chapman, Approaching Intellectual Property as a Human Right (obligations related to Article 15 (1) (c)), Copyright Bulletin, Vol. 35, 2001, pp.14-17.

国际公约》第15条第1款丙项中的智力成果利益保护权。[1] 赫尔弗教授认为，这两份文件已经为知识产权构建了一个部分式的、暂时性的人权框架，并以此为基础，进一步详细充实这一人权框架，为调和知识产权和人权两个领域的法律和政策提出了一个前期性的方法。他的基本观点是：第一，第17号一般性评论为智力成果利益保护权引入了一个"违反论"的方法，即采用人权的语言框架和组织结构，对这一权利的"法律义务"和"违反行为"作出了区分。确立了缔约方的"核心义务"包含三个不同的方面：尊重、保护和实现，而对这些核心义务的规定也与知识产权条约中的许多条款发生了重叠。这些共同点表明，通过批准国际知识产权条约和通过制订国内知识产权法，各国至少可以部分履行其在国际人权条约下特别是有关智力成果利益保护权的义务。第二，第2001/15号文件中的声明与第17号一般性评论为智力成果利益保护权构建了一个独特的人权框架，即创造者的权利属于人权。这种权利包含精神利益和物质利益的一个核心区域，精神利益保障作者和其作品，人民、社区或其他群体对其集体文化遗产之间的属人联系；而物质利益是指能够使作者享受适足的生活水准而需要的基本物质利益。这种人权框架，与知识产权制度所采用的方法相比，某些方面更高，某些方面则更低。说它保护得更高，是因为存在于核心区域的权利和利益要比适用包含在知识产权条约和国内知识产权法律中的限制标准更为严格。但是，也可说它保护得更低，是因为一国没有必要承认存在于超出这一区域之外的任何知识产权，或者，即使一国确实承认这些额外的权利的话，则必须适当考虑其他社会、经济和文化权利，以及在获取知识方面的公众利益。[2]

余家明教授同样援引了赫尔弗教授的框架论，认为很有必要为知识产权法律和政策建立一个全面的、内在联系的人权框架，但是余家明教授最重要的观点是：第一，国际人权文件中所保护的知识产权具有不同的人权属性，即如前所述，应区分那些具有人权属性的知识产权和那些根本不具有人权基础的知识产权，具有人权属性的知识产权是智力成果利益保护权。第二，在解决人权和非人权方面的知识产权保护之间冲突的方法上，强调用不同的方法来解决两种不同冲突的重要性：即外部冲突（人权和知识产权交集时产生

---

[1] 赫尔夫教授将这种权利称为作者权，本书前面已有所述，这种权利应为智力成果利益保护权，特别是在第17号一般性评论将原公约中的措辞作者（author）解释为发明人（inventor）之后，这种权利包含的不仅仅是版权法或著作权法中的作者权。

[2] Laurence R. Helfer, Toward a Human Rights Framework for Intellectual Property, U. C. Davis Law Review, Vol. 40, 2007, pp.992-997.

的冲突）和内部冲突（在人权领域内的权利冲突）。外部冲突根据人权至上原则来解决，内部冲突则适用公平补偿的方法、最低限度义务的方法和逐步实现的方法来解决。第三，为知识产权建立一个人权框架遭受了三大挑战，即知识保护中的人权棘齿理论、知识产权权利持有人对人权论坛的主导；知识产权的人权框架对非西方文化和传统社区的潜在偏见等，建议构建一种有关知识产权和人权相互关系的富有建设性的对话机制，来消除怀疑论者对这种人权框架的质疑。[1]

（三）基于知识产权与人权的双重视角来看待知识产权与人权的关系

1. 知识产权与人权的相互补充关系

在1998年研讨会上代表联合国人权事务高级专员玛丽·罗宾逊（Mary Robinson）的布莱恩·伯德金（Brian Burdekin）作为人权领域的资深专家，他以国际知识产权法中的非歧视原则为例，认为知识产权与国际人权标准具有相互补充性。第一，知识产权中的主要原则——"国民待遇"原则，是对国际人权法中非歧视理念的回应。第二，国际人权文件也在事实上补充着知识产权法。比如《经济、社会及文化权利国际公约》第15条第1款丙项的规定，成员方有义务尊重这些智力成果利益保护权。第三，国际人权公约所保证的知识产权又被非歧视的权利进一步补强。[2]

达沃豪斯教授也基于工具主义的观点，根据权利理论，认为知识产权与人权是相互补充的关系，但知识产权是辅助性权利，应服从于人权。第一，根据权利理论，某些权利的存在与行使需以另外一些权利的存在为前提；权利具群束性；权利之间具有很重要的互补性；某些权利有助于其他类型的权利的可行性；知识产权是辅助性权利，应从属于人权。第二，虽然知识产权的历史发展表明，有影响力的精英阶层利用这些特权（即知识产权）来为自己获取更多的经济收益，但财产权还是服务于人权价值的。财产的扩大化、安全性、可协商性越来越明显，一个概念清楚的财产权表达出更深刻的哲学理念，即人的平等

---

[1] Peter K. Yu, Reconceptualizing Intellectual Property Interests in a Human Rights Framework, U. C. Davis Law Review, Vol. 40, 2007, pp.1039-1149.

[2] Brian Burdekin, Opening Address, Intellectual Property and Human Rights, Proceedings of a Panel Discussion organized by the World Intellectual Property Organization in Collaboration with the Office of the United Nations High Commissioner for Human Rights, Nov. 9, 1998, http://www.wipo.int/edocs/pubdocs/en/intproperty/762/wipo_pub_762.pdf, pp.5-6, last visited on May 1, 2022.

与自由。[1]

2. 知识产权与人权既有联系又有区别

该观点认为，知识产权与人权既有联系，又有区别。第一，主体部分重合。作为人权主体的任何具体的个人、种族、民族或法人及其他团体组织都可能成为知识产权的主体，而知识产权主体也可以成为人权的主体。第二，从本原上看，两者具有共同的人性基础。知识产权体现了创作者的人格，尊重了人的价值，实现了人的自由，两者是相互联系和促进的。第三，存在形态各有不同。如果以法定权利形态存在的知识产权与法定权利形态存在的人权相比较，在这种情况下，两者都是源于法律的确认与保障，它们分属于不同的权利体系。而现阶段，两者在各自实现的过程中，甚至还存在现实的冲突。第四，从保护方式上看，两者都属于双重保护体系。即对知识产权与人权采取的都是国内法和国际法并行的双重保护体系。不过从实现的效果来看，对知识产权的保护要优于对人权的保护，这主要是因为知识产权执行机制较为完善，而人权自身却充满了悖论，理想与现实之间还存在较大的距离。[2]

3. 知识产权与人权存在对立统一的辩证关系

知识产权与人权既冲突又一致。比如我国学者冯洁菡，在论证知识产权与人权的关系时，就知识产权是否为人权的问题上，她采取的是区分论，认为知识产权中的人权属性与财产权属性有着根本的区别，但就两者的关系而言，她认为，知识产权与人权存在冲突，但目标又是一致的。知识产权的国际保护也凸显出与人权之间存在的冲突，但两者在促进全人类的发展目标上是一致的。[3]余家明教授也认为，虽然智力成果利益保护权进入《世界人权宣言》和《经济、社会及文化权利国际公约》存在争议，但这两个公约现在已经明确保护这种权利。因此，如果再去探究人权与知识产权相互之间是共存还是冲突，将会产生误导。通过鼓励关注特定的情况与问题，使用这些方法对那些想更普遍地讨论所涉及的权利与这两个相关联的领域的关系的人来说，将会变得困

---

[1] Peter Drahos, The Universality of Intellectual Property Rights: Origins and Development, Intellectual Property and Human Rights, Proceedings of a Panel Discussion organized by the World Intellectual Property Organization in Collaboration with the Office of the United Nations High Commissioner for Human Rights, Nov. 9, 1998, http://www.wipo.int/edocs/pubdocs/en/intproperty/762/wipo_pub_762.pdf, pp.31-34, last visited on May 1, 2022.

[2] 田胜："知识产权与人权的冲突和协调"，中南民族大学2007年硕士学位论文，第15-19页。

[3] 冯洁菡：《公共健康与知识产权国际保护问题研究》，中国社会科学出版社2012年版，第22-24页。

难。比如，近年来的人权论坛中关注的焦点仅仅是艾滋病的流行和原始居民社区的权利问题，[1] 忽视了更普遍意义上的知识产权与人权的关系。"由于人权属性的重叠性，这两种权利相互之间既兼容又冲突。"[2]

总体而言，知识产权与人权既对立又统一。具体来说，一方面，知识产权特别是TRIPS的实施对人权产生了冲击，这是因为利益保护失衡所造成的，两者呈现紧张关系；另一方面，知识产权与人权具有一致性，因为知识产权保护以人权保护为目标，并且知识产权保护也强化了人权保护。知识产权保护是人权保护的应有之意，是人权得以实现的手段。[3]

三、知识产权与人权关系的交集论

本书基于第三章中有关知识产权人权属性中的区分论，进一步认为两种权利或法律制度的关系是，知识产权与人权存在交集。

（一）"交集"一词的基本含义

其实对于知识产权与人权的关系，已有的外文和中文文献中使用了多种不同的措辞，比如外文用词interface交集、intersection交集、interrelation互相联系、Interaction互动、interplay互动、impact影响，或者a human right framework/method/approach/perspective，即人权框架、方法或角度；而中文用词如知识产权的人权属性、人权性质、人权地位、人权内涵、人权色彩、人权含义、人权内容、人权意蕴等，不胜枚举。本书采用英文的"interface"和中文的"交集"。

第一，"interface"和"交集"一词的原意很好地体现了这两种制度之间的关系。《朗文当代英语大词典》对"interface"一词的解释是："（between）a place or area where different things meet and have an effect on each other（不同事物互相连接并互相影响的）交接处，边缘区域；界面，切点；接口"。[4]《牛津高阶英汉双解词典》认为，"interface"有三种含义，其中两种属于计算机专用术语，第三种意思比较契合本书的主题，

---

[1] Laurence R. Helfer, Toward a Human Rights Framework for Intellectual Property, U. C. Davis Law Review, Vol.40, 2007, p.982.

[2] Peter K. Yu, Reconceptualizing Intellectual Property Interests in a Human Rights Framework, U. C. Davis Law Review, Vol.40, 2007, p.1078.

[3] 贾远琨："知识产权扩张与人权保护"，华中科技大学2007年硕士学位论文，第2-6页。

[4] ［英］萨默斯：《朗文当代英语大词典》（英英·英汉双解），朱原等译，商务印书馆2004年版，第908页。

即"(between A and B) the point where two subjects, systems, etc. meet and affect each other（两学科、体系等的）接合点，边缘区域"。[1]《现代汉语词典》将"交集"解释为"（不同的情怀或事物）同时出现"。[2]从外文意思来看，"interface"强调的是两个学科、体系、事物等相互连接并相互影响；中文则强调两种事物同时出现，属于一个客观用词。

第二，"交集"在数学领域的含义和运用与本书的观点是契合的。"交集"也是一个数学概念，其基本定义是由所有属于A且属于B的元素所组成的集合，叫作A、B的交集。[3]如图4.1所示：C是A与B的交集。可见，该图形与本书第三章中所主张的关于知识产权与人权区分论的图形是极其类似的。

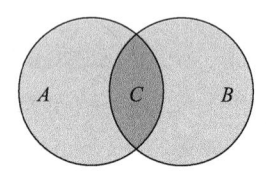

$C = A \cap B$

图4.1 数学领域的交集示意图

图片来源：百度百科关于"交集的概述图"，载https://bkimg.cdn.bcebos.com/pic/0b46f21fbe096b639ff3bd4b0b338744eaf8acc7? x-bce-process=image/watermark, image_d2F0ZXJtYXJpa2U5Mg==, g_7, xp_5, yp_5/format, f_auto.

第三，"交集"还是一个计算机概念，在计算机的背景下用得最多。正如《牛津高阶英汉双解词典》中有关"interface"的第一种含义："the way a computer program presents information to a user or receives information from a user, in particular the LAYOUT of the screen and the menus（人机）界面（尤指屏幕布局和选单）。"[4]这种计算机上的含义和知识产权与人权的关系比较类似，因为它指出了计算机程序将信息呈现给用户或者从用户那里接

---

1 [英]霍恩比：《牛津高阶英汉双解词典》，李旭影等译，商务印书馆2019年重印版，第1139页。

2 商务国际辞书编辑部编：《现代汉语词典》，商务印书馆国际有限公司2019年版，第514页。

3 参见百度百科关于"交集"词条的解释。https://baike.baidu.com/item/%E4%BA%A4%E9%9B%86/13014743? fr=aladdin.

4 [英]霍恩比：《牛津高阶英汉双解词典》，李旭影等译，商务印书馆2019年重印版，第1138页。

收信并进行处理的一个双向互动过程,而知识产权与人权在发生关联时,其影响也可以说是双向的、互动的。同时,它意味着一种把不同的或相反的要素和系统联结在一起的机制:软件和硬件,或操作系统之间的交集。人权和知识产权展示出不同的制度特点。大多数情况下,它们相互独立地发展,由不同的行为主体、在不同的机构背景下制订这些规则,并有着不同的分析传统。通过使用"交集"一词,是想为这两个到目前为止大部分情况下还是相互分离的领域提供一个对话和相互参与的框架。[1]

因此,从一般意义上看,在科学领域使用的"交集",它不仅明确地指出两种制度、体系、事物之间的连接和关联,还暗含一种两者之间的相互影响。用它来描述知识产权与人权的关系,较为合适。并且,交集的本身也说明了两者之间的相互补充和相互依存。正如有学者指出,"国际知识产权法与国际人权法在许多领域产生了交集,反映了两种制度之间的互相补充和互相依存。在这个意义上,两种权利相互补强,并有利于更好地承认人权的普遍性和不可分割性。"[2]

(二)基于对前述相关观点的综合认识

1. 知识产权是否具有人权属性不影响知识产权与人权之间存在关联

不管是否将知识产权本身视为人权,都不能否认知识产权与人权之间存在关系。实际上,本章的讨论在第三章的基础上展开,因为知识产权本身是否为人权是两者之间关系的基础性和首要性的问题,但需要明确的是,肯定论的观点不言而喻,知识产权是人权,人权包含知识产权,两者之间的关系可以说是人权制度的内部关系;而即使是否定论的观点,知识产权不是人权,两者是两种独立存在的权利形态,但所有持这种观点的学者、团体、机构、组织等都认为,知识产权与人权是存在关系并相互影响的,不管这是一种什么样的关系,或一种什么样的影响。基于本书所持的是区分论,部分知识产权是人权,部分知识产权不是人权,知识产权与人权的关系也变得更加复杂起来,同样需要区别对待。当然,甚至有学者根本不想或不愿去探讨第三章中的问题,因为知识产权的性质到底是不是人权的问题实在太难回答,并且依据不同,观点各

---

1 Laurence R. Helfer & Graeme W. Austin, Human Rights and Intellectual Property: Mapping the Global Interface, Cambridge University Press, 2011, p.2.

2 Brian Burdekin, Opening Address, Intellectual Property and Human Rights, Proceedings of a Panel Discussion organized by the World Intellectual Property Organization in Collaboration with the Office of the United Nations High Commissioner for Human Rights, Nov. 9, 1998, http://www.wipo.int/edocs/pubdocs/en/intproperty/762/wipo_pub_762.pdf, p.9, last visited on May 1, 2022.

异，似乎谁也无法说服谁，他们干脆直接进入本章的主题，直接讨论知识产权与人权之间到底是种什么样的关系。因为无论怎样，不管持有肯定论、否认论或者区分论的观点，大家均认为知识产权与人权已经发生了关联，这已是既定事实。因此，本章的目的旨在梳理和探讨知识产权与人权之间的关系到底是什么。

2. 对冲突论的评价

冲突论可以说是目前最受欢迎的一种关于知识产权与人权关系的理论，国际组织、人权机构、发展中国家、诸多学者都认为知识产权与人权是冲突的。虽然对知识产权是否属于人权还存在诸多分歧，但不管是持肯定论还是否定论甚至区分论观点的学者，都认为知识产权与人权或多或少地存在这样或那样的冲突。从概念上讲，冲突的方法看上去比较直观，但实际上，这种观点还是存在一些问题：

首先，它关注的是知识产权的过度保护对人权实现的消极影响，忽略了知识产权的保护对人权实现的积极影响，比如没有版权保护和激励创作人的创作，社会公众也无法获取和享受到丰富的知识产品和公有领域。

其次，它掩盖了许多暗含的推论，具有一定的模糊性。在这些推论中，较为重要的是：在将国家的人权义务置于其知识产权承诺之上前，首先应确定这种必然存在的冲突的性质如何，是真实冲突还是虚假冲突，是内部冲突还是外部冲突；如果要将人权保护置于其他国际规则之上，它是否具有法律正当性等。[1]

最后，"它可能不适当地过分关注了特定情况下特定种类的知识产权所产生的实际影响，并且没有指出一种包含知识产权与人权互动时所涉相关的权利功能和性质的更广泛的场景。"[2]

3. 对兼容论的评价

兼容论也有自己的市场，特别是在联合国系统中，WTO、WIPO，还有经社文委员会发布的一系列文件，都秉持的是兼容论。自联合国促进和保护人权小组委员会第2000/7号决议对TRIPS提出严厉批评后，很多机构、学者、非政府组织加入了批判的队伍。但接受批评的国际组织WTO和知识产权专门机

---

[1] Laurence R. Helfer & Graeme W. Austin, Human Rights and Intellectual Property: Mapping the Global Interface, Cambridge University Press, 2011, p.65.

[2] Paul L.C. Torremans, Copy-right (and Other Intellectual Property Rights) as a Human Right, in Paul L.C. Torremans ed., Intellectual Property Law and Human Rights, Kluwer Law International, 2015, p.2.

构WIPO在对联合国秘书长的复函中都表示这两种制度是兼容的。WIPO即认为，一方面，使用和传播信息的权利——自由地"参与社区文化生活、享有艺术和分享科学进步及其利益"——和保护信息创作者的权利——"作者的任何科学文学或艺术作品所产生的精神上和物质上的利益"——有可能既是相辅相成的，又是相互竞争的。前者权利的实现可取决于对后者权利的增进和保护；另一方面，行使后者权利又在某些情况下似乎会阻碍对前者权利的实现。然而，解决矛盾和实现平衡，对知识产权体制来说并非陌生。所有知识产权的限制和平衡措施可解决知识产权内部的矛盾，也可解决与其他一些体制，诸如与人权体制的外部矛盾。[1] 也许兼容论的观点是想告诉我们，制度的矛盾、权利的冲突是一件司空见惯的事情，冲突论者们无须大惊小怪或者小题大做。利益的平衡在法律领域就是一个永恒的话题，在知识产权领域也久已存在。最重要的是如何利用已有的机制和方法来化解这些矛盾和冲突。

4. 对其他观点的评价

就本章所论述的其他有关知识产权与人权关系的观点，不管是基于知识产权的角度、人权的角度还是基于知识产权和人权的双重视角，都有其科学合理的一面，也有其考虑不太周全的一面。正如第三章中对知识产权是否为人权的观点一样，绝对的肯定论或绝对的否定论都存在这样或那样的问题，本书所坚持的关于知识产权与人权的关系，也非绝对的冲突论或绝对的兼容论。任何一种绝对的观点、态度、立场不过是从某种角度或某个方面或某种利益出发，并未基于一种全面而系统的观点。认为知识产权与人权是对立的，强调的是知识产权对人权的消极影响，比如对表达自由或健康和安全的权利；认为知识产权与人权可以实现统一，强调的是两种权利都试图达到相同的基本利益平衡。[2] 实际上，诸多学者也并非绝对的冲突论或兼容论，在看到知识产权与人权冲突的同时，也看到了知识产权对人权的促进作用；或者在看到知识产权与人权可以共存的同时，也看到了知识产权对人权的妨碍作用。因此，已经发生交集的

---

1 Generally Intellectual property rights and human rights: Report of the Secretary-General, Addendum, ESCOR, Commission on Human Rights, Sub-Commission on the Promotion and Protection of Human Rights, 52nd Sess., Provisional Agenda item 4, U.N. Doc. E/CN.4/Sub.2/2001/12/Add.1（2001）.

2 Paul L.C. Torremans, Copy-right（and Other Intellectual Property Rights）as a Human Right, in Paul L. C. Torremans ed., Intellectual Property and Human Rights, Kluwer Law International, 2015, p.222.

知识产权与人权，在未来"必须学会共存"。[1]

（三）交集论的具体含义

1．"知识产权与人权存在交集"作为一种客观表述

"知识产权与人权存在交集"是一个客观、中性的事实判断，是对知识产权与人权关系的客观表述。这一表述包含三层逻辑关系，即客观行为、主观认识、事实结果。首先看客观行为，即知识产权与人权已经发生关联，这是一个客观事实，也可以说是一个客观现象，是不容否定的，也是客观存在的。从知识产权与人权的历史区隔和现代交错可以看出，知识产权与人权的关系也已经引起了广泛关注。如果现在还有谁会认为知识产权与人权没有任何关系，那他/她肯定是不了解知识产权与人权的发展历史与现代趋势。其次看主观认识，发生关联后怎么样呢？权利之间是冲突的还是和谐并存的？不管是冲突论还是兼容论，都只看到了事物的一面，以一种主观评价的心态去对客观现象似乎是想作出是非对错的判断。一方面，事实上，冲突论中所指出的知识产权与人权发生了冲突只是敲响了一记警钟，在人权这种具有至上性的权利面前，知识产权最好保持尊重的态度，采取积极的措施表示服从，特别是不能过度扩张，以侵蚀人权的领域；另一方面，这也表明了更多的学者和机构是看到了知识产权的野心勃勃，试图用人权的工具去加以制约。这种观点所表明的基本态度是用人权去制约知识产权的肆意扩张。兼容论可能就认为冲突论的观点是大惊小怪，权力和利益的冲突本身就是一个永远无法彻底解决的难题，知识产权和人权的冲突是一个正常的现象，更何况现有的知识产权公约中都已经体现了保护人权利益的内容。并且退一步说，即使两者真的存在冲突，利用知识产权公约中的现有制度，是完全可以适当缓和或者消弭这种冲突的。因此，本书认为，最好是摒弃这种带有主观判断和感情色彩的冲突论或兼容论的措辞，将关注点转移至到底哪些领域、哪些权利存在冲突，如何解决这些冲突。最后，两种权利发生关联后产生的结果怎么样呢？是相互促进还是相互制约？还是相互影响？这种影响是积极影响还是消极影响？各利益相关方也纷纷试图去找出答案。通过分析国际人权文件和国际知识产权公约的文本、国际和国内法院的判决、与知识产权和人权有关的事件等，这个答案似乎又清晰又不清晰：知识产权与人权的关系是矛盾的、辩证的，两者既对立又统一，既冲突又兼容，既互相促进、互

---

[1] Daniel J. Gervais, Intellectual Property and Human Rights: Learning to Live Together, in Paul L. C. Torremans ed., Intellectual Property and Human Rights, Kluwer Law International, 2015, p.3.

相补强，又互相限制、互相妨碍，还相互影响，这些影响同时包括积极的和消极的。

2. 交集论的关键问题

"知识产权与人权存在交集"的关键问题是，在区分论的基础上，厘清知识产权与人权各部分、各领域之间的具体关系。图4.2以智力成果利益保护权作为具有人权属性的知识产权为例。

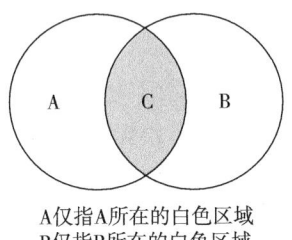

A仅指A所在的白色区域
B仅指B所在的白色区域
C指C所在的灰色区域

图4.2 交集论下的知识产权与人权关系示意图

首先，注意此图中A、B、C各自代表的含义，A代表其他知识产权，比如商标权、邻接权等；B代表其他人权，比如健康权、环境权、发展权、公民权利和政治权利等；C代表智力成果利益保护权。

其次，注意图4.2与第三章中区分论的示意图之间的区别。第三章的示意图中，A部分写的是"知识产权"，包括A+C的内容，而在本图中A是除C以外的其他知识产权。同样，第三章示意图中C部分写的是"人权"，包括B+C的内容，而在本图中是除C以外的其他人权。但是，本图中的C和第三章示意图中的"智力成果利益保护权"的内容是相同的。

最后，区分ABC相互之间的关系。如图所示，C是A和B的交集，是国际人权文件中规定的智力成果利益保护权，既是知识产权，也是人权。

CA之间——C和A的关系是同属于知识产权，属于相同性质的权利类型，只不过C是具有人权属性的知识产权，A是不具人权属性的知识产权。若A和C之间发生冲突，也就是知识产权制度内部的权利冲突，那么根据人权至上性原则，A应该尊重或让步于C。

CB之间——C和B的关系是都是人权，也属于相同性质的权利类型，由于C是国际人权文件中的知识产权条款，是含有知识产权内容和利益的人权，B是其他人权，若B和C之间发生冲突，则属于人权制度内部的权利冲突。这种权利冲突不能适用人权至上原则，因为B和C都具有人权属性，此种冲突只能根据解决不同人权之间冲突的方法来解决,如人权制度本身的方法,看人权是否还有等级之分,生命权、健康权是否要优于智力成果保护权(含物质和精神利益)等;再如国际法的方法,看条约如何解释,条约之间的冲突如何解决等。

AB之间——A是不具人权属性的其他知识产权,B是除具人权属性的知识产权之外的其他人权,两者之间属于不同的权利类型,若A和B之间发生冲突,则根据人权至上原则,A应服从于B。

从目前来看,对于这三种关系,学者们最不关心的是AC之间的关系,因为AC是属于知识产权制度内部的关系,有关利益矛盾和平衡问题在知识产权制度内部确实是一个司空见惯的问题,知识产权理论界和实务界已经积累了相对成熟的经验。可能大家认为只要这种矛盾和冲突不外溢,比如说影响到人权的行使和实现,这种矛盾和冲突终究是一个内部问题,由知识产权领域的专家来解决。但需要注意的是,此处已将C界定为具有人权属性的知识产权,那么当A与C发生冲突时,A是要让位于C的。相反,探讨最多的是AB之间的关系,即不同类型之间的权利冲突该如何解决,也就是更广泛意义上其他知识产权与人权之间的关系,如版权保护与表达自由、版权与受教育权、专利权与健康权、专利权与发展权等。其实这种类型的冲突一经确定,适用人权至上原则,A应该让位于C。比较之下,学者们也没有重视B和C之间的关系,这是同属于人权性质的权利关系,如果智力成果利益保护权与生命权发生冲突,可能会认为健康权肯定处于优位,但如果智力成果利益保护权与发展权呢?个人利益就一定要让位于集体利益吗?智力成果利益保护权与表达自由呢?哪个个人利益优先?人权有等级吗?那么这个问题可能最好留给人权制度和人权方法来予以解决。

3. 交集论的难点问题

"知识产权与人权存在交集"也有一些难点问题。

第一,如何实现交集求同,也就是如何找出知识产权与人权交集的区域,即C所代表的含义。目前已经达成的共识是《世界人权宣言》第27条第2款和《经济、社会及文化权利国际公约》第15条第1款丙项所保护的智力成果利益保护权,肯定是处于C的范围之内。但还有几种观点需要注意:首先,警惕C的泛化趋势,即将整个A并入C,AC相同。也就是不区分具有人权属性的知识产权和不具人权属性的知识产权,将知识产权全部视为人权。这种观点一般以知识产权是财产权、财产权是人权、因此知识产权是人权作为逻辑推论,在前文中已经对此观点提出了质疑。此处只指出,若此观点成立的话,知识产权属于C，那么和人权B发生冲突时，不能适用人权至上原则，因为CB都是人权，只有人权等级划分的问题。并且事实是，将知识产权视为人权以财产权为依据是软弱的，而以智力成果利益保护权为依据是已经达成了广泛共识的。因此，不能将全部知识产权视为人权，C只是A的一部分。其次，《世界人权宣言》第27条第1款和《经济、社会及文化权利国际公约》第15条第1款甲项、乙项以及第4款所保护的文化生活参与权、科学惠益分享权以及科学创作自由权是否是C的内容？这几种权利是人权不存在疑问，因为都是国际人权文件中规定的内容，但这些权利是否应属于知识产权的权利范围？还是只和知识产权有关联？对这些问题的答案决定了一方面的文化生活参与权、科学惠益分享权以及科学创作自由权和另一方面的智力成果利益保护权、其他知识产权、其他人权之间的关系，也决定了这些权利之间如果存在冲突时所能和所应采取的最佳解决办法。最后，C是否包含原始居民的知识产权，即原始居民对其传统知识、传统文化和遗传资源的权利？这也是触发知识产权与人权关系大讨论的一个重要因素。从目前来看，答案应是肯定的，但值得进一步详细讨论。

第二，人权至上原则的正当性问题和人权制度内部的权利冲突问题。因为当涉及AB冲突、AC冲突时，都会适用一个解决冲突的办法，即坚持人权至上原则，A服从于B，A服从于C，那么人权至上原则的依据又是什么？其正当性来源在哪？国际法的规定和实践中有没有提供答案？另外，当BC属于内部关系时，或者C中存在的不同权利产生冲突时，因为同属于人权性质，这种人权制度内部的权利冲突又该如何解决。人权是否存在等级，是否存在一种人权比另外一种人权更重要的情况？或者某类人权比另外一类人权更重要？这些答案值得我们去寻找，并且这些答案决定了我们在面对不同冲突和矛盾、需要平衡利益时，所选择的最佳应对方案。

正如赫尔弗教授所说："法律由人类机构来形塑，因此人权与知识产权交集不是一个不可避免或预先设定的程序。那些从事与两种制度都相关的法律和社会政策研究的人拥有大量的自由裁量权，来决定这种交集的特点。当这两个领域日益靠近而最终碰撞在一起时，它们会产生地震式的冲突而导致原有不同权利板块构造的断裂吗？或者是它们之间的交集会被认真的考虑、发现细微的差别而最终得以适应与调和？我们希望的是后一种方式。"[1] 本书的目的也是如此，希望通过一些资料和分析其内容，来引发知识产权界和人权界的人

---

1 Laurence R. Helfer & Graeme W. Austin, Human Rights and Intellectual Property: Mapping the Global Interface, Cambridge University Press, 2011, p.2.

士共同以一种高效的对话方式，探讨这两种制度的交集并实现这两种制度的协调。

（四）研究知识产权与人权交集关系的重要意义

在1998年的专家研讨会讨论环节中，一名提问者质疑"当我们试图将两个独立的领域融合在一起时，总会存在危险，有人会觉得我们是在拿橘子和苹果在作比较。事实上，知识产权与人权的融合，首先是可能吗？其次是可行吗？令人疑惑的是，当我们在普遍意义上谈及知识产权和人权时，在国内具体规章中使用共同语言是否具备可行性。"[1]这名提问者的疑虑代表了大多数人的观点，就是开展知识产权与人权的对话、研究知识产权与人权交集关系必要吗？可行吗？有意义吗？这都是一些基础性的问题，在国外知识产权与人权领域研究日益深入的今天，在我国对知识产权与人权关系还存在误区的情况下，回答这些问题有必要且有意义。

在全球化的条件下，知识产权和人权是纠缠在一起的。[2]在全世界范围内，在理论界与产业界、法律领域与科学领域、政府与民间等各方面，已开始以人权视野观察、研究知识产权制度。[3]知识产权已被纳入了人权的视野，并充分感受着人权理念的洗礼。[4]实际上，开展知识产权与人权交集领域的研究，对知识产权制度、人权制度以及两种制度的关系本身都是极有意义的。

1. 对知识产权制度本身的意义

第一，以人权为基础理念，对知识产权的保护和实施进行内部限制，以实现不同的利益诉求。正如美国联邦最高法院在奥尔德雷德诉阿什克罗夫特一案中指出，美国宪法第一修正案规定了急需的"内部适用条款"来确保一个运行良好的版权制度。[5]在专利领域，生命权和健康权，正和表达自由权对于版权

---

[1] Edited Transcrip.of Discussion, Intellectual Property and Human Rights, Proceedings of a Panel Discussion organized by the World Intellectual Property Organization in Collaboration with the Office of the United Nations High Commissioner for Human Rights, Nov.9, 1998, http://www.wipo.int/edocs/pubdocs/en/intproperty/762/wipo_pub_762.pdf, p.61, last visited on May 1, 2022.

[2] 朱景文："一种博弈：在人权和知识产权之间"，载《法制日报》2007年11月18日，第14版。

[3] 宋慧献、周艳敏："冲突与平衡：知识产权的人权视野"，载《知识产权》2004年第2期，第51页。

[4] 邹渊："知识产权的人权视野——从知识产权与人权关系谈我国的知识产权战略"，贵州大学2006年硕士学位论文，第7页。

[5] Eldred v. Ashcroft 537 U.S. 186, 2003, pp.219-220.

一样，也为专利的过度扩张提供了重要的外部限制，比如利用保护人权的义务来缓和过高的知识产权保护标准对发展中国家所造成的不利影响。[1]特别是在促进对药品和制药技术的获取方面，《多哈宣言》积极促进了药物获取权和健康权的实现。[2]

第二，在知识产权领域中对人权进行深入研究有助于更好地理解知识产权的性质。对人权进行深入研究表明，知识产权从性质上看还缺乏人权基础。[3]国际关系中实证主义的支持者会发现，西方的知识产权制度代表着普遍价值观这一观点是没有什么说服力的。[4]知识产权制度常常基于知识产权业界的强力推动和政府对业界的强力支持而得到保护，因此，知识产权法所提供的保护水平是且经常是高于很多国际或区域人权文件所要求的水平的。经社文委员会第17号一般性评论指出了知识产权与人权的不同，对知识产权的性质有了基本的定论。人权义务并不要求保护所有类型的知识产权或某类知识产权的所有方面，也不要求知识产权必须由经常使用的产权模式来保护，这既不是最佳的也不是唯一的保护模式。[5]而我国学者对知识产权与人权的关系还未作出进一步的研究，将知识产权视为人权的还大有人在，这将产生诸多误导。归根结底多学说竞立表象下的中国知识产权缺乏体系化基础的一般性共识，知识产权研究繁荣与体系基础认同分歧并存，知识产权基础理论急需加强。[6]

第三，在知识产权领域深入研究人权问题有助于阐明在知识产权制度中达成适当平衡所面临的严重挑战。利益平衡是知识产权法律制度的基本原则或固

---

[1] Geertrui Van Overwalle, Human Rights' Limitations in Patent Law, in Willem Grosheide ed., Intellectual Property and Human Rights: A Paradox, Edward Elgar Publishing, 2010, p.236.

[2] Carlos Correa & Duncan Matthews, The Doha Declaration Ten Years on and Its Impact on Access to Medicines and the Right to Health, available at http://www.undp.org/content/undp/en/home/librarypage/hiv-aids/doha10yearson.html, Dec. 6, 2015, last visited on May 1, 2022.

[3] Peter K. Yu, Intellectual Property and Human Rights 2.0, Legal Studies Research Paper Series of Texas A&M University School of Law, Research Paper No.19-24, 2019, p.1426.

[4] Peter K. Yu, From Pirates to Partners: Protecting Intellectual Property in China in the Twenty-First Century, American University Law Review, Vol.50, 2000, p.235.

[5] Peter K. Yu, Reconceptualizing Intellectual Property Interests in a Human Rights Framework, U. C. Davis Law Review, Vol.40, 2007, p.1089.

[6] 杨雄文：《知识产权法总论》，华南理工大学出版社2013年版，第1页。

有原则,[1]平衡论可以作为认知知识产权制度的一种方法论。[2]但知识产权制度内部的平衡制度本身就经常因为各方利益冲突而难以达成。实际上,如果试图在人权与知识产权之间达成合适的平衡,也将面临同样的挑战,需要大量的努力、仔细的评估和创新的方法。[3]另外,不同国家需要不同的知识产权法律和政策。从人权的视角来审视知识产权法律和政策将有助于理解这些法律和政策与不同民族国家的经济、政治和社会特点之间的潜在互动。[4]

2. 对人权制度本身的意义

虽然知识产权与人权有关的论文有时会强调在知识产权领域深入研究人权所带来的好处,但是这些论文很少会强调在人权领域深入研究知识产权带来的贡献。实际上,从不同的角度或跨学科的视角来看待和分析问题是很有益处的。

第一,深入研究知识产权和人权将突出平衡不同类型的人权时所面临的巨大挑战。如果认为知识产权是人权或者强调知识产权的人权方面,那么冲突将产生于人权的制度框架内,则学者们有必要去找出平衡这些同等重要的权利的方法。[5]即使不支持用人权方法研究知识产权,但大多学者也承认知识产权的某些方面具有人权基础。由于这种权利的重叠,将知识产权的人权方面与其非人权方面区分开来是很重要的。因此,深入研究知识产权与人权将助于我们更深刻地思考用不同的方法在人权的制度框架内解决这种内部的紧张与冲突。这种分析也有助于设计新的原则、机制和制度。

第二,深入研究知识产权与人权将有助于重新审视人权是否存在内在的等级结构以及人权法本身的发展。学者们根据人权是否是第一代、第二代或第三代人权而将之区分为不同类型。在《世界人权宣言》起草的过程中,许多

---

1 Frederick M. Abbott, TRIPS and Human Rights: Preliminary reflections, in Christine Breining-Kaufmann & Frederick M. Abbott & Thomas Cottier ed., International Trade and Human Rights, University of Michigan Press, 2006, p.151.

2 冯晓青:"知识产权理论中的平衡论初探",载郑胜利主编:《北大知识产权评论(第2卷)》,法律出版社2004年版,第152页。

3 Peter K. Yu, The Anatomy of the Human Rights Framework for Intellectual Property, SMU Law Review, Vol. 69, 2016, pp.76-80.

4 Laurence R. Helfer & Graeme W. Austin, Human Rights and Intellectual Property: Mapping the Global Interface, Cambridge University Press, 2011, p.359.

5 Peter K. Yu, The Anatomy of the Human Rights Framework for Intellectual Property, SMU Law Review, Vol. 69, 2016, pp.76-80.

西方国家，特别是英国和美国，都不愿承认经济、社会和文化权利是人权。[1]如果将智力成果利益保护权视为一种社会、经济和文化权利，则属于第二代人权，对这种权利以及这种权利和其他人权之间的互动进行讨论，都要求更深入地思考如何恰当地看待社会、经济和文化权利本身。[2]另外，还有保护传统知识和文化引发的群体权利问题，会进一步要求更加认真地对待第三代权利。简言之，有关知识产权与人权的讨论会丰富涉及三代人权以及所有类型的人权包括公民权利、政治权利、经济权利、社会权利、文化权利和集体权利在内的探讨。[3]当然，还有学者提出国际人权法是第三代国际法以及人权国际法正成为国际法上的独立部门的观点。[4]这些学术思考也值得关注。

第三，深入研究知识产权和人权将有助于分析人权制度是否有必要基于新技术的广泛应用而得以更新。实际上，在数字环境不断扩大的浪潮中，有人呼吁创建一种特别的"基本数字权利"。"网络权利法案"这一观念成为许多网络治理论坛讨论的核心话题。[5]另外，随着不断利用网络中间商和其他新出现的技术来监控、过滤和审查人们之间的交流，这对西方民主制度中的人权形成了严重的挑战。[6]而新出现的有关集成生物和人工智能的讨论也带来了一些复杂的问题，即在21世纪人权保护的本质到底是什么。[7]更深入地探讨这些前沿技术问题与人权保护的关系，可以提高对人权与新技术之间互动关系的理解。

3. 对两种制度交集的意义

深入研究知识产权和人权，毫无疑问会促进知识产权制度本身和人权制度

---

[1] Peter K. Yu, Reconceptualizing Intellectual Property Interests in a Human Rights Framework, U. C. Davis Law Review, Vol. 40, 2007, p.1148.

[2] Laurence R. Helfer & Graeme W. Austin, Human Rights and Intellectual Property: Mapping the Global Interface, Cambridge University Press, 2011, p.14.

[3] Peter K. Yu, Intellectual Property and Human Rights 2.0, Legal Studies Research Paper Series of Texas A&M University School of Law, Research Paper No.19-24, 2019, p.1435.

[4] 李春林：《国际法上的贸易与人权问题研究》，武汉大学出版社2007年版，第63-65页。

[5] Peter K. Yu, Digital Copyright Enforcement Measures and Their Human Rights Threats, in Christophe Geiger ed., Research Handbook on Human Rights and Intellectual Property, Edward Elgar Publishing, 2015, p.457.

[6] Peter K. Yu, Digital Copyright Reform and Legal Transplants in Hong Kong, University of Louisville Law Review, Vol. 48, 2010, p.715.

[7] Peter K. Yu, Intellectual Property and Human Rights 2.0, Legal Studies Research Paper Series of Texas A&M University School of Law, Research Paper No.19-24, 2019, p.1437.

本身的研究与发展,而展开这种交集研究还存在其他的学术意义。

第一,虽然人权和知识产权源于两种不同的国际制度,但越来越有必要理解这两种制度之间的互动。正如WTO上诉机构在1996年美国汽油标准一案中提醒我们的:"WTO总协定(包括TRIPS和许多其他协议)不能采取临床隔离的方式将之与其他制度剥离,仅从国际公法的角度来理解。"[1]同样,学者们也已经强调了研究不同国际制度交集的重要性。赫尔弗教授在其著作中使用的"interface"即交集一词,旨在为知识产权与人权这两个制度之间的对话和交流提供一种机制。[2]

第二,仔细研究知识产权与人权制度的交集表明,人权并不构成所有知识产权种类的基础,或每种知识产权的所有方面的基础。人权只支撑某些种类或某些方面的知识产权而不支持其他的这一事实,要求研究者们提出一些新方法来根据是否受到人权的支撑区分知识产权的不同方面。余家明教授提出一个新的用以审视知识产权人权框架的不同层次的方法:成果层、利益层、保护层和限制层。[3]通过正确识别和区分这些层次,我们可以正确对待人权和知识产权的交集问题。

第三,深入理解知识产权与人权的交集可以帮助提升整个国际经济体系的条理性。由于TRIPS的通过,知识产权与贸易成功联姻,知识产权制度现在变成这一更广泛体系下的一个重要组成部分。因此,知识产权规则现在也构成治理规则的一部分。如果希望达成体系之间的条理性,知识产权与人权之间需要更紧密的联系,以使源于知识产权制度与源于人权制度或其他国际制度的规则之间的紧张与冲突得以最小化。

第四,通过深入研究知识产权与人权的交集,可以使我们从更为宏观的视野、更为全面的视角来研究国际法律问题,引发对国际法的价值和理念的深入思考。迄今为止,各相关经济、社会及外交等领域国际法律制度的整合,远未达到和谐的程度。[4]将国际知识产权法律制度与国际人权法律制度相联结,意

---

[1] Appellate Body Report, United States—Standards for Reformulated and Conventional Gasoline, pt. III.B, WTO Doc. WT/DS2/AB/R(adopted Apr. 29, 1996).

[2] Laurence R. Helfer & Graeme W. Austin, Human Rights and Intellectual Property: Mapping the Global Interface, Cambridge University Press, 2011, p.14(Preface).

[3] Peter K. Yu, The Anatomy of the Human Rights Framework for Intellectual Property, SMU Law Review, Vol. 69, 2016, pp.64-84.

[4] 衣淑玲:《国际人权法视角下〈TRIPS协定〉的变革研究》,厦门大学出版社2010年版,第24-25页。

味着不同法律研究领域的学者们应当积极地展开学术对话，共同找出解决问题的办法。如果这两个被学者们视为"剧烈冲突"的领域最终能够协调兼容，那么将为全球化背景下缓解整个国际法体系的"碎片化"起到很好的示范作用。

当TRIPS通过时，很少有学者去关注知识产权保护中的人权意义；当1998年WIPO和OHCHR联合主办有关知识产权与人权的研讨会时，学者们开始讨论知识产权是否是人权这一根本性问题；进入21世纪之后，更多的学者基于知识产权与人权已经产生交集这一不可避免的事实，展开了知识产权与人权到底存在何种关系的大讨论；到21世纪已经过去了20多年之后，国际组织与学术界人士已经采取了一种更全面、更系统的方法，来分析知识产权与人权交集时产生的问题。这种"系统转向"在很大程度上归因于近三十年来学者们在该领域所做出的贡献。

本章小结

不管知识产权是否为人权，知识产权与人权发生关联已是既定事实。对知识产权与人权之间的关系到底如何，第一种观点即冲突论，认为知识产权和人权这两种权利是存在基本冲突的，因此两者之间呈现出对立和紧张状态。持此观点的代表机构与学者认为，知识产权与人权冲突的表现形式、冲突的产生原因、解决知识产权与人权冲突的方法都多种多样。第二种观点即兼容论，认为人权与知识产权本质是兼容的，两者可以共存，但在如何保持提供激励和促进获取之间的平衡还存在分歧。诸多联合国人权文件中体现了兼容论，学者们也立论推演出人权与知识产权共存的各种领域，但兼容论中的关键问题是如何实现现行知识产权制度中的利益平衡。

在诸多有关知识产权与人权关系的其他观点中，有的基于知识产权的角度看知识产权与人权的关系，如从权利属性出发，认为知识产权具有人权意义；从权利内容出发，认为知识产权包含人权的内容；从权利功能出发，强调知识产权是促进实现人权这一目的的手段；从权利效果出发，认为知识产权对人权的实现产生了影响。有的基于人权的角度看知识产权与人权的关系，有方法论和框架论等。有的基于知识产权与人权的双重视角来看待知识产权与人权的关系，认为知识产权与人权存在相互补充关系，既有联系又有区别，既冲突又一致，既对立又统一。

根据有关知识产权人权属性中的区分论，本书坚持交集论，认为两种权利或法律制度的关系是，知识产权与人权存在交集。首先，知识产权是否具有人权属性不影响知识产权与人权之间存在关系。其次，基于对冲突论、兼容论和其他观点的评价，认为"知识产权与人权存在交集"作为一种客观表述。其关键问题是，在区分论的基础上，厘清知识产权与人权各部分、各领域之间的具体关系；其难点问题是如何实现交集求同，也就是如何找出知识产权与人权交集的区域，解决人权至上原则的正当性问题和人权制度内部的权利冲突问题。最后，研究知识产权与人权交集关系对知识产权制度本身、人权制度本身以及对两种制度的交集，都具有非常重要的学术、制度和实践意义。

下篇
全球治理语境下知识产权与人权的机制融合

第五章　知识产权与人权全球治理的语境

第六章　知识产权与人权全球治理的主体

第七章　知识产权与人权全球治理的框架

第八章　知识产权与人权全球治理的原则

第九章　知识产权与人权全球治理的内容

第十章　知识产权与人权全球治理的实效

第五章

知识产权与人权全球治理的**语境**

知识产权与人权在国际场合中交集而产生不同后果，近年来吸引了国际组织、国家和政府、各类团体和机构、学术界和实务界的广泛关注。如果两种制度在国内发生关联，立法机关与政府部门可以通过优先事项、统一立法的方式，或采取人权至上原则，因为人权制度代表着公共利益和公共秩序，或采取知识产权制度内部的利益平衡制度，比如限制性和例外性条款，来化解矛盾，平衡国内相关各方的利益，从而实现两种制度的和谐共处。但是国际场合的宏大背景是知识经济的全球化、国际规则的碎片化、知识产权的单向棘齿上升式的扩张保护，平权社会中的国际法在调和两种不同制度时显得无能为力。并且，知识产权与人权是两种不同的权利形态，即使持"知识产权是人权"观点的学者也承认知识产权与人权之间存在区别，包括其不同的制度特征、空间场域、关注议题、成员身份等。同时，当知识产权与人权出现在国际视野下，形成国际知识产权法和国际人权法时，平权结构下的国际法机制使得两种制度分别自我发展，自洽自足，自说自话，形成在专门问题领域中的自我满足制度。即使在世纪之交的国际场域下，知识产权与人权已经发生交集，并且随着两种制度的持续扩张而使交集的领域不断扩大，关系也不断深化，但在解决问题时依然还适用于各自的立场、观点和方法。因此，将两种已然在各具体领域发生交集的不同制度进行机制融合从而实现相互协调和促进，必须在全球治理的语境下进行。

一、知识产权与人权全球治理的背景语境

全球化的问题、制度分歧，只有通过全球治理的方式才能解决。全球治理是消弭知识产权与人权矛盾的理想路径。语境是两种制度得以对话的前提和基石，全球治理的背景语境即知识产权与人权在何种背景下需要开展全球治理。

（一）知识经济和信息网络时代的全球化

在知识经济的基础和信息网络的背景下，21世纪的全球化呈现出新的态势，即向纵深化发展。一方面，全球化将世界连成地球村，信息遍及地球的

每个角落，技术渗入人类生活的各个领域；另一方面，全球化的速度更快，更为便捷，任何国家和民族在没有合作的情况下无法生存，许多问题转化为全球性、人类共同面临的问题。

1. 知识经济成为时代主流

全球化被视为一个多方向和多维度的过程，可阐述为具有现代生活特点的几乎一切的日益增加的"流动"：资本、商品、知识、信息、思想、人民、信仰等。这些流动——基本上通过媒体、通信网络和商业运作——由数量不断增加的文化产品、服务和通信，包括语言和教育内容构成。[1]进入21世纪，人类历史的车轮从工业经济时代迈入知识经济时代。经济合作与发展组织（以下简称OECD或经合组织）正式提出"知识经济"这一全新概念。[2]1996年，其公布了一份名为"以知识为基础的经济"（The Knowledge-Based Economy）的报告，指出OECD成员方的现代经济发展越来越基于知识与信息，认为知识已经被视为生产效率与经济发展的驱动力，从而在现代经济发展中越来越重视信息、技术、知识所发挥的作用，而"知识经济"这一概念正是源于OECD经济体对知识和技术地位的充分认可。[3]美国学者拉兹洛（Laszlo）也曾在20世纪90年代末指出："在20世纪末和21世纪初，规定世界上权力与财富性质的游戏规则已经改变。一个比黄金、货币和土地更灵活的无形的财富和权力基础正在形成。这个新基础以思想、技术和通信占优势为标志，一句话，以'信息'为标志。"[4]知识经济"是以智力资源的占有、配置、生产、分配、使用为最重要因素的经济"，[5]它与传统的农业经济、工业经济的差异在于驱动生产力发展的要素不同。工业经济时代，资本是主要的生产驱动要素，并以实物的形态出现，包括土地、货币、能源、材料、工厂、设备等；而知识经济时代，知识是核心的生产驱动要素，它是一种无形的资产，包括智力、信息、技术、思想、通信等。"如果说工业经济是依靠资本利用知

---

1 UNESCO, 2009 World Report, Para. 13-14.

2 经合组织（OECD）成立于1961年，由35个市场经济国家组成，是一个政府间的国际经济组织，总部设在巴黎。其不同于世界货币基金组织和世界银行，主要通过数据收集和分析，为成员方提供一个思考和讨论问题的场所，从而帮助各国政府制订并实施相关政策。

3 OECD, The Knowledge-Based Economy, https://www.oecd.org/sti/sci-tech/1913021.pdf, last visited on May 1, 2022.

4 ［美］E.拉兹洛：《决定命运的选择：21世纪的生存抉择》，李吟波等译，生活·读书·新知三联书店1997年版，第6页。

5 孙敬水、丁忠明："知识经济时代的知识产权保护"，载《现代法学》1999年第3期，第86页。

识获利，那么知识经济则是依靠知识利用资本赚钱。"[1]通过人类本身和技术来体现的知识，在经济发展的过程中一直发挥着非常重要的作用。近年来，其作用不断增强，各国对其重视程度也不断提升。知识经济的重要基础是人的智力，而对人的智力活动成果进行保护的法律制度，既涉及国际人权制度中的智力成果利益保护权，也涉及知识产权保护制度。最明显的当属以英美法系为代表的版权保护制度，关注保护智力活动成果所带来的物质利益，以大陆法系为代表的著作权保护制度，关注的是智力活动成果所体现的精神利益。知识产权的全球化时代理应对应着知识经济时期，反过来说，知识经济也需要全球化的知识产权制度为之护航，维持知识产品的高额利润。[2]在国际舞台上，为引导知识经济的潮流，保证本国在世界知识经济体系中的话语地位，国际知识产权制度和国际人权制度也将会有新的发展和转向。

2. 信息网络改变人类一切

21世纪是网络的时代。网络是计算机技术的运用，是数字化的生存，它的出现和迅速应用改变了人类生活的一切。一方面，在知识产权领域，网络的广泛应用衍生了许多新的问题。知识产权制度作为保护人类智力成果的法律制度，它的出现与技术的发展、知识的传播紧密结合。网络作为21世纪的核心技术，必须会对知识经济时代的保护神器——知识产权制度产生冲击与影响。知识产权的类型不断增多，比如版权中的网络传播权、数据库这一新型权利、版权技术措施和权利管理信息等。[3]知识产品的传播方式、速度和范围发生了变化。比如，版权成为大多数公众所关心的问题。在这之前，对版权制度关心的人可能就是作者、出版商、图书馆、律师、程序员等，但信息技术的出现导致每个职业、行业的工作都可能会数字化，成为信息的提供者或受益者。[4]这样，利益在制度中如何体现与平衡成为版权的新难题。同时由于网络的开放性和无边界性，对传统知识产权法律制度的地域性也提出了挑战。知识产权制度的变革不仅需要由一国来完成，更需要许多国家的共同努力。而现行国际知识产权条约中的许多内容已不能反映新技术的发展与应用。另一方面，网络是不

---

[1] 古祖雪："试论知识经济的特征及其对知识产权制度的影响"，载《现代法学》1998年第6期，第75页。

[2] 刘银良：《国际知识产权政治问题研究》，知识产权出版社2014年版，第292页。

[3] 鲍涛："法眼急需视'网'膜——外交学院薛红博士谈网络环境对知识产权法的冲击"，载《中国国情国力》2000年第6期，第12页。

[4] M. Ethan Katsh, Law in a Digital World, Oxford University Press, 1995, p.215.

同于物理空间的虚拟空间。它的开放性、透明性、便捷性、实时性、交互性，导致公民个性的张扬和权利的扩张。在网络环境下，人们可以隐藏自己的现实身份，释放自己的情绪，追求自己的爱好，展现自己的性格，做更真实的自己，因此，从网络公民对法律的要求来看，人们更加关注自由、权利和隐私，人权思潮兴起。并且网络技术的使用使得公众获取信息的能力大大增强，一改以往信息来源渠道的单一性。在信息爆炸的时代，"掩盖、歪曲"事实的真相往往会带来适得其反的结果。因此，公众对法律、规则、程序和结果等的公开性和透明度的要求也在不断提高。法律的酝酿、起草、通过、颁布、修订等均应透明，向公众开放，吸纳各方面的意见和建议，而网络的可获得性、可进入性也为公众提供了这样一种参与的渠道。不管是国内层面，关于国内法的制订程序应如此，还是国际层面，关于国际条约的通过，也应如此。国内法律和国际条约，不再也不能再笼罩着"神秘的面纱"。网络环境下对公权的天然排斥、对知识产权私权属性的过度保护、对知识产权公共利益的忽视、对知识产权执法引发的人权威胁，导致知识产权和人权在网络环境下呈现出新的紧张关系，产生新一轮的冲突。

3. 全球化向纵深发展

近年来，逆全球化潮流兴起，包括美国以及欧洲多国都不同程度地出现了民粹主义，全球体系以及多边主义受到严重损害。[1]但全球化是不可逆转的，这一观点已得到广泛认可。不管是在财政、经济、文化、交通、生产还是其他领域，全球化的触角已经延伸至每个角落。但是市场的观念却试图寻找一个全球化的答案，而不考虑经济发展具有国内和当地特色的历史、文化、心理和其他因素。知识产权和人权，也同样面临危险。[2]

首先，全球化下的经济是知识经济。如前所述，知识经济就是一种真正意义上的全球经济。[3]知识从创造、产生到传播、运用，是一个动态的过程，它

---

[1] 刘燕春子："应对全球化挑战更需全球合作"，载《金融时报》2021年2月26日，第8版。

[2] Adama Dieng, Introductory Remarks, Intellectual Property and Human Rights, Proceedings of a Panel Discussion organized by the World Intellectual Property Organization in Collaboration with the Office of the United Nations High Commissioner for Human Rights, Nov.9, 1998, http://www.wipo.int/edocs/pubdocs/en/intproperty/762/wipo_pub_762.pdf, p.12, last visited on May 1, 2022.

[3] 古祖雪："试论知识经济的特征及其对知识产权制度的影响"，载《现代法学》1998年第6期，第77页。

"依赖于知识在经济体内部和之间的流动"。[1]从知识的产生来看,知识的内容是无限的,不能归于一人所有,也不能归于一国所有。各国在知识创造的过程中,比如科学研究,越来越多地依赖于其他国家的成果,并进行相互合作与创新,如此才能实现双赢的结果。传统的商品逐渐附加知识的价值,比如品牌、地理标志、技术成分等,这些跨越国境或边境的知识产品占据全球经济的主要部分。而"生产、市场的国际化,又引起交通、金融、信息等的国际化"。[2]国际化或全球化的引发与深入,即是知识经济传播与扩散的结果。因此,知识经济与全球化是一个问题的两个方面,在现代社会中,两者互相联系,互为因果。

其次,全球化下的规则是法律规则。全球化是世界历史发展的必然趋势。但全球化也有局限性——不能公平对待每个国家和多数人民。[3]伴随着科技、经济与知识产权的全球化,现代社会的理念也在一定程度上得以全球化,引导发展中国家及其公民"为权利而斗争"。[4]知识产权是全球化的,人权法同样也是全球化的,但其全球化形式与知识产权不同。并且,全球化进程中确实存在负面效应以及很多亟待解决的全球化难题。为了解决全球化面临的问题,世界各国应携起手来,总结历史经验与教训,加强协调、完善治理,推动开放、包容、普惠、平衡、共赢的"新全球化"。[5]化解全球性的危机需要全球化的方案,知识经济时代更需要全球合作。[6]许多全球性的问题在新的全球化背景下更凸显了国家之间进行合作的必要性和重要性,化解此种危机与矛盾需要全球化的行动与方案。法治为衔接全球化的制度性维度和伦理性维度提供了一种基础,并从而为全球治理成为一种善治提供了可能的解决方案。[7]

世纪之交的全球化是推动知识产权与人权发生交集的原动力之一,而21世

---

[1] 柯宣:"全球知识经济发展的几个特点",载《中国科技产业》2003年第7期,第30页。

[2] 李富阁:"知识经济与全球经济一体化——漫谈知识经济",载《新闻通讯》1999年第11期,第47页。

[3] 许士密:"'逆全球化'的生成逻辑与治理策略",载《政治学研究》2021年第2期,第76页。

[4] 刘银良:《国际知识产权政治问题研究》,知识产权出版社2014年版,第293页。

[5] 许士密:"'逆全球化'的生成逻辑与治理策略",载《政治学研究》2021年第2期,第83页。

[6] 罗雪燕:"知识经济时代更需全球合作",载《深圳特区报》2009年11月17日,第A7版。

[7] 王奇才:《法治与全球治理:一种关于全球治理规范性模式的思考》,法律出版社2012年版,第8页。

纪的前20年，全球化本身又发生了深刻的变化，引发这种变化的是从第一个10年的"去全球化"，即发展中国家与发达国家之间的对抗，到第二个10年的"逆全球化"，即发达国家之间的内部分化。但全球化是历史逻辑、实践逻辑和理论逻辑演进的必然结果，是不可逆转的历史大势，"逆全球化"难以阻挡全球化进程浩荡向前。[1] 全球化在广度、深度、强度、密度四个维度上推进，形成了当代全球化的强势语境，使社会科学的话语体系和问题界域都发生了重大转换。[2] 这些变化让我们去思考全球化本身，并对这种现象的未来趋势加以研判。

（二）知识产权扩张产生的困境

知识产权是最契合知识经济和信息网络发展的法律制度，它也随着全球化向纵深发展而不断扩张。这种扩张迎合了发达国家在全球范围内保护其知识产品的主张和利益，但也遭到了来自发展中国家、国际组织、消费者团体、民间机构等的强烈反对。知识产权国际法体系既充满张力和活力，但它也正处于何去何从的十字路口。[3]

1. 国际知识产权棘轮机制的形成和继续推进

棘轮机制，即由棘轮和棘爪组成的一种单向间歇运动机构。它的特点是单向性、不可倒转性。在国际知识产权领域，这种棘轮机制通过不断制订知识产权的最低保护标准，推动知识产权朝着更高保护水平的方向运行。[4]

从19世纪80年代《巴黎公约》与《伯尔尼公约》的形成，知识产权制度突破了传统的地域性而形成国际保护制度，再到20世纪70年代WIPO的成立及其管理下的一系列国际知识产权公约，国际知识产权保护制度得以普遍发展，然后到WTO下TRIPS的通过，制订了一系列新的规则，并成功地将知识产权问题与国际贸易挂钩，最后到发达国家不满足于TRIPS规定的最低标准，纷纷与其贸易伙伴在签订双边贸易或投资协定中加入知识产权章节或条款。"通过条约的交叉援引和设定权利义务锁定法，构成了一个标准的'只进不退、层层递

---

[1] 许士密："'逆全球化'的生成逻辑与治理策略"，载《政治学研究》2021年第2期，第82页。

[2] 程光泉主编：《全球化理论谱系》，湖南人民出版社2002年版，第1页。

[3] 薛虹：《十字路口的国际知识产权法》，法律出版社2012年版，第2页；Peter K. Yu, Currents and Crosscurrents in the International Intellectual Property Regime, Loyola of Los Angeles Law Review, Vol.38, 2004, p.364.

[4] 高兰英：《〈反假冒贸易协议〉研究——基于人权视阈的分析》，中国政法大学出版社2018年版，第27页。

进'的保护网络,形成棘轮机制。"[1]

进入21世纪之后,在国际和多边场合中,知识产权的最低保护标准已经形成,这就是TRIPS下的基本框架与标准,但是,这对发达国家来说是远远不够的。一个新出现的现象是,对知识产权问题感兴趣的专家和非政府组织已经关注到,知识产权棘轮机制在另一个层面中得以继续推进,即在许多双边性和区域性的贸易协定中,包括了越来越多的有详细规定的知识产权章节,知识产权执法的标准也远远超过了TRIPS的要求。在这中间,美国的双边(和诸边)自由贸易协定是最为全面的———一般都有超过三十多页的详细规定,与美国国内知识产权法律的保护模式与内容十分接近。[2] 而欧盟也似乎采取同样的方法。有些学者认为,这些协议中有关知识产权的详细规定只是权利持有人、美国政府,或可能是这两者的计划策略的第一阶段,他们的长远目标应该是最终将这些双边协议中的更高的知识产权标准纳入多边条约中,从而对第三国形成约束,完成"全球知识产权的棘轮效应"。[3] 如TRIPS的谈判进程,就是知识产权棘轮机制形成进程中的证据。因为它也是先由许多双边协议作为基础,最后导致TRIPS谈判,而在TRIPS谈判过程中,通过双边主义冲破反对,特别是发展中国家的反对,最后上升为多边主义,形成全球范围的最低标准。

在形成知识产权棘轮机制的方法上,一是在重要的多边知识产权条约中规定"最低标准",二是规定国民待遇原则,而在TRIPS中还有更加强硬的一项保护原则,即最惠国待遇。那么结合这些要求,如果在双边协议中规定更高的

---

[1] 张建邦:"TRIPS-递增协定的发展与后TRIPS时代的知识产权国际保护秩序",载《西南政法大学学报》2008年第2期,第19页。

[2] 美国的这些包含知识产权章节与内容的自由贸易协定有:美国—阿曼自由贸易协定(2009年1月1日);美国—韩国自由贸易协定(2007年6月30日开放签字);美国—巴拿马贸易促进协定(2007年6月28日开放签字);美国—哥伦比亚自由贸易协定(2006年11月22日);美国—秘鲁贸易促进协定(2006年4月12日);美国—中美洲国家—多米尼加共和国自由贸易协定(2004年8月5日);美国—巴林自由贸易协定(2003年6月15日);美国—摩洛哥自由贸易协定(2004年6月15日);美国—智利自由贸易协定(2003年6月6日);美国—新加坡自由贸易协定(2003年5月6日),这些都是在ACTA谈判之前或之初美国所签订的双边自由贸易协定,现在美国共与20个国家签署了双边自由贸易协定,以及最新的多边贸易协定《美墨加协议》。见美国贸易代表网方网站,https://ustr.gov/trade-agreements/free-trade-agreements,last visited on Jan.1,2022.

[3] Peter Drahos, The Global Ratchet for Intellectual Property Rights: Why it Fails as Policy and What Should be Done About It, https://www.anu.edu.au/fellows/pdrahos/reports/pdfs/2003globalipratchet.pdf, last visited on May 1, 2022.

保护标准，必然就会增加在多边条约中确保更广泛地接受相同规定的机会。国际知识产权保护的棘轮机制就是如此循环，首先双边协议，经过一段时间后上升为多边条约；然后再出现新的国内标准，形成双边协议，再通过多边条约加以确认。只要大部分贸易伙伴同意接受与现行美国和欧盟国内相同的标准，这就不再有可能去降低现行已经广泛遵循的标准了——这实际上形成了一种螺旋式的、不断往上提升的知识产权棘轮机制。[1]那么，在进入21世纪之后，美国和欧盟所主导的含有知识产权规定的双边贸易协议是否真能成为多边化的试路石？知识产权的保护标准是否能在全球范围内得以提高？在全球范围内加强知识产权执法和提高知识产权标准成为一个普遍现象时，在针对TRIPS未曾规定的领域进行更广泛意义上的"北北谈判"或"北南谈判"中，进行一次新的知识产权谈判，或由此签订一个新的知识产权保护公约，是后TRIPS时代这些谈判中的一次重要尝试，也是检验知识产权棘轮机制的一次实践，特别是在其继续向前推进的过程中，将如何排除其他国家的反对与妨碍。ACTA即是如此背景下的尝试，但事实结果证明这种棘齿式上升的目的并未达到。[2]

2. 知识产权面临的多重困境

虽然知识产权的保护标准在不断提升，但知识产权也面临着多重困境。

首先是知识产权的两次人权危机。人权既是知识产权危机的根源，又是化解知识产权僵局的手段。第一次人权危机是在20世纪末，流行病大规模地在发展中国家爆发，导致发展中国家反省TRIPS对发达国家药物公司专利权的过度保护，呼吁重视发展中国家普通公众的生命健康权，从而引发了国际知识产权的人权危机。此次危机以《多哈宣言》的通过而告终。第二次人权危机由ACTA引发。进入21世纪，国际社会的知识化、全球化、网络化高度发展，出现整合、分化、再整合、再分化之大趋势。信息技术、知识经济、网络普及既推动了各国之间的交流与合作，也加深了原有国际社会的各种矛盾。新兴经济体国家改变了知识产权国际秩序的动力结构，知识产权国际保护出现多元立法机制，知识产权争端解决的国际应对也发生变化。[3]知识产权的保护进入后

---

[1] Kimberlee Weatherall, ACTA as a New Kind of International IP Lawmaking, American University International Law Review, Vol.26, 2011, pp.846-847.

[2] 高兰英：《〈反假冒贸易协议〉研究——基于人权视阈的分析》，中国政法大学出版社2018年版，第30页。

[3] 吴汉东："积极应对国际知识产权体系新变革"，载《现代国企研究》2018年第9期，第84页。

TRIPS时代，以TRIPS-PLUS协议[1]为标志。一方面，知识产权与诸多议题发生关联；另一方面，知识产权的双边、诸边和多边条约立法活动持续进行。作为诸边协议的ACTA，从制订过程到协议内容，都对发展中国家的发展权、文化权、药物获取权、经济独立自主权造成了消极影响。并且，ACTA"独立的治理结构加剧了国际知识产权立法的分裂"，[2] 从而形成了国际知识产权的第二次人权危机。[3] 此次危机的结果是以ACTA失败而告终。知识产权的人权危机表明，现代背景下知识产权的发展不再是孤立的、自成一体的。它在国际范围内扩大自己的领域范围、权利类型、效力边界时，必将考虑对其他国际法律制度特别是人权制度所可能产生的消极影响。如果不能处理好这些冲突，国际知识产权制度的发展必将受到影响，也可能产生一些意想不到的后果。

其次是知识产权制度本身所面临的现实困境。事实上，知识产权正处在一个深刻的危机边缘。政府官员、民间组织和私人团队在越来越多的国际场合明确表明了对许多问题的反对意见。这些问题从专利药到生物多样性再到传统知识，从数字内容到网络广播再到程序规则的统一。结果是越来越机能失调：实质性规则与价值发生剧烈冲突，无法解决；国际机构激烈竞争，试图获得对政策制订的主导权；在条约义务和不具法律约束力的规则之间，碎片化现象扩大，没有逻辑连贯性。[4] 这一不利情势正在迅速演进。知识产权保护的范围还在急剧扩张，不管是保护的标的物还是它们所保护的经济利益的范围。技术的进步也引发了企业与内容所有人要求新的法律保护形式。知识产权与一系列更为广泛的具有主观价值导向的和具有重要人权意义的经济、社会和政治问题相

---

[1] TRIPS-PLUS协议并不是一个具体协议的名称，也不是TRIPS的附加议定书，而是对TRIPS缔结生效以来签署的包括TRIPS-PLUS标准的各种条约的统称，涵盖双边、区域或多边框架下的自由贸易协议、投资协议及知识产权协议。这些协议因为包含了高于TRIPS的知识产权保护标准，所以被学术界统一称为"TRIPS-PLUS协议"。古祖雪、揭捷："'TRIPS-PLUS'协定：特征、影响与我国的对策"，载《求索》2008年第8期，第137页。

[2] 毛金生、杨哲、程文婷：《国际知识产权执法新动态研究》，知识产权出版社2013年版，第138页。

[3] 高兰英：《〈反假冒贸易协议〉研究——基于人权视阈的分析》，中国政法大学出版社2018年版，第198-199页。

[4] Laurence R. Helfer, Toward a Human Rights Framework for Intellectual Property, U. C. Davis Law Review, Vol.40, 2007, p.973.

互关联，包括公共健康、教育、食物和农业、隐私以及表达自由，等等。[1]后TRIPS时代发生的对知识产权迅速扩张进行抵制的风潮使得WTO和WIPO——两个最重要的制订国际知识产权规则的场地——的工作陷入实质上的停滞状态。[2]在WTO中，与专利药品的强制许可、生物多样性和专利以及植物培育人的权利之间的关系、对地理标志的保护等相关的问题已经讨论了多年但还没有解决。[3]WIPO下的谈判进展也好不到哪儿去。工业化国家在推动制订新的条约，制订实质性的专利规则，保护视听作品和广播者的权利。发展中国家和消费者团体与此相对，则提出了"发展议程"，呼吁暂停制订新的条约，相反却要求WIPO更加关注公众对知识的获取以及对创作和创新采取非所有制的保护制度。[4]这些相互冲突的力量实质上也相互中和着。每一方都试图拦截或拖延对方的建议，而有关制订新规则和政策的争议变得越来越对立，并因程序的正式性而陷入困境。[5]随着在WTO和WIPO中未来再提出任何动议已经被有效地拖延，不管是知识产权的支持者还是反对者都在寻求更好的出路。发展中国家与其兴趣类似的非政府组织盟友转向更具同情心的多边场所——最重要的包括世界卫生组织、食品和农业组织以及《生物多样性公约》缔约方大会——在那里他们可以希望削减知识产权或者至少避免知识产权所赋予的垄断特权进一步扩大。发达国家和知识产权所有人也离开了这些场合，不是去了其他多边机构，而是进入了双边和区域的贸易投资条约之中。这些国家要求扩大市场进入和吸引外国投资的代价是遵守知识产权规则，这些规则要么等同要么超越于那些已经最具保护性的多边协议中规定的水平。[6]

---

1 Laurence Helfer, Regime Shifting: The TRIPs Agreement and New Dynamics of International Intellectual Property Lawmaking, Yale Journal of International Law, Vol.29, 2004, pp.26-45.

2 Laurence R. Helfer, Toward a Human Rights Framework for Intellectual Property, U. C. Davis Law Review, Vol. 40, 2007, pp.973-974.

3 Frederick M. Abbott, The WTO Medicines Decision: World Pharmaceutical Trade and the Protection of Public Health, American Journal of International Law, Vol.99, 2005, pp.324-326.

4 Daniel Pruzin, WIPO Members Reach Compromise on Advancing Patent Law Negotiations, International Trade Report, Vol.22, Oct.13, 2005, p.1622.

5 Keith E. Maskus & Jerome H. Reichman, The Globalization of Private Knowledge Goods and the Privatization of Global Public Goods, Journal of International Economic Law, Vol.7, 2004, pp.312-313.

6 Brian Knowlton, U.S. Plays It Tough on Copyright Rules, International Herald Tribune, Oct.4, 2005, p.1, available at http://www.iht.com/articles/2005/10/03/business/iprtrade.php, last visited on May 1, 2022.

二、知识产权与人权全球治理的制度语境

只有在全球治理的语境下,知识产权与人权才能实现机制融合。而全球治理依何而治?有学者认为是"国际法",即一种由原则、规则、规范和制度组成的调整国际关系和规范国际秩序的体系。[1] 究其实际,全球治理即依制度而治、依规则而治、依法律而治。

(一)国际法规则与体系的碎片化

国际法的碎片化现象不仅是国际法学者,也是经济学家与政治学者所感兴趣的话题。国际法规则和体系的碎片化不是一个新现象。然而,它是我们这个时代的标志,它本质上是法律多元化的结果。[2]

1. 多元国际法主体出现

20世纪晚期,随着"二战"、冷战的结束,国际秩序发生了新的变化,国际组织出现迅猛发展之势,在全球化的过程中,区域性组织和力量表现突出,如欧盟、东盟、北美同盟,国家集团在国际舞台上所发挥的作用亦不容小觑,如G8或G20[3]、经合组织。进入21世纪,国际法主体既多元又分散,国际法内容既多样又零散,国际法功能既扩张又疲软,国际法效力既增强又消减。[4] 区域性国际组织、自由贸易协定体现了地缘政治结构的优势与趋势,体现了具有相同地理历史文化传统和共同政治经济利益的国家之间的联手与合作,但以有相同利益为特征的、以"国家俱乐部"形式出现的诸边主义倾向也开始出现。有人甚至在"全球化"的界定中,认为是国际法主体的跨国化,以至于出现"全球化"现象。[5] 事实上,国际法的调整范围不断扩大,国际法律秩序日益多样化,从而导致许多国际法主体包括国际组织机构或规则体系权力重叠,界限模糊。国际法是在问题导向基础上发展起来的,其立法通过一些专业的、相对自治的国际法主体来进行,这是导致国际法碎片化现象出现的缘由。从实体法的角度看,国际法碎片化是实体规则碎片化的结果,也是国际层面权力碎片化的结果。在后一种情况中,碎片化问题被认为是一种机制挑战,带来的是如

---

1 刘衡:《国际法之治:从国际法治到全球治理》,武汉大学出版社2014年版,第32页。

2 Panagiotis Delimatsis, The Fragmentation of International Trade Law, TILEC Discussion Paper, Feb. 2010, p.1.

3 G8或G20,即八国集团或二十国集团。

4 古祖雪:"现代国际法的多样化、碎片化和有序化",载《法学研究》2007年第1期,第135页。

5 [意]安东尼奥·卡塞斯:《国际法》,蔡从燕等译,法律出版社2009年版,第6页。

何从横向、纵向、功能层面分配不同国际法主体之间的管辖权力。[1]

2. 新型国际法部门增多

国际法部门从传统的领土法、条约法、外交关系法、战争法等延伸开去，出现了国际刑法、国际空间法、国际能源法、国际环境法、国际人权法、国际知识产权法、国际贸易法、国际金融法等专门性领域。国际法的效力不断得以体现，国际法的实施机制发展迅速，常设性或临时性的，申诉性、仲裁性或判决性的，监督性或强制性的，各种机构以自己的方式管理、监督、执行着不同的条约。由于在人权、贸易、环境、知识产权等领域，"出现了各种专门的和相对自治的规则或规则复合体、法律机构以及法律实践领域"，[2]在规则制订、执行和实施的过程中，各专门领域有各自的价值、目标、手段和方法，从而形成"各自独立存在的局部分割或板块组合现象"[3]。国际贸易法和国际环境法产生冲突，国际知识产权法与国际人权法发生矛盾，国际贸易法忽视了国际人权法的基本价值，国际知识产权法与国际环境法欠缺协调等，这大多为"新的机构试图将它们的特殊偏好界定为普遍利益，使得各种功能性制度彼此间产生冲突"。[4]不同的国际法部门会发生规则的冲突，从而出现横向层面的碎片化现象。不同部门的治理包括基于不同的文化、传统和社会背景等方面所产生的相互冲突的道德准则。还包括一些软法规范，这种软法规范并非由国家制订，特别是在人权、企业社会责任以及技术标准和环境保护领域中尤为明显。此种情况下出现的相关问题是：不同部门的权力应该如何分配？哪一方面应该有优先效力？比如，WTO专家组应根据何种原则以及在何种程度上去遵循世界贸易组织文件中的国民待遇原则。另外，碎片化还会导致在同一治理领域之间产生有歧义的规范和原则的风险。[5]

3. 超国家治理结构缺失

当然，国际法向我们证明了可能存在一种其法律运行不需要某种集中权力的社会。[6]构成国际共同体的国家之间的关系在很大程度上仍然是横向的。没

---

[1] Panagiotis Delimatsis, The Fragmentation of International Trade Law, TILEC Discussion Paper, Feb. 2010, p.1.

[2] 杨泽伟："当代国际法的新发展与价值追求"，载《法学研究》2010年第3期，第177页。

[3] 莫世健："国际法碎片化和国际法体系的效力"，载《法学评论》2015年第4期，第118页。

[4] 刘衡："国际法之治：从国际法治到全球治理"，武汉大学2011年博士学位论文，第157页。

[5] Panagiotis Delimatsis, The Fragmentation of International Trade Law, TILEC Discussion Paper, Feb. 2010, p.10.

[6] [意]罗道尔夫·萨科：《比较法导论》，费安玲等译，商务印书馆2014年版，第257页。

有哪一个国家或国家集团能够拥有一种永久性权力,以便把自己的意志强加于整个国际共同体。国家自行决定如何解决争端或促进对法律的遵守。[1]鉴于没有一个超国家的权力保障国际法在各国的实施,人们因而创立了一些机构,其目的在于创建一个全球化的组织以保障将其意志贯彻于每个国家。[2]不可否认的是,在全球、区域或双边层面,多元(中心)的治理机构被系统地组合在一起,均构成国际体系的一部分。然而,这些组织都创建了一个问题导向、权限重叠的治理机制,缺乏一个协调他们的共同治理机构。[3]正如有学者所说:"国际法本质上是主体之间的平权关系,而没有立法与适用法律的中央机构,因此其本身的内部联系性较弱。"[4]在1998年专家研讨会上讨论对传统知识的保护问题时,一名学者指出,"在现阶段,确定原始居民社区的管理机构比承认任何新型正式的权利更为必要。如果没有一个管理机构可以超越国家的边界,我认为发展中国家在争取为目前所有的讨论中形成的特殊权利获得国际承认时将面临巨大的困难"。[5]这种超国家治理机构的缺失,最终将会使所有的讨论和建议失去其应有的意义。

4. 不同的国际法义务发生重叠

与知识产权和人权均相关的社会、经济和法律背景的不断变化也给这两种制度带来了新的、未解决的紧张关系。不管是国际人权协议,还是不断扩大的多边、区域和双边贸易和知识产权条约,给国家施加了国际法上相互矛盾的义务。[6]如下述事例:许多国家必须保护药品专利,然而他们还需要保护生命和健康权;植物培育人的权利限制了农夫们能够在其土地上从事的活动,比如他们是否可以保留和更换种子,然而人权法也提供了一个要求充足食物的权利;

---

1 [意]安东尼奥·卡塞斯:《国际法》,蔡从燕等译,法律出版社2009年版,第5—7页。

2 [意]罗道尔夫·萨科:《比较法导论》,费安玲等译,商务印书馆2014年版,第257页。

3 Panagiotis Delimatsis, The Fragmentation of International Trade Law, TILEC Discussion Paper, Feb. 2010, p.2.

4 Y. Shany, The Competing Jurisdiction of International Courts and Tribunals, Oxford University Press, 2003, p.114.

5 Edited Transcrip.of Discussion, Intellectual Property and Human Rights, Proceedings of a Panel Discussion organized by the World Intellectual Property Organization in Collaboration with the Office of the United Nations High Commissioner for Human Rights, Nov. 9, 1998, http://www.wipo.int/edocs/pubdocs/en/intproperty/762/wipo_pub_762.pdf, p.123, last visited on May 1, 2022.

6 Laurence R. Helfer &Graeme W. Austin, Human Rights and Intellectual Property: Mapping the Global Interface, Cambridge University Press, 2011, pp.2-3.

某些类别的知识产权保护对传统农业实践作出了限制，而这些实践本身就已得到国际人权文件的承认；有些原始居民社区援引知识产权作为保存其生活方式和保护其文化与经济遗产的工具，而这些也是国际人权文件调整的对象；版权法潜在地影响着表达和教育自由的权利，甚至可能影响着与其他人交往、交流和结社的权利；商标法，正如南非宪法法院2005年的一个判决所确认的，[1]可能会潜在地妨碍表达自由。这让国家在重叠的国际义务面前不知所措。这是因为，"二战"后国际合作日益深入，导致国家间的条约日益增多，出现了一些自治性的法律秩序，这超越了在国际法领域存续了许多世纪的民族国家模式。然而，"二战"后以合意为基础的国际关系调整方法导致出现了一系列僵化的、无序的跨国法律体系，意图调整国际关系的不同方面，并对这些可能重复的领域竞相产生影响。[2]通常，这些机制有自己的语言体系、风格特点和结构倾向。他们还可能会产生混乱的影响，主要是因为他们根本就没有试图去解决和其他体制之间的冲突。[3]因此，正是这些条约和体系之间缺乏一些明确的关系，才导致对如何履行相互重叠和矛盾的国际义务的担忧。

5. 国际法执行机制相互竞争

规则之间的冲突是体现国际法特点的一个现象，并在多年来影响了国际法的发展。[4]对相互冲突的规则的解释和执行显得尤为必要，不同的机构都宣称自己具有管辖权。当管辖冲突刚刚发生时，大多数机制的执行机构都声称自己比其他机制都更有优先管辖权和合法性，[5]这更加剧了对管辖权冲突与挑选法院的担忧。这种机构的碎片化问题带来多方面的影响。因为国际法缺乏一个中央机构，因此它也不能为许多的法庭进行有序的人力资源分配，从而提供一个统一化的司法体系。而在这种统一化的司法体系中，管辖权的某些方面或要素

---

1 Laugh It Off Promotions CC v. S. Afr. Breweries Int'l（Finance）BV 2005（8）BCLR 743（CC）（S.Afr.）.

2 M. Koskenniemi, The Politics of International Law-20 Years Later, European Journal of International Law, Vol.20, 2009, p.9.

3 A. van Aaken, Fragmentation of International Law: The Case of International Investment Protection, University of St. Gallen Law and Economics Working Paper No 2008-1.

4 Panagiotis Delimatsis, The Fragmentation of International Trade Law, TILEC Discussion Paper, Feb. 2010, p.2.

5 R. Howse, Adjudicative Legitimacy and Treaty Interpretation in International Trade Law – The Early Years of WTO Jurisprudence, in J. Weiler ed., The EU, the WTO and the NAFTA: Towards a Common Law of International Trade, Oxford University Press, 2000, p.239.

可以集中授权于其中某一个部门。[1]目前，权力的集中化也并不可行。那么，各个法庭是一个自治的体系，这就损害了国际法的内在系统性。法庭成为展示这些体制自治性的工具，来支持各个独立体制具有完全的、排他的调控权。[2]欧盟体系，因为是自成一体的，刚好可以证明这一主张。比如，欧盟法院，在考虑适用国际法之前，或者根本就未考虑要适用国际法，因为它要不可以通过对欧盟体系内的其他规则类推适用，要不可以求助于欧盟成员国内一些共同的基本法律原则来弥补缺陷。[3]这些独立运行的执行机制相互竞争，既是国际法碎片化产生的原因，也是国际法碎片化导致的结果。

6. 全球化加剧了国际法碎片化现象

全球化导致国际法的碎片化现象日益严重。[4]更糟糕的是，在某些特定领域，比如环境保护领域，不同（当代的、临时的）的需求导致国际环境协议是一个"四分五裂的体系"，并且各自之间的界限极易变化。[5]这种界限之间的极易变化性看上去成为国际组织的一个常有特点。那么，若在环境全球治理领域，作为人权的环境权与作为知识产权可专利对象的环境资源发生冲突，由谁治理、如何治理便遭遇僵局。同时，全球化导致主权逐渐消失，或者，在某些场合中，被认为并不是绝对的。[6]在国际法多样化的过程中，国际法碎片化现象日益彰显和严重，并呈现扩大和加剧态势，成为21世纪联合国国际法委员会所重点关注的对象和长期工作的方案之一。更有学者指出，这种国际法机制碎片化具有三大特征："机制密度增加、议题领域界限模糊以及相关行为体扩大。"[7]从本质上说，这既是国际法碎片化的表征，也是国际法碎片化的成

---

1 B. Kingsbury, Foreword: Is the Proliferation of International Courts and Tribunals a Systemic Problem? New York University Journal of International Law and Politics, Vol.31, 1999, p.681.

2 A. D'Amato, International Law as an Autopoietic System, in R. Wolfrum and V. Roeben eds, Developments of International Law in Treaty Making, Springer, 2005, p.351.

3 Panagiotis Delimatsis, The Fragmentation of International Trade Law, TILEC Discussion Paper, Feb. 2010, pp.2-3.

4 A. von Bogdandy, Globalization and Europe: How to Square Democracy, Globalization, and International Law, European Journal of International Law, Vol.15, 2004, p.888.

5 D. Bodansky, Is There an International Environmental Constitution? Indiana Journal of Global Legal Studies, Vol.16, 2009, p.565.

6 Panagiotis Delimatsis, The Fragmentation of International Trade Law, TILEC Discussion Paper, Feb. 2010, p.3.

7 王明国："全球治理机制碎片化与机制融合的前景"，载《国际关系研究》2013年第5期，第19页。

因。国际法领域这种矛盾现象的共存与相互依赖，深刻体现了国际社会的平权式结构和国际法的固有缺陷。[1]如果从更广泛的国际场景来看，自知识产权突破地域性而随知识产品流转于国际贸易中时，知识产权制度规范也随之进入国际法领域；而国际人权法自"二战"后也成为国际法所重点关注的领域，两种制度因此成为整个国际法律体系的一部分。一方面这是国际法领域不断扩大、国际法多样化的结果；另一方面这两种制度又与其他的国际法律部门充分融合和联系，在发挥自己调整和控制功能的过程中与其他的部门法律规范发生矛盾和冲突，如国际知识产权法与国际贸易法、国际知识产权法与国际环境法、国际知识产权法与国际人权法。如何缓和或消解此种矛盾和冲突，既是国际知识产权法和国际人权法所面临的问题，更是整个国际法体系所面临的严峻问题。

（二）全球治理理论的引入

随着全球化的发展，全球性治理模式也就应运而生。[2]在知识产权与人权的关系和交集问题上，有必要引入全球治理理论，这是应对全球化产生的诸多问题、解决知识产权扩张产生的困境、缓和国际法规则和体系碎片化现象的必然路径。

1. 全球治理的概念界定

第一，何为治理？治理的思想是全球化时代的产物，[3]"治理即没有国家的政府。"[4]全球治理概念所突出的全球变革特征之一是：一体化和碎片化并存背景下权威位置的迁移，[5]也就是从"统治"向"治理"的转变。联合国成立的全球治理委员会在1995年《我们的全球伙伴》中，对"治理"一词有着经典定义。[6]这一定义明确指出治理主体的多元化及其相互合作的根本特征，政府不再是治理的唯一主体，治理是国家与社会、政府与非政府组织之间的协

---

[1] 高兰英：《〈反假冒贸易协议〉研究——基于人权视阈的分析》，中国政法大学出版社2018年版，第27页。

[2] 郑万青：《全球化条件的知识产权和人权》，知识产权出版社2006年版，第13页。

[3] 吴汉东、郭寿康主编：《知识产权制度国际化问题研究》，北京大学出版社2010年版，第270页。

[4] 毛金生、杨哲、程文婷：《国际知识产权执法新动态研究》，知识产权出版社2013年版，第3页。

[5] 马丁·休伊森、蒂莫西·辛克莱："全球治理理论的兴起"，张胜军编译，载《马克思主义与现实》2002年第1期，第44页。

[6] Commission on Global Governance, Our Global Neighborhood–The Report of the Commission on Global Governance, Oxford University Press, 1995, p.2.

调,治理不仅注重正式的法律,也重视非正式的规则和规范。[1]

第二,何为全球治理?虽然全球治理成为国际政治、国际关系、国际法律中最热门的关键词,但什么是全球治理,学者们概念不一。俞可平教授认为,"所谓全球治理,指通过具有约束力的国际规制解决全球性的冲突、生态、人权、移民、毒品、走私、传染病等问题,以维持正常的国际政治经济秩序。"[2]还有学者认为,全球治理概念有几种不同的用法,一是试图追溯国际规制模式的广泛变化;二是关注当代世界组织处理世界问题能力的变化所具有的潜在意义;三是关注塑造全球治理形式中正在上升的政治力量。[3]不管学者们对全球治理的概念如何界定,全球治理应从其核心要素去理解,即在何种背景下,持何种理念,谁依据什么采取什么方式去治理什么,最终达到什么效果,那么全球治理是指在全球化的背景下,根据人类共有的核心价值理念,由多元主体依据国际法规则采取协调和合作的方式在国际层面和区域层面治理一些全球性的问题,最终达到全球善治的目的。

2. 全球治理的几种理论

全球治理理论并没有形成一个严谨、统一的理论体系,而是由各国学者们围绕这一课题的研究形成的一个相对独立的理论研究领域,一个充满争论的领域。[4]相关的重要理论包括早期的罗西瑙的"双重结构论"和"新复合多边主义"观点、奥兰·杨的新自由主义国际机制论、全球治理委员会的全球治理观念、斯蒂芬·克拉斯纳的现实主义反全球治理观、全球市民社会理论、星野昭吉的维持现状与变革现状理论等。[5]而新近比较有影响的全球治理理论包括元治理理论(即政府、私营部门和公民三种不同性质的治理模式交互协调,参与决策,实现过程民主化和结果合理化)、多中心治理理论(多个决策中心相互独立决策,但通过彼此的沟通和互动来加强合作)、网络治理理论(简化治理形式,个体在网络中互动学习,实现资源共享)、变革治理理论(从跨学科研究的角度强调治理的适应性,在各要素、各系统和各领域出现相应变革的

---

1 岳春宇:"如何理解全球治理理论中的'治理'",载《河北省社会主义学院学报》2008年第1期,第85页。

2 俞可平:"全球治理引论",载《马克思主义与现实》2002年第1期,第25页。

3 马丁·休伊森、蒂莫西·辛克莱:"全球治理理论的兴起",张胜军编译,载《马克思主义与现实》2002年第1期,第50页。

4 刘小林:"全球治理理论的价值观研究",载《世界经济与政治论坛》2007年第3期,第107页。

5 刘小林:"全球治理理论的价值观研究",载《世界经济与政治论坛》2007年第3期,第107-110页。

情况下寻求变革的治理方法)、实验主义治理理论(事物具有不确定性,所有方案是不完整的,因此在治理的过程中需对目标和手段不断进行调整,以达到最佳治理效果)等。[1]以哈贝马斯(Habemas)的协商民主理论为例。哈贝马斯主张不同民族和平共处,通过对话、沟通建立一种新型的社会交往关系和秩序,[2]人民主权原则和人权原则基础上建立的政治参与式的话语政治是"民主协商"全球治理的实现路径。[3]当然,不管学者提出的全球治理理论内容如何,全球治理既是一个理论问题,也是一个实践问题。如果从功能主义的角度来看,我们更关注如何化解全球治理在现实中所遭遇的困境,从而达到全球治理意欲达到的效果。

3. 全球治理的核心要素

全球治理包含诸多的内容,其核心要素如下:

第一,全球治理的价值和理念。全球治理倡导者认为这些价值应该超越国家、种族、宗教、意识形态、经济发展水平。[4]近年来,习近平同志提出的"共商共建共享"思想凸显了中国参与全球治理的基本理念,所谓"共商"是指全球治理的基本原则、重点领域、规则机制、发展规划等应由参与各方共同协商并达成共识;"共建"就是要发挥各方优势和潜能,共同推进全球治理体系的变革与创新;"共享"指的是参与各方平等享有全球治理的成果和收益。[5]其中,共商是基础,共建是手段,共享是结果。[6]

第二,全球治理的主体,即由谁来治。全球治理的主体不再是传统的国际法主体,即国家和国际组织,而具有多元性。[7]非国家行为体日益重要,但主权国家仍是主要博弈者,问题领域不同,国家行为体与非国家行为体参与全

---

[1] 聂圣平:"西方全球治理理论前沿评析",载《中国社会科学报》2020年8月5日,第7版。

[2] 程光泉主编:《全球化理论谱系》,湖南人民出版社2002年版,第175页。

[3] 李建芳:"差异与认同:哈贝马斯全球治理思想研究——兼论哈贝马斯的后民族结构理论",载《学术前沿》2018年第8(下)期,第148页。

[4] 红振、王会华:"全球治理理论初探",载《行政与法》2003年第4期,第62页。

[5] 仇华飞:"习近平推进和引领全球治理体系变革理论与实践研究",载《陕西师范大学学报》(哲学社会科学版)2021年第2期,第6页。

[6] 张力、李文婧:"充分发挥国际法的作用 深入参与和引领全球治理",载《人民法治》2019年第10期,第113页。

[7] 曾箭华:"全球治理理论的兴起及其中国视角",华东师范大学2006年硕士学位论文,第16-22页。

球治理的深度不同。[1]另外,还需要注意由国家组成的国家集团,也可成为全球治理的主体之一。比如发展中国家作为一个国家集团在全球知识产权治理中的作用。发展中国家的行动团结了立场和利益相近的其他力量和势力,包括发达国家内部的消费者团体、提倡开放软件源代码的组织等,虽然还不足以改变国际力量对比,重构知识产权国际保护的格局,但是已经产生了重要的国际影响。[2]这种力量是不可忽视的,并且在与发达国家所代表的知识产权的较量中,发展中国家所代表的人权偶尔也会取得一些胜利。

第三,全球治理的依据,即依何而治。全球治理是为了回应全球化,而国际法是全球化的基石与出路。全球治理的依据是国际法。而国际法不仅仅是一种由原则、规则、规范和制度组成的体系,也是一种框架,一种不仅为跨越国界的交往提供互动联系的框架,而且塑造着这种互动联系所追求的价值和目标的框架,还是一种理念,一种可以依靠这种体系或者框架或者沿此思路可以妥善调整利益、解决问题的确信。[3]这种国际法不仅包括作为传统国际法渊源、以国际条约为代表的国际硬法,还包括不具有法律约束力却产生法律效果的国际软法。[4]可以说,国际法是加强全球治理、促进国际合作的基本手段。[5]

第四,全球治理的对象,即治什么?从全球治理的产生来看,全球治理的对象和内容涉及的应是具体的全球性公共问题,也是人类社会所面临的共同性问题和跨国问题,范围非常广泛,包括传染病、跨国犯罪、环境问题、全球数字通信、知识产权、人权、全球金融、核问题、战争等诸多领域。[6]这些问题很难依靠单个国家得以解决,而必须依靠国际社会的共同努力。[7]但是由于全球性问题过于广泛,因此学者们基本放弃了整体主义的全球治理,而只是主要考虑政策相关的问题领域,紧紧围绕具体问题来整合各种理论资源,并提出

---

1 张宇燕、任琳:"全球治理:一个理论分析框架",载《中国社会科学院国际研究学部集刊》2018年第11期,第217-218页。

2 薛虹:《十字路口的国际知识产权法》,法律出版社2012年版,第30-31页。

3 刘衡:《国际法之治:从国际法治到全球治理》,武汉大学出版社2014年版,第32页。

4 严阳:"刍论全球治理中的国际软法——以兴起、表现形式及特点为视角",载《理论月刊》2016年第7期,第102页。

5 张力、李文婧:"充分发挥国际法的作用 深入参与和引领全球治理",载《人民法治》2019年第10期,第113页。

6 曾箭华:"全球治理理论的兴起及其中国视角",华东师范大学2006年硕士学位论文,第1页。

7 张红振、王会华:"全球治理理论初探",载《行政与法》2003年第4期,第62页。

可行的实践决策。[1]比如知识产权全球治理，它就不仅仅是知识产权领域的问题，越来越多的国际事务，如粮食、水源、空气等，都涉及知识产权问题，需要各国进行合作。[2]

第五，全球治理的方式，即如何治。全球治理的方法有很多，法律、政治交易、道德、商业习惯、政治权势的对比、谈判等，法律只是其中的方法之一。[3]但是，全球治理一般采取综合治理的方式，即通过多方参与主体对全球公共事务制定相关的国际规则和国际标准，并在特定的问题上展开全球范围内的多部门合作。[4]

第六，全球治理的效果，即治理得如何。全球治理的效果涉及对全球治理绩效的评估。[5]但是围绕全球治理绩效的评价标准，学界和政策界有很多争论。在没有达到治理均衡状态时，究竟什么样的全球治理更有效？[6]有学者认为，全球治理的绩效集中体现为国际规制的有效性。而如果追问全球治理的效果如何，实际上是在考察全球治理是否达到了其最初设想的目标。因此，全球治理的效果也好，国际规制的有效性也好，最终的目标应该是实现全球善治。而善治的要素包括：合法性（公民的共识和政治认同感）、法治（依法行事）、透明性（信息公开、便于获取、参与决策、实施监督）、责任性（公职人员与管理机构履行职责）、回应性（对要求作出及时和负责的反应）、有效性（管理效率高）、参与（公民在政治上和社会生活上的参与）、稳定（和平、有序、安全、政策连贯等）、廉洁、公正。[7]

"逆全球化"不是"去全球化"或"反全球化"，这本身从反面表明它隐含了新的推动全球化的因素。[8]新冠肺炎疫情已经成为全人类面临的一场大

---

1 吴畏："全球治理的理论困境"，载《武汉大学学报》（哲学社会科学版）2016年第3期，第21页。

2 董涛："全球知识产权治理结构演进与变迁——后TRIPS时代国际知识产权格局的发展"，载《中国软科学》2017年第12期，第22页。

3 朱景文："略论全球治理和法治"，载《新视野》2008年第1期，第51页。

4 肖声高："保护公共健康视角下的商标使用限制法律问题研究"，武汉大学2014年博士学位论文，第147-148页。

5 俞可平："全球治理引论"，载《马克思主义与现实》2002年第1期，第27页。

6 张宇燕、任琳："全球治理：一个理论分析框架"，载《中国社会科学院国际研究学部集刊》2018年第11期，第217-218页。

7 俞可平："全球治理引论"，载《马克思主义与现实》2002年第1期，第23-25页。

8 许士密："'逆全球化'的生成逻辑与治理策略"，载《政治学研究》2021年第2期，第85页。

考，但同时也是在逆全球化浪潮愈发汹涌之际，加强全球合作，推动并进一步完善全球化的重要契机。[1]就知识产权与人权的交集来说，现在的知识产权国际体制是与人权相冲突的，因此必须通过全球治理，建立一个符合人权目标的知识产权体制，由冲突达致平衡。[2]

本章小结

要实现知识产权和人权两种机制的融合，有必要在全球治理的语境下展开。这种全球治理的语境包括背景语境，即知识经济和信息网络时代的全球化向纵深发展，国际知识产权棘轮机制形成并继续推进，知识产权领域的两次人权危机，说明知识产权制度本身面临诸多现实困境，人权并未能化解反而加剧了知识产权制度的矛盾；也包括制度语境，即国际法规则与体系的碎片化现象严重，多元国际法主体出现，新型国际法部门增多，超国家治理结构缺失，不同的国际法义务发生重叠，国际法执行机制相互竞争。全球治理理论的引入，是应对全球化产生的诸多问题、解决知识产权扩张产生的困境、缓和国际法规则和体系碎片化现象的必然路径。全球治理虽然在概念和理论上还存在分歧，但其核心要素包含全球治理的价值和理念、主体、依据、对象、方式、效果等。

---

[1] 刘燕春子："应对全球化挑战更需全球合作"，载《金融时报》2021年2月26日，第8版。

[2] 吴汉东、郭寿康主编：《知识产权制度国际化问题研究》，北京大学出版社2010年版，第270页。

第六章

知识产权与人权全球治理的**主体**

全球体系主要是指在全球化时代彼此互动的行为体（包括国家行为体、超国家或跨国家行为体以及次国家行为体）相互联结而形成的整体或集合。[1]因此，全球治理涉及复杂的多方互动，全球治理的主体呈现多元性。各类主体在自己的兴趣领域、职责范围、机构权限内活动，共同组成全球治理的各个单元。在知识产权与人权交集的领域也不例外，并且各类主体已不再是纯粹的知识产权主体或人权机构，而是逐渐对如何协调知识产权与人权关系的问题展开讨论。正如前述，虽然在全球治理的问题上，还存在分歧和争议，甚至有多种理论和观点，但无论是哪一种关于全球治理的主张，都不否认行动体的多样化，都认为全球治理的特定体制必然涉及各国政府、正式的国际组织、非正式的全球公民社会组织甚至个人等。[2]

一、知识产权与人权全球治理主体的多元化

以"全球治理"应对世界发展中的新问题，以国际合作实现全球治理，已成为国际社会的共识。[3]但在合作治理的过程中，谁来合作？与谁合作？成为全球治理中的第一个问题。

（一）多元主体出现的原因

全球体系中的国家行为体所拥有的政治权威明显下降，而新的多元政治权威中心正成为国家权威的强有力的竞争者——超国家或跨国家行为体乃至次国

---

[1] 刘贞晔："全球体系浅释"，载蔡拓、刘贞晔主编：《全球治理变革与国际法治创新——全国首届"全球学与全球治理论坛"成果》，中国政法大学出版社2014年版，第52页。

[2] 王俊才：《法治与全球治理——一种关于全球治理规范性模式的思考》，法律出版社2012年版，第99页。

[3] 黄进："打通全球治理与国际法治学科界限 探索跨学科研究新路径"，载蔡拓、刘贞晔主编：《全球治理变革与国际法治创新——全国首届"全球学与全球治理论坛"成果》，中国政法大学出版社2014年版，卷首语第2页。

家行为体。[1]与威斯特伐利亚体系建立起来的传统国家中心主义模式相比，所有这些非国家行为体与国家之间形成了对抗、竞争和共存。

1. 新问题的挑战

事实上，随着全球性问题的流行和发展，并且民主从国内层面走向国际层面，公众参与意识加强，全球治理需要通过多元化和更大范围的利益相关方积极参与，方能公开、高效地解决全球公共问题。[2]在1998年的专家研讨会讨论环节中，达沃豪斯教授面对其中一名提问者有关WTO背景下的人权问题，回应说："对于更深刻、更复杂的有关WTO的作用问题，很明显，它是一个在知识产权领域制订规则的重要机构，我们可以说，作为WTO的工作成果，知识产权在规则层面而不是在市场层面，已经实现了全球化。但问题是这种财产制度已经全球化，而对这种制度的目的却没有形成共识和共享经验。这是一个关键问题。人权是民主社会中的核心，人权的所有意义在于它们服务于公民的福利。因此，对于所有的这些问题，没有哪个国际论坛具有排他性的垄断权来开展讨论。如果我们现在开始在许多论坛进行一种全球对话，可能会对知识产权的作用和目的逐渐达成某些共识。换句话说，是形成一种有更多人进行参与的全球性对话网络。"[3]这些曾经遭受排斥的主体往往是利益相关方，很可能是新规则秩序的推动力量。因此需要寻找一种多元主体的对话和沟通机制，以最为有效和合理的方式解决新问题的挑战。

2. 新技术的出现

网络技术的出现让其他主体参与国际事务变得越来越便利，新媒体则进一步拓展了"公共领域"的"话语主体"、提高了公众的"参与程度"，带来"话语秩序"的改变。[4]信息爆炸的年代让每个公民坐在家中便知天下大事，

---

1 刘贞晔："全球体系浅释"，载蔡拓、刘贞晔主编：《全球治理变革与国际法治创新——全国首届"全球学与全球治理论坛"成果》，中国政法大学出版社2014年版，第52页。

2 肖声高：《保护公共健康视角下的商标使用限制法律问题研究》，武汉大学2014年博士学位论文，第146页。

3 Edited Transcrip.of Discussion, Intellectual Property and Human Rights, Proceedings of a Panel Discussion organized by the World Intellectual Property Organization in Collaboration with the Office of the United Nations High Commissioner for Human Rights, Nov. 9, 1998, http://www.wipo.int/edocs/pubdocs/en/intproperty/762/wipo_pub_762.pdf, p.63, last visited on May 1, 2022.

4 欧阳宏生、李朗："传媒、公民环境权、生态公民与环境NGO"，载《西南民族大学学报》（人文社会科学版）2013年第9期，第142-143页。

利用手机就可获取信息、表达观点、提出建议,处理各类事务。新技术为其他主体参与全球治理提供了机会和便利。

3. 新规则的形成

在传统的治理模式下,国际法的表现形式是国家间通过正式的程序制订的规则,包括公约和条约等,还有就是经国家间长期反复相同的实践加上内心的法律确信而形成的国际习惯。但是,在全球化背景下,许多全球性的问题却越来越依靠所谓的"软法"。这些软法的制定者往往是一些非政府组织或公民团体,因此也需要在全球治理模式下拓展全球事务的参与主体。全球治理主体的多元化和国际共同体成员的多样化,无疑是国际软法产生的根源之一。[1]

（二）多元主体追求的目标

"分合并存"的全球化世界中,全球治理的多元主体并不试图否认或抗拒国家权威的存在,进而取代国家间体系,而是在努力争取与国家行为体竞争并存。[2] 多元主体的目的并不在于真正有权力制订规则或改变规则,只是想参与、讨论、发言、建议,最后形成共商治理的氛围。在参与程度上,多元主体借助更为平等、互动的方式,打破话语垄断,张扬个性。[3] 如在1998年的专家研讨会讨论环节中,一名与会者指出,知识产权与诸如人权、生物多样性、健康权以及科学进步等问题的联系是非常复杂的,也许在某些特定的情况下甚至是相互对立的。在一些知识产权的新领域中,现在正在迅速开展的立法工作必须要考虑这些复杂性。最为重要的是,从考虑所有涉及的当事方的不同观点和利益的意义上来说,这些规则制订程序应该是参与式的。国际社会应尽可能地达成共识,确保新的规则代表着所涉不同当事人的利益。[4] 当然,并不排除这种可能性,即全球公民社会在全球体系中的结构性作用绝不仅是为国家政府拾

---

[1] 严阳：“刍论全球治理中的国际软法——以兴起、表现形式及特点为视角”,载《理论月刊》2016年第7期,第102页。

[2] 刘贞晔：“全球体系浅释”,载蔡拓、刘贞晔主编：《全球治理变革与国际法治创新——全国首届"全球学与全球治理论坛"成果》,中国政法大学出版社2014年版,第53页。

[3] 欧阳宏生、李朗：“传媒、公民环境权、生态公民与环境NGO”,载《西南民族大学学报》（人文社会科学版）2013年第9期,第143页。

[4] Edited Transcrip.of Discussion, Intellectual Property and Human Rights, Proceedings of a Panel Discussion organized by the World Intellectual Property Organization in Collaboration with the Office of the United Nations High Commissioner for Human Rights, Nov. 9, 1998, http://www.wipo.int/edocs/pubdocs/en/intproperty/762/wipo_pub_762.pdf, pp.169-170, last visited on May 1, 2022.

遗补阙，而是具有一种"抵制国家"和"治理国家"的意蕴。[1]但正是在互相抵制、竞争的过程中，双方形成了各种复杂的合作关系。

（三）多元主体在不同领域的具体构成

由于在不同领域有着不同的除国家之外的多元主体，可能在参与的过程中，其积极性和主动性也是不同的。知识产权全球治理的主体，包括各国政府，政府部门（如英国知识产权委员会、美国对外贸易代表办公室），国际组织（如联合国、世界贸易组织、世界知识产权组织、国际反假冒联盟、国际海关组织、世界卫生组织），私人部门（主要指跨国公司）及其行业协会（如美国商业软件联盟、计算机软件及服务业协会、医药制造商协会等行业协会）、商会（如美国商会、日本商会），知识产权服务机构（如美国律师协会知识产权部）以及NGO。[2]由于知识产权与人权两大领域涉及的权利关系复杂、内容较多，而且与国家的制度治理以及公民的个人生活息息相关，因此在知识产权与人权的全球治理主体问题上，越来越呈现出多元化乃至无所不包的趋势。

二、知识产权与人权全球治理的主体类型

如果以是否具有公共权力为标准的话，可将之区分为公主体和私主体，其中公主体包括国家（含代表国家行事的国家政府、政府部门、政府官员）、国家集团、政府间国际组织（经国家同意且授权，含国际组织下设各委员会、机构、特别报告员、特别专员）；私主体包括非政府组织（国际法上的国际非政府组织）、私人（含跨国公司及跨国性私营机构、公民个人、其他国内公益团体如行业协会、学会，消费者团体等）。

（一）国家

国家在国际社会中的角色，如同个人在国内社会中的角色，不可或缺。国家是全球社会政治舞台的支点，国家的权威与功能无法替代。[3]但是，单个国家在国际社会中的影响毕竟有限，具有相同兴趣的国家"集团化"是目前国际关系中的一种新趋势。

---

1 刘贞晔："全球体系浅释"，载蔡拓、刘贞晔主编：《全球治理变革与国际法治创新——全国首届"全球学与全球治理论坛"成果》，中国政法大学出版社2014年版，第53页。

2 刘雪凤："知识产权全球治理视角下NGO功能研究"，华中科技大学2011年博士学位论文，第49页。

3 王毅："试论新型全球治理体系的构建及制度建设"，载蔡拓、刘贞晔主编：《全球治理变革与国际法治创新——全国首届"全球学与全球治理论坛"成果》，中国政法大学出版社2014年版，第110页。

1. 国家仍然是最重要的知识产权和人权全球治理主体

知识产权作为一种国家允许的垄断,其法律效力来源于国家,国家是知识产权保护规则的主要制订者,是对外进行知识产权谈判、签订国际知识产权条约的主体。在人权问题上,虽说人权乃人之为人的权利,但人权最主要的义务对象是国家,国家履行保护人权的主要责任。因此,参与知识产权和人权的全球治理,协调知识产权和人权的关系,最重要的主体仍然是国家。国家仍然是国际社会最为重要的行为体,为国际社会的基本规则、治理机制、利益协调和安全稳定提供最后的保障。[1]

传统的国家中心主义认为,国家是行使公共权力、管理公共事务的唯一主体。[2]比如知识产权与人权的冲突,如果发生在国内法领域,国家可以通过税法调整,在全球化条件下,谁也不愿意把自己在国际贸易中所获得的利益分给由此受到损害的国家。[3]国家必须在国内、国际不同层面,采取不同的策略来协调这两种制度之间的关系。虽然国际社会中出现了越来越多的其他行为体,对国家的权威提出了挑战,在知识产权与人权的全球治理过程中发挥着越来越重要的作用,但是,国家主导的公共领域依然是"构成民主的关键部分,也是决定社会民主化程度的方式"。[4]在现实的世界政治中,国家行为体并没有过时,其在许多世界事务中仍然发挥着主导性作用,并承担着重要的治理责任。[5]并且,作为代表国家的政府、政府部门,乃至官方代表,在全球治理的过程中,其行为举动、官方言论也会对全球事务的处理产生一定的影响。

2. 中国是重要的知识产权和人权全球治理主体之一

正如菲利普·桑斯(Philippe Sands)教授在其著作《无法无天的世界:当代国际法的产生与破灭》(中文版序)中所说:"过去十年的时代特点之一,就是中国作为关键的一员,在日渐形成的国际法律新秩序中崭露头角……

---

1 张铎:"全球治理理论的困境及超越",载《社会科学战线》2017年第4期,第276页。

2 蔡拓:"全球性:一个划时代的研究议题",载蔡拓、刘贞晔主编:《全球治理变革与国际法治创新——全国首届"全球学与全球治理论坛"成果》,中国政法大学出版社2014年版,第9页。

3 朱景文:"一种博弈:在人权和知识产权之间",载《法制日报》2007年11月18日,第14版。

4 欧阳宏生、李朗:"传媒、公民环境权、生态公民与环境NGO",载《西南民族大学学报》(人文社会科学版)2013年第9期,第142页。

5 刘贞晔:"全球体系浅释",载蔡拓、刘贞晔主编:《全球治理变革与国际法治创新——全国首届"全球学与全球治理论坛"成果》,中国政法大学出版社2014年版,第53页。

我认为中国的全球参与完全可能成为推动全球法治的一个重要契机。"[1]在知识产权与人权全球治理中，中国必须有所作为。

第一，中国的知识产权和人权保护已经有了长足进步，具备参与全球治理的基础。中华人民共和国知识产权制度的真正发展始于20世纪80年代，到现在基本完善，仅花了40多年的时间。中国的知识产权保护以起步晚、起点高闻名于世，受到了国内外学界包括美国知识产权界的充分肯定。[2]中国在人权保护方面取得的成绩也有目共睹。[3]日本著名国际法学家大沼保昭的倡言也可以证明："如中国这样具有优越文明传统、于国际社会具有巨大影响力的国家，就必须更深一步地理解人权理论和思想，在国际社会中积极展开立足于自己文明遗产的主张。这也是拥有卓越的文明、对21世纪全球社会的存在方式将产生巨大影响的国家比如中国，所具有的历史性责任。"[4]全球治理要求重视人类的整体性和利益的共同性，重视国家治理、国际治理和全球治理三个层次的互动与协调，重视全球治理的法治化，[5]在我国国内治理、法治建设已得到国际认可的情况下，我国完全有能力参与知识产权与人权的全球治理。

第二，普遍性理论话语的提出和知识产权与人权交叉议题的设置。首先，是否能提出具有普遍性的理论话语，从而激起国际成员在思想和情感上的共鸣，是衡量国家全球治理能力的重要指标。国家主席习近平提出的"人类命运共同体"理念，[6]是中国关于国际关系建构和发展问题的重要贡献。[7]2017年3月23日，联合国人权理事会第34次会议通过了关于"经济、社会、文化权利"和"粮食权"两个决议，决议中明确表示要"构建人类命运共同体"。

---

1 ［英］菲利普·桑斯：《无法无天的世界：当代国际法的产生与破灭》，单文华、赵宏、吴双全译，人民出版社2011年版，中文版序第1—2页。

2 潘斌："TRIPS与中国的知识产权执法比较研究"，载《国际商务研究》1997年第5期，第38页。

3 李步云：《论人权》，社会科学文献出版社2010年版，第253页。

4 ［日］大沼保昭：《人权、国家与文明》，王志安译，生活·读书·新知三联书店2014年版，第322—323页。

5 黄进："打通全球治理与国际法治学科界限 探索跨学科研究新路径"，载蔡拓、刘贞晔主编：《全球治理变革与国际法治创新——全国首届"全球学与全球治理论坛"成果》，中国政法大学出版社2014年版，卷首语第3页。

6 刘世强、魏雅珍："国家全球治理能力的理论探析"，载《江苏大学学报》（社会科学版）2020年第3期，第14页。

7 陈夏茹："探究构建人类命运共同体的国际政治经济意义"，载《智库时代》2017年第8期，第12—13页。

这是人类命运共同体重大理念首次载入人权理事会决议，标志着这一理念成为国际人权话语体系的重要组成部分，[1]这也是中国方案的世界回响。不管是知识产权和人权的各自独立发展，还是知识产权和人权已经在国际场合出现了交集，在解决这些问题的时候，必须从全人类共同利益的角度，考虑各种发展和协调方案的可能性。其次，在知识产权与人权交叉议题的设置上，以遗传资源、传统文化与民间文学艺术为突破口。许多发展中国家有着悠久而独特的历史文化，丰富的自然经济资源，因此拥有共同的知识产权保护主题，而这又是发达国家一直以来所忽略的。有学者就指出，"亚洲、非洲和拉丁美洲，拥有人类历史上最古老的文明，居住着成千上万的不同的传统部落，有着丰富的、流传久远的、依然还在发展的传统文化。对于传统部落来说，传统文化不是商品，而是他们的风俗习惯、文化传统、历史遗产和生活方式。传统文化不仅对于传统部落来说是重要的，对于每一个生活在这个部落中的人来说更是重要的，它可以促进某一社区或群体的共同发展。但是现在，这些传统文化正在得到不当的商业利用。印度、巴西、南非、安第斯山脉下的国家、非洲国家和其他发展中国家和最不发达国家目前非常关心保护其传统文化免受不当利用的问题。"[2]我国也非常关注这个问题，在与部分发达国家和发展中国家的双边自由贸易协定的知识产权章节中，均包含了对遗传资源、传统文化和民间文学艺术的保护。与东盟的知识产权合作中，也正在研究如何加强对遗传资源、传统文化和民间文学艺术的保护。

第三，联合发展中国家，共同在知识产权与人权全球治理中发声。中国作为治理主体之一，参与知识产权与人权交叉议题的设置，首先就可以解决自决权、健康权、发展权、环境权和民主权与知识产权的冲突问题。发展中国家在保护知识产权和人权方面，有着一些共同的利益和需求。因此，面对国际关系中日趋明显的"集团化"[3]趋势，我国应联合发展中国家的力量，与之进行内部协调，找出共同感兴趣的知识产权议题，商讨如何与发达国家据理力争的策

---

[1] 新华社："人类命运共同体重大理念首次载入联合国人权理事会决议"，2017年3月24日，http://news.xinhuanet.com/world/2017-03/24/c_129517029.htm，2021年12月1日最后访问。

[2] Gargi Chakrabarti, Vulnerable Position of Traditional Knowledge Under IPR: Concern for Sustainable Development, OIDA International Journal of Sustainable Development, Vol.7, 2014, p.67.

[3] "集团化"源于多极化中多极力量的重组改变，源于不同价值理念、不同文明、不同治理模式国家与集团的重新"合并同类"。王毅："试论新型全球治理体系的构建及制度建设"，载蔡拓、刘贞晔主编：《全球治理变革与国际法治创新——全国首届"全球学与全球治理论坛"成果》，中国政法大学出版社2014年版，第107页。

略,高举合作与对话的旗帜,根据国际法的文件与规则,提出一些反映发展中国家利益和要求的主张,形成共同的"一个声音",最后迫使发达国家不得不妥协。目前,中国为赢得在世界知识产权和人权治理领域的话语权,也可以联合其他发展中国家,在相关领域开展合作,这是一种最为可行的方法。在已签署的自贸协定中,所涉及的条款不仅从深度上有所延伸,在广度上也有所拓展。如早期与巴基斯坦、智利等的自贸协定中,并未见知识产权的规定,但是在后期的贸易协议中,新增了很多条款,比如更加关注环保、电子商务、知识产权等方面的内容。[1]这些知识产权条款,一般内容涵盖广泛,包含目的和原则、对TRIPS的遵守、对公共健康的关注、对遗传资源和传统知识以及民间文学艺术的保护、执法条款与国际合作等。另外,在全球视野下推进人权治理,中国应以全人类为主体,坚持多边主义和国际合作,坚持主权平等和人权保护中的平等和非歧视原则,坚持整体性、平衡性、可持续性,坚持最广泛的包容性和普遍的适用性,努力使各国人民都享有发展机遇、享有发展成果,实现全球性各类人权全面协调发展。[2]

(二)政府间国际组织

在知识产权与人权全球治理问题上,由于知识产权和人权交集问题特别是两者的冲突问题在跨越国界进入国际场域时才表现得特别明显,因此,政府间国际组织在发现问题、探讨问题、解决问题等各环节都发挥了巨大的作用。

1. 联合国

联合国是一个庞大复杂的体系和机构,是全球治理中最重要也发挥着关键作用的政府间国际组织。联合国超越国家的治理对策、能力和效果功不可没。在知识产权与人权的全球性冲突上,联合国下的人权机构最先注意到该问题,并开展了一系列讨论,发布了许多具有影响力的宣言、决议等。在联合国所有的机构体系中,其人权体系和知识产权与人权的全球治理关系最为密切。最值得关注的有三:一是联合国人权理事会(前身为联合国人权委员会);二是联合国人权事务高级专员;三是联合国人权条约机构,包括经社文权利委员会、人权事务委员会、残疾人权利委员会等。这些机构从最开始关注原始居民的权利开始,引发了对知识产权与人权关系的探讨。前述联合国人权促进和保护小

---

[1] 商务部官方网站中国自由贸易区服务网:"自贸协定提升中国企业竞争优势",2018年1月9日发布,http://fta.mofcom.gov.cn/article/fzdongtai/201801/36917_1.html,2022年1月10日最后访问。

[2] 鲁广锦:"历史视域中的人权:中国的道路与贡献",载《红旗文稿》2021年第1期,第18页。

组委员会的第2000/7号文件，是世界上第一个有关解决知识产权与人权冲突的文件，表达了世界贸易和全球化的趋势对人权所产生的影响。小组委员会列出了一个有计划的新议程，即在联合国的层面来审视知识产权问题。它要求四种不同的行为者——各国政府、政府间组织、联合国人权机构和非政府间组织，一起来解决人权与知识产权的交集问题。并且，它还要求各国法律制订者在立法时要将人权义务与原则纳入其中。[1]另外，经社文委员会在知识产权与人权的治理过程中，也发挥了重要的作用。2006年1月，经社文委员会发布了第17号一般性解释，这是一份突破性的文件，诠释了保护源于智力成果的精神和物质利益的权利，包括该权利的各个不同方面、范围、内容和义务。由于委员会有职责解释《经济、社会及文化权利国际公约》的规定，"这一权威性的解释为许多学者提供了分析第15条第1款丙项的权利义务的起点"。[2]接着，2009年的第21号一般性评论解释了第15条第1款甲项的文化生活参与权，2020年的第25号一般性评论解释了第15条剩余条款，特别是包括第15条第1款乙项的科学惠益分享权。这三个一般性评论指出了人权文件中与知识产权相关的三项重要权利，即智力成果利益保护权、文化生活参与权、科学惠益分享权，为认识、理解、促进和协调知识产权与人权的关系奠定了基础，也提供了指导。

2. WIPO

目前，WIPO是联合国下的一个专门机构，共193个成员方，250个非政府组织和政府间组织已取得正式的观察员地位，管理着26个知识产权公约，主要帮助政府、企业和社会实现知识产权利益。[3]WIPO的主要职能与活动有：为不断变化的世界提供一个构建利益平衡的国际知识产权规则的政策论坛；为保护跨境知识产权的流动与解决相关知识产权纠纷提供全球服务；为不同知识产权体系之间的沟通与知识的分享提供技术基础；为促进所有国家利用知识产权实现经济、社会和文化进步提供合作与能力建设方面的项目；在全球范围内提供知识产权的相关信息与资源。[4]需要着重指出的是，WIPO在相关公约制定的过程中，特别关注发达国家和发展中国家之间的利益平衡以及

---

1 Sub-Commission on Human Rights Resolution 2000/7, p.5, U.N. Doc. E/CN.4/Sub.2/RES/2000/7, Aug.17, 2000.Resolution 2000/7.

2 Peter K. Yu, Intellectual Property and Human Rights 2.0, Legal Studies Research Paper Series of Texas A&M University School of Law, Research Paper No.19-24, 2019, p.1388.

3 What is WIPO? Available at https://www.wipo.int/about-wipo/en/.

4 WIPO官方网站，http://www.wipo.int/about-wipo/en/，2021年12月1日最后访问。

知识产权人和社会公众之间的利益平衡。[1] 2013年通过、2016年生效的《马拉喀什条约》也是WIPO在知识产权和人权全球治理过程中功不可没的最好明证。世界盲人联盟在其有关《马拉喀什条约》的指南中指出：它是第一个这样的国际法律文件，即其主要目标是为版权所有人的专属权利创设一些强制性的例外规定；它也是第一次将WIPO条约和国际知识产权保护制度的目标明确界定为国际人权的实现。[2]

3. 其他重要的政府间国际组织

一是WTO。由于WIPO的内在基础性缺陷，如重立法而忽视执法、缺乏有效且有拘束力的争端解决机制等，[3] WTO的TRIPS逐渐以将知识产权与贸易相结合、设定最低限度的知识产权保护标准、强有力的争端解决机制的优势，取代了WIPO在国际知识产权法中的核心地位。虽然TRIPS体现了发达国家利益集团的利益，被发展中国家批评为"较高的最低保护标准"，并且在实施的过程中也遭受了非议和危机，但TRIPS与WTO贸易争端解决机制的结合，是其在国际知识产权体制中目前谁也无法取代的重要保证。因此，首先要充分利用WTO下的一般例外条款，这是保护人权的一种途径，比如载于TRIPS、政府采购协议和服务贸易总协议下的允许国家采取措施保护公共道德的例外，允许采取保护人类、牲畜和植物的生命或健康的措施的例外，允许采取保护公共秩序的措施的例外。[4] 其次要关注WTO争端解决措施中与人权有关的案件。比如2012—2013年的烟草平装系列案件，涉及的申诉方包括乌克兰、洪都拉斯、多米尼加、古巴、印度尼西亚；被诉方均为澳大利亚，而中国等是第三方。[5] 这些案件都涉及知识产权保护与健康权的冲突问题。

二是世界卫生组织（WHO）。作为全球健康治理的主要机构，根据世界卫生组织宪章第2条的规定，WHO应当以实现其"为全体人类获得最高水平健康"的目标。在烟草商标使用限制措施引发的健康治理与知识产权保护机制

---

1 钟秀勇："WIPO与中国知识产权"，载《中国知识产权报》2006年4月12日，第6版。

2 Laurence R. Helfer et al., The World Blind Union Guide to the Marrakesh Treaty: Facilitating Access to Books for Print-Disabled Individuals, Social Science Electronic Publishing, 2017, p.91.

3 张猛："知识产权国际保护的体制转换及其推进策略——多边体制、双边体制、复边体制？"，载《知识产权》2012年第10期，第82页。

4 联合国人权事务高级专员办公室：《人权与世界贸易协定——利用一般例外条款保护人权》，联合国纽约和日内瓦，HR/PUB/05/5，2005年。

5 WTO官方网站，https://www.wto.org/english/tratop_e/dispu_e/find_dispu_cases_e.htm，2022年1月10日最后访问。

争端方面，WHO与WTO应当进一步加强机构联系和协调。[1]特别是目前全球性新冠肺炎疫情还未解除的情况下，联合国人权理事会2021年2月的第46届会议上，重申各国有权利用TRIPS的灵活性，关注《多哈宣言》，便利所有人获得COVID-19疫苗，并强化协调，包括与私营部门的协调，以期实现疫苗的快速开发、制造和分配，同时坚持透明、有效、安全、公平、可及、可负担等目标，请联合国人权事务高级专员与各国、联合国各机构、条约机构、民间社会组织和其他利益攸关方协商，编写一份报告，说明无法以可负担的价格、及时、公平和普遍地获得和分配COVID-19疫苗这一情况以及不断加深的国家间不平等对人权的影响，包括相关的脆弱性和挑战以及对人人享有能达到的最高标准身心健康的权利的影响。[2]世界卫生组织在治理这一流行病方面责任重大。

另外，比如在知识产权执法的问题上，许多国际组织纷纷加入，打击世界范围内的假冒和盗版产品贸易，这些国际组织包括世界海关组织、国际商标协会反假冒执行委员会、亚太经合组织、世界卫生组织的国际药品反假冒工作组、世界刑警组织等。[3]在这些以打击假冒和盗版产品为目的的知识产权执法措施中，要关注其民事措施、刑事措施、边境措施和网络措施对人权的影响。

尽管代表国际多边机构的政府间国际组织有这样那样的缺点，但它们毕竟维护、阐释和强化了关于国际合法性的公共话语规范。[4]在知识产权与人权全球治理中，政府间国际组织和国家一样，发挥着不可替代的作用。

（三）NGO

全球治理必须包含NGO、区域性的政治组织，才是对全球治理的形式和动力的恰当解读。[5]国际非政府组织（NGO）是指依据一国法律设立，其使命、

---

[1] 万维："公共健康视域下商标使用限制措施的法律争议——以烟草平装措施为例"，载《时代法学》2016年第1期，第80页。

[2] Human Rights Council, Ensuring Equitable, Affordable, Timely and Universal Access for All Countries to Vaccines in Response to the Corona virus Disease (COVID-19) Pandemic, Agenda Item 3, Forty-sixth Session, 22 Feb.-23 Mar. 2021, A/HRC/46/L.25/Rev.1.

[3] 毛金生、杨哲、程文婷：《国际知识产权执法新动态研究》，知识产权出版社2013年版，第36-42页。

[4] 刘贞晔："全球体系浅释"，载蔡拓、刘贞晔主编：《全球治理变革与国际法治创新——全国首届"全球学与全球治理论坛"成果》，中国政法大学出版社2014年版，第53页。

[5] [美]戴维·赫尔德：《全球大变革：全球化时代的政治、经济与文化》，杨雪冬等译，社会科学文献出版社2001年版，第70页。

成员、资金、活动等具有跨国性，在基本属性上具有非营利性、民间性与志愿性特征的非政府组织。[1] 在过去几十年中，国际关系中一个最明显的现象就是，NGO已经成为经济、环境、人权等诸多领域全球治理中不可忽视的因素。[2]

这些NGO广泛活跃在环境、健康、知识产权、人权等重要的国际领域，比如环境NGO的存在为公众提供了一个与政府、企业就环境进行平等谈判、商讨与协商的缓冲地带——环境"公共领域"，成为民众环境参与、生态公民培育的建设性力量。[3] 一些来自发展中国家的非政府组织，它们数量不多但非常有效率。[4] 而在烟草控制这一公共健康议题上，NGO也发挥了巨大的作用。相关控烟非政府组织甚至得到了WHO的批准，和主权成员国一起参与了《烟草控制框架公约》（Framework Convention on Tobacco Control，以下简称FCTC）的谈判过程。在FCTC缔结后，非政府组织甚至还组成了"框架公约联盟"，以推进FCTC的有效实施。[5] NGO在国际知识产权舞台上也非常活跃，已经成为知识产权国际政治中除国家和利益集团之外的第三种力量。

在知识产权与人权的较量中，NGO是一支不可忽视的力量，并且取得了巨大的成功。一个事例是对WTO部长级会议的抵制。1999年11月，在西雅图WTO部长会议召开的前夜，一些非政府组织召开了有50个国家的350名代表参与的阿姆斯特丹会议，发表了《阿姆斯特丹声明》，这是非政府组织就解决知识产权保护与公共健康冲突问题所发表的国际倡议书。[6] 另一个事例是对WTO和国内知识产权案件的影响。在美国和巴西的WTO争端案和制药业在南非的诉讼案中，[7] 许多民间团体联合起来呼吁获取必需药品后，迫于强大的

---

[1] 杨丽、丁开杰主编：《全球治理与国际组织》，中央编译出版社2017年版，第5页。

[2] Marc Abélès, Rethinking NGOs: The Economy of Survival and Global Governance, Indiana Journal of Global Legal Studies, Vol. 15, 2008, p.241.

[3] 欧阳宏生、李朗："传媒、公民环境权、生态公民与环境NGO"，载《西南民族大学学报》（人文社会科学版）2013年第9期，第142-146页。

[4] ［英］菲利普·桑斯：《无法无天的世界：当代国际法的产生与破灭》，单文华、赵宏、吴双全译，人民出版社2011年版，第73页。

[5] 肖声高："保护公共健康视角下的商标使用限制法律问题研究"，武汉大学2014年博士学位论文，第147页。

[6] 冯洁菡：《公共健康危机与WTO知识产权制度的改革——以TRIPS协议为中心》，武汉大学出版社2005年版，第76-77页。

[7] Laurence R. Helfer & Graeme W. Austin, Human Rights and Intellectual Property: Mapping the Global Interface, Cambridge University Press, 2011, p.40.

公众压力，两起诉讼最后均以撤诉告终。[1]这些公共利益NGO使用了一系列不同的方法和策略来表述他们各自代表的利益，包括"会议、令人高度关注的运动、诉诸国际媒体以及通过邮件列表服务进行传播"，等等。[2]在南非制药公司案件中，南非的治疗倡导组织（Treatment Action Campaign，以下简称TAC）加入了政府诉讼，其在详细的宣誓书中指出了制药公司关于南非政府的立法是否符合TRIPS的辩论的缺陷，并且针对研发的必要性提出了反对意见。利用这一框架，TAC根据从国际法和国内法中得出的人权论点，认为健康权为立法本身提供了宪法权力，是一种法律利益，应优先于公司产权。此外，TAC和南非其他人权团体以及世界各地的活动人士合作，在案件审理的同时组织了大量的公共性活动。在案件审理的当天，在全球30个城市举行了国际行动日的示威活动。一份由35个国家250个组织签署的反对诉讼的请愿书被刊登在南非的全国性报纸《商业日报》上。世界卫生组织不仅表示支持南非为诉讼辩护，而且还提供了法律援助。在听证会前几天，南非前总统纳尔逊·曼德拉指责制药公司对艾滋病药物定价过高的言行获得了媒体的广泛关注。这种积极行动和媒体报道的结合，引起了全球对制药公司的广泛谴责，制药公司也因此认识到，声誉损失比《南非药品法案》可能导致的任何损失后果都要严重得多。2001年4月，制药公司撤回了诉讼。[3]NGO也与发展中国家的政府结成同盟，来提出他们共同的目标，即改革现有的全球知识产权体系。这些努力所带来的最著名的成果当属《多哈宣言》。还有一个事例就是在反对ACTA的批准与生效中，NGO也做出了贡献。许多非政府组织纷纷发表声明，认为ACTA会侵犯一些基本的人权，包括民主参与权、表达自由权和隐私、公共健康。

诸多事例证明，NGO从更高的人文关怀角度思考如何推动国际知识产权治理结构的变迁，为人类的平衡发展创造更多的机会。[4]

1　Naomi Bass, Implication of the TRIPS Agreement for Developing Countries: Pharmaceutical Patent Law in Brazil and South Africa in the 21st Century, George Washington International Law Review, Vol.34, 2002, p.191.

2　Carolyn Deere, The Implementation Game: The TRIPS Agreement and the Global Politics of Intellectual Property Reform in Developing Countries, Oxford University Press, 2009, p.131.

3　Laurence R. Helfer & Graeme W. Austin, Human Rights and Intellectual Property: Mapping the Global Interface, Cambridge University Press, 2011, pp.146-147.

4　董涛："全球知识产权治理结构演进与变迁——后TRIPS时代 国际知识产权格局的发展"，载《中国软科学》2017年第12期，第25页。

（四）私人

曾经被忽略的私人力量团结成合力，通过庞大的社会资源和舆论压力在全球公共领域实践着全球公民社会民主的力量。[1]这是因为，国际法领域发生了一场革命，它的规则已经渗入人们日常生活的方方面面。[2]在知识产权与人权全球治理主体中的私人，包括两类。一类是以公司特别是以跨国公司为代表的私益集团，旨在保护知识产权利益；而另一类是以学者和个人为代表的学会、协会，消费者团体，或者个人本身等，旨在从更广泛的意义上保护公共利益，实现人权。

1. 以跨国公司为首的私益集团

私人企业地位的提高已经成为现代后工业社会的一个主要特征。虽然跨国公司在后危机时代权威受到削弱，但跨国公司的全球利益取向使它"具有反权威的性格。当然，它反权威的真实目的不是厌恶权威，而是要构建属于自己的权威"。[3]

在1998年的专家研讨会讨论环节中，查普曼教授就认为，有必要甚至在各个国家之中，设立新的机构来讨论科学技术的惠益分享、对生命形式的可专利性、数据库保护等问题。国际论坛上的困境主要存在于跨国公司的议程中，它们已经成为制订现行知识产权规则的重要幕后推手。对制订未来数年可能在国际或生态层面会影响各个国家的政策来说，这可不是一个充分的理由。必须有新的制度安排，来充分考虑人权的影响，而这在目前是被忽视的。[4]在前述苦楝树案中，美国和欧洲相关部门的相互对抗，也说明了不同相关群体之间的利益博弈。美国农业部是格雷斯制药公司关于苦楝树油专利的共同申请人。因

---

1 姚璐、刘雪莲："后危机时代全球治理发展的新动向"，载蔡拓、刘贞晔主编：《全球治理变革与国际法治创新——全国首届"全球学与全球治理论坛"成果》，中国政法大学出版社2014年版，第86页。

2 [英]菲利普·桑斯：《无法无天的世界：当代国际法的产生与破灭》，单文华、赵宏、吴双全译，人民出版社2011年版，英文版序第1页。

3 姚璐、刘雪莲："后危机时代全球治理发展的新动向"，载蔡拓、刘贞晔主编：《全球治理变革与国际法治创新——全国首届"全球学与全球治理论坛"成果》，中国政法大学出版社2014年版，第80页。

4 Edited Transcrip.of Discussion, Intellectual Property and Human Rights, Proceedings of a Panel Discussion organized by the World Intellectual Property Organization in Collaboration with the Office of the United Nations High Commissioner for Human Rights, Nov. 9, 1998, http://www.wipo.int/edocs/pubdocs/en/intproperty/762/wipo_pub_762.pdf, p.173, last visited on May 1, 2022.

此，美国政府也推动和鼓励利用现行的知识产权机制来使用传统知识。欧洲专利局撤销了苦楝树油专利，部分是因为在欧洲议会中的绿党的倡导下，印度提出了专利上诉。如果缺乏像绿党这样具有影响力、信息和经验丰富的同盟，原始居民可能会缺乏针对实力强大的跨国公司非法利用其传统知识而提出成功反对的资源。[1]

事实上，在知识产权的跨国保护方面，这些私益集团的作用和影响绝对不可小觑。TRIPS的谈判，这场戏的主角是一个更小的集团——由12个跨国公司高管组成的特别知识产权委员会，在加强对知识产权全球保护方面成功地取得了国际支持。[2]美国成立了专门的工业技术咨询委员会（Industrial Advising Committee，简称ITAC15），成员来自业界巨头，经济实力富可敌国。这一委员会全程监督和审查美国自由贸易协定中的知识产权内容，无怪乎有人称之为"名副其实的美国知识产权企业影响力的发动机"。[3]这些实力雄厚、能力超强的私人/公司集团通过直接介入自由贸易协定知识产权条文草案的拟订、向政府提供信息和专业知识、有组织的游说活动等，活跃于国际知识产权规则台前幕后的博弈中。[4]

2. 个人

由于现代网络技术的发展，个人在获取信息、民主参与与表达自由方面的能力日益增强，对能够影响自己的国际事务也更加关注，因此，在知识产权与人权全球治理问题上，也不断发挥作用。在国际环境法中，有"生态公民"之说。作为环境治理中重要的第三方主体，生态公民具有超强的自觉性。[5]在全球变暖的问题上，就有个人参会者。来自伦敦北区的威尔斯顿的奥布利·梅尔，参加了所有的会议，还提出了"缩减和集中"理论，为谈判做出了

---

1 David Weissbrodt and Kell Schoff, Human Rights Approach to Intellectual Property Protection: The Genesis and Application of Sub- Commission Resolution 2000/7, Minnesota Intellectual Property Review, Vol.5, 2003, pp.18-19.

2 ［美］苏珊·K.塞尔：《私权、公法——知识产权的全球化》，董刚、周超译，中国人民大学出版社2008年版，第1-2页。

3 Peter Drahos, Expanding Intellectual Property's Empire: the Role of FTA, available at http://ictsd.org/i/ip/24737/, 2012-12-25, last visited on May 1, 2022.

4 杨静：《自由贸易协定知识产权条款研究》，法律出版社2013年版，第52-53页。

5 欧阳宏生、李朗："传媒、公民环境权、生态公民与环境NGO"，载《西南民族大学学报》（人文社会科学版）2013年第9期，第145页。

贡献。[1]

在知识产权领域，也有许多个人或多人或普通公众关注国际案件或国际知识产权事务的例证。比如著名的美国奥尔德雷德诉阿什克罗夫特一案，受到了法学界、众多相关社会公众团体和大量媒体的广泛关注和报道。支持原告起诉、向联邦最高法院递交正式法律意见的共有14份，他们分别是60多位宪法和知识产权法教授、17位经济学家（包括5位诺贝尔奖获得者）、15家图书馆、30家教育和公益机构等。[2]而在ACTA的制订过程，法学界人士和许多公众也无不表达自己的抗议。2010年4月10日的新西兰会议、[3]会后的《威灵顿宣言》；[4] 2010年6月在美利坚大学华盛顿法学院的会议、[5]会后的紧急公报；[6] 2010年10月美国75名大学教授联名上书时任美国总统奥巴马；[7] 2012年1月从波兰境内开始到2月蔓延至华沙、布拉格、斯洛伐克、布加勒斯特、维

---

[1] 该理论建议设立一个全球排放最高限额，然后逐步减少排放量直到每一个人的排放数量和权利相等。[英]菲利普·桑斯：《无法无天的世界：当代国际法的产生与破灭》，单文华、赵宏、吴双全译，人民出版社2011年版，第73页。

[2] 徐瑄、袁泳："从Eldred v. Ashcroft诉讼案看美国版权法价值转向：美国200年来首次对'版权扩张'法案进行违宪审查"，载《中外法学》2003年第6期，第748页。

[3] Chris Keall, InternetNZ Launches Petition to Limit ACTA, April 12, 2010, https://www.nbr.co.nz/article/internetnz-launches-anti-acta-petition-121331, last visited on May 1, 2022.

[4] 《威灵顿宣言》（英文全称为The Wellington Declaration）包括序言和正文两部分，其中第一部分为一般性事项，包括保护网络发展，合适的谈判场所，ACTA的制订目的，ACTA的制订程序应该保持透明度，进行影响评估，提高公众参与、保持灵活性等；第二部分为与ACTA威灵顿谈判主题有关的特殊性事项，包括例外与限制措施、技术保护措施、尊重成员国国内民事程序、尊重隐私、适当确定网络中间商的责任、保护进入和使用网络的权利、合理确定损失赔偿额、降低刑事责任等。有关《威灵顿宣言》的内容，参见The Wellington Declaration, April 10, 2010, https://web.archive.org/web/20100814164925/http://publicacta.org.nz/wellington-declaration//, last visited on May 1, 2022.

[5] Robin Gross, Urgent Communique: International Experts Find that Pending Anti-Counterfeiting Trade Agreement Threatens Public Interets, Jun. 23, 2010, http://www.ipjustice.org/digital-rights/urgent-communique-international-experts-find-that-pending-anti-counterfeiting-trade-agreement-threatens-public-interests/, last visited on May 1, 2022.

[6] Text of Urgent ACTA Communique, American University Washington College Law Programe Information Justice & Intellectual Property, http://www.wcl.american.edu/pijip/go/acta-communique, last visited on May 1, 2022.

[7] Program on Information Justice and Intellectual Property, Over 75 Law Profs Call for Halt of ACTA, Oct. 28, 2010, available at www.wcl.american.edu/pijip/go/blog-post/academic-sign-on-letter-to-obama-on-acta, last visited on May 1, 2022.

尔纽斯、巴黎、布鲁塞尔和都柏林等欧洲城市反对ACTA的公众大游行[1]等，无不表明知识产权与人权已经引起公民的广泛关注。这是因为，知识产权的保护已经扩张至影响到了个人人权的行使，那么，在知识产权与人权的全球治理中，个人或个人的联合也会成为一支不可忽视的力量。当国际事务越来越和公民的个人生活相关时，个人也会在全球体系中发挥更重要的作用。[2]

多元化主体已成为知识产权与人权全球治理的特征之一。这些主体复杂多样，利益有别，影响不同，在相互制约的过程中又相互合作。在协调知识产权与人权的未来关系中，应体现以国家为中心、以政府间国际组织为主导、以NGO为补充、鼓励私人积极参与的多层次、互动式治理模式。

本章小结

在全球化的条件下，由于新问题的挑战、新技术的出现、新规则的形成，知识产权与人权的全球治理主体呈现多元化的局面。国家仍然处于治理主体多元格局的中心位置，中国更是应该发挥重要的知识产权和人权全球治理主体作用，因为中国已经具备参与全球治理的基础，应提出普遍性理论话语，设置知识产权与人权交叉议题，联合发展中国家共同在知识产权与人权全球治理中发声。政府间国际组织，如联合国、WIPO、WTO、WHO等也发挥着不可替代的作用。在知识产权与人权的较量中，NGO是一支不可忽视的力量，并且取得了巨大的成功。私人层面，以跨国公司为首的私益集团和个人或个人组成的协会、学会等在知识产权与人权全球治理问题上，也不断发挥作用。各类主体复杂多样，利益有别，影响不同，在相互制约的过程中又相互合作。

---

1 王宇："谁在反对ACTA？"，载《中国知识产权报》2012年8月22日，第4版。

2 刘贞晔："全球体系浅释"，载蔡拓、刘贞晔主编：《全球治理变革与国际法治创新——全国首届"全球学与全球治理论坛"成果》，中国政法大学出版社2014年版，第53页。

第七章

知识产权与人权全球治理的**框架**

全球化并非是一个单一的过程,而是多数过程的组合,全球进程本身是复杂的多维世界体系。[1]"时代的悖论"指出了这样一个事实:我们必须努力应对的共同问题的广度和深度都在增强,而我们处理这些问题的手段却很无力且不完整。[2]知识产权与人权在全球化的时代背景下所展现的图景是:一方面越来越多的问题跨越知识产权和人权的各自领域,向对方领域渗透和扩张;另一方面两种制度又存在着分化和竞争,各自以自己特定的视角来处理这些交叉议题。即使某一问题已经引起了两个领域的共同关注,但缺乏更高层次的统一和协调,多个有所关联的国际组织和国际机构对如何解决这些共同的问题没有明确的目的,它们自己本身也往往面临职能交叉、指令冲突、目标不清等诸多问题;而问题所涉的国家中,那些经济落后、民众被边缘化的国家又被排除在决策体系之外,从而使问题变得更加复杂。知识产权与人权在多方主体、多维利益、多层互动、多元方法的复杂组合中,开展全球治理应该依循一个什么样的框架,或者说,应该给知识产权和人权的交集关系设置一个什么样的框架,该框架是否有必要构建,以及该框架构成要素和结构层次如何,是本章所重点关注的内容。

开展知识产权与人权的全球治理,必须进一步厘清两者之间的关系。因此,本部分的内容将在第三章和第四章的基础上展开,始终坚持知识产权与人权的区分论(即在知识产权是否是人权的问题上,认为"部分知识产权是人权")和知识产权与人权的交集论(即在知识产权与人权存在何种关系的问题上,认为"知识产权与人权存在交集关系",两者交集的部分在于"智力成果利益保护权",不包括"财产权"),在这一框架的构建上主要以智力成果利益保护权为核心,从横向和纵向两个方面来进行分析。

---

1 王云芳:"全球进程浅析",载蔡拓、刘贞晔主编:《全球治理变革与国际法治创新——全国首届"全球学与全球治理论坛"成果》,中国政法大学出版社2014年版,第33页。
2 戴维·赫尔德、凯文·扬:"有效全球治理的原则",载《南开学报》(哲学社会科学版)2012年第5期,第2页。

一、构建知识产权与人权全球治理框架的必要性

（一）知识产权与人权交集的不可避免性

关注知识产权和人权问题的国际组织、政府机构、民间团体、律师、学者和新闻工作者组成的群体日益壮大。大部分关注这一问题的人认为两种制度的不断交集是有益的。当然，也有人关注两种制度特定的交集点，认为这两种以前没有关系的制度之间的重叠将会产生一些不利的法律或政策后果。但是，也有人质疑这些发展，相反倒是希望维持甚至是加强两种制度之间的隔离。反对将知识产权与人权交集起来进行全球治理的原因一般如下。

1. 两种制度的方法、内容和目标均有不同

反对意见的产生部分是由习惯于研究其中一个复杂的法律和政治制度而不习惯于另一个制度并拒绝改变所引起的，当然，这种抗拒不仅仅产生于一种对不熟悉领域的反射性畏惧。学科的差异性固然存在，不想在自己不熟悉的领域里开展研究也情有可原。毕竟，这两个不同的制度和群体使用着完全不同的语言。知识产权学者，特别是那些熟悉英美法传统的学者，运用的是功利主义和福利经济的分析工具，来评价激励与获取之间的利弊权衡以及对创造、拥有和消费知识产权品的个人和公司所带来的后果。相反，国际人权倡导者，使用的是绝对真理的话语体系，试图详细描绘国家在尊重和实现不可转让的个人权利时所应履行的消极和积极义务。因此带来的结果是，将某些事项界定为"人权"，经常会从理论上产生"带有王牌性质"的语言体系，以及毫无条件的要求。这种对权利和责任类别的强调，一是看上去与迅速变化的技术和经济环境难以适应，而这种环境下知识产权规则能够良性运行；二是经常导致产生需要逐渐调整激励创作和公众获取之间平衡的呼吁。这种人权领域的至上话语体系对知识产权学界来说，确难适应。

2. 对支持一种制度就必须要改变另一种制度的忧虑

拒绝知识产权和人权产生交集的原因并非源于对现在实际上还在独立发展的每种制度的担心，而是他们过度地认为，支持一种制度就必须要改变另一种制度。比如，某些人权领域的学者认为，知识产权所有人——特别是跨国公司——会援引国际人权文件中有关智力成果利益保护权和财产权的条款将知识产权规则固定在保护的最大化状态，这将会牺牲多数人的利益而将财富集中在少数人手中。相反，知识产权领域的某些学者也担心，一些看上去非常模糊的规则呼吁国家"尊重、保护、确保和实现"经济和社会权利，这是一种要求采取激进运动的标准语言，将会推动政府干预私人创新市场，并会大大地减弱其

至是取消知识产权保护。一个共同事实是，他们关注的都是一些非常极端的观点，忽略了每一种法律制度的实际结构和内容。

3. 对国际制度碎片化、国际机构管辖权重叠、法律义务之间冲突的担心

如前所述，对于国际法律制度会越来越过度碎片化的担心非常普遍。国际法律制度与国内法律制度不同，缺乏一个具有强制性和普遍性以及单一性的立法、执法或司法机构。它由一些无组织的、去中心化的规则和制度组成，包括成千上万的多边、区域和双边条约以及习惯法；许多不具约束力的宣言和决议以及其他"软法"规则；具有不同成员资格与管辖事项权限的政府间组织；具有不同管辖职能的国际法庭、审查机构和仲裁专家组；正式和非正式的政府、私人和其他管理者组成的网络。并且，各机构之间的管辖权问题进一步加剧了有关国际法律制度碎片化的担忧。呼吁国际贸易体制更多地考虑人权的问题——不管是那些与特定知识产权相关的人权问题还是更普遍意义上的人权问题——会带来一些难题，比如WTO的决策者们是否做好了足够的准备来协调这些相互冲突的价值。在规则冲突层面，当人权、知识产权和贸易交集在一起时，碎片化的担心尤为突出。[1]

由于适用不同的规则通常指向不同的方向，这对某些研究者来说意味着不同规则的互动是一个零和游戏，唯一的法律和政策选择变成两者选一，要么现在确保实现更为广泛的获取权，要么确保未来出现更多的知识产权创新，永远不会是两者兼得。这些担心已经促使国际机构和学者们提出一些规范效力层级，当相关规则产生冲突时，某一种制度优先于另一种制度。但是，这些建议的理论基础并不充分，具有高度争议性。政府官员、争端解决机构、非国家行为体和学者们都不太可能去接受这两种制度中哪一种完全具有规范优先性的结果，他们还会继续在许多不同场合提出一些相互冲突的观点。因此，知识产权与人权这两种制度将不可避免地继续交集在一起。而现在就是想为分析和推动这两种制度的交集提供一个框架结构。

（二）化解国际知识产权危机与国际人权规则分歧的急需性

如前所述，国际知识产权正处在一个危机关口。在对国际知识产权过度扩张的反应、抵制和国际知识产权机制转换的大混乱之中，国际人权法逐渐变成了所有争论的焦点。人权成为不断增多的国际法和国际协议的主题，[2]但

---

1 Laurence R. Helfer & Graeme W. Austin, Human Rights and Intellectual Property: Mapping the Global Interface, Cambridge University Press, 2011, pp.504-505.

2 [美]路易斯·亨金：《权利的时代》，信春鹰、吴玉章、李林译，知识出版社1997年版，第13页。

人权并未能化解反而加剧了知识产权的矛盾。近一个世纪以来，国际条约保护着作者、发明人和其他知识产权创作者的某些特定的精神和物质利益。但是，直到最近，对将这些知识产权利益认识为国际保护的人权却还几乎没有人研究过。[1] 国际人权文件中的文本性规定只为如何构建一个符合人权标准的机制来推动创新与发明提供了一个比较模糊的框架。它们还会让知识产权分裂的两派中的政府和活动家利用这一人权饰词来为其支持或反对修改条约和国内法中的知识产权保护规则提供证据。比如将国际人权文件中的规定视为"知识产权也是人权"的观点，从而提高知识产权的保护层次。有学者主张："知识产权长期以来都被视为一种基本人权，那些'希望弱化知识产权保护'的人即是在倡导'征用他人的财产'。"[2] 但是，第三世界网络马上对此质疑主张，认为"知识产权长期以来均被视为人权"的观点是"对现行国际公约的误读"，指出《经济、社会及文化权利国际公约》确实对智力成果提供回报，保护智力劳动所做出的贡献，但并未明确提及"知识产权"。[3] 也有人认为，"有关因特网域名的规定，从本质上看，是一个人权问题，而不是一个知识产权问题"。[4] 如果没有更强的明确性规范的话，这一"权利对话"带来的风险是形成这样一种法律氛围，在这种氛围中任何主张（并且也因此没有任何主张）都能够享有隶属于人权的特殊保护。[5] 这些人权法中的概要式的、理论不足的知识产权条款也无法回答一些批判性的问题。比如，《世界人权宣言》和《经济、社会及文化权利国际公约》中的知识产权条款与剩下的人权殿堂中尊奉的公民、政治、社会和经济权利之间存在什么样的关系？人权法中的知识产权规

---

[1] Laurence R. Helfer, Toward a Human Rights Framework for Intellectual Property, U. C. Davis Law Review, Vol. 40, 2007, p.974.

[2] Tom Giovanetti & Merrill Mattews, Institute for Policy Innovation, Intellectual Property Rights and Human Rights, IDEAS, Sep.2005, p.2, available at http://www.ipi.org, last visited on May 1, 2022.

[3] Third World Network, Statement at the Third Intersessional Intergovernmental Meeting（July 22, 2005）, http://lists.essential.org/pipermail/a2k/2005-July/000539.html, last visited on May 1, 2022.

[4] Letter from Shari Steele, Staff Attorney, Electronic Freedom Foundation, to WIPO Internet Domain Name Process（Nov. 6, 1998）, available at http://www.eff.org/Infrastructure/DNS_control/19981106_eff_wipo_dns.comments, last visited on May 1, 2022.

[5] John H. Knox, Beyond Human Rights: Developing Private Duties Under Public International Law, Sept.1, 2005, p.17.

则与WIPO、WTO等多边条约以及区域性、双边性贸易投资条约中列明的知识产权规则将会产生什么样的交集？这些不确定性——与国际知识产权制度所面临的深刻危机一起——突出了为知识产权法律与政策构建一个全面而具有内在关联性的"人权框架"的必要性。

因此，为更好地理解人权和知识产权制度中所保护的权利的不同属性、相关行为准则的性质、这些准则对政府和私行为体如何适用、寻找出可以解决的相互重叠的国际和国内法律和政策之间的冲突和不协调的原则，有必要为知识产权法律和政策建立一个全面的、内在联系的人权框架。[1]

二、知识产权与人权全球治理的框架要素与结构

当知识产权与人权发生关联时，两者交集的区域是智力成果利益保护权，也可称为创造者权，这种权利既是国际人权文件即《经济、社会及文化权利国际公约》第15条第1款丙项中规定的人权，也是知识产权制度中保护的创造者包括著作权中的作者和专利权中的发明人所享有的精神和物质利益权。只有在进一步理顺知识产权与人权关系的基础上才能开展全球治理，因此人权为知识产权设定的框架即以智力成果利益保护权（创造者权）为核心，在此框架之外的权利即为其他知识产权与其他人权类别。

（一）知识产权与人权全球治理的框架要素

智力成果利益保护权作为知识产权与人权交集而同的一种权利，既是人权的表现，也是知识产权的类型之一。理解作为人权的智力成果利益保护权，需要考察其权利要素和义务要素。

1. 权利要素

智力成果利益保护权的权利要素蕴含于《经济、社会及文化权利国际公约》第15条第1款丙项之中，包含如下方面：

（1）权利主体要素。该条款中指明智力成果利益保护权的权利主体是"人人"，这与国际人权文件中所通用的有关权利主体的措辞是一致的，因为人权本身即强调人权的普遍性，人之为人所具有的权利，多使用"人人"一词。但具体而言，理解此条中的"人人"，需要注意以下几点。

一是"人人"指智力成果的创造者。此点在本书第三章中已有说明。在

---

[1] Laurence R. Helfer, Toward a Human Rights Framework for Intellectual Property, U. C. Davis Law Review, Vol.40, 2007, p.977.

《世界人权宣言》和《经济、社会及文化权利国际公约》中，使用的措辞是作者，而在第17号一般性评论中，使用的措辞是创造者，[1]意味着将原来著作权中所指的作者扩展延伸至也包含专利权中的发明人，即真正从事创造性劳动的人。至于经社文委员会为何作出这种扩张解释，以及如何理解创造者的含义，经社文委员会并没有作出说明，也没有学者对此展开探讨。

二是"人人"指自然人以及特定情形下由个人组成的群体以及社区。理由是该条款中所有的词语"人人""他"和"作者"，表明这一条的起草者似乎相信科学、文学或艺术作品的作者是自然人。[2]但是注意，"当时没有认识到，作者也可能是由个人组成的群体"，[3]因此该条中的"人人"还包括特定情形下由个人组成的群体以及社区。这里的"群体"应该是指人权法中的特殊少数群体，包括妇女、儿童、老人、残障人士，等等，以及国际人权法领域中的难民、战俘，等等；[4]这里的"社区"应该是指原始居民、传统部落、少数民族居住的"社区"。不管是"群体"还是"社区"，都是由个人或自然人组成的。

三是公司与其他法律实体被明确排除在智力成果利益保护权的权利主体范围之外。[5]第17号一般性评论对此的解释是，"按照现有国际条约保护制度，法律实体也是知识产权的所有人。然而正如上面所述（指第17号一般性评论第1—3段），由于他们所具有的不同性质，这些权利不是作为人权来保护

---

1 U.N. Econ. & Soc. Council, Comm. on Econ., Soc. & Cultural Rights, General Comment No. 17: The Right of Everyone to Benefit from the Protection of the Moral and Material Interests Resulting from Any Scientific, Literary or Artistic Production of Which He Is the Author（Art.15（1）（c）），p.7, U.N. Doc. E/C.12/GC/17（Jan.12, 2006）.

2 Maria Green, Int'Anti-Poverty L.Ctr., Drafting History of the Article 15（1）（c）of the International Covenant on Economic, Social and Cultural Rights, p.45, U.N. Doc. E/C.12/2000/15（Oct.9, 2000）.

3 U.N. Econ. & Soc. Council, Comm. on Econ., Soc. & Cultural Rights, General Comment No. 17: The Right of Everyone to Benefit from the Protection of the Moral and Material Interests Resulting from Any Scientific, Literary or Artistic Production of Which He Is the Author（Art. 15（1）（c）），p.7, U.N. Doc. E/C.12/GC/17（Jan.12, 2006）.

4 白桂梅主编：《人权法学》，北京大学出版社2011年版，第12页。

5 Laurence R. Helfer, Toward a Human Rights Framework for Intellectual Property, U. C. Davis Law Review, Vol.40, 2007, p.993.

的。"[1]也就是说,《世界人权宣言》和《经济、社会及文化权利国际公约》其实并没有作出这种排除,是第17号一般性评论在比较了智力成果利益保护权与知识产权的目标、原则和性质方面的不同之后,才将之排除,但承认了公司可以成为知识产权的"持有人",与作者以及创造者不同。并且,作为知识产权持有人所享有的权利"不是作为人权来保护的"。[2]这代表着与英美法系的版权法有着深刻的偏离,因为这些国家的版权法长久以来都承认,法律实体(包括公司)可以享有知识产品作者的地位。[3]比如美国法律规定,在职务作品的情况下,雇主或作品为之而作的人被认为是作者,拥有版权所包含的一切权利。[4]雇主或作品为之而作的"人"就可以是法律实体,尤其是公司。

四是权利主体中的"平等"要素。可以看出,这些提供给自然人的保护有着明显的人权特色。第17号一般性评论中指出"人人只要是科学、文学和艺术作品的创造者",而"不论他是男人或女人、个人或集体等",说明与性别无关,与是否隶属某一群体无关,与职业也无关。这是一种人权法上的表述方式,强调了人人之间的平等性。与此相对应,知识产权条约的一个基石是对外国作者和权利持有人适用"国民待遇原则",[5]那么智力成果利益保护权的主体要素意义就包含着在国内与外国的知识产品创造者和持有人之间适用平等原则,不因国籍而受到歧视。并且在此基础上它还更进一步规定了额外的禁止歧视的依据,即要求在权利受到侵犯时也能平等地获得法律救济,包括"弱势群体和被边缘化的群体"也能获得法律救济。[6]平等也具有程序上的含义,这要

---

1 U.N. Econ. & Soc. Council, Comm. on Econ., Soc. & Cultural Rights, General Comment No. 17: The Right of Everyone to Benefit from the Protection of the Moral and Material Interests Resulting from Any Scientific, Literary or Artistic Production of Which He Is the Author(Art.15(1)(c)), p.7, U.N. Doc. E/C.12/GC/17(Jan.12, 2006).

2 U.N. Econ. & Soc. Council, Comm. on Econ., Soc. & Cultural Rights, General Comment No. 17: The Right of Everyone to Benefit from the Protection of the Moral and Material Interests Resulting from Any Scientific, Literary or Artistic Production of Which He Is the Author(Art.15(1)(c)), p.7, U.N. Doc. E/C.12/GC/17(Jan.12, 2006).

3 Laurence R. Helfer, Toward a Human Rights Framework for Intellectual Property, U. C. Davis Law Review, Vol.40, 2007, p.993.

4 17 U.S.C. § 201(b)(2006).

5 David Vaver, The National Treatment Requirements of the Berne and Universal Copyright Conventions, International Review of Industrial Property & Copyright, Vol.17, 1986, p.577.

6 Laurence R. Helfer, Toward a Human Rights Framework for Intellectual Property, U. C. Davis Law Review, Vol.40, 2007, p.993.

求成员方为创造者提供有关"法律或政策制度的结构和功能"方面的信息，便于他们或者直接地或者通过"专业联盟"的方式参与"任何重要的对其权利和合法利益具有影响的决策过程。"[1]这种"专业联盟"的方式如著作权集体管理制度下的作者协会等。[2]

（2）保护目标和权利性质要素。对于智力成果利益保护权的保护目标和权利性质，第17号一般性评论是通过与知识产权的保护目标和权利性质进行比较的方式来解释的。该评论特别详细地关注了创造者精神和物质利益与知识产权条约和法律规定之间的区别。委员会首先提出一个基本的且无争议的主张，第15条第1款丙项中创造者权利并不等同于知识产权。[3]准确地说，这些差异是什么呢？委员会首先比较了保护目标，[4]人权的保护目标是实现人内在固有的尊严、价值和自由，而知识产权通过鼓励发明和创造来服务于全体社会。其次，委员会比较了两种权利的不同性质。由于知识产权是由国家授予的，他们可能也会被国家收回。它们是暂时的，而不是永久的；它们可能会"被撤销、以许可证方式许可或转让给他人使用"；在大多数情况下，知识产权（通常精神权利除外）可能会"被交易、修改甚至是被没收"。[5]这和对"一个具有社会功能的社会产品"的规制是相称的。相反，人权是永久性的、"基本的、不

---

1 U.N. Econ. & Soc. Council, Comm. on Econ., Soc. & Cultural Rights, General Comment No. 17: The Right of Everyone to Benefit from the Protection of the Moral and Material Interests Resulting from Any Scientific, Literary or Artistic Production of Which He Is the Author（Art. 15（1）（c）），pp.18（b），34, U.N. Doc. E/C.12/GC/17（Jan.12, 2006）.

2 Laurence R. Helfer, Collective Management of Copyright and Human Rights: An Uneasy Alliance, in Daniel J. Gervais ed., Collective Management of Copyright and Related Rights, Wolters Kluwer, 2006, p.85.

3 U.N. Econ. & Soc. Council, Comm. on Econ., Soc. & Cultural Rights, General Comment No. 17: The Right of Everyone to Benefit from the Protection of the Moral and Material Interests Resulting from Any Scientific, Literary or Artistic Production of Which He Is the Author（Art. 15（1）（c）），pp.2, 3, U.N. Doc. E/C.12/GC/17（Jan.12, 2006）.

4 U.N. Econ. & Soc. Council, Comm. on Econ., Soc. & Cultural Rights, General Comment No. 17: The Right of Everyone to Benefit from the Protection of the Moral and Material Interests Resulting from Any Scientific, Literary or Artistic Production of Which He Is the Author（Art. 15（1）（c）），p.1, U.N. Doc. E/C.12/GC/17（Jan.12, 2006）.

5 U.N. Econ. & Soc. Council, Comm. on Econ., Soc. & Cultural Rights, General Comment No. 17: The Right of Everyone to Benefit from the Protection of the Moral and Material Interests Resulting from Any Scientific, Literary or Artistic Production of Which He Is the Author（Art. 15（1）（c）），p.2, U.N. Doc. E/C.12/GC/17（Jan.12, 2006）.

可剥夺的、普遍性的权利"。[1]这些声明反映了将创造者权利视为人权,不受国家批准、承认或规制变化的影响而独立存在。[2]这种观点带有一定的自然权利主义观念,实际上,将"应有人权"转化为"法定人权",正是国家批准和承认的结果,也受到国家规制变化的影响。国家法律对人权的保障作用,是所有社会组织规章、乡规民约以及伦理道德等手段所无法比拟的。[3]

(3)权利客体要素。智力成果利益保护权的权利客体,即法律保护的对象,是"任何科学、文学和艺术作品"。首先,第17号一般性评论将《世界人权宣言》和《经济、社会及文化权利国际公约》中的"作品"转化为"创造物",即指"人类智力的创造物",在这一点上与"作者"向"创造者"的转化是一致的。创造物一词既强调了智力创作的过程和结果,也特别强调了包含科学创造物,而不仅仅是传统意义上的文学和艺术作品。其次,这种智力创造物所包含的范围,既指"科学作品",也指"文学和艺术作品"。[4]尤其应注意的是,智力创造物包括科学作品,科学作品包括科学出版物、科学创新、科学知识,特别是还包括原始居民的知识、创新和实践。[5]这说明原始居民的传统知识、文化表达、创新实践等也是智力成果利益保护权的客体,进一步印证了智力成果利益保护权的主体也包括作为集体概念的原始居民和传统部落等。

(4)权利利益要素。智力成果利益保护权所保护的利益包括精神利益和物质利益,这在《世界人权宣言》及《经济、社会及文化权利国际公约》中均有所规定。

首先是对精神利益的保护,第17号一般性评论认为,保护作者的"精神利益"是《世界人权宣言》第27条第2款起草者们的主要关注之一——他们

---

1 U.N. Econ. & Soc. Council, Comm. on Econ., Soc. & Cultural Rights, Substantive Issues Arising in the Implementation of the International Covenant on Economic, Social and Cultural Rights, p.6, U.N. Doc. E/C12/2001/15(Dec.14, 2001).

2 Laurence R. Helfer, Toward a Human Rights Framework for Intellectual Property, U. C. Davis Law Review, Vol.40, 2007, p.993.

3 李步云:《论人权》,社会科学文献出版社2010年版,第62页。

4 U.N. Econ. & Soc. Council, Comm. on Econ., Soc. & Cultural Rights, General Comment No. 17: The Right of Everyone to Benefit from the Protection of the Moral and Material Interests Resulting from Any Scientific, Literary or Artistic Production of Which He Is the Author(Art.15 (1)(c)), p.9, U.N. Doc. E/C.12/GC/17(Jan.12, 2006).

5 Peter K. Yu, The Anatomy of the Human Rights Framework for Intellectual Property, SMU Law Review, Vol.69, 2016, pp.70-84.

的想法是公开宣布,人类智力所创造的每一件作品都具有不可分离的个人特点,因而创造者与其作品之间具有持久的联系。[1]保护精神利益似乎就是起草者们在草案中所要的东西。[2]在法国代表勒内·卡森(Rene Cassin)的草案中第43条就是保护精神利益的条款,其明确指出该条包含的保护超出了对作者的劳动进行适当补偿的范围,也即保护的是在其作品和/或发明上不会消失的精神利益,即使这些作品或发明将来会变成全人类的公共财产。[3]这种保护对人类尊严与尊重是非常重要的,因为它保障的是作者与其作品之间的属人联系,并向公众保证所保护的作品的原创性。[4]中国代表张彭春就认为,文学、艺术和科学作品应以其原创版本形式直接提供给公众,但只有在创作者的精神权利得到保护的情况下才能做到这一点。[5]卡森作为法国代表,非常理解这种对精神利益的强保护,因为这是欧洲大陆国家特别是法国和德国都提供的一种传统上的保护。这些权利除其他外,特别包括署名权、保持作品完整权(修改权)、发表权和收回权。[6]虽然这些权利在不同的国家受保护的程度不同,《伯尔尼公约》第6条之二对前两种精神权利提供了国际保护——署名权和保持作品完整权。著作人格权被认为是保护作者非经济利益(人格)的权利束,[7]最为重要的是归属权(署名权)和作品完

---

[1] U.N. Econ. & Soc. Council, Comm. on Econ., Soc. & Cultural Rights, General Comment No. 17: The Right of Everyone to Benefit from the Protection of the Moral and Material Interests Resulting from Any Scientific, Literary or Artistic Production of Which He Is the Author (Art.15 (1)(c)), p.12, U.N. Doc. E/C.12/GC/17 (Jan.12, 2006).

[2] Peter K. Yu, Reconceptualizing Intellectual Property Interests in a Human Rights Framework, U. C. Davis Law Review, Vol.40, 2007, p.1081.

[3] The "Cassin Draft" art. 43, reprinted in Mary Ann Glendon, A World Made New: Eleanor Roosevelt and the Universal Declaration of Human Rights, Random House, 2001, pp.275-280.

[4] Maria Green, Int'l Anti-Poverty L.Ctr., Drafting History of the Article 15(1)(c) of the International Covenant on Economic, Social and Cultural Rights, p.35, U.N. Doc. E/C.12/2000/15 (Oct.9, 2000).

[5] Johannes Morsink, The Universal Declaration of Human Rights: Origins, Drafting, and Intent, University of Pennsylvania Press, 1999, p.222.

[6] Roberta Rosenthal Kwall, Author-Stories: Narrative's Implications for Moral Rights and Copyright's Joint Authorship Doctrine, South California Law Review, Vol.75, 2001, p.1.

[7] 梁志文:"著作人格权保护的比较分析与中国经验",载《法治研究》2013年第3期,第42页。

整权。[1]虽然并无证据表明《伯尔尼公约》是《世界人权宣言》的主要影响来源，但它为宣言和《经济、社会及文化权利国际公约》起草者意欲的国际标准提供了一个很好的示范。[2]实际上，经社文委员会从这两份文件的起草历史中推出，智力成果利益保护权包括承认作者的署名权以及声誉权。[3]与欧洲国家不同，美国对精神利益的保护非常有限。为了努力减少对其不遵守《伯尔尼公约》的批评（美国已于1988年加入），[4]美国国会在批准《伯尔尼公约》之后不久于1990年颁布了《视觉艺术家权利法案》（Visual Artists Rights Act，以下简称VARA）。[5]VARA中保护的两种权利是"表明作品作者身份以及阻止非创作者在任何视觉艺术作品上署名为作者的权利"，以及"阻止在视觉艺术作品上使用其名字作为作者以对作品进行歪曲、割裂或其他修改，从而有损其名誉或声誉。"[6]

其次是对物质利益的保护。"物质利益"在人权宣言第27条第2款、《经济、社会及文化权利国际公约》第15条第1款丙项以及其他国际和区域人权文件中都能找到。表面上看，这一词语包含所有形式的经济利益。正如经社文委员会在第17号一般性评论中所指出的，这一术语"反映了这一规定与《世界人权宣言》第17条和各区域人权文书所承认的拥有财产的权利有密切联系"。[7]实际上，学者和知识产权界经常将保护智力成果的经济利益和保护私有财产等

---

1 Richard J. Hawkins, Substantially Modifying the Visual Artists Rights Act: A Copyright Proposal for Interpreting the Act's Prejudicial Modification Clause, UCLA Law Review, Vol.55, 2008, p.1441.

2 Peter K. Yu, Reconceptualizing Intellectual Property Interests in a Human Rights Framework, U. C. Davis Law Review, Vol.40, 2007, p.1082.

3 U.N. Econ. & Soc. Council, Comm. on Econ., Soc. & Cultural Rights, General Comment No. 17: The Right of Everyone to Benefit from the Protection of the Moral and Material Interests Resulting from Any Scientific, Literary or Artistic Production of Which He Is the Author（Art. 15 (1)(c)）, p.13, U.N. Doc. E/C.12/GC/17（Jan.12, 2006）.

4 Berne Convention Implementation Act of 1988, Pub. L. No. 100-568, 102 Stat. 2853（1988）（codified in scattered sections of 17 U.S.C.）.

5 17 U.S.C. §106A（2004）.

6 17 U.S.C. §106A（a）(1)-(2).

7 U.N. Econ. & Soc. Council, Comm. on Econ., Soc. & Cultural Rights, General Comment No.17: The Right of Everyone to Benefit from the Protection of the Moral and Material Interests Resulting from Any Scientific, Literary or Artistic Production of Which He Is the Author（Art.15 (1)(c)）, p.15, U.N. Doc. E/C.12/GC/17（Jan.12, 2006）.

同起来。但是，若根据宣言和公约的起草历史来仔细审视的话，"物质利益"一词看上去所包含的经济利益类型比那些经常在私有财产权下保护的经济利益类型要狭窄。[1]由于冷战政治的存在和社会主义国家表达出来的担心，《经济、社会及文化权利国际公约》并没有规定个人的私有财产所有权。[2]并且也没有证据表明代表们同意为智力成果的财产权作出一个特殊例外，《经济、社会及文化权利国际公约》第15条第1款丙项所保护的智力成果保护权中包含的物质利益权利应被视为一种与财产权相互独立的权利，并不能为财产权所包含和吸收。同样，虽然《世界人权宣言》第17条包含了个人财产权，但是它并未保护个人私有财产权。[3]"物质利益"一词不应广泛地解释为包含现行知识产权制度中所保护的所有形式的经济权利，而是狭义地仅包含某人的智力劳动为获得适当补偿时的有限利益。很明显，一个以财产权为基础的知识产权制度可能会给智力成果的物质利益提供所需的保护。但是，以财产权为基础的制度不是用以实现智力成果物质利益保护权的唯一可以接受的保护模式，它也不是最佳模式。相反，它仅仅提供了一种选择。[4]正如第17号一般性评论所称：第15条第1款丙项中保护物质利益的期限并不必须要求扩展至作者的整个生前。确保作者享受充裕的生活标准的目的实现的途径有两种：要么通过一次性的支付报酬，要么通过授予作者一段特定时期的针对其科学、文化和艺术作品的排他性权利。[5]为满足此条款中的保护义务，成员方可以考虑采取一些其他替代性制度，诸如责任制度、奖励基金，甚至是以财产权为基础的作者保护制度

---

1 Peter K. Yu, Reconceptualizing Intellectual Property Interests in a Human Rights Framework, U. C. Davis Law Review, Vol.40, 2007, p.1085.

2 Catarina Krause, The Right to Property, in Asbjørn Eide et al. eds., Economic, Social and Cultural Rights: A Textbook, Martinus Nijhoff Publishers, 1995, pp.191, 194.

3 Craig Scott, Multinational Enterprises and Emergent Jurisprudence on Violations of Economic, Social and Cultural Rights, in Asbjørn Eide et al. eds., Economic, Social and Cultural Rights: A Textbook, Martinus Nijhoff Publishers, 2001, p.564.

4 Peter K. Yu, Reconceptualizing Intellectual Property Interests in a Human Rights Framework, U. C. Davis Law Review, Vol.40, 2007, pp.1087-1089.

5 U.N. Econ. & Soc. Council, Comm. on Econ., Soc. & Cultural Rights, General Comment No. 17: The Right of Everyone to Benefit from the Protection of the Moral and Material Interests Resulting from Any Scientific, Literary or Artistic Production of Which He Is the Author（Art. 15（1）(c)）, p.17, U.N. Doc. E/C.12/GC/17（Jan.12, 2006）.

等。[1]满足物质利益保护义务的关键标准不是提供的保护是否达到了现行国际知识产权协议中所要求的保护标准,也不是所提供的保护是否基于财产权的保护模式。

(5)权利限制要素。如果作者和发明人的精神和物质利益是以基本人权的概念来界定的,那么国家为保护其他人权或者是想达到其他社会目的,而对这些权利进行规制的能力应该是相当有限的。[2]事实上,经社文委员会在评估国家对社会经济权利进行限制的合法性时,采用的标准非常严格,比如在其第14号一般性评论中,对国家限制健康权时的合法性进行了审查,并阐述了国家在作出这种限制时所应承担的义务。[3]根据该标准,政府对智力成果利益保护权的限制应该具备法律规定性、与权利性质相符性、目的合法性、必要性、适度性、限制最小性等。[4]这种由多部分组成的标准正是知识产权所有人梦寐以求的。这比现在普遍用来衡量国内版权法和专利法中的例外和限制性规定是否符合条约时所采用的"三步标准"还更加严格。[5]然而如果国家对智力成果利益保护权进行限制需要被如此严格的审查的话,那么,政府该如何平衡一方面的智力成果利益保护权和另一方面的公众获取知识权呢?理解这一框架的关键在于确定承认智力成果利益保护权作为一种人权的目的到底是什么。[6]根据经社文委员会的观点,这一权利服务于两个主要功能:"保障作者和其作品,

---

1 Peter K. Yu, Reconceptualizing Intellectual Property Interests in a Human Rights Framework, U. C. Davis Law Review, Vol.40, 2007, p.1089.

2 Laurence R. Helfer, Toward a Human Rights Framework for Intellectual Property, U. C. Davis Law Review, Vol.40, 2007, p.994.

3 U.N. Econ. & Soc. Council, Comm. on Econ., Soc. & Cultural Rights, General Comment No. 14: The Right to the Highest Attainable Standard of Health (Art. 12), p.28, U.N. Doc. E/C.12/2000/4, (Nov.8, 2000).

4 U.N. Econ. & Soc. Council, Comm. on Econ., Soc. & Cultural Rights, General Comment No. 17: The Right of Everyone to Benefit from the Protection of the Moral and Material Interests Resulting from Any Scientific, Literary or Artistic Production of Which He Is the Author (Art.15 (1)(c)), pp.22, 23, U.N. Doc. E/C.12/GC/17 (Jan. 12, 2006).

5 三步标准即:第一,例外只适用于某些特定的情况下;第二,不能与作品的正常使用相冲突;第三,不能不合理地妨碍权利持有人的合法利益。Dirk Voorhoof, Freedom of Expression and the Right to Information: Implications for Copyright, in EIPIN Conference Organized by the CEIPI, Human Rights and Intellectual Property: From Concepts to Practice, April 5-7, 2013.

6 Laurence R. Helfer, Toward a Human Rights Framework for Intellectual Property, U. C. Davis Law Review, Vol.40, 2007, p.995.

人民、社区或其他群体对其集体文化遗产之间的属人联系";保护"能够使作者享受适足的生活水准而需要的基本物质利益"。[1]这两句话,在整个一般性评论中反复出现,其中"属人联系"或类似措辞一共出现了六次,而"适足生活水准"出现不少于九次。这表明存在着此种权利不可减损的核心——这是个人自治的区域,在其中作者可以实现他们的创作潜能,控制他们的结果产出,过着独立的精神生活,而所有这些对任何自由社会都是必不可缺的前提。[2]超出为确立这种核心自治区域所必需的法律保护可能会服务于其他有益于社会的功能。但是这些额外的保护并不是公约第15条所要求的,因此,也并不受上述严格标准的约束。[3]换种说法,一旦一国保证了作者和发明人这两种核心的权利——一种是精神上的,另一种是物质上的——任何该国提供的额外知识产权保护"必须与公约承认的其他权利实现平衡",并且必须"适当考虑在广泛获取作品时的公众利益"。[4]因此,作为人权的智力成果利益保护权,与版权和邻接权制度所采用的方法相比,既有更多的保护,也有更少的保护。说它保护得更多,是因为存在于核心自治领域的权利要比适用包括在知识产权条约和国内法律中的标准更为严格的限制标准。但是,也可以说它保护得更少,是因为一国没有义务承认存在超出这一领域之外的创造者权利,或者,即使确实承认这些额外权利的话,必须适当考虑其他社会、经济和文化权利,以及在获取知识方面的公众利益。[5]

2. 义务要素

第17号一般性评论不仅解释了智力成果利益保护权的规范内容和权利要

---

1 U.N. Econ. & Soc. Council, Comm. on Econ., Soc. & Cultural Rights, General Comment No. 17: The Right of Everyone to Benefit from the Protection of the Moral and Material Interests Resulting from Any Scientific, Literary or Artistic Production of Which He Is the Author (Art.15 (1) (c)), p.2, U.N. Doc. E/C.12/GC/17 (Jan.12, 2006).

2 Copyright and Human Rights, in Paul L.C. Torremans (Ed.), Copyright and Human Rights - Freedom of Expression - Intellectual Property - Privacy, Kluwer Law International, 2004, p.5.

3 Laurence R. Helfer, Toward a Human Rights Framework for Intellectual Property, U. C. Davis Law Review, Vol.40, 2007, p.995.

4 U.N. Econ. & Soc. Council, Comm. on Econ., Soc. & Cultural Rights, General Comment No. 17: The Right of Everyone to Benefit from the Protection of the Moral and Material Interests Resulting from Any Scientific, Literary or Artistic Production of Which He Is the Author (Art.15 (1) (c)), pp.22, 35, U.N. Doc. E/C.12/GC/17 (Jan.12, 2006).

5 Laurence R. Helfer, Toward a Human Rights Framework for Intellectual Property, U. C. Davis Law Review, Vol. 40, 2007, p.995.

素,还以经社文委员会一贯的风格列举了成员方的法律义务,包括一般性义务、特别义务、核心义务以及相关义务,分析了可能违反该条的行为或疏忽,还讨论了非国家行为体和非政府组织的义务。[1]

(1)对"法律义务"和"违反行为"的区分。第17号一般性评论中的这种体系结构,特别是它所采用的对"法律义务"和"违反行为"所作出的区分,可能会让国内知识产权学者迷惑不解。但是,这种方法对那些关注委员会过去努力为许多《经济、社会及文化权利国际公约》模糊条款提供具体解释的外交部、人权学者和非政府组织来说,是比较熟悉的。[2]自1999年以后,经社文委员会统一了一般性评论的结构,每项一般性评论都包含六个部分:导言、权利的规范内容、缔约方义务、其他相关主体的义务、侵犯(即违反)、对缔约方的建议。[3]值得注意的是,委员会在解释这一公约时采用了"违反论"的方法。这一方法将"核心义务"和其他义务相区别,核心义务要求所有成员方必须立即实现对每一项权利达到的最低限度的必需的保护水平,而其他义务是可以随着额外的资源变得可资利用时才逐渐实现的。[4]

(2)缔约方的核心义务。在第3号一般性评论中,经社文委员会首次界定了缔约方的核心义务,认为核心义务是缔约方不可减损的义务,是每一经社文委员会制订的公约赖以存在的基础。并且,经社文委员会在以后的几项一般性评论中进一步发展了有关核心义务的观点,比如关于健康权的第14号一般性评论和关于水权的第15号一般性评论。[5]这些核心义务也包含三个不同的方面:尊重、保护和实现。具体体现在智力成果利益保护权方面,缔约方承担的核心义务是指,尊重义务要求成员方不直接或间接干涉作者享受物质和精神利益的

---

1 U.N. Econ. & Soc. Council, Comm. on Econ., Soc. & Cultural Rights, General Comment No. 17: The Right of Everyone to Benefit from the Protection of the Moral and Material Interests Resulting from Any Scientific, Literary or Artistic Production of Which He Is the Author (Art.15 (1)(c)), U.N. Doc. E/C.12/GC/17 (Jan.12, 2006).

2 Laurence R. Helfer, Toward a Human Rights Framework for Intellectual Property, U. C. Davis Law Review, Vol.40, 2007, p.990.

3 张雪莲:"经济、社会和文化权利委员会的一般性意见",载《国际法研究》2019年第2期,第92页。

4 Audrey Chapman, Conceptualizing the Right to Health: A Violations Approach, Tennessee Law Review, Vol.65, 1998, p.395.

5 张雪莲:"经济、社会和文化权利委员会的一般性意见",载《国际法研究》2019年第2期,第92-93页。

保护；保护义务意味着要求成员方采取措施，防止第三方干涉作者的物质和精神利益；最后，履行义务要求成员方为充分实现第15条第1款丙项而采取适当的立法、行政、财政、司法、宣传和其他措施。[1]这三个核心义务，虽然是使用带有人权法特点的语言描述出来的，但对知识产权法学者来说，却并不陌生。逐条来看，它们禁止国家本身侵犯作者的物质和精神利益，特别是政府机构或官员的侵犯；它们指令通过立法"有效保护"这些利益，包括保护"那些使用现代通信和复制技术易于获取和复制的作品"；它们要求国家为创造者提供司法和行政救济（如禁令），以阻止对其作品未经授权而使用，或因这种使用获得赔偿（如损害赔偿制度），并且从更广泛的意义上，促进创造者在作出影响其精神和物质利益保护的决策时的参与度和控制力。[2]

（3）缔约方义务与知识产权义务的重叠。第17号一般性评论中所指出的这些缔约方义务与知识产权条约中的许多条款义务发生了重叠，其中最重要的包括《伯尔尼公约》中的复制权和精神权利条款，比如第6条之二；WIPO《版权条约》中的第8条和WIPO《表演者和录音制品制作者条约》中有关"获取权"的第10条；TRIPS中关于知识产权实施的第41—51条。这些共同的义务表明，通过批准国际知识产权条约和通过制订国内版权和邻接权法，各国至少可以部分履行其在《经济、社会及文化权利国际公约》第15条第1款丙项下的义务。《经济、社会及文化权利国际公约》中的国家报告程序有力地支持了这一主张。自20世纪90年代早期以来，成员方经常援引这样一些条约和国内法律来证明它们遵守了公约中的智力成果利益保护条款。比如约旦提交的第二次国别履行报告中认为，由于政府试图加入某些国际版权条约而对国内版权法进行修订，以与国际版权条约的内容保持一致，这实际上也是履行了《经济、社会及文化权利国际公约》第15条第1款丙项下的义务；[3]以色列在其第一次国别履行报告中也认为，国内版权立法的修订和演化

---

1 U.N. Econ. & Soc. Council, Comm. on Econ., Soc. & Cultural Rights, General Comment No. 17: The Right of Everyone to Benefit from the Protection of the Moral and Material Interests Resulting from Any Scientific, Literary or Artistic Production of Which He Is the Author（Art.15（1）（c）），pp.28, 39-40, U.N. Doc. E/C.12/GC/17（Jan.12, 2006）.

2 Laurence R. Helfer, Toward a Human Rights Framework for Intellectual Property, U. C. Davis Law Review, Vol.40, 2007, p.990.

3 U.N. Econ. & Soc. Council, Comm. on Econ., Soc. & Cultural Rights, Implementation of the International Covenant on Economic, Social and Cultural Rights, Second Periodic Report: Jordan, p.151, U.N. Doc. E/1990/6/Add.17,（July 23, 1998）.

以及加入了许多的国际条约，都可证明对《经济、社会及文化权利国际公约》第15条第1款丙项下义务的遵守；[1] 塞浦路斯也援引了批准《伯尔尼公约》和国内版权法律作为履行《经济、社会及文化权利国际公约》第15条第1款丙项下义务的证据。[2]

尽管人权保护制度与知识产权制度存在这些共同之处，经社文委员会对智力成果利益保护权采取的"核心义务"方法还是留下了许多未解决的问题。最明显的是，它没有界定"精神和物质利益"的内容，而这是要求成员方去"尊重、保护和实现的"。它也没有明确智力成果保护权的人权规则是否与包含在知识产权条约和国内立法中的法律规则有所区别，以及如果有区别的话，该如何区别。[3]

（二）知识产权与人权全球治理的框架结构[4]

如果说知识产权与人权全球治理的框架要素是从横向的层面来分析智力成果利益保护权的核心内容，以此与其他知识产权、其他人权相区别的话，知识产权与人权全球治理的框架结构则是从纵向的维度来探究智力成果利益保护权的结构层次。在赫尔弗教授的人权框架基础上，余家明教授将之往更深层次推进了一步，他根据异质原则（区分知识产权的人权方面和非人权方面，这两方面具有不同的性质）、不可互换性原则（保护的精神利益与物质利益是不同的，不可互换的）、必需性原则（即最低限度的标准，满足最低限度的需要）、差异性原则（不同类别的智力成果，采取不同的知识产权保护形式，但区分标准不严格）、灵活性原则/弹性原则（成员方依据本区域的情况和法律制度来给予保护，没有特定的范式）、多样性原则（成员方可采取多种形式的保护方式，可以是知识产权制度内的方式，也可以是其他制度内的方式）、可替代性原则（可以用其他形式的知识产权或其他法律制度替

---

[1] U.N. Econ. & Soc. Council, Comm. on Econ., Soc. & Cultural Rights, Implementation of the International Covenant on Economic, Social and Cultural Rights, Initial Report: Israel, pp.782-788, U.N. Doc. E/1990/5/Add.39（3）, （Jan.20, 1998）.

[2] U.N. Econ. & Soc. Council, Comm. on Econ., Soc. & Cultural Rights, Implementation of the International Covenant on Economic, Social and Cultural Rights, Third Periodic Report: Cyprus, p.420, U.N. Doc. E/1994/104/Add.12（June6, 1996）.

[3] Laurence R. Helfer, Toward a Human Rights Framework for Intellectual Property, U. C. Davis Law Review, Vol.40, 2007, p.992.

[4] 本部分的框架与表格主要参考了余家明教授的观点。Peter K. Yu, The Anatomy of the Human Rights Framework for Intellectual Property, SMU Law Review, Vol.69, 2016.

代）等七个组织原则，构架了一个包含成果、利益、保护和限制四个层次的结构。[1]

1. 知识产权与人权全球治理的框架结构层次

从理论上构建的这种框架，是一个有四层等级的结构体系如图7.1所示。[2]

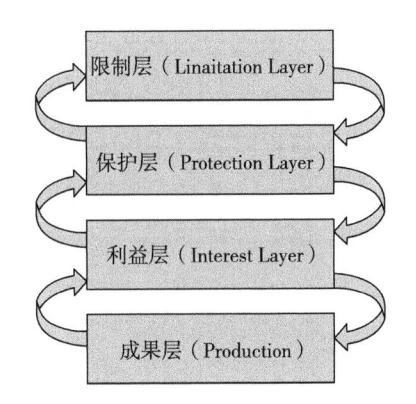

```
限制层（Linaitation Layer）
保护层（Protection Layer）
利益层（Interest Layer）
成果层（Production）
```

图7.1　知识产权与人权的框架结构体系

位于结构最底层的是成果层。比如对于科学智力成果，该层包含所有种类的科学智力成果，包括科学出版物、科学创新（包括发明）和科学知识。甚至还可以将原始居民和传统知识、创新与实践也纳入进来，应该也没有什么争议，因为如前所述，第17号一般性评论就将科学作品的定义扩大至也包含了"原始居民和传统知识、创新与实践"。[3]明确这些智力成果或实践的不同类型非常重要，因为不同的成果类型可能会要求采取不同的保护形式，包括在知识产权制度之内或之外的保护形式。

第二层次为利益层。它包含源于智力成果的两种人权利益类型：精神利益和物质利益。虽然大多成员方倾向于对物质利益给予强劲的保护，这部分是因为TRIPS和WIPO管理的知识产权条约下的义务要求，部分是因为国际现行知

---

[1] Peter K. Yu, The Anatomy of the Human Rights Framework for Intellectual Property, SMU Law Review, Vol.69, 2016, pp.53-66.

[2] Peter K. Yu, The Anatomy of the Human Rights Framework for Intellectual Property, SMU Law Review, Vol.69, 2016, p.64.

[3] U.N. Econ. & Soc. Council, Comm. on Econ., Soc. & Cultural Rights, General Comment No. 17: The Right of Everyone to Benefit from the Protection of the Moral and Material Interests Resulting from Any Scientific, Literary or Artistic Production of Which He Is the Author（Art.15（1）（c）），p.9, U.N. Doc. E/C.12/GC/17（Jan.12, 2006）.

识产权架构的本质，是西方发达国家在全球产业链中对商业利益最大化的谋求。[1]但是，许多成员方对精神利益的保护可能是不够的。

第三层次是保护层。它包含了可资利用的不同形式的针对源于智力成果的精神和物质利益的保护类型。这一层次不仅包括了不同种类的知识产权，也包含了知识产权制度之外的保护方法。更重要的是，该层级与其下一层级即利益层的互动有助于更好地理解知识产权与人权的互动关系（因为这一层级大多是从知识产权的角度来考虑的，而下一层级主要是从人权的角度来分析的）。比如，从上而下地观察上层保护层与下层利益层的关系，可以看出现行知识产权制度的保护水平是否超出了国际和区域人权条约的要求。相对应地，从下而上地观察下层利益层和上层保护层的关系，有助于针对下层利益层中的特定人权利益，在上层利益层中找到合适的保护方式，或确定为保障这种利益是否存在可替代的保护方式。

最高一个层次是限制层。它包含了对保护层所涉权利的不同限制。仅仅因为保护层的权利（即主要为知识产权）具有扩张性，并不意味着人权框架就要充分地保障这些权利。实际上，知识产权有其内生性和外源性限制。在知识产权制度内部，不仅要加强对公众获取权利的保护，而且要明确知识产权的最小保护单元。比如TRIPS中就有规定，思想、程序、操作方法、数学观念等不是保护的对象，而且在保护由数据或其他资料组成的汇编作品时，保护也不延伸至这些数据或资料本身。政策制订者们还可以在相关领域找出其外源性限制，比如那些有关竞争、人权、公共健康领域的规定。举例来说，滥用数据保护、基于人权的强制许可制度、针对国家公共健康危机时的例外条款，等等。[2]由于利益层已经涵盖了知识产权制度本身所内化的权利及其内生性限制措施，如《美国版权法》中有关与宪法第一修正案的表达自由相关的制度，[3]限制层只分析这些权利的外源性限制。这些限制包括那些存在于人权条约中的，如以人权为基础的强制许可制度[4]；宪法中的，如表达自由权对版权的限

---

1 [澳]邵科："商业化的知识产权：中国创新战略的全球脉络"，载《政法论丛》2016年第1期，第89-96页。

2 Peter K. Yu, The Political Economy of Data Protection, Chicago-Kent Law Review, Vol.84, 2010, pp.119-120.

3 Eldred v. Ashcroft, 537 U.S. 186, 219 (2003).

4 Peter K. Yu, Reconceptualizing Intellectual Property Interests in a Human Rights Framework, U. C. Davis Law Review, Vol.40, 2007, pp.1096-1099.

制[1]；竞争法中的，如发展中国家可以利用反不正当竞争政策来提高对可负担必需药品的持续获取能力[2]；还有《世界人权宣言》第29条第2款、《经济、社会及文化权利国际公约》第4条、TRIPS第27条第2款等规定的与"道德、公共秩序以及公共福利相关的"限制。[3]

如果用以人权对知识产权的限制作为例证，首先，有必要将人权与知识产权的冲突分为两种类型：外部冲突与内部冲突。[4] 由于内部冲突只存在于人权制度之内，因此要求使用解决相互竞争的基本权利之间的冲突的方法，而外部冲突表明，知识产权的扩张已经超出了国际或区域人权文件的要求。因此，当知识产权与人权发生冲突时，可以适用人权至上的原则，即将知识产权的非人权方面置于人权义务之下。前述联合国促进和保护人权小组委员会在第2000/7号有关"知识产权与人权"的决议中也明确了这一特定原则。[5]

2. 知识产权与人权全球治理的框架结构层次的例证

为更好地理解这样一种框架结构层次，可以科学出版物和科学创造物（包括发明）等两种科学成果为例来说明，从成果层开始，然后是利益层，再是保护层，不会审视限制层，因为知识产权的外源性限制，虽然很重要且有所不同，但不管所涉科学成果的类型如何，其都会倾向以同样的方式施加限制，如图7.2、图7.3所示。值得说明的是，虽然主要以科学成果为例，同样的结构层次也可适用于文学和艺术作品。毕竟，智力成果利益保护权包括了源于任何不管是文学、艺术还是科学智力成果的精神和物质利益。[6]

（1）科学出版物。

必须指明的是，科学出版物内在地涵盖了科学知识。几乎所有国家的版权

---

1 Peter K. Yu, The Escalating Copyright Wars, Hofstra Law Review, Vol.32, 2004, p.927.

2 Jonathan Berger, Advancing Public Health by Other Means: Using Competition Policy, in Pedro Roffe et al. eds., Negotiating Health: Intellectual Property and Access to Medicines, Routledge, 2006, p.182.

3 Peter K. Yu, The Anatomy of the Human Rights Framework for Intellectual Property, SMU Law Review, Vol.69, 2016, pp.64-66.

4 Peter K. Yu, Intellectual Property and Human Rights in the Nonmultilateral Era, Florida Law Review, Vol.64, 2012, pp.1091-1096.

5 Sub-Commission on Human Rights Resolution 2000/7, U.N. Doc. E/CN.4/Sub.2/RES/2000/7, Aug.17, 2000.

6 Peter K. Yu, The Anatomy of the Human Rights Framework for Intellectual Property, SMU Law Review, Vol.69, 2016, pp.70-71.

制度都区分了思想和表达、事实和表达。因此，对于版权保护来说，不保护思想依然是一个主要的"天花板"。[1]比如前述TRIPS第10条规定，"对数据或其他资料汇编的保护不得延伸至数据或资料本身"。这是因为，科学数据的自由使用对科学成果来说异常重要。正如理查德所说："这些保护应当尊重对于科学研究和智力创作活动不可或缺的科学数据的自由交换。知识产权制度必须有助于推动国际交流的发展、科学领域的合作。"[2]

科学出版物涉及两种不同类型的人权利益：精神利益和物质利益。科学出版物的精神利益一般通过精神权利来予以保护，如图7.2所示。比如，《伯尔尼公约》第6条之二规定，发行权保证具有创造性的作品能够被适当地识别、发行；作品完整权防止作品被以有损作者名誉或声誉的方式歪曲、毁坏或以其他方式进行修改。但是，特别专员法里达在上述《版权政策与科学和文化权》的报告中指出，版权制度可能对作者的精神利益保护不足，因为制造者/出版商/发行商和其他"后来的权利持有人"，与个体创造者相比，通常对立法有更大的影响力，而且在涉及这些权利时，可能存在利益冲突。因而重要的是，必须超越版权制度中已经承认的精神权利，从人权角度来识别更多或更大的精神利益。[3]如果版权没有提供对精神利益的保护，那么可以用其他保护方式予以替代。比如，虽然"二战"前的俄国不承认版权作品的经济权利，但它承认了某种非财产属性的作者权利。[4]如前所述，还可以通过反不正当竞争法、合同法、毁谤法、隐私权保护法等制度来保护精神权利。[5]科学出版物的物质利益通常由版权制度中的经济权利予以保障。比如，在美国，版权制度保护对

---

1 Peter K. Yu, The Anatomy of the Human Rights Framework for Intellectual Property, SMU Law Review, Vol.69, 2016, p.72.

2 Mark A. Lemley, The Myth of the Sole Inventor, Michigan Law Review, Vol.110, 2012, pp.715-733.

3 Special Rapporteur in the Field of Cultural Rights, Copyright Policy and the Right to Science and Culture: Rep.of the Special Rapporteur in the Field of Cultural Rights, Summary, p.38, Human Rights Council, U.N. Doc. A/HRC/28/57（Dec.24, 2014）（by Farida Shaheed）.

4 Mira T. Sundara Rajan, Copyright and Free Speech in Transition: The Russian Experience, in Jonathan Griffiths & Uma Suthersanen eds., Copyright and Free Speech: Comparative and International Analysis, Oxford University Press, 2005, p.333.

5 Roberta Rosenthal Kwall, Copyright and the Moral Right: Is an American Marriage Possible?, Vanderbilt Law Review, Vol.38, 1985, pp.17-33.

创作作品的复制权、销售权、修改权、公开展示权、公开表演权和数字传播权。[1]这些权利非常重要,并被世界各国广泛认可,主要源于其历史发展,并且通过贸易规则反复地被移植到各国法律体系中,这些贸易规则比如TRIPS、TRIPS-PLUS双边、区域和诸边贸易协议。尽管如此,条约和法律并不阻止用其他形式的保护方法来取代版权保护方式。[2]

图7.2　以科学出版物为例的知识产权与人权框架结构体系

(2)科学创新物(包括发明)。

与科学出版物类似,科学创新物(包括发明)也涉及两种不同类型的利益:精神利益和物质利益。保护科学创新物的精神利益尤其具有挑战性,因为这些创作主要由专利制度保护,在这种制度下,不存在与精神权利直接对应的权利。虽然专利制度一般都承认第一发明人,但不承认后续发明人,由此似乎是对署名有某些形式的保护。更糟的是,无论是第一发明人还是后续发明人,都不享有保护科学创新物完整的权利,如图7.3所示。最糟的是,发明人也可能并不总是会被承认他们所做出的贡献。过去两百年来,对于一些重要的发明,从蒸汽机到轧棉机,到底谁是发明人,一直都争论不休。[3]那些支持非裔美国发明人的学者也质疑专利制度在历史上是否也曾歧视过隶属于少数群体的发明,在某种程度上他们普遍没被承认享有作为发明人的精神利益。比如,美国历史上的黑奴,自己本身就是一种财产,从法律上看也不能拥有专利。[4]

1　17 U.S.C. § 106(2012).

2　Peter K. Yu, The Anatomy of the Human Rights Framework for Intellectual Property, SMU Law Review, Vol.69, 2016, pp.71-72.

3　Mark A. Lemley, The Myth of the Sole Inventor, Michigan Law Review, Vol.110, 2012, pp.715-733.

4　Lateef Mtima, An Introduction to Intellectual Property Social Justice and Entrepreneurship: Civil Rights and Economic Empowerment for the 21st Century, in Lateef Mtima ed., Intellectual Property, Entrepreneurship and Social Justice: From Swords to Ploughshares, Edward Elgar Publishing, 2015, pp.15-16.

相反，对科学创新物物质利益的保护则是超水平的。这些利益一般不是通过商业秘密就是通过专利法予以保护。根据TRIPS第39条第2款的规定，只要发明人采取了合理措施对相关信息予以保密，那么商业秘密法对未披露的信息就给予保护。TRIPS第28条第1款也规定，如果发明人不希望将他们的创新予以保密，他们就可以通过公开其发明的方式换取专利制度对其发明在一个特定时期内的财产权利保护。这一权利允许他们排除他人制造、销售、进口、出售或许诺出售他们已获专利的发明。[1]除商业秘密法和专利法之外，还存在其他形式的保护。有学者针对传统知识和次级可专利发明的保护问题，提出了补偿责任制度，即二次发明人应被要求"在一段相对较短的时间内，就其借用的技术改良支付足够的补偿。"[2]和以财产权为基础的知识产权制度不同，这一替代性制度"可以在不打击后续发明和不为入门创造法律障碍的情况下刺激投资"。[3]在知识产权制度范围之外，学者们也呼吁采取其他的保护形式，比如许可、补贴、资金和开源安排等。[4]虽然这些保护不在知识产权的制度范围之内，但他们也可为发明人提供必要的物质利益保护。

图7.3 以科学创新物为例的知识产权与人权框架结构体系

3. 构建知识产权与人权全球治理的框架结构层次的意义

迄今为止，余家明教授是第一个将知识产权的人权结构形塑为这样一个不同层次结构体系的学者。构建此种构架结构层次，其意义在于：

1　35 U.S.C. §154（a）（1）（2012）.

2　J.H. Reichman, Of Green Tulip.and Legal Kudzu: Repackaging Rights in Sub-patentable Innovation, Vanderbilt Law Review, Vol.53, 2000, pp.1776-1791.

3　J.H. Reichman, Of Green Tulip.and Legal Kudzu: Repackaging Rights in Sub-patentable Innovation, Vanderbilt Law Review, Vol.53, 2000, p.1746.

4　Peter K. Yu, Intellectual Property and Human Rights in the Nonmultilateral Era, Florida Law Review, Vol.64, 2012, p.1078.

一是这些层次使得整个框架变得更加明晰。通过让学者和政策制订者明确其所想要指向的具体层级,这一层次方法有助于对整个框架进行系统分析。考虑到知识产权和其所涉及的政策因素极其广泛,这种分析尤为重要。

二是这一层次方法强调了有关知识产权与人权争论的复杂性。过去二十余年表明,这种争论已经不再局限于人权对知识产权保护的影响,虽然这种影响还是诸多学者担忧的对象。这种争论也已经超出了关于知识产权是否是一种人权的讨论范围。毕竟,知识产权的某些方面具有人权性质而另外某些方面却不具有人权性质。实际上,现在已有必要就知识产权与人权交集而产生的问题展开精密而又有细微区别的讨论。

三是确定框架中的不同层次有助于政策制订者和学者们更加清晰地看到,作为人权的智力成果利益保护权与知识产权有着不同的价值取向。知识产权制度是一个从上至下的体系,最基层的就是保护层。因此,在这种体系中可资利用的某些保护方式仅仅是针对没有人权基础的物质利益。相反,人权制度是一个从下至上的体系,最基层是基于个人的文学、艺术或科学创作活动产生的成果。一旦在成果层确认了这些活动,在最终确定如何保护这些利益时,必须先将源于这些活动所带来的人权利益予以明确。因此,如果采用人权制度下所通行的从下至上的方法,知识产权制度所提供的保护则不仅有更多的依据和合法性,而且也更能符合个体作者、发明人、创作和发明的社区、甚至整个社会的需求。如此看来,前文所述的联合国促进和保护人权小组委员会、联合国人权事务高级专员、经社文委员会、特别专员和法律专家都提倡使用人权来制约知识产权法律与政策的过度扩张,这一点毫不奇怪。

四是该框架的各层次为进一步分析各层级之间的相互关系奠定了基础。不管是根据从上至下还是从下至上的方法,可以从表一利益层和保护层之间的关系中得出不同的结论。而表二和表三中横框的长度会有所不同,取决于每一层级中各自所包含的范围以及现行知识产权体系下的保护程度。比如,有些人可能会认为有些横框过长,而有些人可能会认为同样的横框过短。这些表格的目的不在于准确地描绘出每一横框的长度。相反,它旨在促进理解和认识不同层级是如何互动的。在传统的英美法系体制下,知识产权保护的首要正当性还是实用主义或工具主义。[1]为促进个人从事文学艺术科学等智力活动,加大知识产权的保护力度,提供更多的物质激励,也是必要的。成果层与保护层的相互关系既可从理论上也可从实践上进行分析,它是近年来一系列实证研究的

---

[1] Sony Corp.of Am. v. Universal City Studios, Inc., 464 U.S. 417, 432(1984)。

关注对象。[1] 比较棘手的问题是，处于成果层和保护层中间的利益层如何更好地融入这个框架，并且该层级如何与邻近的两个层级实现互动值得更进一步的关注。[2]

虽然这一层级框架并没有解释一国到底需要提供多大程度的知识产权保护，但总的来说，哪种水平的保护是最优的，这是一个经济问题。问题的答案经常因国家而异；它也可能取决于是哪一种类型的智力或科学成果。经常被援引的关键因素包括一国的经济条件、模仿或创新能力、生产或研究能力、体制和财政限制等。[3] 尽管如此，如果这一框架显示知识产权的保护水平远远超过了人权利益所需要支撑的水平，那么这种额外保护的必要性及这种水平的差异就需要引起注意。这种保护也会引起对现行知识产权制度的正当性、必要性和适宜性的质疑。事实上，如果知识产权保护与其他人权保护发生了冲突，一国所承担的国际人权义务会要求政策制订者对知识产权制度作出适当调整，以确保其不会违背国际义务。正如特别专员在其最近的专利政策报告中简明扼要地指出，"人权方面要求专利权的保护不至于扩张至妨碍了个人尊严与健康的实现。当专利权与人权发生冲突时，人权必须至上。"[4]

本章小结

构建知识产权与人权全球治理框架之所以必要，是因为知识产权与人权交集具有不可避免性以及化解国际知识产权危机与国际人权规则分歧的急需性。这一框架中，其框架要素包括权利要素，即保护目标和权利性质、权利主体、权利客体、权利利益（含精神利益和物质利益）、权利限制等五个方面；还包括义务要素，即区分缔约方"法律义务"和"违反行为"，确定缔约方核心义务，寻找缔约方人权义务与知识产权义务的重叠之处。知识产权与人权全球治

---

1 Jessica Silbey, The Eureka Myth: Creators, Innovators, and Everyday Intellectual Property, Stanford University Press, 2014.

2 Peter K. Yu, The Anatomy of the Human Rights Framework for Intellectual Property, SMU Law Review, Vol.69, 2016, pp.67-69.

3 Peter K. Yu, The International Enclosure Movement, Indiana Law Journal, Vol.82, 2007, p.889.

4 Special Rapporteur in the Field of Cultural Rights, Cultural Rights, United Nations General Assembly, summary, U.N. Doc. A/70/279（Aug.4, 2015）（by Farida Shaheed）.

理框架是一个有四层等级的结构体系,从下至上为成果层、利益层、保护层、限制层。以科学出版物和科学创新物为例证,可以看出,不同的智力成果类型,产生了国际人权法上所要求保护的精神利益和物质利益,可以通过知识产权制度内或制度外的各种保护方式,以达到人权法所要求的义务,而知识产权这一保护方式本身,也存在内生性和外源性的诸多限制。

第八章

知识产权与人权全球治理的**原则**

在采取何种原则来对知识产权与人权进行全球治理的问题上，已有诸多学者展开探讨。吴汉东教授提出了法益优先保护原则（人权权利具有优先性的法价值）和利益平衡原则；[1]李春林博士在分析知识产权与健康权关系中，确定了尊重和保护人权（健康权）原则、平衡保护原则、相互支持原则等三个原则；[2]郑万青教授提出了人权优先原则、权利平衡原则、权利限制原则、工具主义原则、公共参与原则等五项原则；[3]衣淑玲博士基于国际人权法的视角，认为TRIPS应根据利益最佳平衡原则、法益衡量原则、可持续发展原则来变革；[4]李静怡博士在分析无障碍阅读权与著作权冲突时，提出解决冲突的路径包括平衡原则、比例原则、权利的价值位阶以及平衡基础上的优先保护等。[5]国外学者很少为协调知识产权与人权的冲突提出一些原则，如赫尔夫教授在其著名的前沿专著《知识产权与人权：全球视域下的交集》一书中，也并未提出对知识产权与人权冲突关系进行全球治理的原则，[6]唯有余家明教授，一是在其2007年论文《人权框架下知识产权利益的理论重构》中对解决知识产权与人权内部冲突时，提出了人权至上原则；[7]二是如上所述，在其对知识产权的人权框架进行纵向剖析，构建一个包含成果、利益、保护和限制四个

---

1 吴汉东："知识产权VS.人权：冲突、交叉与协调"，载《中国知识产权报》2004年1月6日。

2 李春林："国际法上的贸易与人权关系论"，华东政法学院2004年博士学位论文，第160-163页。

3 郑万青：《全球化条件下的知识产权与人权》，知识产权出版社2006年版，第219-239页。

4 衣淑玲："国际人权法视角下《TRIPS协定》的变革研究"，厦门大学2008年博士学位论文，第203-211页。

5 李静怡："无障碍阅读权利研究——以《马拉喀什条约》为研究视角"，山东大学2019年博士学位论文，第33-40页。

6 Laurence R. Helfer & Graeme W. Austin, Human Rights and Intellectual Property: Mapping the Global Interface, Cambridge University Press, 2011.

7 Peter K. Yu, Reconceptualizing Intellectual Property Interests in a Human Rights Framework, U. C. Davis Law Review, Vol.40, 2007, pp.1092-1093.

层次的框架结构时,提出了异质原则、不可互换性原则、必需性原则、差异性原则、灵活性原则/弹性原则、多样性原则、可替代性原则等七个框架组织原则。[1]

这些原则的提出,对本书的分析是非常有帮助的。结合文中前述内容,特别是关于知识产权是否属于人权的性质之争中的区分论、对知识产权和人权关系所持的交集论,以及知识产权和人权全球治理中的主体、框架等,本书提出知识产权与人权全球治理的原则应包括区分原则、协调原则、民主原则和法治原则等四大原则。

一、区分原则

正如本书前述,知识产权并非人权,但知识产权与人权也并非决然分离。两者既有重合交集之处,也有矛盾冲突之时。因此,要正确处理两者之间的关系,必须坚持区分原则。区分原则最重要的在于强调存在差异和不同,其适用难点在于区分原则到底要区分什么,在哪些方面或问题上要进行区分。该原则最重要的来源是本书第三章中所坚持的区分论。因为区分论认为,不能绝对地将知识产权视为人权,也不能绝对地说知识产权不是人权,应区分知识产权的不同方面或属性。只有明确这一点,对知识产权和人权的关系以及如何对知识产权和人权进行全球治理才有基础。

（一）区分知识产权的不同属性

区分知识产权的不同属性,即具有人权属性的部分和不具有人权属性的部分。如前所述,以智力成果利益保护权为中心的知识产权和人权框架只保护某些知识产权的某些方面,并不保护所有的知识产权类型或某一类知识产权的所有方面。学者们根据其所采用的冲突论或共存论观点,经常对于知识产权和人权采取分开讨论的方法。冲突论认为这两种权利处于基本的冲突状态,而共存论则认为两者本质上是可以兼容的。虽然对哪种方法更为可取曾经有所争论,但大多数学者,特别是那些对人权持实证主义观点的人,[2]现在也承认知识产权的某些方面可被承认是人权,而其他的方面不具备任何的人权基础。[3]

---

1 Peter K. Yu, The Anatomy of the Human Rights Framework for Intellectual Property, SMU Law Review, Vol.69, 2016, pp.53-66.

2 Thomas W. Pogge, World Poverty and Human Rights: Cosmopolitan Responsibilities and Reforms, Polity Press, 2008, p.59.

3 Peter K. Yu, The Anatomy of the Human Rights Framework for Intellectual Property, SMU Law Review, Vol.69, 2016, p.54.

比如，特别专员法里达在其2015年的专利政策报告中指出："知识产权保护的某些方面的确需要——或至少是强调建议——援引科学文化权。而现代知识产权的另外一些方面则远远超出了保护创作者权利的需要，甚至可能与科学文化权是不相容的。"[1] 查普曼教授一方面认为《世界人权宣言》的起草历史支持了知识产权作为人权这一相对较为软弱的主张，即承认知识产权的某些方面具有人权的性质，但也指出，如果利用知识产权作为一种保护经济投资的手段，则这种知识产权由于缺乏人权基础而不具备人权正当性。[2] 余家明教授更是区分原则的坚定支持者，比如他曾对"公司商标和商业秘密、职务作品、雇员发明、广播者和录音制品制作者的邻接权、数据库保护、临床实验数据的保护和其他主要对公司作者和发明人的经济投资进行保护的权利是否具有人权基础"提出质疑，[3] 但他也承认，版权和专利权的某些方面是具有人权基础的。[4] 因此，如果想进一步开展知识产权与人权的全球治理，必须将两者框架内交集重叠的区域，即具有人权基础的知识产权方面明确下来，而这就要求区分知识产权的人权方面与知识产权的非人权方面。

（二）区分人权制度所保护的不同知识产权利益

区分人权制度所保护的不同知识产权利益，即在人权制度下所保护的精神利益和物质利益。

首先，人权框架下所保护的知识产权，即智力成果利益保护权，保护的是源于智力成果的精神利益和物质利益。对这两种利益的保护范围和理解，在上文有关框架的利益要素中已有所描述。虽然《世界人权宣言》秉承法国《人权宣言》的精神，强调作者的身份权和反映作者思想内容的作品完整性不容侵犯的权利，[5] 但是根据宣言的起草历史和第17号一般性评论，精神利益只强调创

---

[1] Special Rapporteur in the Field of Cultural Rights, Cultural Rights, United Nations General Assembly, p.26, U.N. Doc. A/70/279（Aug.4, 2015）（by Farida Shaheed）.

[2] Audrey R. Chapman, Core Obligations Related to ICESCR Article 15（1）（c）, in Audrey Chapman & Sage Russelleds., Core Obligations: Building A Framework for Economic, Social and Cultural Rights, Transnational Publishers, 2002, pp.314-317.

[3] Peter K. Yu, Intellectual Property and Human Rights in the Nonmultilateral Era, Florida Law Review, Vol.64, 2012, pp.1061-1062.

[4] Peter K. Yu, Reconceptualizing Intellectual Property Interests in a Human Rights Framework, U. C. Davis Law Review, Vol.40, 2007, pp.1083-1092.

[5] 张乃根："论TRIPS协议框架下知识产权与人权的关系"，载《法学家》2004年第4期，第152页。

造者的署名权和保护作品完整权,并没有大陆法系著作权法中所保护的那么广泛,比如并没有包含发表权和追续权等。物质利益的核心在于"能够使作者享受适足的生活水准而需要的基本物质利益",超出这一标准则不在人权框架的保护范围之内。

其次,强调对这两种利益的保护非常重要,但更应注意对这两种利益的保护不是可以互换的。不能仅因为法律保护源于智力成果的物质利益,就当然意味着此种特定的法律也保护源于智力成果的精神利益。实质上,那些经济利益保护水平较高的国家将经济权利优先于人格权利,甚至他们所保护的创造者的物质利益还可能超出了人权文件所要求的"能够使作者享受适足的生活水准的需要",但这也并不会免除这些国家保护人格权利的义务,这些义务是与保护源于智力成果的精神利益相关的。[1]美国就是这方面的例证。虽然美国已经对视觉艺术作品——比如绘画、雕塑和打印照片——的精神权利提供保护,但这些保护特别是与大陆法系国家相比较的话,仍然非常有限。[2]更有问题的是,这一保护仅限于视觉艺术作品,不适用于科学出版物。[3]因此,尽管美国版权和专利制度对源于科学成果的物质利益保护水平已经相当之高,但其对精神利益的保护是不够的,这一点已带来诸多争议。[4]

(三)区分知识产权与人权的不同冲突

区分知识产权与人权的不同冲突,即将知识产权与人权的冲突分为内部冲突和外部冲突。

首先需明确的是,将知识产权与人权的冲突分为内部冲突和外部冲突的学者有迈克尔教授和余家明教授。迈克尔教授认为,"版权和自由言论的冲突应该区分两种不同的类型,一种对版权法来说是内部冲突,另一种则是外部冲突。"[5]迈克尔教授还用了一个案例来解释这两种不同的冲突。[6]他解释道:

---

1 Peter K. Yu, The Anatomy of the Human Rights Framework for Intellectual Property, SMU Law Review, Vol.69, 2016, p.56.

2 Peter K. Yu, Moral Rights 2.0, Texas A&M Law Review, Vol.1, 2014, pp.874-877.

3 17 U.S.C. § 101 (2012).

4 Laurence R. Helfer, Toward a Human Rights Framework for Intellectual Property, U. C. Davis Law Review, Vol.40, 2007, p.997.

5 Michael D. Birnhack, Copyrighting Speech: A Trans-Atlantic View, in Paul L.C. Torremans ed., Copyright and Human Rights-Freedom of Expression-Intellectual Property-Privacy, Kluwer Law International, 2004, p.38.

6 Eldred v. Ashcroft, 537 U.S. 186 (2003).

"美国的观点认为这种冲突是内部的,而欧洲正在采用的方法则认为冲突是外部的。"出现不同的方法的原因是植根于不同法系下版权法的理论根基不同。[1]迈克尔教授是从版权法的角度来看待和分析版权和言论自由的冲突,余家明教授主要从人权的角度来分析人权和知识产权的冲突。本书赞同余家明教授的观点。

最后,考虑到知识产权的某些属性确实在国际性或区域性人权条约中得到保护,因此应强调用不同的方法来解决两种不同冲突的重要性:即外部冲突和内部冲突。[2]外部冲突是不具有人权属性的知识产权与人权的冲突,因为与人权相比,这些权利仅是知识产权,处于人权领域之外;而内部冲突是具有人权属性的知识产权与人权的冲突,因为与人权相比,这些权利是具有人权属性的知识产权,也处于人权领域范围之内。站在人权的角度来观察,不同的冲突会适用不同的解决办法。这在本书下一章中将会探讨。

(四)区分不同的知识产权类型

区分不同的知识产权类型,采取不同的保护方式。根据《世界人权宣言》和《经济、社会及文化权利国际公约》的规定,并结合第17号一般性评论的解释,受人权保护的知识产权利益是源于智力成果而产生的。而智力成果有不同的类型,那么对它所产生的人权利益所要求的保护方式也会有所不同。比如,科学出版物所带来的精神利益和物质利益经常要求经由版权制度予以保护,其特征是既保护经济利益,也保护非经济的(或精神)上的权益。这些出版物还可以由商标法和不正当竞争法予以保护。[3]相反,科学创新包括发明产生的精神利益和物质利益,则常通过商业秘密和专利法来保护。[4]必须要考虑通过何种类型的知识产权或者是否需要通过不同知识产权的组合形态来予以保护,这有赖于所涉及的成果或智力活动本身的类型。科学出版物如此,文学和艺术作品也同样适用。当然,必须指出的是,这些不同类型的成果或智力活动之间并不存在严格的区分标准。也没有哪一种区分已经被广泛认可——比如,许多

---

[1] Michael D. Birnhack, Copyright Law and Free Speech after Eldred v. Ashcroft, South California Law Review, Vol.76, 2003, p.1275.

[2] Peter K. Yu, Reconceptualizing Intellectual Property Interests in a Human Rights Framework, U. C. Davis Law Review, Vol.40, 2007, p.1078.

[3] Peter K. Yu, The Anatomy of the Human Rights Framework for Intellectual Property, SMU Law Review, Vol.69, 2016, pp.70-72.

[4] Peter K. Yu, The Anatomy of the Human Rights Framework for Intellectual Property, SMU Law Review, Vol.69, 2016, pp.72-75.

原始居民部落就认为这种区分是肤浅的，特别是传统知识和传统文化表达，根本没有区分的必要。[1]

(五) 区分不同的国家类型

区分不同的国家类型，因其有不同的经济发展层次，所要求保护的水平应有所差异。TRIPS"一刀切"的保护标准饱受诟病。世界上所有的国家在经济发展水平、历史传统、文化观念等方面均有所不同，而知识产权制度与各国的适应程度是不一致的。其保护水平应当与一国的经济、科技发展状况相适应。当一个发展中国家的科技、经济发展水平处于相对较弱的地位时，就不能适用与发达国家相同标准的知识产权保护制度，否则不利于快速推动该发展中国家的经济发展。[2]因此，应区分不同的国家类型，看是发达国家还是发展中国家，并且发展中国家又有欠发达国家和最不发达国家之分，根据当地情况的不同，在知识产权的保护标准、保护范围、保护期限、保护水平等方面均应有差别。成员方可依据本区域的情况、法律制度来予以保护，并没有特定的范式。由于缺乏这种特定性，《世界人权宣言》《经济、社会及文化权利国际公约》和其他国际性或区域性人权文件没有指明哪一种保护形式优先或优于另一种保护形式。毕竟，所涉保护的效力可能取决于可资利用的资源与当地的条件。因此，各成员方得根据自己的情况自由决定哪种形式的保护能够最好地满足最低限度的要求且适合本区域的实际情况。[3]比如，第17号一般性评论宣布可以通过如下方式来保护源于智力成果的精神利益：第15条第1款丙项中保护精神利益的期限并不必须要求扩展至作者的整个生前。确保作者享受充裕的生活标准的目的实现的途径有两种：要么通过一次性的支付报酬，要么通过授予作者一段特定时期的针对其科学、文化和艺术作品的排他性权利。[4]根据这一解释，成员方可以通过目前这种以财产权为基础的知识产权制度来满足其人权保护义

---

1 Peter K. Yu, The Anatomy of the Human Rights Framework for Intellectual Property, SMU Law Review, Vol.69, 2016, pp.81-85.

2 王舒培："知识产权与人权的联系、冲突与协调发展"，吉林大学2007年博士学位论文，第140页。

3 Peter K. Yu, The Anatomy of the Human Rights Framework for Intellectual Property, SMU Law Review, Vol.69, 2016, p.60.

4 Comm. Econ., Soc. & Cultural Rights, General Comment No. 17: The Right of Everyone to Benefit from the Protection of the Moral and Material Interests Resulting from Any Scientific, Literary or Artistic Production of Which He Is the Author, Art. 15 (1) (c), p.16, U.N.Doc. E/C.12/GC/17 (Jan. 12, 2006).

务。他们还可以适用责任制度、不正当竞争，甚至是苏联式的以非财产权为基础的作者保护制度。[1] 成员国甚至可以通过知识产权制度之外的法律和政策来提供保护。

二、协调原则

人是逐利动物。利益是激励人类从事社会历史活动的动力因素。[2] 利益由此而成为社会制度特别是法律制度设计、运行的核心，保护的对象，最终的目标。知识产权制度尽管最终目标是有利于整个社会公益，但知识产权保护最直接体现的是知识产权人的利益，通过维护和保障知识产权人在一定期限内的垄断性利益来激励其知识创造的积极性，这即是利益驱动机制最为典型的制度。[3] 因此，知识产权与人权全球治理的第二个重要原则便是协调原则。协调原则即协调利益原则，或利益协调原则，是在结合前述学者提出的法益优先保护原则、利益平衡原则、人权优先原则、平衡保护原则、权利限制原则等相关原则基础上而形成的。虽然措辞有所不同，但含义有所类似。本书所指协调原则包括三个相互联系的方面，即要协调知识产权与人权之间的利益关系，一是要遵循人权优先原则（基于人权的角度），二是要利用权利限制原则（基于知识产权的角度），三是要实现利益平衡原则（基于知识产权与人权的角度）。前两个原则是协调的手段，后一个原则是协调的目标和意欲达到的结果。

（一）人权优先——基于人权角度

人权优先原则是联合国人权机构、人权活动家以及诸多政策制订者和学者极力主张采取的一种协调知识产权与人权关系的原则。人权法律应当优先于知识产权法律是一项解决知识产权与人权冲突问题的首要原则。[4]

1. 坚持人权优先原则的必要性

人权优先是因为人权权利具有优先性的法价值，与知识产权这一财产权相比较应当具有优越地位。[5]

---

1 Mira T. Sundara Rajan, Copyright and Free Speech in Transition: The Russian Experience, in Jonathan Griffiths & Uma Suthersanen eds., Copyright and Free Speech: Comparative and International Analysis, Oxford University Press, 2005, p.333.

2 王伟光：《利益论》，人民出版社2001年版，第134页。

3 王舒培："知识产权与人权的联系、冲突与协调发展"，吉林大学2007年博士学位论文，第103页。

4 郑万青：《全球化条件下的知识产权与人权》，知识产权出版社2006年版，第219页。

5 吴汉东："知识产权VS.人权：冲突、交叉与协调"，载《中国知识产权报》2004年1月6日。

首先是因为人权的重要性。人权是关乎人类生存发展之最根本保障的基石与支柱,[1]保护人权是为了保障人的尊严,具有做人起码应该具有的生命、健康、自由的权利。[2]人本主义也是知识产权法的最高价值。[3]

其次是因为人权和知识产权所保护的利益和目的不同。知识产权是一种商业利益,而商业利益的地位在于,它应该服从于道德权利。[4]人权作为人的基本权利,相对于知识产权的经济自由权利应当具有"优越地位",即应看作是具有优先性的法价值。[5]

再次是不管知识产权和人权,其本身也有各种价值位阶。知识产权同其他财产权相比,在特定的情况下也有位阶上的差别,并且,知识产权本身也有一个位阶问题。[6]比如,一旦确定了知识产权的人权方面,人权至上原则会要求,保护这些方面优于保护现行知识产权制度下提供的其他保护,包括保护知识产权中的非人权方面和那些没有人权基础的知识产权类型。[7]正如联合国促进和保护人权小组委员会在其有关知识产权与人权的声明中所称,人权义务优于经济政策和协议,"政府和国内、区域及国际经济政策论坛在制订国际经济政策制度时应充分考虑国际人权义务与原则。"[8]对于人权本身来说,如果人权体系内部发生权利冲突,首要问题也是考虑人权的优先次序。

最后是当权利发生冲突时,必须作出选择。当法律承认和保护的各种利益发生冲突,从而导致权利冲突的情况下,不能够也无法做到"同等地对待

---

[1] 宋慧献、周艳敏:"冲突与平衡:知识产权的人权视野",载《知识产权》2004年第2期,第51页。

[2] 朱景文:"一种博弈:在人权和知识产权之间",载《法制日报》2007年11月18日,第14版。

[3] 吴汉东:"知识产权法价值的中国语境解读",载《中国法学》2013年第4期,第25页。

[4] 宋慧献、周艳敏:"冲突与平衡:知识产权的人权视野",载《知识产权》2004年第2期,第56页。

[5] 王舒培:"知识产权与人权的联系、冲突与协调发展",吉林大学2007年博士学位论文,第137页。

[6] 郑万青:《全球化条件下的知识产权与人权》,知识产权出版社2006年版,第223页。

[7] Peter K. Yu, Reconceptualizing Intellectual Property Interests in a Human Rights Framework, U. C. Davis Law Review, Vol.40, 2007, p.1092.

[8] Comm. on Econ., Soc. & Cultural Rights, General Comment No. 17: The Right of Everyone to Benefit from the Protection of the Moral and Material Interests Resulting from Any Scientific, Literary or Artistic Production of Which He or She Is the Author (Article 15, Paragrap.1 (c), of the Covenant), pp.3-4, U.N. Doc. E/C.12/GC/17 (Jan.12, 2006).

权利"，[1] 此时需要通过法益衡量即对各种利益的重要性评价和位序安排来进行利益的协调。[2] 当自由获取和交换财产的经济权利与生存权发生冲突时，通常应当优先考虑生存权，但这么做也并非是无条件的。[3] 人权是普遍的、基本的、不可剥夺的权利，还具有平等性、人身性、道德性等。显然，知识产权不具有这些属性，并且为知识产权的特性所决定，知识产权的保护应该以人权优先。[4] 知识产权与人权发生冲突和矛盾时，知识产权毫无疑问应当服从于人权，向人权妥协。由于知识产权与人权呈现一种外部的纵向关系，人权的位阶明显高于知识产权，因而知识产权对人权的"妥协"亦成为必然。[5]《马拉喀什条约》在协调无障碍阅读权利与著作权保护之间的冲突时，就有效运用了平衡基础上的优先保护原则。[6]

值得指出的是，这些有关人权至上性的论断不仅仅局限于强行法或强制法。人权，在某种程度上是一种普遍性义务，或具有习惯法的性质，或作为一项国际基本原则，通常要优先于一些具体的，或与之相冲突的条约规定，比如贸易协定的一些规定。人权规则从效力等级上来看，要高于其他国际行为准则。[7] 因此，各成员方实现人权保护这一具有约束力的法律义务在国际法中具有至上性，TRIPS下的义务将不具备约束力，如果它与各国的人权保护义务相冲突的话。[8]

---

1 郑万青：《全球化条件下的知识产权与人权》，知识产权出版社2006年版，第219页。

2 衣淑玲："国际人权法视角下《TRIPS协定》的变革研究"，厦门大学2008年博士学位论文，第206页。

3 [美] 大卫·英格拉姆：《罗尔斯和哈贝马斯论人权：对法律—政治方法的再思考》，刘玉贤译，载《国外理论动态》2014年第12期，第51页。

4 许颖辉：《备受争议的知识产权》，世界知识出版社2010年版，第31页。

5 邹渊："知识产权的人权视野——从知识产权与人权关系谈我国的知识产权战略"，贵州大学2006年硕士学位论文，第10页。

6 李静怡："无障碍阅读权利研究——以《马拉喀什条约》为研究视角"，山东大学2019年博士学位论文，第75页。

7 Robert Howse & Makau Mutua, Protecting Human Rights in a Global Economy: Challenges for the World Trade Organization, International Centre for Human Rights & Democratic Development Policy Paper, 2000, available at http://www.ichrdd.ca/english/commdoc/publications/globalization/wtoRightsGlob.htmlm, last visited on May 1, 2022.

8 Richard Elliott, TRIPS and Rights: International Human Rights Law, Access to Medicines, and The Interpretation of the WTO Agreement on Trade-Related Aspects of Intellectual Property Rights, Canadian HIV/AIDS Legal Network & AIDS Law Project, South Africa, 2001.

2. 坚持人权优先原则的注意事项

首先，对于外部冲突来说，最重要的是知识产权的人权方面与那些不具人权基础的方面。一旦确定了其人权方面，我们就可采用人权至上原则来解决冲突。虽然这在很多场合下是非常有用的，但是它不能解决所有的冲突，特别是那些相关人权界定还比较模糊或者其外部界限还不够清晰的领域。

其次，重要的是确保这些原则在试图质疑现行知识产权的时候不要被滥用。可以确定的是，知识产权的持续扩张是令人警醒的，也极大地损害了许多发展中国家的利益。但是，不恰当地限制知识产权同样也是危险的，因为这会侵蚀而不是纠正知识产权制度中已有的平衡。从人权的视角来看，由于那些没有人权基础的知识产权方面或形式很有可能被认为不那么重要，但重要的应是承认与仔细评价知识产权非人权方面所保护的许多重要利益。[1]

再次，就内部冲突来说，人权至上原则是无法适用的，因为所有冲突的权利都有人权的基础。这时，在人权领域的内部也要作出相关的调整和排序。有些人权与公共利益或社会利益有着更为密切的联系，它们应当比与个人利益关系密切的人权具有较高的价值等级。[2]

最后，尽管存在人权至上原则，还是有个问题，即知识产权制度中的内在弹性条款，或者所谓的"安全阀"是否会允许国家用人权义务去平衡其知识产权保护中的非人权方面。因为人权至上原则并不要求国家去抛弃共存论（即知识产权与人权是可以共存的），因此国家还是需要在共存论或冲突论中作出选择。很明显，这一困境很难解决，但这种方法最主要的问题在于它不能解决人权与知识产权之间的所有冲突。事实上，国家总是会去审视他们的知识产权制度是否会充分地容纳人权利益。这一方法旨在确保知识产权的人权方面应得到其应该得到的认可。这样，国家在保护智力成果利益权利时，会充分履行他们的人权义务，而个体的作者和发明人会获得人权条约所赋予他们的保护。[3]

（二）权利限制——基于知识产权角度

解决权利冲突的一个重要法律途径就是对权利作出限制。[4] 权利和自由并

---

[1] Peter K. Yu, Ten Common Questions about Intellectual Property and Human Rights, Georgia State University Law Review, Vol.23, 2007, pp.711-712.

[2] 衣淑玲："国际人权法视角下《TRIPS协定》的变革研究"，厦门大学2008年博士学位论文，第209页。

[3] Peter K. Yu, Reconceptualizing Intellectual Property Interests in a Human Rights Framework, U. C. Davis Law Review, Vol.40, 2007, p.1093.

[4] 郑万青：《全球化条件下的知识产权与人权》，知识产权出版社2006年版，第228页。

非是绝对的，不受限制的。特别是像知识产权这样一种具有人权目标的权利，在一国范围内，知识产权领域各方利益的平衡与协调，主要是通过对知识产权的保护与限制来实现的。[1]保护知识产权的目的是实现更为重要的其他社会目标。法律不能割裂其工具理性和价值理性。[2]

同时保护知识产权所体现的私人利益和公共利益这种理念表现在制度层面上，应当是"赋权"与"限权"并重。首先是知识产权制度内部的限制，亦即知识产权体系内部就通过一系列的制度来对知识产权权利人的权利进行了一定的限制，以达到实现知识产权保护公共利益、最终促进人权实现的目的。但是，对权利的限制应以法律规定为限。[3]在具体的制度设计中，国际知识产权公约和各国的知识产权立法一般都规定了合理限制。[4]现代知识产权制度本身的垄断性、私权性、商业化决定了其必将追逐利益的最大化。然而，"知识产权是一种私的权利，但并不是绝对化的私权"。[5]它是国家赋予的垄断，具有排他性，但并不是必然的完全专属，必须有一些例外和限制性条款来确保知识产权制度的另一个重要目的，即在鼓励创作和创新的同时，也推动科学技术的进步、知识的传承和人类的共同发展。其次，国际社会在治理行动中还通过知识产权之外的条约来限制知识产权的权利扩张，比如生物多样性公约（CBD）对知识产权通过TRIPS扩张起到了一定的限制作用。[6]而《马拉喀什条约》更是成为世界上第一个全部内容包括知识产权例外和限制条款的条约，为视觉障碍者实现无障碍阅读权提供了法律保障。

应注意的是，在具体处理人权与知识产权的冲突时，对权利施加的任何限制，都要认真对待。[7]以版权法中的合理使用制度为例，合理使用作为著作权中的一种限制制度，其标准包括四个方面的、以具体案例为对象的分析。它应

---

1 吴峰："知识产权、人权、发展"，载《上海理工大学学报》（社会科学版）2005年第3期，第30页。

2 衣淑玲："国际人权法视角下《TRIPS协定》的变革研究"，厦门大学2008年博士学位论文，第210页。

3 郑万青：《全球化条件下的知识产权与人权》，知识产权出版社2006年版，第229页。

4 袁源："知识产权政策多维效果研究——基于政策过程新范式的探讨"，中国科学技术大学2012年博士学位论文，第34页。

5 吴汉东："科技、经济、法律协调机制中的知识产权法"，载《法学研究》2001年第6期，第133页。

6 郑万青：《全球化条件下的知识产权与人权》，知识产权出版社2006年版，第232页。

7 郑万青：《全球化条件下的知识产权与人权》，知识产权出版社2006年版，第230页。

该着重审视：新作品使用的目的与特性、旧作品的性质、与旧作品作为一个整体相比，使用部分的数量与质量（篇幅与内容上比较）、对旧作品实际的和潜在的市场经济利益的影响。这些方面不能单独以一个数学公式去进行评价，而是一个基于"全面情形"分析的标准。标准的内在灵活性经常让版权使用人不太确定预想的使用是否为合理使用，但以具体案例为基础的分析是一种比较精确的并适于制约过度或广泛滥用合理使用的方法。因为合理使用标准内在的不确定性，使用者经常偏好利用许可协议以获得综合使用的全部许可。当然，版权法中的四因素测试法并不是衡量合理使用的唯一标准，法院还会考虑一些其他的因素。比如，从社会角度看，使用是否是合理的或具有创造力的行为，从而援引公众利益，这也会具有一定的相关性。有时，公众利益会被认为是审查是否为合理使用的第五个因素。法院经常对下列问题有不同意见：大量使用是否妨碍认定为合理使用，缺乏善意经常会不利于合理使用，未提供引证或归属（因此与剽窃类似）也不利于合理使用。有些学者指出，这些其他的原因应该也着重考虑，因为版权也处于特定的社会背景中，某些考虑会影响结果的公平性。其他一些学者认为其他一些因素——诸如善意、艺术完整性和隐私等——将不利于平衡版权法的目标。[1] 由此可见，对知识产权的权利限制，涉及法律和利益等诸多方面，在全球治理中必须认真地对待。[2]

（三）利益平衡——知识产权与人权

但凡讨论知识产权理论问题，学者们言必称平衡。[3] 平衡原则是现代知识产权法的基本精神。[4]

在保护知识产权和人权之间必须有一个平衡，期待在这个问题上绝对的公平是不可能的。[5] 知识产权权利不是绝对的，也不是至高无上的。版权和其他

---

1 Christine Steiner, Intellectual Property and The Right to Culture, Intellectual Property and Human Rights, Proceedings of a Panel Discussion organized by the World Intellectual Property Organization in Collaboration with the Office of the United Nations High Commissioner for Human Rights, Nov. 9, 1998, http://www.wipo.int/edocs/pubdocs/en/intproperty/762/wipo_pub_762.pdf, pp.50-51, last visited on May 1, 2022.

2 郑万青：《全球化条件下的知识产权与人权》，知识产权出版社2006年版，第233页。

3 冯晓青："知识产权法的价值构造：知识产权法利益平衡机制研究"，载《中国法学》2007年第1期，第67页。

4 黄玉烨："知识产权与其他人权的冲突及其协调"，载《法商研究》2005年第5期，第16页。

5 朱景文："一种博弈：在人权和知识产权之间"，载《法制日报》2007年11月18日，第14版。

知识产权权利人过度地控制，可能会不适当地限制公众为了整体社会的长期利益整合和完善开创性创新的能力，或者可能对适当地利用知识产权设置实际障碍。[1]因此，在知识产权的制度设计中，利益平衡是永恒的主题。TRIPS在其一般性规定和基本原则部分也规定了知识产权的保护与执法目标，"应当有助于权利和义务的平衡"。《马拉喀什条约》的序言也强调了平衡原则。[2]并且，在条约中所规定的各种强制性的限制和例外措施以及关于进出口作品的无障碍格式版的国际合作措施，体现的则是优先保护无障碍阅读权。而当知识产权与贸易结合在一起，在更广阔的范围内去实现知识产权权利持有人的利益最大化时，则必须从更宽泛的国际场域中考虑知识产权对发展中国家、对普通公众的集体人权和个人人权的影响。《经济、社会及文化权利国际公约》第15条第1款及其第17号一般性评论、《公民权利和政治权利国际公约》第19条第2款和第3款中的相关规定，也体现了权利平衡原则，这是构建一种新的知识产权国际体制的基石。[3]正如在1998年的专家研讨会讨论环节中，达沃豪斯教授针对其中一名提问者的问题，回应说："协调知识产权与人权制度中其他领域的冲突，必须在知识产权的制度设计中得以解决。解决方案的关键在于灵活性，不管是区域层面还是国内层面的制度设计均应如此。"[4]利益平衡中的内容包含多组相对应的权利的相互妥协和折中：专有权保护与知识产品最终进入公有领域的平衡、公平与效率的平衡、权利行使内容和方式与权利限制的平衡、知识创造与再创造的平衡、知识产权与物权的平衡等。[5]

其实，在广受诟病的TRIPS中，虽然它的规定表明了两种不同类型的利益（知识产权利益和人权利益）之间存在的紧张关系，但TRIPS条款也在各利益

---

[1] [南非] 路易斯·哈姆斯：《世界知识产权组织知识产权保护——案例研究》，北京大学国际知识产权研究中心译，郑胜利、王晔主编，知识产权出版社2018年版，第16页。

[2] 李静怡："无障碍阅读权利研究——以《马拉喀什条约》为研究视角"，山东大学2019年博士学位论文，第76页。

[3] 郑万青：《全球化条件下的知识产权与人权》，知识产权出版社2006年版，第226-228页。

[4] Edited Transcrip.of Discussion, Intellectual Property and Human Rights, Proceedings of a Panel Discussion organized by the World Intellectual Property Organization in Collaboration with the Office of the United Nations High Commissioner for Human Rights, Nov. 9, 1998, http://www.wipo.int/edocs/pubdocs/en/intproperty/762/wipo_pub_762.pdf, p.59, last visited on May 1, 2022.

[5] 冯晓青："知识产权法的价值构造：知识产权法利益平衡机制研究"，载《中国法学》2007年第1期，第68页。

相关人之间达成了一种平衡。这种紧张关系（指一方面持有人的经济利益，另一方面的公共利益）在TRIPS保护专利的特别条款中也得以重申，即第27条、第28条、第30条和第31条。第28条是关于授予专利持有人特殊保护的普通规定。但是，第27条允许政府为"维护公共秩序或道德"，将某些发明"排除在可专利的范围之外"。并且，第30条规定了一个广泛的范围，在此之内成员方可以限制专利权的专属性：各成员可对专利授予的专有权规定有限的例外，只要此类例外不会对专利的正常利用发生无理抵触，也不会无理损害专利所有权人的合法权益，同时考虑第三方的合法权益。如果一国希望限制第28条规定的专利保护的专属性，协议第31条明确了此时必须满足的门槛条件和限制。在允许未经专利持有人授权而使用一个专利的标的物之前，一国政府必须首先试图"以一个合理的商业条件来获得权利持有人的同意"。但是，"如果在全国处于紧急状态或在其他极端紧急的情况下，或在公共非商业性使用的情况下"，这一条件可以免除。当然，即使存在这种紧急情况，政府也必须"将这种使用的范围和期限——限制在被授权的目的之内"。并且，"如导致此类使用的情况已不复存在且不可能再次出现，则有关此类使用的授权应终止"。因此，TRIPS第30条和第31条试图在专利持有人的知识产权、成员方和整体上的公众之间达到一种利益上的平衡。[1]

知识产权的私权与人权属性并不是非此即彼的对立冲突关系，而是协调统一的关系，统一于现代知识产权法的基本精神———利益平衡之中。[2]知识产权政策的现实决策过程中，利益的调整、平衡、再分配直接影响着政策效果的合理性。[3]我们只有对现行知识产权制度进行必要的修正，在确立知识产权为私权的同时，对其予以人权上的完善，将知识产权保护与人权的发展协调统一起来，构建和谐的利益平衡机制，才能体现现代知识产权法的完整内容。[4]最终，知识产权制度的终极目的应当是"发展"——社会的发展、国家的发展以

---

[1] David Weissbrodt and KellSchoff, Human Rights Approach to Intellectual Property Protection: The Genesis and Application of Sub-Commission Resolution 2000/7, Minnesota Intellectual Property Review, Vol.5, 2003, p.10.

[2] 丛雪莲："知识产权与人权之法哲学思考"，载《哲学动态》2008年第12期，第47页。

[3] 袁源："知识产权政策多维效果研究——基于政策过程新范式的探讨"，中国科学技术大学2012年博士学位论文，第32页。

[4] 丛雪莲："知识产权与人权之法哲学思考"，载《哲学动态》2008年第12期，第48页。

及全球人类社会的共同发展。[1]必须强调，协调原则作为知识产权和人权全球治理的基本原则，其主要的方式是通过人权优先和知识产权限制制度，最终达到知识产权和人权的利益平衡。人权优先原则和知识产权限制制度是手段，利益平衡是协调原则的目标。

三、民主原则

民主原则是自古代以来即已成型的政治自由的体现，即公民们积极参与——最具体而言即参加政治决策过程——的自由。[2]民主原则是全球治理安排、建立国际政治经济管理机构的重要原则，[3]是知识产权与人权全球治理的第三大原则，它强调主体的共同治理、过程的共同参与、结果的共同分担。可将之分为三个层面，即国家层面、群体层面和个人层面，即在国际社会的全球治理中，涉及知识产权与人权的有关事项，应该吸纳更多的主体来积极发表意见、沟通互动，国际决策的过程应该更加公开化、透明化，并设置意见表达和反馈机制。

1. 国家层面

从国家层面来看待知识产权与人权全球治理中的民主原则，就是加强发展中国家对知识产权与人权国际事务的参与、决策能力，这是发展中国家自决权、发展权等的体现，更是将国际立法体制推回多边论坛的重要手段。知识产权和人权全球治理是"人类命运共同体"和"共商共建共享"在知识产权领域的具体表现。知识产权和人权全球治理呼唤的是知识产权制度回归多边化，而不应该将发展中国家排斥在外。

在TRIPS制订过程中，国际环境法中心撰写的一篇论文针对其形成是这样描述的："知识产权法首先是经闭门的、秘密的、由工业界所主导的国际谈判制订的，然后作为既成事实没有经过民主审议而进入国内法。加上知识产权法律专业的技术性和晦涩性，这有助于实现公司利益而避免公众审查，会扩大公司对技术发展和应用的控制权，比如电子信息、生物技术或制药行业等。工业化国家的政府在日益扩张的知识产权中推进了公司利益，打着的名义却是在

---

[1] 吴峰："知识产权、人权、发展"，载《上海理工大学学报》（社会科学版）2005年第3期，第31页。

[2] [奥]曼弗雷德·诺瓦克：《国际人权制度导论》，柳华文译，北京大学出版社2010年版，第10页。

[3] 林庆平："全球治理的原则：民主治理"，载《国际论坛》2004年第2期，第5页。

全球市场中提升国家的竞争力。"[1] TRIPS之后，特别是21世纪的前20年中，在知识产权领域更是出现了一种与全球治理相反的潮流。ACTA、TPP[2]、TTIP[3]有关知识产权的谈判所体现出来的诸边主义，以CETA（欧盟和加拿大之间的综合经济贸易协议）、USMCA（美墨加协议）、RECP（区域全面经济伙伴关系协定）为代表的区域主义、以美国和欧盟为主的双边自由贸易协定表现出来的双边主义等俨然已成为目前国际知识产权立法的主要倾向。如果说区域主义还体现了一定的历史传统、位置相邻、区域合作等各种可以理解的因素，双边主义在一定程度上体现了两个国家之间的合作意图，但诸边主义表面上看采取的是多边形式，实际上却是"国家俱乐部"，它将具有相同利益和兴趣爱好但却超越了地理区域界限的国家聚集在一起，排斥相反意见的表达与吸纳，最终制订出的规则只能维护一方利益。它的形式与过程、内容与结果都无法体现"共商共建共享"。要协调知识产权与人权发展，就应当改变这种由强势群体主导话语权和将知识产权与贸易、投资紧密联系起来的不利状况。南北应当加强对话与合作，发达国家应当给予发展中国家充分的照顾，反映在给予发展中国家自主决定其知识产权制度模式的权力，并反对将发达国家的意志和标准强加给发展中国家上面。[4]

进入21世纪之后，知识经济呼唤制定全球性的国际知识产权规则，知识产权制度和人权制度也呼唤全球治理。无论是双边主义、诸边主义还是多边主义，都是作为给知识产权以国际保护的一种手段。而多边主义是国际知识产权保护实践中至今被证明为最能兼顾各方利益、相对公平的制度构建方法。因而，未来国际知识产权的立法必然会回归到多边体系中，通过各国的友好协商，特别是发展中国家的参与，平衡南北国家的利益，才能在全球范围内建立更优的知识产权保护标准。只有在发达国家和发展中国家的共同努力下，才能建立世界范围内的统一标准，形成国际共识，实现知识产权和人权的全球治理。

---

1 David Downes, The 1999 WTO Review of Life Patenting Under TRIPS, Revised Discussion Pater, Center for International Environmental Law, Washington D.C., Sep.1998, p.1.

2 Trans-Pacific Partnership Agreement，简称TPP，即跨太平洋伙伴关系协定。后因美国退出而另命名为Comprehensive Progressive Trans-Pacific Partnership，简称CPTPP，即全面与进步的跨太平洋伙伴关系协定。

3 Transatlantic Trade and Investment Partnership，简称TTIP，即跨大西洋贸易与投资伙伴协定。

4 王舒培："知识产权与人权的联系、冲突与协调发展"，吉林大学2007年博士学位论文，第142页。

2. 群体层面

从群体层面看知识产权和人权全球治理中的民主原则，就是要加强原始居民对其传统知识、传统文化表达和遗传资源的话语权，寻找适当的保护方式。TRIPS制度安排的局限性和存在的立法缺憾之一是，它"回避了发展中国家普遍关注的传统知识、遗传资源和民间文艺领域的保护"。[1]正如前述，知识产权和人权的关系引起学者关注和人权机构的讨论，最先是从原始居民对传统知识、传统文化表达和遗传资源的知识产权保护开始的。在1998年的专家研讨会讨论环节中，诸多与会人员和主题发言专家就遗传资源的生物勘探和专利保护、对原始居民的其他相关知识和资源的保护问题，提出了诸多建议。[2]原始居民作为传统知识、传统文化表达和遗传资源的传统所有人，应当在这些知识和资源的保护过程中有一定的发言权，并应分享这些知识和资源所产生的诸多经济和物质利益，特别是承认其作为这些知识和资源的"主人地位"。[3]

在2012年联合国独立专家诺克斯的报告中，指出一些国际法律文书已经承认了原始居民的详细程序性权利。比如国际劳工组织1989年第169号公约列入的一项总要求（第6条）："在考虑可能直接影响有关民族的措施的任何时候，与他们进行协商。"2007年《联合国原始居民权利宣言》第18、19、29、32条也承认原始居民参与有关会影响其权利的事项的决策的权利，同时规定，国家在通过和采取可能影响有关原始居民的措施，特别是涉及开发、利用或开采自然资源的项目时，要与他们进行协商。[4]自WIPO成立IGC[5]后，这一政府间委员会开展工作时特别注意原始居民的参与权。委员会在召开每届会议

---

1 杨静：《自由贸易协定知识产权条款研究》，法律出版社2013年版，第17页。

2 Edited Transcrip.of Discussion, Intellectual Property and Human Rights, Proceedings of a Panel Discussion organized by the World Intellectual Property Organization in Collaboration with the Office of the United Nations High Commissioner for Human Rights, Nov. 9, 1998, http://www.wipo.int/edocs/pubdocs/en/intproperty/762/wipo_pub_762.pdf, p.170, last visited on May 1, 2022.

3 苗连营：《立法程序论》，中国检察出版社2002年版，第47-49页。

4 UN Human Rights Council, Report of the Independent Expert on the Issue of Human Rights Obligations Relating to the Enjoyment of a Safe, Clean, Healthy and Sustainable Environment: preliminary report（Prepared by John H. Knox）, 24 December 2012, A/HRC/22/43, available at：https://www.refworld.org/docid/5146eac82.html, last visited on May 1, 2022.

5 WIPO Intergovernmental Committee on Intellectual Property and Genetic Resources, Traditional Knowledge and Folklore, 简称为IGC, 即知识产权与遗传资源、传统知识和民间文学艺术政府间委员会。

之前，均首先举行为期半天左右的专家小组报告会，由当地或原始居民社区的代表主持。如2019年第四十届会议之前的专家小组成员中，有威尔顿·利特尔（Wilton Littlechild）先生，他是克里族酋长、律师，在国内和国际上致力于推进保护原始居民的权利，曾任议员、美洲原始居民议会副主席、联合国原始居民问题常设论坛北美代表，以及原始居民权利专家和第一民族及梅蒂斯人民和司法改革委员会的主席；露西·穆伦凯（Lucy Mulenkei）女士，肯尼亚马赛人，是肯尼亚原始居民信息网的执行董事，在东非地区非洲原始居民妇女组织、非洲原始居民妇女和生物多样性网络工作，被任命为国际生物多样性问题原始居民论坛联络人，代表非洲；瓦尔梅因·托基（Valmaine Toki）女士，乃Ngapuhi Ngati Wai Ngat Whatua（新西兰毛利部落之一）后裔，是被委任为联合国原始居民问题常设论坛专家成员的第一个毛利人和第一个新西兰人。[1]在该次会议后修订的《保护传统知识：条款草案》中，也有诸多尊重原始居民参与权和话语权的规定，比如序言第9段的内容。虽然使用了许多的括号和斜杠，表明对文本的内容和具体措辞还存在诸多争议，但不管怎样，可以看出这些规定中都表达了对原始居民参与权的极大尊重。[2]

3. 个人层面

从个人层面来看，知识产权和人权全球治理的民主原则要注重吸纳知识产权消费者、知识产品使用者以及社会普通公众的意见和建议，构建全球共治的知识产权和人权国际机制。在知识产权的限制问题上，知识公共领域理论就要求立法者提高知识产权立法的民主化程度，让公众参与知识产权法律的制定。[3]

在知识产权的立法史上，就多次出现普通公众被排除在外的情形。比如1996年WIPO的《因特网条约》，出现了知识产权消费者对该条约的抵制风

---

[1] Intergovernmental Committee on Intellectual Property and Genetic Resources, Traditional Knowledge and Folklore, Fortieth Session, June 17 to June 21, 2019（Geneva, Switzerland）, WIPO/GRTKF/IC/40/INF/5, available at https://www.wipo.int/meetings/en/details.jsp? meeting_id=50424, last visited on May 1, 2022.

[2] Intergovernmental Committee on Intellectual Property and Genetic Resources, Traditional Knowledge and Folklore, Fortieth Session, June 17 to June 21, 2019（Geneva, Switzerland）, WIPO/GRTKF/IC/40/18, available at https://www.wipo.int/meetings/en/details.jsp? meeting_id=50424, last visited on May 1, 2022.

[3] 王渊、马治国："现代知识产权与人权冲突的法理分析"，载《政治与法律》2008年第8期，第143页。

潮。1996年12月20日，在WIPO的主持下，签订了《因特网条约》。美国针对进入数字时代的版权问题，试图制订一个新的国际协议，从而成为协议的主要推动者之一。作为其1993年国家信息基础设施计划的内容之一部分，美国成立了一个有关知识产权的工作小组。这一工作小组于1995年在其报告中建议，版权所有人的发行权应明确包括传播权，并建议制订禁止规避版权保护措施的法律。在版权所有人的支持下，美国试图推动制订一个新的国际协议，加入此类新型的传播权，从而将版权所有人的利益全球化。WIPO的这两个条约在谈判历史上无疑意义重大，但版权所有人遇到了版权使用人有组织性的抵制。美国消费者运动尤为积极，成功地去除了这一建议条约中的有关数据资料保护的内容，最终导致版权所有人在这些谈判中有得也有失。WIPO版权条约给予了版权所有人公众传播权，但承认缔约方有权决定版权所有人发行权的范围。[1]

到2012年ACTA谈判的过程中，公众更是为谈判过程的秘密性所激怒，2012年1月至2月，欧洲爆发了大规模的公众游行示威活动，公开聚集反对ACTA。2012年2月11日被称为"反ACTA国际行动日"。[2] 还有公民自发组织成立了"STOP ACTA"的网站，对ACTA的制订过程、所涉资料、主要内容、对公众的危害、希望采取的反对措施等一一公布，希冀号召全欧洲的公众起来反对ACTA。[3] 在美国，2010年10月28日，美国75名来自各知名大学的法学教授联名写信给时任总统奥巴马，要求对ACTA持谨慎态度，停止ACTA的谈判并修改内容。信中指出："谈判代表声称ACTA不会干涉公民的基本权利和自由，但实际上它会。……该条约被命名为《反假冒贸易协定》，但它与假冒或控制假冒商品的国际贸易无关。相反，这项协议将制定更具野心的国际规则，来调整各种各样的知识商品贸易——不管其是否为假冒产品——并将建立新的知识产权规则，却没有系统研究这些规则将对美国或其他国家经济和技术创新等会产生何种影响。这些规则将影响几乎每一个美国人，这应该是广泛的公众参与的主题。我们的结论很简单：任何具有如此广泛范围和深远影响的协议，必须基于广泛的和有意义的协商过程，程序公开，记录在目，并且不断公开拟议的

---

1 Peter Drahos, The Universality of Intellectual Property Rights: Origins and Development, Intellectual Property and Human Rights, Proceedings of a Panel Discussion organized by the World Intellectual Property Organization in Collaboration with the Office of the United Nations High Commissioner for Human Rights, Nov. 9, 1998, http://www.wipo.int/edocs/pubdocs/en/intproperty/762/wipo_pub_762.pdf, p.22, last visited on May 1, 2022.

2 王宇："谁在反对ACTA？"，载《中国知识产权报》2012年8月22日，第4版。

3 参见www.stopacta.info。

谈判文本，必须反映全部的公共利益问题。由于上述原因，ACTA谈判未能达到这些标准。"[1]

所有这些表明，未来的知识产权多边条约立法活动，将是一个有关知识产品使用者群体和知识产权所有人群体之间的复杂游戏，这些群体的成员已经超出了国家的界限。图书馆组织、教育机构、因特网服务提供商、软件应用开发者很可能会联合起来反对大型的软件公司和出版商有关版权改革的建议。原始居民、非政府组织和环保组织很有可能联合起来反对将专利制度延伸至更高层次的生命形式。普通公众、消费者群体、民间机构则很有可能会联合起来反对网络知识产权执法措施。知识产权政策已经变成了一个高度政治化的领域，国家行为体和非国家行为体持续角力，不仅仅是为了知识产权规则，也是为了在市场和政府中扮演的角色。像TRIPS这样由知识产权权利人利益为主导的大型胜利在未来可能很难再次出现。[2] 因此，有学者建议，应将知识产品的消费者视为国际法上认可的权利持有者。TRIPS只将知识产品的创造者与所有者视为唯一的"权利"持有人，消费这些知识产品的个人或团体被默示地置于用户这一次级地位。相反，如果用人权的方法来分析知识产权，应该给予这些用户和所有者、制造者相同的法律地位。这一角色的重构不仅仅只具有语言学上的意义。通过援引许多国家作为其成员的政府间国际组织通过的国际规则，政府更能让人信服地去主张，重构知识产权的平衡体系，是协调两种国际认可的权利体系之间冲突的合理努力，而不是以自我利益为中心去试图扭曲现行国际贸易规则。[3]

总而言之，在知识产权与人权全球治理的过程中，应充分吸纳所有的利益相关人参与至治理的全过程。只有充分体现民主、公开、透明，才能最终实现国际和国内知识产权立法的内容公平公正，达到知识产权保护公共利益、尊重

---

[1] Program on Information Justice and Intellectual Property, Over 75 Law Profs Call for Halt of ACTA, Oct. 28, 2010, available at www.wcl.american.edu/pijip/go/blog-post/academic-sign-on-letter-to-obama-on-acta, last visited on May 1, 2022.

[2] Peter Drahos, The Universality of Intellectual Property Rights: Origins and Development, Intellectual Property and Human Rights, Proceedings of a Panel Discussion organized by the World Intellectual Property Organization in Collaboration with the Office of the United Nations High Commissioner for Human Rights, Nov.9, 1998, http://www.wipo.int/edocs/pubdocs/en/intproperty/762/wipo_pub_762.pdf, p.22, last visited on May 1, 2022.

[3] Laurence R. Helfer, Human Rights and Intellectual Property: Conflict or Coexistence? Minnesota Intellectual Property Review, Vol.5, 2003, p.58.

和实现人权的目的。

四、法治原则

法治是当今国家治理和全球治理共同的理念、原则和战略。[1]正如前文所述，全球治理的依据是国际法。进入21世纪以后，国际法比以往任何时候更显重要。[2]全球治理本质上在于提供一种制度安排，它是在一定国际制度结构和框架下进行的。[3]全球治理时代，国际社会已经出现一个以国际法为主实现法治的基本模式，这就是"国际法之治"。[4]在知识产权与人权的全球治理问题上，同样应该进行制度安排，遵循法治原则。

1. 国际法治的重要性

国际法作为调节国际社会行为主体之间关系的法律规范和制度，对全球治理的实现起着重要的规范作用；同时，国际法也应积极适应全球化的潮流，使其和全球治理理论在交流与互动过程中得到共同发展。[5]但是，国际法治需要依托实体机构推动国际法律规范的执行和法治观念贯彻。[6]现代国际法发展出现的人本化现象也同样表现在知识产权与人权领域，践行人本主义这一价值理念，在知识产权和人权的交叉治理中应通过国际法或国际制度来保证：一方面，任何人都可以凭借智力劳动而取得权利，坚持权利本位，保护创造者的尊严、权利和自由，以实现"个人能力的充分开发和个性的自由发展"；另一方面，这种私人权利也受到法律的必要限制。在全球治理的语境下，更应该注重对一切民族、种族的智力成果提供权利保护，促进各国科技、文化与经济的发展。[7]当代国际法的使命不仅仅要维护国家利益，而且还要维护单个人的利益

---

1 曾令良："国际法治与中国法治建设"，载《中国社会科学》2015年第10期，第135页。

2 ［英］菲利普·桑斯：《无法无天的世界：当代国际法的产生与破灭》，单文华、赵宏、吴双全译，人民出版社2011年版，第117页。

3 王荔红："浅谈全球治理理论及其制度治理实践"，载《东南亚纵横》2003年第11期，第61页。

4 刘衡：《国际法之治：从国际法治到全球治理》，武汉大学出版社2014年版，第30页。

5 程保志："刍议全球治理理论与当代国际法的交互性影响"，载《创新》2012年第1期，第96页。

6 张力、李文婧："充分发挥国际法的作用，深入参与和引领全球治理"，载《人民法治》2019年第10期，第114页。

7 吴汉东："知识产权法价值的中国语境解读"，载《中国法学》2013年第4期，第25页。

和全人类的共同利益。[1]因此，对知识产权和人权这两种对立统一的制度，在全球公共问题日益显露的社会中，必须利用国际制度来治理。国际制度是人类走向全球化的要求，也是国际社会治理从无序走向有序的需要。[2]在国际体系中，国际法不仅确认并保护现状，而且建立并维持秩序、树立预期并导向该预期。[3]

2. 国际人权法效力的软弱性

虽然"国际承认和保护人权，不但是与国际法的目标的开明概念相符合的，而且也是与国际和平的基本需要相符合的"，[4]但国际人权法作为"二战"后才逐渐发展起来的一个部门法，法律效力一直饱受质疑。即使有关人权保护的内容在《联合国宪章》中有所规定，但宪章本身的效力和执行力都曾遭受质疑，更何况基于宪章所产生的其他国际人权文件了。

学者们经常将国际人权文件视为软法。这些文件对成员方来说经常是建议性的或代表着非政府组织的观点。比如1992年《生物多样性公约》确实承认了原始居民知识产权的概念，但是它的条文规定却要求以议定书或以其他协议的形式来明确这一权利的内容。[5]虽有学者认为人权法的核心规则已经成为强行法的重要内容并促使国际法增强了强制力和扩大了适用范围，[6]但是，在国际人权法的内容上，迄今为止，可以说，所有国家或者几乎所有国家只就一些与全部人类生存相关的关键性问题达成一致。[7]只有在这些人权方面，国际社会才将之视为人权法的核心规则。除此之外，国际人权法所包含的内容还很难达成国际层面的普遍共识，特别是与经济、社会和文化

---

1 程保志："刍议全球治理理论与当代国际法的交互性影响"，载《创新》2012年第1期，第98页。

2 王荔红："浅谈全球治理理论及其制度治理实践"，载《东南亚纵横》2003年第11期，第62页。

3 刘衡：《国际法之治：从国际法治到全球治理》，武汉大学出版社2014年版，第32页。

4 ［英］詹宁斯、瓦茨：《奥本海国际法》（第一卷第二分册），王铁崖等译，中国大百科全书出版社1995年版，第357页。

5 Peter Drahos, The Universality of Intellectual Property Rights: Origins and Development, Intellectual Property and Human Rights, Proceedings of a Panel Discussion organized by the World Intellectual Property Organization in Collaboration with the Office of the United Nations High Commissioner for Human Rights, Nov. 9, 1998, http://www.wipo.int/edocs/pubdocs/en/intproperty/762/wipo_pub_762.pdf, p.27, last visited on May 1, 2022.

6 曾令良："现代国际法的人本化发展趋势"，载《中国社会科学》2007年第1期，第93页。

7 ［意］安东尼奥·卡塞斯：《国际法》，蔡从燕等译，法律出版社2009年版，第527页。

权利相关的内容。[1]与知识产权相关的不具约束力的人权规则的发展是国际人权领域中更广泛现象中的一个特例。在知识产权对相关人权的影响问题上，并不是国际人权法所关注的重点，更不是国际人权法所能采取强制行动的对象。

治理工具或方式的多层级体现在国际法上，即是包含各种各样的条约、原则、规定、司法判例、标准等。[2]在国际人权法中，这种国际文件的多样性和多层级性表现得尤为突出，加上国际人权监督机制和审查制度在处罚侵犯人权行为时的固有缺陷使得国际人权法难逃"软法"的宿命。国际刑事法院的建立虽然加强了国际人权法的效力和执行力，但它针对的只是大规模或性质严重的侵犯人权行为；联合国体系下，从人权委员会到人权理事会的改革，表明了国际社会意欲加强国际人权法约束力和实施监督机制的决心，[3]但这些监督程序既没有法律拘束力，也缺乏强制性。[4]国际法学者关注全球治理和国际法治的议题时，大多将目光投向作为传统国际法渊源、以国际条约为代表的国际硬法，不具有法律约束力却产生法律效果的国际软法备受冷落。[5]在这种国际人权法虽具有崇高的道德价值、王牌的话语体系但却监督和惩罚机制有限的尴尬境地下，要与全球化的贸易权（知识产权）对抗，一方面需要依靠领土分化的民族国家拥有将人权话语在其国内实证化的宪制法治结构；而另一方面，则需要其他全球化运作的各种跨国网络的支持，从而弥补人权法话语作为道义性规范"没有牙齿和武器"的弱点。[6]

3. 硬法和软法融合之治

知识产权从WIPO的软法之治走向WTO的硬法之治，目前可谓软硬兼施，而人权规则一直相对软弱。因此，在知识产权和人权的全球治理问题上，可采取硬法和软法的融合之治。

第一，融合之治的前提在于认识理解国际知识产权条约的"硬"和国际人权条约的"软"，承认两类国际义务的实现方式不平衡而导致的制度差

---

[1]［意］安东尼奥·卡塞斯：《国际法》，蔡从燕等译，法律出版社2009年版，第80页。

[2] 曾令良："国际法治与中国法治建设"，载《中国社会科学》2015年第10期，第144页。

[3] 张爱宁："国际人权法的晚近发展及未来趋势"，载《当代法学》2008年第6期，第62页。

[4]［意］安东尼奥·卡塞斯：《国际法》，蔡从燕等译，法律出版社2009年版，第528页。

[5] 严阳："刍论全球治理中的国际软法——以兴起、表现形式及特点为视角"，载《理论月刊》2016年第7期，第102页。

[6] 余成峰："全球化的笼中之鸟：解析印度知识产权悖论"，载《清华法学》2019年第1期，第57页。

异。TRIPS下的知识产权保护因WTO的强制实施机制而受益。在这一机制下，如果一国政府试图审查另一国国内措施的合法性而提出存在争端，WTO的贸易争端解决机制会作出一个针对国内立法有效性的有约束力的裁决。如果申请方胜诉，它可以向来自被申请方的货物征收报复性关税。将关税作为最终的报复和制裁手段，毫无疑问是引起撤回相关不当措施或给予赔偿而以此解决争端的强劲诱因。尽管一个主权国家可以无视WTO所作出的裁决，但对这种回应随之而来的是报复性关税所要付出的代价，以及这种决定对整个WTO体系以及世界出口经济的稳定性所带来的威胁。与WTO下TRIPS强劲的以制裁为基础的实施机制相比，人权条约的实施程序却是比较温和的。[1]两个人权公约（《经济、社会及文化权利国际公约》第16、17条；《公民权利和政治权利国际公约》第40条）都要求成员方就每一条约中的权利实施进展情况进行定期汇报。这些报告由缔约方选举出的由18个成员组成的条约机构来进行审议。这些条约机构结束他们对成员方报告审议的方式是，出具一份结论性评价，提出一些问题并给出一些建议。当一方政府需要提交进一步的报告时，时间一般为几年之后，这些前期提出的问题就是再次评估时所关注的焦点。2006年人权理事会取代人权委员会，[2]成为联合国大会的附属机构，直接向联合国所有会员方负责。[3]但是，人权理事会的决定不被认为是具有法律约束力的。因此，在国际层面上，人权规则实际主要是以劝说和窘迫的方式而不是以制裁的方式来得以实施，对违反人权的行为进行制裁是极为罕见的。[4]因此，在TRIPS下和在人权条约中，国际义务实现方式的竞争力是不平衡的，这由国际知识产权法和国际人权法的制度特征所决定。

第二，重视软法的价值与其对硬法的制约能力。全球化促进了法律渊源的多样化。在经济全球化过程中，被称为"软法"的具有示范性效力的规则开始出现。[5]全球治理的主体范围扩大，进而会影响到整个国际法律体系的发

---

[1] David Weissbrodt and Kell Schoff, Human Rights Approach to Intellectual Property Protection: The Genesis and Application of Sub-Commission Resolution 2000/7, Minnesota Intellectual Property Review, Vol.5, 2003, p.12.

[2] Resolution Adopted by the General Assembly on March 2006, Sixtieth Session, A/RES/60/251.

[3] 白桂梅：《人权法学》，北京大学出版社2011年版，第227页。

[4] David Weissbrodt, et. Al., International Human Rights: Law, Policy, and Process, Anderson, 2001, pp.10-11.

[5] 王利明："经济全球化背景下的法律现代化"，载《法制日报》2012年11月7日第012版。

展。[1]国际软法回应了全球化的挑战,就是不同国际行为体参与国际造法的产物。[2]实际上,不仅国际人权法素有软法之称,在国际知识产权法中,也存在对现行知识产权条约的再解释;创设新的不具法律约束力的宣言、指南和建议;通过一些其他形式的文件等一系列软法。[3]虽然人权话语存在于规范性的模糊地带,对于人权学者和国际法学者来说,它被视为"软法",但这既是优点也是缺点。优点是这些规则是开放式的,可解释的,因此当新技术出现或其他制度影响到人权实现时,我们可以重新思考这些人权规则对使用者、对企业群体和对创作者来说到底意味着什么。[4]正如在联合国促进和保护人权小组委员会通过第2000/7号决议之后,联合国人权机构通过了一系列有关知识产权与人权的文件,毫无例外,这些文件没有一个具有法律上的约束力。为何联合国专家和政治机构会投入如此巨大的精力来制订如此繁多的不具约束力的规则呢?试图制约TRIPS和TRIPS-PLUS条约知识产权保护规则的扩张提供了一个比较合理的答案。试图阻止或削减这种扩张的行为者们必须明确地界定这些条约之间相互冲突或至少存在紧张关系时的规则。当然,制订对抗性规则的最佳方法是制订新的国际条约,而条约经常要进行冗长耗时的谈判,并且即使谈判成功,条约中的规则经常模棱两可或以高度抽象性的方式表述。[5]因此,国家政府、NGO以及独立专家采取的是一种更快、更流畅的(有人可能会争辩,不那么负责任的)软法立法机制来加强这一主张,即日益扩大的知识产权保护规则与人权是不符的。

第三,软法数量的增多导致其效力不断增强。根据黛娜·施尔顿(Dinah Shelton)教授的观点,人权"软法"规则不断扩大的现象可以分为两种类

---

1 程保志:"刍议全球治理理论与当代国际法的交互性影响",载《创新》2012年第1期,第97页。

2 严阳:"刍论全球治理中的国际软法——以兴起、表现形式及特点为视角",载《理论月刊》2016年第7期,第102页。

3 Laurence R. Helfer, Regime Shifting: The TRIPS Agreement and New Dynamics of International Intellectual Property Lawmaking, The Yale Journal of International Law, Vol. 29, 2004, p.6.

4 Edited Transcrip.of Discussion, Intellectual Property and Human Rights, Proceedings of a Panel Discussion organized by the World Intellectual Property Organization in Collaboration with the Office of the United Nations High Commissioner for Human Rights, Nov. 9, 1998, http://www.wipo.int/edocs/pubdocs/en/intproperty/762/wipo_pub_762.pdf, pp.173-174, last visited on May 1, 2022.

5 Laurence R. Helfer & Graeme W. Austin, Human Rights and Intellectual Property: Mapping the Global Interface, Cambridge University Press, 2011, p.56.

型——主要的和次生的。主要的软法包括并非以条约形式通过的规范文本,针对的是作为整体的国际社会或针对通过机关或组织的全部会员方。这些文件可能规定的是新的规则,经常是试图作为需要通过的一个后续条约的前期基础文件,或者这些文件是重申或进一步阐明某些有约束力的或没有约束力文本的已有规则。次生的软法包括国际人权监督机构的建议和一般性评论法院和委员会的法理、特别专员和其他临时机构的决定以及适用主要规则的国际组织的政治部门的决议。大多这些次生软法由一些机构发布,这些机构的设立和管辖权一般源于某个条约,并且该机构也适用的是该条约所规定的规则。[1]对于《经济、社会及文化权利国际公约》这样的人权公约来说,包括了大量的开放式文本和模糊的规定,采用软法的方式是特别适当的。如果单独从条约文本的角度来看,很难在一方面的《经济、社会及文化权利国际公约》和另一方面的TRIPS或其双边后续条约之间找到明显的不相容之处。然而,条约文本本身并不能穷尽列举这种冲突的潜在性。人权条约创建了一些其他的机制——比如一般性评论和个人申诉制度——这随着时间的流逝可导致发展出一些更加精确和严格的法律规则。实际上,一般性评论是委员会为解释公约义务而制定的"软法"。虽然一般性评论在实践中的影响很大程度上取决于外界尤其是缔约方对它们的反应和态度,但其也具有较强的法律影响力。[2]另外,依据联合国宪章所创建的许多政治和人权专员机制对这些以条约为基础的程序也形成了良好的补充。当所有的行动协调一致时,这些条约和以宪章为基础的机制迅速发展了一套解释性规则,对于特定的人权含义赋予了广泛共有的期待。作为对知识产权不断扩张的规则的限制性措施,这些规则占据的是一个不具法律约束力的"规范的边缘区域"。[3]但是,随着这些规则的数量、范围和明确性不断增加,它们逐渐让国家、非国家行为体以及国际组织越来越难以质疑其有效性。[4]

---

1 Dinah Shelton, Commentary and Conclusions, in Dinah Shelton ed., Commitment and Compliance: The Role of Non-Binding Norms in the International Legal System, Oxford University Press, 2013, pp.449-452.

2 卜凌嘉:"人权事务委员会一般性意见的法律意义",载《国际法研究》2019年第2期,第78-83页。

3 Peter Drahos, Intellectual Property and Human Rights, Intellectual Property Quarterly, Vol.3, 1999, p.361.

4 Laurence R. Helfer & Graeme W. Austin, Human Rights and Intellectual Property: Mapping the Global Interface, Cambridge University Press, 2011, p.57.

在当今和未来的全球化时代，和平与安全、人权和法治是全球治理必须应对的核心领域的挑战。[1]但国际上既不存在统一的法治模式，也没有统一的法治标准。[2]不管是国际硬法还是软法，都是国际法多样化形式中的一种。通过规则和制度治理，国际法是推动全球治理体系朝着更加公正合理方向发展的重要工具和手段。[3]

本章小结

基于知识产权是否属于人权性质之争中的区分论、对知识产权和人权关系中的交集论，以及知识产权和人权全球治理中的主体、框架和方法等，知识产权与人权全球治理的原则包括区分原则、协调原则、民主原则和法治原则等四大原则。区分原则即要区分知识产权的不同属性、区分人权制度所保护的不同知识产权利益、区分知识产权与人权的不同冲突、区分不同的知识产权类型、区分不同的国家类型，所采取的保护方式和治理方法可能是不同的。协调原则是协调知识产权与人权之间的利益关系，包括三个相互联系的方面：一是遵循人权优先原则（基于人权的角度）；二是利用权利限制原则（基于知识产权的角度）；三是要实现利益平衡原则（基于知识产权与人权的角度）。前两个原则是协调的手段，后一个原则是协调的目标和意欲达到的结果。民主原则从国家层面看，就是加强发展中国家对知识产权与人权国际事务的参与、决策能力；从群体层面看，则为加强原始居民对其传统知识、传统文化表达和遗传资源的话语权，寻找适当的保护方式；从个人层面看，即要注重吸纳知识产权消费者、知识产品使用者以及社会普通公众的意见和建议，构建全球共治的知识产权和人权国际机制。法治原则为知识产权和人权的全球治理提供了重要的依据和工具，即法律规范和制度。由于国际人权法规则本身的软弱性，必须加强国际法（包括国际知识产权法和国际人权法）的硬法和软法融合之治，承认知识产权与人权两类国际义务因实现方式不平衡而导致的制度差异，重视软法的价值与其对硬法的制约能力，并且，随着软法数量的增多已经导致其效力不断增强。

---

1 Resolution Adopted by the General Assembly on 16 September 2006, Sixtieth Session, p.16, U. N. Doc. A/RES/60/1.

2 曾令良："国际法治与中国法治建设"，载《中国社会科学》2015年第10期，第137页。

3 曾令良："顺应全球治理体系变革潮流 推动国际法理论和原则创新"，载《人民日报》2016年3月28日，第16版。

第九章

知识产权与人权全球治理的**内容**

知识产权与人权全球治理的内容，就是知识产权与人权的关系。正如本书第四章中所持有的观点，知识产权与人权呈现交集关系。这种关系与大部分学者所持的两种主要观点，即冲突论和兼容论有所不同，只是客观地表述知识产权与人权已经存在交集，这种交集已不可避免，并且还在进一步深化的过程之中。可以说，知识产权与人权的关系是矛盾的、辩证的，两者既对立又统一，既冲突又兼容，既互相促进、互相补强，又互相限制、互相妨碍，还相互影响，这些影响同时包括积极的和消极的两方面。因此，针对知识产权与人权这种具有双面性的关系展开全球治理，也可以从两个不同的方面来进行。

一、协调知识产权与人权之间的冲突

知识产权与人权之间并不是绝对冲突的，它们只是在某些方面存在紧张关系。而正如前所述，对两者产生的冲突还应进行区分，既分为内部冲突和外部冲突。区分原则最重要的核心在于确定知识产权的人权属性部分。本书认为，协调知识产权与人权之间的冲突，结合区分原则，可以采取一个"两步走"的途径，即交集求同、并集协同。交集求同，也即当知识产权与人权发生交集时，找出两种权利重叠、相同的部分，该部分就是具有人权属性的知识产权。而并集协同，也即在两种制度交集区域之外，其他知识产权与人权在某些方面存在冲突关系，在某些方面存在促进关系，不能将知识产权与人权全然对立，也不能将知识产权与人权合二为一，应该对两种制度进行协调，缓和两者之间的冲突。

（一）交集求同

适用区分原则最基础、最关键也是第一步的措施，就是交集求同。由于目前国际人权文件中，最为明确的且没有争议的交集区域只有智力成果利益保护权，对于财产权是否具有知识产权的人权属性还存在较大争议。这在前文第四章已有所述，但是，另外有两种权利，也已经成为学者的研究对象。

1. 原始居民的知识产权

原始居民的知识产权能否成为知识产权和人权的交集区域，现在还处于一个发展的过程之中。如前所述，自20世纪90年代早期起，原始居民的权利就已引起联合国人权机制的极大关注。[1]原始居民的生物遗传资源被盗窃，被发达国家的跨国公司专利化，而原始居民分享不到任何利益。因此，联合国人权机构已经就原始居民的知识产权保护出台了一系列文件，并于2007年通过了最有名的《原始居民权利宣言》，要求对原始居民的知识产权进行保护。[2]并且，经社文委员会在其后一系列有关《经济、社会及文化权利国际公约》第15条第1款的解释中，均提及原始居民的传统知识、传统文化表达和遗传资源的保护。如果将原始居民的传统知识、传统文化表达和遗传资源的保护纳入知识产权的范围，它本身就可能会存在一定的疑问。因为一方面，如果各国以与现行知识产权制度相一致的法律机制去保护传统知识——比如在未经授权而使用时允许原始居民部落寻求禁令和要求赔偿，但另一方面，这又会使现行知识产权的保护客体扩大化。同时各国可能会对任何原始居民文化遗产的某一要素拒绝授予专利、版权或其他专有权利；还可能会在授予专利权利的时候无法给予原始居民相关的经济利益补偿。简言之，当从人权的角度来分析原始居民的文化时，知识产权规则被认为是原始居民面临的问题之一，同时可能也是解决这些问题的方法之一。[3]

虽然《原始居民权利宣言》《经济、社会及文化权利国际公约》和其他政府间文件表明，智力成果利益保护权中的智力成果肯定包含了原始居民的知识、创新和实践，但是对于这一权利所指向的利益却还不明确。[4]因为有些原始居民的社区肯定会承认存在精神和物质利益，而另外一些原始居民的社区却可能认为强调物质利益的保护是不合适的，特别是涉及一些神圣的知识、创新和实践时。[5]最重要的是，WIPO中IGC已经工作多年，却在达成国际共识方面还一筹莫展。在WIPO的官方主页上，由于2020年新冠肺炎疫情的暴发，

---

1 Erica-Irene Daes, Intellectual Property and Indigenous Peoples, American Society International Law, Vol. 95, 2001, p.147.

2 United Nations Declaration on the Rights of Indigenous Peoples, G.A. Res. 61/295, U.N.Doc. A/RES/61/295（Sept. 13, 2007）.

3 Laurence R. Helfer, Human Rights and Intellectual Property: Conflict or Coexistence? Minnesota Intellectual Property Review, Vol.5, 2003, p.48.

4 Peter K. Yu, The Anatomy of the Human Rights Framework for Intellectual Property, SMU Law Review, Vol.69, 2016, p.83.

5 Angela R. Riley, Indigenous Peoples and the Promise of Globalization: An Essay on Rights andResponsibilities, Kansas Journal of Law & Public Policy, Vol. 14, 2004, p.159.

其2020年和2021年的会议均被推迟。而在其最近2019年第40届大会上，IGC提交的还是保护传统知识、保护传统文化表达的条款草案，以及向大会提出的关于合并知识产权与遗传资源文件的建议。[1]其中保护传统知识的条款草案共16条，含序言、术语的使用、目标、保护/资格标准、受益人、保护范围和条件、数据库保护、制裁和救济及行使权利、公开要求、权利的管理、例外与限制、保护期、手续、过渡措施、与国际协定的关系、不减损、国民待遇、跨境合作。[2]保护传统文化表达的条款草案共15条，内容与保护传统知识的条款草案基本类似，但也有不同，含序言、术语的使用、目标、保护/资格标准、受益人、保护的范围、权利的行政管理、例外与限制、保护期、手续、制裁和救济及行使权利、过渡措施、与其他国际协定的关系、国民待遇、跨境合作、能力建设与提高认识。[3]在遗传资源的保护方面，美国常驻WTO代表团代表与加拿大、日本、挪威、韩国等国代表团向WIPO提出"关于遗传资源和相关传统知识的联合建议"，内容非常简单，仅包含序言、宣言、目标与原则、防止错误授予专利、异议措施、支持措施、适用等六个方面。[4]除有关遗传资源的联合建议之外，保护传统知识、传统文化表达的草案中，基本上每一条款都存在多种方案，每一方案还有许多括号和斜杠，这说明所有的内容还在讨论、更新之中，也间接地反映了在保护传统知识、传统文化表达方面存在诸多重大争议。可以看出，原始居民知识产权若想进入知识产权与人权的交集区域，还有

---

1 Intergovernmental Committee on Intellectual Property and Genetic Resources, Traditional Knowledge and Folklore, Fortieth Session, June 17 to June 21, 2019（Geneva, Switzerland）, WIPO/GRTKF/IC/40, available at https://www.wipo.int/meetings/en/details.jsp? meeting_id=50424, last visited on May 1, 2022.

2 Intergovernmental Committee on Intellectual Property and Genetic Resources, Traditional Knowledge and Folklore, Fortieth Session, June 17 to June 21, 2019（Geneva, Switzerland）, WIPO/GRTKF/IC/40/18, available at https://www.wipo.int/meetings/en/details.jsp? meeting_id=50424, last visited on May 1, 2022.

3 Intergovernmental Committee on Intellectual Property and Genetic Resources, Traditional Knowledge and Folklore, Fortieth Session, June 17 to June 21, 2019（Geneva, Switzerland）, WIPO/GRTKF/IC/40/19, available at https://www.wipo.int/meetings/en/details.jsp? meeting_id=50424, last visited on May 1, 2022.

4 Intergovernmental Committee on Intellectual Property and Genetic Resources, Traditional Knowledge and Folklore, Fortieth Session, June 17 to June 21, 2019（Geneva, Switzerland）, WIPO/GRTKF/IC/40/15, available at https://www.wipo.int/meetings/en/details.jsp? meeting_id=50424, last visited on May 1, 2022.

赖于IGC最终是否能推动WIPO成员方通过相关的国际公约。但是，就目前来说，在分析知识产权与人权的关系并开展两者的全球治理时，原始居民知识产权仍是一个极其重要的议题。

2. 专利权

在论证知识产权与人权的关系中，只有少数的学者去关注专利权与人权的关系，[1]更鲜有学者认为专利权是一种人权。因此，目前在是否将专利权视为一种人权的问题上，存在赞成和反对两种不同观点。事实上，两种观点都不能轻易地说完全正确，因为专利权的某些方面已经在国际或区域性人权文件中得到保护，但另外一些方面根本就不具备任何的人权基础。[2]对专利权的人权部分和非人权部分，应给予更多的关注和探讨。

（1）赞成专利权是一种人权的观点。认为应将专利权承认为一种人权的观点，首先援引的是《世界人权宣言》和《经济、社会及文化权利国际公约》，依据是其文本语言、谈判历史、一般解释性评论以及可支撑的政府间文件。

首先，《世界人权宣言》和《经济、社会及文化权利国际公约》的文本均明确承认智力成果利益保护权。这两个文本中最先提及的是"作者"而非"发明者"，该措辞存在一定的争议，比如特别专员法里达在有关专利政策的报告第28段认为，现在争议很大的一个问题是，第15条第1款丙项所指的"作者"是否也包含发明人和科学发现者，以及这些人是否也如"作者"一样，享有因其科学成果而产生的精神利益和物质利益，并且如果他们享有的话，其具体含义如何。下一使用的词组却是"科学、文学或艺术成果"。[3]但是在《美洲人权利义务宣言》中，除了科学、文学或艺术作品之外，还增加了"发明"；并且，《世界人权宣言》和《经济、社会及文化权利国际公约》所使用的"成

---

[1] Jan Brinkhof, On Patents and Human Rights, in Willem Grosheide ed., Intellectual Property and Human Rights: A Paradox, Edward Elgar Publishing, 2010, p.140; Rochelle Cooper Dreyfuss, Patents and Human Rights: Where Is the Paradox?, in Willem Grosheide ed., Intellectual Property and Human Rights: A Paradox, Edward Elgar Publishing, 2010, p.73.

[2] Special Rapporteur in the Field of Cultural Rights, Copyright Policy and the Right to Science and Culture: Report of the Special Rapporteur in the Field of Cultural Rights, p.26, Human Rights Council, U.N. Doc. A/HRC/28/57 (Dec.24, 2014) (by Farida Shaheed).

[3] Special Rapporteur in the Field of Cultural Rights, Copyright Policy and the Right to Science and Culture: Report of the Special Rapporteur in the Field of Cultural Rights, p.28, Human Rights Council, U.N. Doc. A/HRC/28/57 (Dec. 24, 2014) (by Farida Shaheed).

果"这一词组和联合国教科文组织在公约起草过程中早期建议的词组"科学、文学或艺术作品"是截然不同的。[1] 使用词语"科学成果",因此比仅仅保护科学作品或科学出版物提供了更广泛的保护。[2]

其次,《世界人权宣言》和《经济、社会及文化权利国际公约》的起草者对科学研究及其权利滥用表达了深切的担忧。在起草《世界人权宣言》时,代表们普遍担心"二战"中科学技术的滥用和纳粹德国对科学家和工程师的广泛征召。因此他们呼吁在人权制度内加强对智力劳动的保护。比如,墨西哥代表指出,保护因其智力成果而产生的利益的权利是一项个人作为"智力劳动者、艺术家、科学家或作家"而产生的权利。同样,在讨论完思想自由条款之后,秘鲁代表也认为,"现在看来,保护思想创作自由是恰当的,可使创造者免于非法迫害,而从近来的历史发展来看,这种情况太普遍了。"[3] 从《经济、社会及文化权利国际公约》的起草历史来看,代表们也有同样的表述。即使到现在,经社文委员会依然将第15条第1款丙项和第15条第3款中缔约方的义务视为是对"科学研究和创造活动自由的实质性保障"。[4]

再次,事实上在起草《经济、社会及文化权利国际公约》的过程中,代表们特别讨论了专利保护的问题。正如玛丽忆及:"智利代表完全同意法国代表的观点,认为智力成果应当得到保护;但同时也必须保护那些最不发达国家,因为他们在过去多年中,没有能力在科学研究领域与发达国家进行竞争,也没有自己的专利,这种情形对最不发达国家是不利的。因此,对于被少数巨头垄断的技术知识,他们无能为力。由于法国提议的修改会使这种情况继续下去,因此他不得不投票以示反对。总体而言,这一问题比较复杂,必须召开一个单

---

1 CESCR, Implementation of the International Covenant on Economic, Social, and Cultural Rights: Drafting History of the Article 15 (1) (c) of the International Covenant on Economic, Social, and Cultural Rights, 16, U.N. Doc. E/C.12/2000/15 (Oct.9, 2000) (by Maria Green).

2 Peter K. Yu, The Anatomy of the Human Rights Framework for Intellectual Property, SMU Law Review, Vol.69, 2016, p.46.

3 Johannes Morsink, The Universal Declaration of Human Rights: Origins, Drafting, and Intent, University of Pennsylvania Press, 1999, pp.221, 218.

4 U.N. Econ. & Soc. Council, Comm. on Econ., Soc. & Cultural Rights, General Comment No. 17: The Right of Everyone to Benefit from the Protection of the Moral and Material Interests Resulting from Any Scientific, Literary or Artistic Production of Which He Is the Author (Art.15 (1) (c)), p.4, U.N. Doc. E/C.12/GC/17 (Jan.12, 2006).

独的会议来解决，而不是用人权公约当中的一个条款来解决。"[1]值得指出的是，所有这些代表都基于专利与版权的不同影响，而不是基于专利与版权是否存在人权基础或是否缺乏人权基础，而将专利与版权进行了区分。即使是智利代表，也同意目前使用的文本中包含了版权和专利两种情形。

最后，个体发明者早在"二战"前就已经得到了广泛的认同。如果对个体发明者及其发明中的"人"的因素考虑越多，就越易于将专利权承认为是一种人权。[2]

（2）反对专利权是一种人权的观点。反对承认专利权是一种人权的观点首先认为有必要将版权与专利权区分开来。比如，有学者指出了版权与专利的区别："对于版权所保护的智力劳动与专利所保护的实质产品之间，可能存在重大的区别。在前者中我们可以很容易地发现其人权因素。毕竟，表达和个性是紧密交织在一起的。因为我们可以从一个人说话的内容和方式了解到该人的许多特性，保护表达因此可以捍卫人的尊严。但是，对于一个具有创造性的产品或程序，我们很难得出同样的结论，因为这些产品和程序的价值在于其功能性而不在于发明人的身份性，很难说其体现了发明人的个性。比如，我们可从读爱迪生的论文来了解其个性或风格，而不是从他发明的电灯泡。因此，给予爱迪生对其作为作者的成果以控制权，这完全可以理解，但是很难就此认为，他作为一个发明人也应当给予同样的保护。"[3]从现行的专利制度设计中，也可以体现出如果将专利权视为人权所存在的问题。首先，专利制度并不总是保护第一发明人的人权。如果一项发明的创作者，以公开的方式使用这项发明，或以出版的方式公开发明，一年之后他将无法获得专利保护。从实用主义的角度看，这是合理的，但结果却是"创作者"无法享有权利。在申请在先制的国家——与发明在先制的国家不同——专利权人是否就是发明人本身也会存在问题，因此，专利制度是否切实保护了发明人的人

---

[1] CESCR, Implementation of the International Covenant on Economic, Social, and Cultural Rights: Drafting History of the Article 15 (1) (c) of the International Covenant on Economic, Social, and Cultural Rights, p.29, U.N. Doc. E/C.12/2000/15 (Oct.9, 2000) (by Maria Green).

[2] Peter K. Yu, The Anatomy of the Human Rights Framework for Intellectual Property, SMU Law Review, Vol.69, 2016, pp.47-48.

[3] Rochelle Cooper Dreyfuss, Patents and Human Rights: Where Is the Paradox?, in Willem Grosheide ed., Intellectual Property and Human Rights: A Paradox, Edward Elgar Publishing, 2010, pp.80-81.

权也会存在问题。[1]其次，即使专利制度保护了第一发明人的人权，它也不会承认后续的发明人享有同样的权利。劳伦斯教授认为强调第一发明人是极其有问题的："对一项特定的智力产品，强调第一（最早知悉的）发明人有时会给予不合理的考量。后续发明有可能是来源于原来的发明，也有可能不是。如果是的话，最先的发明被赋予原创性是合适的，但如果后续发明是独立发明的话，那也应该拥有原创性。时间上的优先性与原创性不应该相混淆。"[2]还有学者呼吁，考虑到第三人在相关申请日之前已经使用专利，可引入在先使用权或抗辩制度，这将允许第三人继续使用或商业化已授权专利，这是一种善意第三人，可以作为专利权的例外条款。[3]再次，虽然个体发明者享有在发明上署名的权利，但他们没有保护其发明完整性的权利。拥有保护其产品不受歪曲的权利是很重要的，因为人权不仅保护智力成果的物质利益，也保护这些成果所带来的精神利益。实质上，缺乏对发明完整性的保护与保护版权作品完整性的权利形成了强烈的对比。在充分保护精神权利的国家，保护作品完整性的权利将阻止他人以有损作者荣誉或声誉的方式歪曲、损毁、改变作品。[4]最后，有学者警告说，将专利权提升为一种人权，会大量降低其原来所引发的创作动力，从而有损专利制度："将专利权上升为一种人权会带来极其有害的后果。人权只能为另外一些其他的人权所超越。因此，在人权的方法下，未经专利权人的同意，只有在需要满足同样被认为是基本的社会需求时，源于专利产品的利益才可被重新分配。或换句话说，任何对专利权的侵蚀，都必须表明其是合理的，即不仅是因为有此社会需求，还应该被界定为也是一种人权。这种新的人权理由会阻止传统的实用主义目标，即限制对自由使用者的

---

1 Wendy J. Gordon, Current Patent Laws Cannot Claim the Backing of Human Rights, in Willem Grosheide ed., Intellectual Property and Human Rights: A Paradox, Edward Elgar Publishing, 2010, p.165.

2 Lawrence C. Becker, Deserving to Own Intellectual Property, Chicago-Kent Law Review, Vol. 68, 1993, p.618.

3 Antony Taubman, Saving the Village: Conserving Jurisprudential Diversity in the International Protection of Traditional Knowledge, in Keith E. Maskus & Jerome H. Reichman eds., International Public Good and Transfer of Technology under a Globalized Intellectual Property Regime, Cambridge University Press, 2005, p.545.

4 Peter K. Yu, The Anatomy of the Human Rights Framework for Intellectual Property, SMU Law Review, Vol.69, 2016, pp.50-51.

保护，以鼓励知识的发展。"[1]

可见，赞成承认专利权是一种人权，可以从《世界人权宣言》和《经济、社会及文化权利国际公约》中寻找到足够的文本和历史依据；而反对承认专利权是一种人权，也可以从现行的专利法和专利制度中找到文本证明以及先验主义依据。在两种观点的论战中，任何一方都未能取得决定性的胜利。在很大程度上，这一僵局归因于这样一个事实，专利权的某些方面在国际性或区域性人权文件中已经得到保护，而其另外某些方面却没有任何的人权基础。因此，无论是赞成还是反对将专利权视为一种人权，只能在专利权的某些方面而不是全部方面有效。[2]根据本书前述的交集论，在专利权的主体问题上，公司的专利权不具人权基础，而自然人的专利权具有人权基础；在专利权的物质利益保护上，人权基础只保护能保证发明人享受适足生活水准的物质利益，超出这一标准则不在人权保护范围之内，而现行专利法对发明人物质利益的保护远远超出了这一标准；在专利权的精神利益保护上，人权基础保护发明人的署名权、保护专利产品完整性等权利，但现行专利法对发明人这些精神利益的保护又是远远不够的。据此可知，在专利权和人权的交集求同问题上，专利权只有部分内容在两种制度的重叠区域之中。

（二）并集协同

当将知识产权与人权产生交集时相同和重叠的部分确定之后，在更广泛的制度空间下，是其他知识产权类型或知识产权的其他方面与其他人权之间的关系。因此，根据前文中的区分原则，应该使用不同的方法来解决两种不同类型的冲突，即外部冲突（人权和知识产权交集时产生的冲突）和内部冲突（在人权领域内权利的冲突）。在外部冲突的情况下，根据人权优先原则，知识产权的非人权属性部分应该从属于或让位于人权保护义务，这在前文中也已有论述。此部分的并集协同，也就是在内部冲突的情况下，在知识产权的人权属性和其他人权产生冲突的情况下，如何协调或缓和它们之间的紧张关系，从而使双方实现和谐共存。

1. 适当补偿

适当补偿是指个人在享受或行使人权时，可自由使用他人创作的作品。作

---

[1] Rochelle Cooper Dreyfuss, Patents and Human Rights: Where Is the Paradox?, in Willem Grosheide ed., Intellectual Property and Human Rights: A Paradox, Edward Elgar Publishing, 2010, p.74.

[2] Peter K. Yu, The Anatomy of the Human Rights Framework for Intellectual Property, SMU Law Review, Vol.69, 2016, p.52.

者和发明人不能阻止他们这样做，但是可以因对其作品的精神利益和物质利益造成损害而寻求经济赔偿。这一方法的主要基础是人权赋予其他个人的强制许可，而不是市场交易条件下的自由许可；赋予权利持有人获得补偿的权利，而不是专属控制的权利。[1]

（1）适当补偿方法在法院判例中的运用。适当补偿的方法经常在国外的宪法案件中使用，一般涉及宪法的强制规定，即为了某类特定的目的可以不经创造者的许可而自由获取某一作品，但必须给予创造者适当的补偿。正如有学者指出："德国宪法法院曾经判决道，尽管知识产权的保护暗示着对作品的经济利用原则上赋予了作者，宪法对财产权的保护并不延伸至所有的这类利用。应由立法机关基于版权的性质和社会功能，通过施加适当的标准来确定对版权的限制，并确保作者能够公平地参与到对其作品的利用中去。因此，尽管立法机关有权在为学校教材之目的对所保护的作品进行汇编时，去除了版权中的专属权利部分，但宪法法院仍有义务确保作者在这种豁免使用的情况下获得适当的补偿。"[2]在英国的帕迪·阿什当（Paddy Ashdown）诉电话集团公司一案中，《周日电报》援引的常用抗辩事由包括公平交易和公共利益，但它还援引了英国于1998年颁布的旨在保护《欧洲人权公约》第10条规定的表达自由的人权法令[3]作为一个新的抗辩事由，认为"在现行的例外规则之外又增加了版权法中的一项新的表达自由例外"。法院拒绝了《周日电报》援引的人权抗辩，认为"版权所有人的权利与公众权利的平衡由民主国家的立法机构在其颁布的立法中予以平衡。在所涉的特定种类的知识产权法令之外，没有其他任何可以抗辩的空间"。[4]在上诉阶段，民事上诉法院对新的人权法案对版权产生的影响作了更为详细与系统的分析。正如法院所阐述的，知识产权在某些时候可能会与人权产生冲突："表达自由不仅保护信息出版的权利，也保护信息获取的权利。"为解决"偶然"情况下的冲突，并保护表达自由的权利，法院采用了适当补偿的方法："如果一家新闻报纸认为有必要复制他人创作的每一句话，原则上我们没有理由认为这家报纸为何不赔偿该作者所遭受的损害，或以

---

1 Peter K. Yu, Reconceptualizing Intellectual Property Interests in a Human Rights Framework, U. C. Davis Law Review, Vol.40, 2007, p.1096.

2 Alain Strowel & François Tulkens, Freedom of Expression and Copyright Under Civil Law: Of Balance, Adaptation, and Access, in Jonathan Griffiths & Uma Suthersanen eds., Copyright and Free Speech: Comparative and International Analysis, Oxford University Press, 2005, p.293.

3 Human Rights Act, 1998, c.42（U.K.）.

4 Ashdown v. Tel. Group, Ltd., ［2002］EWCA（Civ）1142, ［2001］W.L.R. 967（Eng.）.

另一种方法，支付其因复制其作品而获得的任何收入。表达自由并不是自然而然地享有自由使用他人作品的权利。"[1]通过这一建议，英国上诉法院开启了未来建立以人权为基础的强制许可制度的可能性。[2]

（2）适当补偿方法在立法中的规定。除法院之外，立法机构也同样采用了适当补偿的方法。欧洲在这方面的例证有欧盟于2001年颁布的《欧盟信息社会著作权指令》。[3]该指令第2（a）条规定了以图像或类似方法对纸质或任何类似媒质材料的复制例外和限制，第2（b）条使成员方在非商业化、私人使用的情况下"考虑作品或所涉标的物采用或未采用的技术措施"，也规定了类似的例外或限制，第2（c）条规定成员方可允许社会机构，比如医院或监狱，对广播节目进行非商业复制。所有三个条款都规定有附属的条件，即对权利持有人进行"公平补偿"。从人权的角度来看，这一条件尤其重要，因为它为个人的人权利益在欧盟境内找到了重要的兼容空间。[4]我国《著作权法》第25条也规定了法定许可制度，这一规定实际上就是为公众受教育权的行使，而对著作权人的专有权利进行限制，但此时著作权人还是可以获得相关的报酬，也即补偿。经社文委员会在当国家必须为智力成果利益保护权设立相关限制性规定时，也推荐采用这一方法，正如第17号一般性评论所指。[5]虽然法院判例和立法规定已经采用了适当补偿的方法，但在协商与实施个人许可费过程中高额的转让费有时阻碍了以人权为基础的强制许可制度的创建。为降低交易费用，许多国家积极推动建立集体权利管理机构。经社文委员会在其第17号一般性文件中指出，建立"作者权利的集体管理机构"被认为是一项可以接受的办法，"防止未经授权而使用通过现代通信技术和复制技术可容易得到或复制的科

---

1 Ashdown v. Tel. Group Ltd., [2002] EWCA (Civ) at 1142.

2 Peter K. Yu, Reconceptualizing Intellectual Property Interests in a Human Rights Framework, U. C. Davis Law Review, Vol.40, 2007, p.1098.

3 即《欧盟议会和理事会关于协调信息社会中著作权和相关权某些方面的指令》。Directive 2001/29/EC of the European Parliament and of the Council on the Harmonization of Certain Aspects of Copyright and Related Rights in the Information Society art. 2, May 22, 2001, 2001 O.J. (L 167) 10.

4 Peter K. Yu, Reconceptualizing Intellectual Property Interests in a Human Rights Framework, U. C. Davis Law Review, Vol.40, 2007, p.1100.

5 U.N. Econ. & Soc. Council, Comm. on Econ., Soc. & Cultural Rights, General Comment No. 17: The Right of Everyone to Benefit from the Protection of the Moral and Material Interests Resulting from Any Scientific, Literary or Artistic Production of Which He Is the Author (Art.15 (1) (c)), p.24, U.N. Doc. E/C.12/GC/17 (Jan.12, 2006).

学、文学和艺术作品——并确保第三方由于非法使用作品而使作者遭受的任何不合理损害对其给予充分的补偿。"[1]目前，集体权利管理机构在商业环境下已变得非常重要，赫尔弗教授将这些机构描述为"21世纪版权与人权相协调的最主要特征"。[2]

（3）适当补偿方法的缺陷。首先，最主要的担忧是，如果将补偿的水平设置得太高，会使人权保护变得没有任何意义。[3]权利持有人认为"适当的"补偿水平对于那些为享有和行使其人权而使用作品的贫穷个人来说，却可能是完全不适当的。因此，如果人权的保护要有效、有意义，国家不仅需要构建以人权为基础的强制许可制度，而且必须通过立法、建立机构来防止过高定价、反不正当竞争行为和其他滥用市场地位的行为。这样的救济措施包括强制许可、价格控制、竞争法、政府采购和补贴、自愿合作以及国际援助与合作。[4]如果一国的贫富差距很大，国家还可能有义务让那些在经济上无法享有和行使人权的人获得这些资源。[5]

其次，适当补偿方法可能不恰当地关注经济赔偿和保护物质利益，因而忽视了对智力成果精神利益保护的同等重要性。可以确定的是，弱化作者和其作品的属人联系，也会有许多的利益。比如，弱化对版权作品的控制，会促进对现行作品的再利用和再创造，这反过来又将促进创新和文化多样性。[6]尽管这

---

[1] U.N. Econ. & Soc. Council, Comm. on Econ., Soc. & Cultural Rights, General Comment No. 17: The Right of Everyone to Benefit from the Protection of the Moral and Material Interests Resulting from Any Scientific, Literary or Artistic Production of Which He Is the Author (Art. 15 (1) (c)), p.31, U.N. Doc. E/C.12/GC/17 (Jan.12, 2006).

[2] Laurence R. Helfer, Collective Management of Copyright and Human Rights: An Uneasy Alliance, in Daniel Gervais ed., Collective Management of Copyright and Related Rights, Wolters Kluwer, 2006, p.99.

[3] Kevin Garnett, The Impact of the Human Rights Act 1998 on U.K. Copyright Law, in Jonathan Griffiths & Uma Suthersanen eds., Copyright and Free Speech: Comparative and International Analysis, Oxford University Press, 2005, p.179.

[4] Uma Suthersanen, Towards an International Public Interest Rule? Human Rights and International Copyright Law, in Jonathan Griffiths & Uma Suthersanen eds., Copyright and Free Speech: Comparative and International Analysis, Oxford University Press, 2005, p.118.

[5] Peter K. Yu, Reconceptualizing Intellectual Property Interests in a Human Rights Framework, U. C. Davis Law Review, Vol.40, 2007, p.1101.

[6] Lawrence Lessig, Creative Economies, Michigan State Law Review, 2006, p.33.

些再使用和再创造是非常有意义的，也可能会促进所谓的"符号民主"，[1]但人权特别是智力成果精神利益保护权要求对作者及其作品之间的属人联系采取某种形式的保护。要想保护这种联系，国家不仅必须要求"适当补偿"，也要求确保该作品不会以一种有损于作者名誉或声誉的方式被重新编译或以其他方式进行修改。最起码，国家有义务制订法律，要求"二次创作者"应加入对原作者和作品的认可，如果情况合适的话，加入一个有关作品已经被相应修改的免责声明。[2]毕竟，作者有权得到保护的不仅是智力成果的物质利益，也有相应的精神利益。仅仅使用适当补偿这一种方式不能满足后面这一义务的要求。

最后，适当补偿理论在保护传统创作品，比如民间故事、传统知识、创新和实践时，也同样不那么有效。虽然已经有学者在呼吁对知识产权制度进行改革，规定知情同意和利益分享等机制，但其他人却担心对原始居民的成果会持续产生滥用、不当利用和商业开发。[3]对于后者来说，仅有经济补偿不能满足他们的需求。如果传统智力成果利益权想得到有效保护的话，考虑到传统部落中个人享有的自决权，国家必须保护传统智力成果内在的属人特点和文化特点，以及由之产生的传统部落与其智力创造成果之间的持久联系。[4]正如第17号一般性评论所述：在采取措施保护原始居民的科学、文学和艺术作品时，缔约方应考虑到他们的保护传统和喜好。[5]

----

1 符号民主（semiotic democracy），原意是一个媒体概念，指观众对于其所观看的信息并不是像沙发土豆一样被动的接受，而是对信息的理解会与信息的发送者完全不同。在版权法中，这一用语是指消费者对作品的再次创作而不被动接受。也有人称这种现象为消费者的"参与文化"。参见吴伟光："版权制度与新媒体技术之间的裂痕与弥补"，载《现代法学》2011年第3期，第64页。

2 Roberta Rosenthal Kwall, Contract Options for Individual Artists: Library Reproduction Rights for Preservation and Replacement in the Digital Era: An Author's Perspective on §108, Columbia-VLA Journal of Law & Arts, Vol.29, 2006, p.359.

3 Peter K. Yu, Traditional Knowledge, Intellectual Property, and Indigenous Culture: An Introduction, Cardozo Journal of International & Comparative Law, Vol. 11, 2003, pp.244-245.

4 Angela R. Riley, "Straight Stealing": Towards an Indigenous System of Cultural Property Protection, Washington Law Review, Vol.80, 2005, p.100.

5 U.N. Econ. & Soc. Council, Comm. on Econ., Soc. & Cultural Rights, General Comment No. 17: The Right of Everyone to Benefit from the Protection of the Moral and Material Interests Resulting from Any Scientific, Literary or Artistic Production of Which He Is the Author (Art. 15 (1) (c)), p.32, U.N. Doc. E/C.12/GC/17 (Jan.12, 2006).

2.最低限度的核心保护义务

经社文委员会特别设计了最低限度的核心保护义务方法,可用于解决在决定一国是否已经采取一切措施"利用一切可资利用的资源"来履行其条约义务以充分实现经社文权利时面临的内在困难。这是经社文委员会在第17号一般性评论中所采取的方法,也是赫尔弗教授在其为知识产权构建一个人权框架时所强调采用的方法。正如他的解释,第17号一般性评论建议"存在一些不可减损的核心权利——这是个人自治的空间,在此作者可以发挥其创作潜力,控制其创作产出,过着独立的智力创作生活,而所有这些对一个自由社会来说是核心必要的前提"。因为并不是所有的知识产权方面都保护这一"自治核心区","一国提供的任何额外的知识产权保护都应该与《经济、社会及文化权利国际公约》承认的其他权利相平衡,也必须适当考虑在广泛享有获取作者作品时的公众利益"。[1]在最低限度的核心保护义务方法中,国家可以修改或降低超出TRIPS、WIPO条约以及其他国际、区域和双边条约中所规定的不具任何人权基础的保护水平,但不能违背《经济、社会及文化权利国际公约》的规定。如果这些保护水平已经超出一国的最低限度核心保护义务时,或当一国提出了足够的证据证明其要履行与之相竞争的其他人权义务时,一国也可以修改或降低相关保护水平。[2]

(1)最低限度核心保护义务的确立和适用。在《世界人权宣言》和《经济、社会及文化权利国际公约》起草时,代表们理解有些国家可能没有足够的资源来充分实现这些协议所课予的保护。为解释国家如何分配其有限的资源来实现公约所保护的权利,经社文委员会在其早期的第3号一般性评论中指出了最低限度核心保护义务的含义与适用条件。[3]这一解释性评论强调了《经济、社会及文化权利国际公约》保护不同人权之间的相互作用与相互依存。它认为,即使在资源受限的时候,国家也不能够挑选其想实现的那些人权,相反,对《经济、社会及文化权利国际公约》所包含的所有人权应提供"最低限度的必要水平"保护。[4]一旦他们满足了这些最低限度的核心保护义务,他们即可

---

1 Laurence R. Helfer, Toward a Human Rights Framework for Intellectual Property, U. C. Davis Law Review, Vol.40, 2007, p.996.

2 Peter K. Yu, Reconceptualizing Intellectual Property Interests in a Human Rights Framework, U. C. Davis Law Review, Vol.40, 2007, p.1106.

3 CESCR, General Comment No. 3: The Nature of States Parties Obligations (Art.2, Par.1), ¶ 10, U.N. Doc. E/1991/23 (Dec.14, 1990).

4 Jack Donnelly, Universal Human Rights in Theory &Practice, Cornell University Press, 2003, p.23.

采取"审慎的、具体的、有目的的"措施来充分实现公约中的其他权利。[1]委员会没有进一步解释这些义务之间相互冲突的要求该如何得到平衡，或者是否其中的某些权利应得到更大程度的保护或能以更精心设计的速度来实现。《经济、社会及文化权利国际公约》只规定，在没有强制性理由的情况下，国家不能采取措施降低现有的保护水平。但问题是，如果一国连用以履行即使是最低限度的核心保护义务的资源都没有，那么在这种情况下，委员会赋予这些资源有限的国家以举证责任，证明其"已利用一切可资利用的资源，采取一切措施，将其作为优先项目，来尽力满足这些最低限度的核心保护义务"。[2]通过这样一种举证责任制度，经社文委员会以资源受限作为潜在的理由弥补了漏洞，同时避免了作出一种不切实际的推测，即每个国家都必须有资源来充分履行其所有的最低限度的核心义务。[3]这一最低限度的核心保护义务对作者和发明人是很重要的。对于智力成果利益保护权来说，即使在国家还需要资源去实现其他人权时，该国也必须为这些作者和发明人提供最低限度的必要的保护水平。同时，它对未来的作者和使用者，以及欠发达国家、贫困地区和传统部落的个人也非常有用。当这种方法用于其他人权时，比如食物权、健康权、教育权、自决权，它对国际条约中急需的但又经常遗漏的对知识产权的保护形成了最大的限制。[4]反过来，这些限制将促进更多地获取受保护的资料，由此可以促进创造、创新、文化参与和发展。

（2）最低限度核心保护义务的局限性。首先，该方法很难准确确定其所要求的保护到底是哪些，水平有多高。事实上，界定保护的范围并不容易；对于它是在智力成果利益保护权的范围之内还是在更广泛的知识产权的保护范围之内这一问题并不重要。随着现代知识产权制度的建立，政策制订者和学者们已经很努力地去准确平衡两种关系，即一方面保护作者和发明人以推动创造；另一方面让公众能够获取受保护的信息。随着新的知识产权标的物和技术出现，这种平衡越来越难以达成。因此，如果最低限度的核心保护义务方法

---

[1] CESCR, General Comment No.3: The Nature of States Parties Obligations (Art.2, Par.1), ¶ 2, U.N. Doc. E/1991/23 (Dec.14, 1990).

[2] CESCR, General Comment No. 3: The Nature of States Parties Obligations (Art.2, Par. 1), p.10, U.N. Doc. E/1991/23 (Dec.14, 1990).

[3] Peter K. Yu, Reconceptualizing Intellectual Property Interests in a Human Rights Framework, U. C. Davis Law Review, Vol. 40, 2007, p.1108.

[4] Laurence R. Helfer, Human Rights and Intellectual Property: Conflict or Coexistence? Minnesota Intellectual Property Review, Vol.5, 2003, p.58.

必须反映知识产权制度的适当平衡，那么界定这些义务的范围就很可能是非常困难的。[1]

其次，由于最低限度的核心保护义务理论在特定的时间只关注某一项特定的权利，它不能为国家在资源变得可资利用时如何去扩大保护的范围。它也不能为这些保护的最大限度是什么提供任何指导，特别是当这一方法干扰了其他重要的人权保护时尤其需要这种指导。正如经社文委员会在第17号一般性评论中所指出的，第15条第1款丙项并不阻止各缔约方采用更高的保护标准，"但条件是这些标准不能不当地限制其他人依照公约所享有的权利"。[2]换句话说，对一项权利的限制并不来源于这项权利本身的最低限度的核心保护义务，而是来源于其他权利的最低限度的核心保护义务。基于这种相互依存的关系，国家无法确定其提供的知识产权保护是否超过了其最大的限制，直到他们能够决定这种保护是否对他们履行其他权利的最低限度核心保护义务的能力构成了障碍时才可能知道。[3]因此，有些学者对经社文委员会无法将其第17号一般性评论集中用于解决人权与知识产权的紧张关系感到非常失望，这与该委员会在前面有关知识产权与人权的声明中的做法不同。[4]理解这种关系尤为重要，因为尽管最低限度的核心保护义务试图解决的是权利保护的"地板"问题，但它也可以很容易地被转化为"天花板"问题。考虑到知识产权的迅速扩张和现行知识产权制度中的不平衡，有些学者对将智力成果利益保护权从"地板"转化为"天花板"漠不关心，甚至认为其是有吸引力的，这一点毫不奇怪。但是，同样是这些学者，如果国家选择通过将其他重要的人权，比如食物权、健康权、教育权、自决权等从"天花板"降为"地板"来扩大知识产权的保护时，他们就会显得无比担心。因此，指出不同权利之间的这种相

---

1 Peter K. Yu, Reconceptualizing Intellectual Property Interests in a Human Rights Framework, U. C. Davis Law Review, Vol.40, 2007, pp.1109-1110.

2 U.N. Econ. & Soc. Council, Comm. on Econ., Soc. & Cultural Rights, General Comment No. 17: The Right of Everyone to Benefit from the Protection of the Moral and Material Interests Resulting from Any Scientific, Literary or Artistic Production of Which He Is the Author (Art.15 (1) (c)), p.11, U.N. Doc. E/C.12/GC/17 (Jan.12, 2006).

3 Peter K. Yu, Reconceptualizing Intellectual Property Interests in a Human Rights Framework, U. C. Davis Law Review, Vol.40, 2007, p.1112.

4 Philipp.Cullet, Human Rights and Intellectual Property Rights: Need for a New Perspective, International Environment Law Research Centre, Working Paper No. 2004-4, 2004, p.1, available at http://www.ielrc.org/content/w0404.pdf, last visited on May 1, 2022.

互依存关系极为重要。[1]

3.渐进实现

渐进实现的方法，也是《世界人权宣言》和《经济、社会及文化权利国际公约》的基础，特别用于解决资源分配的问题，即当一国的资源逐渐变得可资利用时如何来实现经社文权利。它关注的是各缔约方如何利用其额外的资源来提高人权保护水平。如《世界人权宣言》第22条规定的那样，缔约方将基于其可资利用的资源尽最大的努力来履行所有其缔结的人权文件下的义务；《经济、社会及文化权利国际公约》第5条第1款也规定，缔约方不仅要同意不得采取减损措施，也应同意努力提高人权的保护水平，直至他们完全履行了条约下的所有义务。

（1）渐进实现智力成果利益保护权的意义。学者们广泛认可通过这一方法来促进人权保护。比如，赫尔弗教授主张通过两个步骤为知识产权构建一个人权框架：第一步，保护"自治核心区"，第二步，增加保护，以平衡与其他人权保护之间的义务，并考虑享有广泛获取新知识的权利中的公共利益。[2] 保罗教授也认为，"知识产权之所以有存在的必要，不仅因为它们可以促进文化参与和分享科学进步利益，它们也可保证国际人权文件其他条款中规定的人权得到尊重和促进；作者和发明人的权利不仅能够也可以促进而不是限制文化参与和获得科学进步利益。"[3] 余家明教授也指出，应将《世界人权宣言》第27条和《经济、社会及文化权利国际公约》第15条的条款解释为不是相互冲突或竞争的条款，不同的条款结合在一起，完整地提供了我们所称的"智力成果人权"[4]——这是一种基本的、不可分割的、普遍的权利，以开发个人的智力潜能为目的。这种方法的优势在于它们不仅在探究到底保护什么，也探究如何得到保护，以使其他人权也逐渐甚至是全面得以实现。虽然赫尔弗教授呼吁基于广泛获取新知识的公共利益考虑，将智力成果利益保护权与其他人

---

1 Peter K. Yu, Reconceptualizing Intellectual Property Interests in a Human Rights Framework, U. C. Davis Law Review, Vol.40, 2007, p.1113.

2 Laurence R. Helfer, Toward a Human Rights Framework for Intellectual Property, U. C. Davis Law Review, Vol.40, 2007, pp.995-997.

3 Paul Torremans, Copyright as a Human Right, in Paul L.C. Torremans ed., Copyright and Human Rights-Freedom of Expression-Intellectual Property-Privacy, Kluwer Law International, 2004, pp.9-10.

4 Peter K. Yu, Intellectual Property and the Information Ecosystem, Michigan State Law Review, 2005, pp.18-19.

权予以平衡,保罗教授和余家明教授则是将此权利不仅视为一项自然赋予的权利,也是一项法律授予的权利——这项权利可以使人获得其他权利产生的利益。[1]尽管他们关注的目标和角度不同,但都试图达到相同的目标——通过解决人权和知识产权中非人权方面的冲突,来试图让个人逐渐实现其经济、社会、文化权利。这一方法最大的问题是,为逐渐实现所规定的权利,国际人权条约一般不会给如何分配资源提供任何指导。正如有学者曾指出:有必要强调,《经济、社会及文化权利国际公约》并未作出任何规定对某些特定的权利在资源分配方面予以优先考虑,经社文委员会在这个问题上也没有提出任何具体的规则。一般来说,委员会看上去是用一种非常广泛而不太肯定的方式去解释资源分配的问题。虽然委员会一般对有必要增加资源来投入至住房权利和教育权利保护更加关注,这是事实,但这并不必然得出这些权利就优先于其他权利的结论。[2]

(2) 渐进实现智力成果利益保护权的步骤。渐进实现智力成果利益保护权,可分为三个相互联系的步骤,先实现条款内部的平衡;再确定条款之间平衡时的优先考虑事项,关注的是它与知识产权保护的非人权方面产生直接冲突的权利;最后确定条款之间平衡时的一般原则。

首先,实现条款内部的平衡。国家首先需要平衡同一文化和智力成果权利条款之间的不同段落,即使《世界人权宣言》第27条第1款和第2款之间,以及《经济、社会及文化权利国际公约》第15条第1款甲乙丙项和第3款之间得到平衡。尽管实现这种平衡很困难,但却非常重要,因为不同的权利相互之间存在"内在的联系",并服务于相同的目的。[3]虽然没有足够的证据表明,《世界人权宣言》和《经济、社会及文化权利国际公约》的起草者们认为对智力成果利益的保护是促进智力自由的最佳手段,也没有证据表明他们在通过第27条时是出于保护智力自由的动机,但是,确实许多代表指出了第15条第1款丙项与科学、创新活动以及文化发展之间的关系。因此,当经社文委员会将第15条第1款丙项和第15条第3款中缔约方的义务描述为"对科学研究自由和创新活

---

1 Fons Coomans, In Search of the Core Content of the Right to Education, in Audrey Chapman & Sage Russell eds., Core Obligations: Building A Framework for Economic, Social and Cultural Rights, Transnational Publishers, 2002, p.219.

2 Magdalena Sepúlveda, Intersentia, 2003, p.335.

3 Peter K. Yu, Reconceptualizing Intellectual Property Interests in a Human Rights Framework, U. C. Davis Law Review, Vol.40, 2007, p.1115.

动自由的实质性保障"时，就不足为奇了。[1]事实上，版权制度在"促进知识传播和凸显个人贡献对公共事业的价值"方面功不可没，[2]因此，基于这些共同目标，有必要将《世界人权宣言》第27条和《经济、社会及文化权利国际公约》第15条的所有条款解释为服务于互不竞争的目的，从而促进这些条款所承认的权利实现可持续发展。[3]正如布伦特兰委员会的报告中所宣称的，"实质上，可持续发展是一个变化的过程，在这个过程中，资源的利用、投资的流向、技术发展的方向和机制体制的改变，全部都和谐共处，共同提高现行的或未来的潜力，以满足人类的需求和欲望"。[4]国际社会不仅要通过达成知识产权制度的适当平衡以满足人们现在的需求，也有必要为后代保存潜在的资源以满足他们的需求。由于数字革命和新技术的出现所引发的科学进步、创新活动和文化发展的巨大潜力，可持续发展的概念变得日益富有吸引力。文化遗产不能因只关注当前一代而得以保存和发展，这一概念还可能为国家如何提高其对传统部落和他们的知识、创新和实践的保护提供指导。不管怎样，《世界人权宣言》第27条和《经济、社会及文化权利国际公约》第15条不同的段落之间具有相同的、非竞争的目的，通过实现条款之间内部的平衡，国家可以调整智力成果利益保护权的保护水平。在作出这种调整时，他们可以为实现这一条款中甚至是整个文件中的其他人权，增加可资利用的资源。毕竟，降低超出最低限度的核心保护义务中的知识产权保护水平，可能会让更多人获取受保护的资料，这是享有文化参与和发展权、科学进步利益分享权所必需的。这种降低也可能会释放更多资源，来实现食物权（就专利种子、农业化学产品、食物而言）、健康权（就专利药物而言）、教育权（就版权保护的教材、软件而言）和表达自由权（就一般意义上的版权作品而言）。

其次，一旦国家完成了条款内部之间的平衡，他们就可将之扩大至包括其

---

1 U.N. Econ. & Soc. Council, Comm. on Econ., Soc. & Cultural Rights, General Comment No.17: The Right of Everyone to Benefit from the Protection of the Moral and Material Interests Resulting from Any Scientific, Literary or Artistic Production of Which He Is the Author（Art.15（1）（c）），p.32, U.N. Doc. E/C.12/GC/17（Jan.12, 2006）.

2 Neil Weinstock Netanel, Asserting Copyright's Democratic Principles in the Global Arena, Vanderbilt Law Review, Vol.51, 1998, p.220.

3 Peter K. Yu, Intellectual Property and the Information Ecosystem, Michigan State Law Review, Vol.2005, 2005, p.19.

4 World Commission On Environment & Development, Our Common Future, Oxford University Press, 1987, p.46.

他人权。在确定"条款之间平衡时优先考虑的事项"时,必须首先考虑那些直接与智力成果利益保护权相冲突的权利。

最后,在平衡了这些冲突的权利之后,则继续将之延伸至包含所有剩下的条款,包括那些与智力成果利益保护权只存在有限冲突的权利。[1]

(3)渐进实现方法的缺陷。现实中,不同人权之间相互竞争的要求不一定总是可以得到平衡,那么此时渐进实现的方法就难以派上用场。在需要妥协的情况下,利用适当补偿的方法来解决一些"艰难的"平衡问题可能会更好。并且,与最低限度的核心保护义务相比,渐近实现的方法也不能保证提供对于人类尊严和尊重所必需的最低限度的保护。虽然理解国家如何最终充分履行他们所有的人权义务很重要,但是知道即使在资源受限的时候缔约方必须履行哪些人权义务也很重要。毕竟,个人不管其所在国家的资源如何,都值得拥有最基本的尊严与尊重。

总而言之,在并集协同的过程中,最重要的是协调解决具有人权属性的知识产权与其他人权这一内部冲突问题。尽管存在适当补偿、最低限度的核心保护义务、渐进实现等不同的方法,但一国采用哪种方法取决于冲突的性质、所涉的权利类型、可资利用的资源以及情形的紧急程度。[2]并且,值得指出的是,这些方法并不是相互排斥的,根据不同的情况可以合并使用或区分使用。当表达自由权与智力成果利益保护权相冲突时,使用适当补偿方法会比较理想;最低限度的核心保护义务方法则可为缔约方在履行保护人权义务所必须达到的最低、最基本的限度和标准时提供一种指导;渐进实现方法则指出了不同人权在未存在冲突关系时一个成员方如何逐步实现其在不同国际与区域人权文件中所应承担的义务。

二、促进知识产权与人权之间的共融

知识产权与人权并不是截然对立的两种制度,它们各自有存在的正当依据和运行的逻辑基础。尽管现代知识产权遭遇了合法性危机,但知识产权制度本身就内含着人类社会中永远难以解开的难题,即利益冲突与利益平衡的问题。知识产权与人权在某些方面存在冲突,并不影响知识产权与人权在另外一些方

---

[1] Peter K. Yu, Reconceptualizing Intellectual Property Interests in a Human Rights Framework, U. C. Davis Law Review, Vol.40, 2007, pp.1118-1119.

[2] Peter K. Yu, Reconceptualizing Intellectual Property Interests in a Human Rights Framework, U. C. Davis Law Review, Vol.40, 2007, p.1123.

面的相互促进。因此，开展知识产权与人权的全球治理，除上述协调知识产权与人权之间的冲突之外，另一重要内容便是促进知识产权与人权之间的共融，也就是在原来两者已相互促进的领域和模式上进一步补强，以实现两种制度的和谐共存和并进共赢。

（一）将知识产权作为实现人权目标的重要工具

人权的目标是实现人的价值和尊严，保障人的权利和自由；知识产权的目标是通过激励智力劳动者进行创作而实现知识、技术的自由传播，最终推动人类文明和进步。从目标上讲，知识产权制度与人权制度的目标是统一的，也应该是相互协调的，没有本质上的差别与冲突，知识产权制度应当成为实现人权利益的有力工具和手段，而不是限制。[1]

1. 知识产权作为一种实证权利，应以人权为指导

不管是采取历史方法论或解释方法论，还是基于自然法观念或实证法观念来认识知识产权与人权的本质属性，我们可以看出，知识产权是作为国家实证法的一部分而出现的。所有的社会必须要制订规则来调整不同类型的知识、信息、技术的所有和使用关系。西方知识产权传统植根于这样一种理念：知识产权是国家为全体公众利益而创设的实证权利。[2] 认识到这一点非常重要，因为在一些成熟的政治理论中，实证法本身的有效性应由自然法的原理来判断。实证法规则必须与自然法传达给人类的最高规则保持一致。然后，实证法规则才符合有效性的标准，不是通过它是否与相关的自然规则保持一一对应，而是通过它们是否有助于整体的自然法中的最高规则设计。[3] 从观念上看，这会允许人们根据自然法的传统（对人权的尊重和保护）去承认国家有权以颁布实在法的方式来修改财产权制度，包含知识产权法。把法律视作实现功利目的的工具的功利主义思想，运用到知识产权制度安排之中，便是以经济激励理论的形式

---

[1] 王培舒："知识产权与人权的联系、冲突与协调发展"，吉林大学2007年博士学位论文，第137页。

[2] Peter Drahos, The Universality of Intellectual Property Rights: Origins and Development, Intellectual Property and Human Rights, Proceedings of a Panel Discussion organized by the World Intellectual Property Organization in Collaboration with the Office of the United Nations High Commissioner for Human Rights, Nov.9, 1998, http://www.wipo.int/edocs/pubdocs/en/intproperty/762/wipo_pub_762.pdf, p.14, last visited on May 1, 2022.

[3] Q. Skinner, The Foundations of Modern Political Thought, Cambridge University Press, Cambridge, 1978, pp.148-149.

为知识产权制度的正当性提供理论基础。[1]

2. 知识产权是辅助性权利，应服务于人权

根据权利理论，某些权利的存在与行使需以另外一些权利的存在为前提，某些权利有助于其他类型的权利的可行性，通过颁布知识产权法来创建的权利即知识产权是辅助性权利，应服务于人权。在民主主权的条件下，这些权利服务于通过人权文件认为是最基本的公民利益和需求。根据这一观点，人权应该指导知识产权的发展。[2]虽然知识产权的历史发展表明，有影响力的精英阶层利用这些特权（即知识产权）来为自己获取更多的经济收益，但财产权还是服务于人权价值的。财产的扩大化、安全性、可协商性越来越明显，一个安全的、概念清楚的财产权表达出一个更深刻的哲学理念，即人的平等与自由。并且，随着资本经济时代向信息—知识—数字时代转变，知识产权制度已经全球化，但学者对于该种机制在全球范围内对人们的就业、健康、教育和文化中所能发挥的作用没有达成某些共识。数字千年带来的挑战会要求有效界定信息的财产权。对财产的重新界定、重新思考和重新分配永远是政治理论和哲学在现实世界中具体化的一个重要方式。知识产权制度已处于贸易规则和全球市场的舞台中央。旧的资本主义是关于货物、工厂和劳动力的资本主义，新的资本主义本质上是关于对信息和知识的控制。这些财产权利的准确性质和范围不仅会影响知识产权制度的运行，也影响着贸易和竞争体制。[3]知识产权观念的变化会对人权的实现产生一定的影响，但由于知识产权又将服务于人权，因此，必须将知识产权与人权研究相结合，来构建一些对现行知识产权制度进行修改和建立一些新制度的理论和政策，并通过知识产权的变革来进一步推动人权的实现。特别是根据普遍流行的工具主义观点，知识产权不过是一种特权，只是实现某一既定社会目标的一种手段。在知识产权领域，这种既定社会目标就是促进社会福利的最大化。比如美国

---

1 胡朝阳：《知识产权的正当性分析——法理和人权法的视角》，人民出版社2007年版，第179页。

2 Peter Drahos, The Universality of Intellectual Property Rights: Origins and Development, Intellectual Property and Human Rights, Proceedings of a Panel Discussion organized by the World Intellectual Property Organization in Collaboration with the Office of the United Nations High Commissioner for Human Rights, Nov. 9, 1998, http://www.wipo.int/edocs/pubdocs/en/intproperty/762/wipo_pub_762.pdf, pp.31-32, last visited on May 1, 2022.

3 J. Walker, The Interface between Intellectual Property Rights and Competition Law and Policy: An Australian Perspective, in P. Drahos ed., Prometheus on Trade and Intellectual Property, Special Issue of Vol.16, 1998, pp.381-393.

宪法中的著作权和专利权条款均是用工具论的术语来打造的，美国国会之所以被授权创设知识产权，是"为了促进科学和有用的人文科学的发展"。[1]

3. 知识产权法能够推动人权规则的发展

对于那些主张人权高于知识产权保护规则的人来说，最重要的是准确地界定到底哪些人权受到了贬损。然而，仅仅从条约文本来看，并没有明显的冲突存在。因为根据国际习惯法中的狭义冲突原则，只有当条约的规定相互不一致时，冲突才有可能存在，因为缔约方对一个条约义务的违反必定会违背另一个条约的规定。如果调整同一事项的两个条约并未发生冲突，同时批准两个条约的成员方完全可以履行这些义务。[2] 从技术角度看，当两个或多个条约规定了一些不能同时履行的义务时，冲突才存在，并不是只要条约规定有所不同就会产生冲突，当然内容的不同性是冲突产生的前提，[3] 但仅有条约文本并不能说明一切。人权法最大的特点是具有弹性，它包含着一系列原则，需要经过一段时间的发展去制订更为明确的法律规则和准则。[4] 而那些主张冲突论的学者认为要想与TRIPS中准确的、界定分明的规则共存或竞争，他们可能会对人权机构施加压力，去为这些模糊的权利进行更精确的解释。这些规范性解释的一个重要来源就是经社文委员会，该机构已经就知识产权与人权的问题通过了一系列官方宣言。这种施压除了会给未来的冲突论增加更多的依据之外，也可能会产生一种附加作用，即加速对现行人权法领域里发展不足的经济、社会和文化权利的理论发展。[5] 并且，随着法律规则之间的冲突不断增加，政府谈判者们也更有可能承认存在越来越多的压力去解决这些冲突。事实上，许多在联合国人权论坛上提及或通过的规则可以被视为制订新的规则或准则的尝试，这将有

---

1 蔡祖国：《知识产权保护与信息自由的冲突与协调》，知识产权出版社2016年版，第50-51页。

2 Indonesia-Certain Measures Affecting the Automobile Industry: Report of the Panel, WTO Doc. WT/DS54/R, WT/DS55/R, WT/DS59/R & WT/DS64/R at 14-15（July 2, 1998）, available at http://www.wto.org, last visited on May 1, 2022.

3 Gabrielle Marceau, A Call for Coherence in International Law: Praises for the Prohibition Against "Clinical Isolation" in WTO Dispute Settlement, Journal of World Trade, Vol.33, 1999, p.127.

4 Laurence R. Helfer, Adjudicating Copyright Claims under the TRIPS Agreement, The Case for a European Human Rights Analogy, Harvard International Law Journal, Vol.39, 1998, pp.401-407.

5 Laurence R. Helfer, Human Rights and Intellectual Property: Conflict or Coexistence? Minnesota Intellectual Property Review, Vol.5, 2003, pp.57-58.

助于在WTO或WIPO中制订未来的知识产权保护标准。国际立法体系的非集中性和非等级性，使得这种战略性立法行为成为可能。[1]虽然在WTO和WIPO中纳入人权问题确实充满争议，贸易和知识产权的谈判者们应该接受而不是拒绝将人权的影响施加于这些机构和场合中。允许有更多的机会去从人权的角度讨论知识产权的问题，将增加这些机构和组织的合法性，促进具有同样广泛标的和客体的、规则制度越来越多的两套体系之间实现融合。这种融合还可以允许国内和国际立法者以及非政府组织去从事一些更为紧迫的任务，比如界定人权和知识产权的交集点，制订一致的、协调的和平衡的法律规则，既保护个人的权利，也增进全球经济的发展。[2]

4. 知识产权法有助于实现人权目标

赫尔弗教授就认为，"通过知识产权手段，是有可能达成人权目的的。"比如，首先确定人权法所要求国家能够实现的最低限度的目标——即保护健康、消除贫穷、促进教育等，然后再确定国家可资利用的能够达成这些目标的不同机制。知识产权就是这些不同机制中的一种，仅发挥辅助的作用。如果知识产权有助于实现人权的目标，政府应该充分利用它；如果它阻碍这些目标的实现，它的规则应该被修改而不必然是限制。我们关注的焦点是国家必须提供最低限度的人的福利，或者使用适当的知识产权规则来实现，或者使用其他手段来实现。[3]前述联合国人权高级专员2001年的报告分析了TRIPS对健康权的影响，就是这种以结果为关注点、归纳式方法的典范。报告首先审查了《经济、社会及文化权利国际公约》第12条所保护的健康权的组成要素和基本目标，即要求国家有义务促进医学研究，为公众提供可以支付的治疗包括必需药物。从促进医学研究来看，报告承认专利制度通过对新的医学技术包括新药提供激励，可以帮助政府促进医学研究，只是制药公司的"商业动机意味着医学研究的方向首先是可获利的疾病，那些主要影响着贫穷国家国内人民的病症还是相对研究不够"。对于获取必需药物的问题，报告也指出，专利保护降低了药品的可负担性。但由于可负担性也取决于一些与知识产权无关的因素，"诸如进口关税的税率、一般税率以及当地市场批准上市

---

1 Laurence R. Helfer, Constitutional Analogies in the International Legal System, Loyola of Los Angeles Law Review, Vol.37, 2003, p.203.

2 Laurence R. Helfer, Human Rights and Intellectual Property: Conflict or Coexistence? Minnesota Intellectual Property Review, Vol.5, 2003, p.61.

3 Laurence R. Helfer, Toward a Human Rights Framework for Intellectual Property, U. C. Davis Law Review, Vol.40, 2007, pp.1018-1019.

的费用",基于这些障碍,政府可通过两种方式来提高对专利药品的获取能力。一是可以利用TRIPS中已经规定的灵活性条款,比如颁发强制许可,生产仿制药,从其他国家进口更便宜的药品。二是可以采取知识产权制度以外的提高负担能力的机制,比如区别定价,"以公共采购和保险项目来交换价格信息、促进价格竞争和提高价格谈判筹码"。[1]不管怎样,知识产权特别是专利也是实现健康权这一目的的重要手段。鲁斯教授更是将知识产权制度反映和影响人权目的的制度进行了列举,如表9.1所示。

表9.1 知识产权政策机制和基本人权目标关系概览

人权种类	知识产权种类	为全部或部分实现/实施的原则机制	对人权目标的影响
表达自由	版权	合理使用;思想/表达两分法	直接影响
隐私权	版权	合理使用	间接影响
教育权	版权	明确规定在现场教学活动中可以使用资料;合理使用	直接影响
文化生活参与权	版权	合理使用	直接影响
思想、信仰和宗教自由	版权	合理使用	直接和间接影响
工作权	专利权、版权	作者权被视为所有权的基础;法律规定的一系列专属所有权利	直接影响
财产权	专利权、版权	一系列专属所有权利	直接影响
工作所需的适当和有利条件	版权和专利权	职务作品原则;就专利而言,个人发明人永远可要求在专利申请上署名	间接影响

由此可见,在目前的知识产权制度中,处处都反映着人权的目标。《世界人权宣言》中所尊重的一系列人权在当代知识产权法的规范设计中都有所体现。知识产权制度的某些方面,都在促进着《世界人权宣言》所承认的这些权

---

[1] Comm'n on Human Rights, Report of the High Commissioner on the Impact of the Agreement on Trade-Related Aspects of Intellectual Property Rights on Human Rights, U.N. Doc. E/CN.4/Sub.2/2001/13(June 27, 2001).

利,包括自由权与人类安全、隐私、思想信仰和宗教自由、观点与表达自由、结社自由、工作所需的适当和有利条件、教育权、文化生活参与权、拥有财产等。[1]而埃斯特尔·德克雷教授(Estelle Derclaye)更是认为:"人权与知识产权具有相同的目的。事实上,因为知识产权很明显是人权的一种,它们的目标与所有的人权、人类福利是相同的。"[2]

(二)将人权作为知识产权保护的终极目标

在知识产权的背景下谈论人权,可以发现,人权对知识产权应当具有双重功能,一是"当知识产权被过度利用从而违背其目标时进行纠正",[3]二是"在重构知识产权法律制度时提供指导"。[4]赫尔弗教授也认为,应区分人权的保护性和限制性维度。一方面保护性维度要求各国关注和保护个人和团体享受由于其创造活动而产生的经济利益的权利;而另一方面,限制性维度则禁止国家对其本身已经授予或承认的知识产权进行恶意和武断的干预。[5]人权可以作为知识产权保护的终极目标,也可以作为扩大或限制知识产权保护的工具。

1. 利用人权扩大知识产权的保护

正如前文中所分析的,规定在人权文件中的智力成果利益保护权、部分专利权、原始居民的知识产权既具人权的属性,也是知识产权的某一种类或某种知识产权的某一方面。从人权的角度来分析,特别是对于具有人权属性的知识产权的核心区域,在很多方面的保护还是不够的。

第一,首先需要明确的是,利用人权扩大知识产权的保护,与将知识产权视为人权从而要求进一步加强现行知识产权保护标准的观点是不同的。正如赫尔弗教授所指出的,人权和知识产权未来关系的一个可能是,在牺牲其他人权

---

1 Ruth Okediji, Securing Intellectual Property Objectives: New Approaches to Human Rights Considerations, in Margot E. Salomon et al. eds., Casting the Net Wider: Human Rights, Development and New Duty-Bearers, Intersentia, 2007, pp.211-229.

2 Estelle Derclaye, Intellectual Property Rights and Human Rights: Coinciding and Cooperating, in Paul L. C. Torremans Ed., Intellectual Property and Human Rights, Kluwer Law International, 2015, p.138.

3 Christophe Geiger, Fundamental Rights, a Safeguard for the Coherence of Intellectual Property Law?, International Review of Intellectual Property & Competition Law, Vol.35, 2004, p.278.

4 Christophe Geiger, The Constitutional Dimension of Intellectual Property, in Paul L. C. Torremans ed., Copyright (and Other Intellectual Property Rights) as a Human Right, Kluwer Law International, 2015, p.121.

5 Laurence Helfer & Graeme W. Austin, Human Rights and Intellectual Property: Mapping the Global Interface, Cambridge University Press, 2011, p.17.

以及被许可人、使用人和消费者利益的代价基础之上扩大知识产权的保护标准。在这种未来视野下,依赖于知识产权来获得其经济利益的工业界和利益集团将会援引人权条约中的作者权利和财产权利条款来进一步加强现行的保护标准。[1]特别是许多欧洲国家的宪法法院已经利用其各自国内宪法中有关基本权利的条款来作为知识产权保护的正当化理由,如德国宪法法院在2000年的一个判决中,认为专利构成《德国基本法》第14条下的财产;[2]法国宪法委员会作为法国最高司法机构,也在一个判决中宣称"所谓的iPod规则的某些方面是有违宪法的",其理由是经援引法国1789年《人权宣言》,认为这一规则违背了宪法上对财产权的保护。[3]而欧洲人权法院在安海斯公司诉葡萄牙一案中将商标申请视为一种《欧洲人权公约》第一议定书第1条下所保护的财产,[4]更是将学者们的担心推至极致。本书并非将全部的知识产权提升至人权的地位,因为这种观点是错误的,前面已有所分析。但是,某些知识产权是具有人权属性的,比如智力成果利益保护权。对人权框架下智力成果利益保护权的保护,包括承认创造者的精神利益和物质利益作为人权,这些权利"保障了作者和他们的创作作品以及人民或其他群体和他们的集体文化遗产之间的属人联系",并且它们保护了"有必要让作者享有适足生活水准的基本物质利益"。这是基于人权角度对智力成果利益保护权提出的核心要求,也是创作者能够因此而享有个人自治的核心权利区域,但实际上,对这一核心权利区域的某些方面,保护仍然是不够的,因此可利用人权去扩大某些知识产权或知识产权的某些方面的保护。

第二,从保护的主体来看,对公司知识产权的保护已经超出人权所需要的水平,但是对创作者本身以及原始居民的知识产权保护却还远远不够。首先,对公司知识产权的保护不属于人权保护的范畴,因为它们没有任何知识产权基

---

1 Laurence R. Helfer, Toward a Human Rights Framework for Intellectual Property, U. C. Davis Law Review, Vol.40, 2007, p.992.

2 Josep.Straus, Design Protection for Spare Parts Gone in Europe? Proposed Changes to the EC Directive: The Commission's Mandate and Its Doubtful Extension, European Intellectual Property Review, Vol.27, 2005, p.298.

3 Thomas Crampton, Apple Gets French Support in Music Compatibility Case, New York Times, July 29, 2006, p.C7.

4 Anheuser-Busch, Inc. v. Portugal, No. 73049/01(Eur. Ct. H.R. Jan.11, 2007)(Grand Chamber).

础。[1] 正如格林教授针对《经济、社会及文化权利国际公约》所指出的，"公约起草者似乎并未考虑公司持有的专利问题，或者没有考虑发明人仅仅是一个拥有专利或版权的机构雇员的问题。"[2] 经社文委员会也强调，人权——包括智力成果利益保护权——关注的是个人、由个人组成的群体、社区，"而知识产权制度主要保护企业和公司的利益和投资"。由于公司实体不在人权文件的保护范围之内，"他们的权利不应在人权的层面予以保护"。[3] 公司更不能享有以人权为基础的强制许可权。其次，对创作者本身利益的保护。不管是作品还是发明，创作者的智力劳动是现代知识产权的主要来源。但是，在知识产权商业化运作的今天，根据国家颁布的法律规定，个体作者或发明人可以自由地将其著作权或专利权转让给公司，亦即相关的人权利益特别是财产利益也相应转让。这种不是以作者或发明人为中心，而是以版权或专利公司为中心的现代知识产权制度，已经违背了知识产权制度设置的初衷，对创作者本人的利益保护是不够的。最后，在所涉及的知识产权主体中，原始居民的知识产权保护还未得到充分发展。正如前文所述，虽然WIPO成立了IGC，但到目前为止，IGC所提交的有关保护传统知识、传统文化表达的草案还很不成熟，分歧很大。而对遗传资源的保护，更是还未形成有效的草案。有学者指出，现行知识产权制度已经忽略了那些在西方模式之外，比如"部落文化和医药知识的监护人，有关传统艺术和音乐形式的集体实践，或有价值的种子多样性的农民培育家等从事智力劳动的人的利益"。[4]

第三，从权利类型来看，对物质利益的保护已经超出人权所需要的限度，但对精神利益的保护依然被忽视。当人权与知识产权产生冲突时，政策制订者和学者们经常会解释如何构建知识产权制度的内部弹性条款来满足人权利益的保护需求，比如通过限制和例外规定来平衡知识产权保护中的非人权方面和一

---

1 Peter K. Yu, Reconceptualizing Intellectual Property Interests in a Human Rights Framework, U. C. Davis Law Review, Vol.40, 2007, p.1128.

2 Maria Green, Drafting History of the Article 15（1）（c）of the International Covenant, p.45, U.N. Doc. E/C.12/2000/15（Oct.9, 2000）.

3 Comm. on Econ., Soc. & Cultural Rights, General Comment No. 17: The Right of Everyone to Benefit from the Protection of the Moral and Material Interests Resulting from Any Scientific, Literary or Artistic Production of Which He or She Is the Author（Article 15, Paragrap.1（c）, of the Covenant）, pp.2, 7, U.N. Doc. E/C.12/GC/17（Jan.12, 2006）.

4 Bellagio Declaration, reprinted in James Boyle, Shamans, Software and Spleens: Law and the Construction of the Information Society, Harvard University Press, 1996, p.193.

国的国际人权义务。[1] 正如查普曼教授所述，"知识产权的人权方法采用的经常是一种暗含于知识产权制度范围内的发明人和创作人权利与更广泛的社会利益之间的平衡方式，从而将之变得更加明确而意义深远"。[2] 同样，在前述WTO提交给联合国促进与保护人权小组委员会的回信中，也解释了现行贸易协议中包含有用以协调人权利益的弹性条款。但是，已经存在的这些内在弹性条款绝非就能保证对人权的充分保护。虽然这些限制与例外可以让各国履行其与获取知识有关的人权义务，但这些保障条款也有可能侵蚀智力成果的精神利益保护权。比如，一个广泛的合理使用制度或公平交易特权制度，或其他用以减少对版权作品控制的限制或例外条款，可能会弱化作者与其作品之间的属人联系。因此，如果一国认真对待其人权义务，就必须确保至少能够正确识别（识别其作者是谁）与归属（作品归属于谁）创作作品，也必须确保这一作品不被破译或通过其他方式被修改，从而有损于作者的荣誉或声誉。[3] 在对创作者的精神利益保护问题上，很少有学者或国际机构去关注如何扩大其保护的权利范围和提升保护的标准。

总而言之，利用人权来扩大知识产权保护，并非表明现行知识产权制度的整体保护水平还不足以满足人权下的保护义务，而是指出知识产权的某些方面还未达到上述要求，特别是在对创作者本人利益的保护、对原始居民知识产权的重视、对精神利益的权利范围等，保护水平还可进一步提升。

2. 利用人权限制知识产权的扩张

利用人权限制知识产权的扩张是绝大部分研究知识产权与人权交集关系的学者以及关注解决知识产权与人权冲突的国际机构所坚持的观点。事实上，最初在发展中国家对发达国家不断扩张知识产权制度而一筹莫展的时候，人权正是发展中国家所资利用进行制约的理想手段。国际政治斗争中，人权作为一种

---

1 Peter K. Yu, Ten Common Questions about Intellectual Property and Human Rights, Georgia State University Law Review, Vol.23, 2007, p.736.

2 Audrey Chapman, A Human Rights Perspective on Intellectual Property, Scientific Progress, and Access to the Benefits of Science, Intellectual Property and Human Rights, Proceedings of a Panel Discussion organized by the World Intellectual Property Organization in Collaboration with the Office of the United Nations High Commissioner for Human Rights, Nov. 9, 1998, http://www.wipo.int/edocs/pubdocs/en/intproperty/762/wipo_pub_762.pdf, p.1, last visited on May 1, 2022.

3 Peter K. Yu, Ten Common Questions about Intellectual Property and Human Rights, Georgia State University Law Review, Vol.23, 2007, p.737.

工具，其可利用之处恰恰在于其道德普适性。[1]

　　第一，利用人权确定知识产权保护的总体目标。在联合国人权机构对TRIPS产生的人权影响发布的一系列文件和报告中，对TRIPS以及知识产权制度扩张既有批评，也有认可，并试图协调两种制度之间的冲突。[2]比如，有学者就认为，为尊重全人类的环境权，应坚持环境保护与可持续发展的原则，对现行的TRIPS提出修正。[3]再比如，健康权就重构了现有的、使保护知识产权的法律规则凌驾于保护个人权利和社会价值的法律规则之上的法律话语结构；提供了最低标准的医疗卫生政府保障机制；强调调整医学研究和医疗创新的激励机制，以治疗被忽视的疾病和满足世界上贫穷人口的健康需求。[4]如果知识产权保护规则妨碍了人权的实现，决策者就有必要确定是否要修订现行的知识产权保护规则，如果要修订的话，最好的方法是什么。在决定将采取何种措施时，决策者们首先要基于这样一个前提，即人权和知识产权制度有着共同的核心目标——推动创作与创新，以从总体上有利于社会进步。[5]

　　第二，利用人权确定知识产权保护的"最高标准"。人权与知识产权发生交集之后，对于知识产权保护的基本方式发生了变化，即从制订"知识产权的最低保护标准"转向了确定"知识产权的最高保护标准"。从《伯尔尼公约》到《巴黎公约》再到TRIPS，缔约方均明确指出这些公约中规定的知识产权实体规则只是"最低限度的标准"。如TRIPS第1条第1款指出，成员方可以，但并不是必须，实施比本协议要求更高的保护标准。这说明TRIPS只是作为一个最低限度标准的规则框架。[6]但是，如果缔约方采用了更高的知识产权保护

---

1 张龑："论人权与基本权利的关系——以德国法和一般法学理论为背景"，载《法学家》2010年第6期，第26页。

2 吴汉东等：《知识产权制度变革与发展研究》，经济科学出版社2013年版，第80页。

3 姚新超、张晓微："知识产权与环境保护在国际规范中的冲突与调和模式"，载《国际贸易》2015年第9期，第49页。

4 Laurence R. Helfer & Graeme W. Austin, Human Rights and Intellectual Property: Mapping the Global Interface, Cambridge University Press, 2011, p.144.

5 Laurence R. Helfer &Graeme W. Austin, Human Rights and Intellectual Property: Mapping the Global Interface, Cambridge University Press, 2011, p.520.

6 Rochelle Cooper Dreyfuss & Andreas F. Lowenfeld, Two Achievements of the Uruguay Round: Putting TRIPS and Dispute Settlement Together, Virginia Journal of International Law, Vol.37, 1997, pp.295-304.

标准，这并不会产生任何问题，条约中也没有任何条款禁止各国去颁布更为严格的国内知识产权法，或禁止缔约方去签订包含有更高标准的条约或协议。如《伯尔尼公约》第19条、第20条以及《巴黎公约》第19条的规定。实际上，自TRIPS生效以来，美国和欧盟已经和许多发展中国家签订了所谓的TRIPS-PLUS双边协议，规定了更高更严格的知识产权保护标准。[1]联合国人权委员会的高级官员和WHO基于人权的考虑，已经强烈反对这些TRIPS-PLUS协议。考虑到人权法的软法特性，这些反对意见将第一次为最近几十年来不断加速上升的知识产权标准设定一个"天花板"。[2]

第三，利用人权修订现行的知识产权制度。使用人权方法将会促进"构建一个更加公平和平衡的知识产权制度"，包括下列主要内容：首先，以人权理念来评判知识产权制度、规定和决策的合法性，比如根据自己的喜好与利益作出的有利于权利持有人的决定，与对例外规定进行限制性解释的原则一样，在构建于人权理念之上的知识产权制度下是不具合法性的。其次，以人权原则来审查知识产权保护的类型，比如许多特定的创作物因被确证符合公有领域的定义，由于其对社会的重要性，应被排除在知识产权的保护范围之外。再次，以人权为基石作出对知识产权的限制性规定，因为人权代表着知识产权法中最基本的民主价值，属于使用者的权利，并且不仅仅是一种需要考虑的纯粹利益，它应与持有人的专属性权利具有同等的价值。当然，这种观念的后果是，知识产权的限制性规定应当被视为具有强制性，这意味着不能在合同中限制知识产品使用人行使法定限制性规定下的权利，知识产权的限制性规定也应优先于有关技术保护措施的规定，因为这些版权技术保护措施限制了公众获取电子版本的作品。最后，以人权为指导区分不同的知识产权规则，并适用于不同的作品。一个没有包含任何创作者个性要素的作品不能与包含了这种个性要素的作品享有同等的保护，因为缺乏保护个性的正当性。这意味着，对创新性较低的作品的保护程度应低于对经典作品的保护程度，在设计这样的知识产权保护制度时，可以规定保护期限更短、作者不享有"精神权利"、雇佣者可以成为权利持有人、作品适用登记制等。并且，作者的创作力或作品的创新性应与自然人或公司的投资作出明确区分。在人权的理念

---

[1] Genetic Resources Action International, "TRIPs-plus" Through the Back Door: How Bilateral Treaties Impose Much Stronger rules for IPRs on Life than the WTO, July 2001, available at http://www.grain.org, last visited on May 1, 2022.

[2] Laurence R. Helfer, Human Rights and Intellectual Property: Conflict or Coexistence? Minnesota Intellectual Property Review, Vol.5, 2003, pp.57-58.

下，通过对知识产权制度进行修订和改造，会导致构建一个渐进式发展的知识产权制度。[1]

第四，从人权角度解释一般例外条款。一般例外条款是一种手段，可以确保在解释和落实WTO规定时能适当考虑国际人权规范和标准，避免可能发生的冲突。[2]世贸组织的文件中，有三项一般例外可适用于更广泛的人权关注，即公共道德、生命健康、公共秩序。首先看措辞含义。"公共道德"的理念与人的人格、尊严和基本权利所反映的能力密不可分；[3]"人类生命或健康"一词的范围很广泛，《世界人权宣言》中所包含的生命权和健康权肯定属于其中，并且也包括大量其他权利，特别是经济、社会和文化权利；"公共秩序"指"公共政策和法律所反映的对社会基本利益的保护。这些基本利益主要涉及法律、安全和道德标准"。[4]其次看WTO的判例法。在"美国—赌博业服务案"中，专家小组认为公共道德和公共秩序是两个截然不同的概念，仅就两者同时保护大致类似的价值观而言，则可能有所重叠。[5]值得指出的是，WTO中没有一个案例涉及将例外条款解释为包括了人权规范，[6]但"无可争议的是，世贸组织成员在特定情况下有权决定它们认为适当的保护健康的程度。"[7]不过，对这些词语采用"进化方法"来解释，则能体现现代对国际人权规范和标准的遵守。比如《马拉喀什协定》序言提及"提高生活水准"，并未具体提到人权，力度略有不足，但这可以被理解为适用于人权。通过

---

1 Christophe Geiger, The Constitutional Dimension of Intellectual Property, in Paul L. C. Torremans ed., Copyright (and Other Intellectual Property Rights) as a Human Right, Kluwer Law International, 2015, pp.121–126.

2 联合国人权事务高级专员办公室：《人权与世界贸易协定：利用一般例外条款保护人权》，HR/PUB/05/5，2005年，第3页。

3 Robert Howse, Back to Court after Shrimp/Turtle? Almost But Not Quite Yet: India's Short Lived Challenge to Labor and Environmental Exceptions in the European Union's Generalized System of Preferences, American University International Law Review, Vol.18, 2003, p.1368.

4 联合国人权事务高级专员办公室：《人权与世界贸易协定：利用一般例外条款保护人权》，HR/PUB/05/5，2005年，第14–15页。

5 United States–Measures Affecting the Cross-Border Supply of Gambling and Betting Services–Report of the Panel, WT/DS285/R, 10/11/2004.

6 Salman Bal, International Free Trade Agreements and Human Rights: Reinterpreting Article XX of the GATT, Minnesota Journal of Global Trade, Vol.10, 2001, p.79.

7 European Communities–Measures Affecting Asbestos and Asbestos-Containing Products–AB–2000–11–Report of the Appellate Body, WT/DS135/AB/R, 12/03/2001.

考察WTO的判例法，争端解决机构对一般例外条款的定义采取的是广义灵活的方法，这又有助于说明将人权规范作为贸易规则的适当例外予以列入是正确的。[1]

第五，从人权角度限制对知识产权物质利益的过度保护。对知识产权中保护经济（财产）利益应进行限制，也即保护的物质利益应有上限，这个上限以人权的规定为准。在法律的价值中，有着"自由、责任、平等和公正以及社会福利"。[2]正如洛克所说："既然劳动是劳动者无可争议的所有物，那么对于这一有所增益的东西，除他以外就没有人能够享有权利，至少在还留有足够的同样好的东西给其他人所共有的情况下，事情就是如此。"[3]如果一个人占有财产超过自己所享用的额度，就是不合理、不正当的拥有。我们可以把一个人所拥有的财产分为两部分：第一部分涉及生命和自由的保障，乃至个人及家庭生活所必需的财产，应在基本人权的范围内得到充分保障；而超出了个人及家庭生活与自由保障所必需的数额的财产，人权价值就比较弱，甚至不必、也不应作为基本人权加以保护。[4]对财产权的拥有并非绝对而不受任何限制，对财产权的公益限制原则就是为了公共的目的——社会福利——而限制个人财产所有者的权利。[5]为限制目前知识产权制度下对物质利益的过分追求，有学者提出应对创作者利益进行合理保护：即除通过专有权的垄断期限保护之外，引入经济学中的成本、利润判断法，采取成本加利润的保护方式。成本加利润，也即为知识产权创造者的利益确立一个保护标准，在创造者实现标准的利益后知识产权消灭，知识产品随即进入公有领域。[6]

通过这些方式，人权可以作为一种制约工具或杠杆，防止知识产权在继续扩张的道路上越走越远。尽管困难重重，[7]但是，总体来看，在两者的关系

---

1 联合国人权事务高级专员办公室：《人权与世界贸易协定：利用一般例外条款保护人权》，HR/PUB/05/5，2005年，第15页。

2 [美]迈克尔·D.贝勒斯：《法律的原则——一个规范的分析》，张文显等译，中国大百科全书出版社1996年版，第353—363页。

3 [英]洛克：《政府论》（下篇），叶启芳、瞿菊农译，商务印书馆2011年版，第18页。

4 宋慧献："财产权多元论与知识产权的非人权性"，载《北方法学》2011年第3期，第45页。

5 [美]迈克尔·D.贝勒斯：《法律的原则——一个规范的分析》，张文显等译，中国大百科全书出版社1996年版，第426页。

6 王渊、马治国："现代知识产权与人权冲突的法理分析"，载《政治与法律》2008年第8期，第144页。

7 吴汉东等：《知识产权制度变革与发展研究》，经济科学出版社2013年版，第83页。

上，不能将知识产权与人权全然对立起来，认为两者的冲突和矛盾是不可调和的；也不能无视人权受到的实际或潜在影响，认为两者是完全和谐共存的。而在治理的内容上，应注意的是，知识产权的持续扩张是令人警醒的，也极大地损害了许多发展中国家的利益。但是，不恰当地限制知识产权同样也是危险的，因为这会侵蚀而不是恢复知识产权制度中已有的平衡。[1]

本章小结

知识产权与人权全球治理的内容就是如何理顺两者之间的关系：一方面，可以通过交集求同和并集协同"两步走"的途径来协调知识产权与人权之间的冲突。交集求同即找出两种权利中重叠相同的部分，该部分就是具有人权属性的知识产权。智力成果利益保护权无疑是知识产权与人权的交集区域，而财产权是否具有知识产权的人权属性还存在较大争议。近年来，原始居民的知识产权正在呈现出知识产权与人权交集的共同特征，而专利权也有部分内容存在于知识产权与人权交集的区域之中。并集协同则是协调其他知识产权类型或知识产权的其他方面与其他人权之间的关系。根据区分原则，若为外部冲突，根据人权优先原则，知识产权的非人权属性部分应该从属于或让位于人权保护义务；若为内部冲突，则可通过适当补偿、最低限度的核心保护义务、渐进实现等方法协调或缓和它们之间的紧张关系，从而使双方实现和谐共存。另一方面，在原来知识产权与人权已经相互促进的领域和模式上进一步补强，来推动知识产权与人权之间的共融。比如，将知识产权作为实现人权目标的重要工具；将人权作为知识产权保护的终极目标，也可利用人权作为扩大或限制知识产权保护的方法。

---

[1] Peter K. Yu, Ten Common Questions about Intellectual Property and Human Rights, Georgia State University Law Review, Vol.23, 2007, p.711.

第十章

知识产权与人权全球治理的**实效**

赫尔弗教授在其2018年重新回顾人权与知识产权交集关系的论文中，将知识产权与人权关系的发展分为四个阶段：第一个阶段是区隔阶段，时间为20世纪90年代中期之前知识产权与人权在各自的领域独立发展，学术界有各自的关注爱好和研究旨趣；第二个阶段为知识产权的狂热扩张阶段，时间为20世纪90年代中期至21世纪初，具体表现为知识产权保护规则在多边、区域和双边条约以及国内立法中的急剧扩张；第三个阶段为对知识产权扩张的抵制阶段，时间约为21世纪的前十年，具体表现为发展中国家和民间团体对知识产权制度扩张的强烈抵制，并明确指出知识产权扩张对人权所可能产生的侵蚀；第四个阶段为人权对知识产权的影响阶段，时间为2010年后，具体表现为国际社会不断努力在多边条约中设定知识产权保护的最高保护标准（知识产权保护的"天花板"而不是TRIPS中的最低保护标准，即"地板"），同时，也有越来越多的诉讼当事人在国内、区域法院以及国际商事仲裁机构中援引人权作为支持自己主张或抗辩对方论点的理由。[1] 21世纪的前二十年过去之后，知识产权与人权的交集已更深入，在开展两者的全球治理时，我们也将更进一步地去关注这些治理行动已经取得了什么样的效果？

二十余年知识产权与人权的交集，引发了诸多国际机构、国内政府、民间团体、非政府组织、研究人员对这两种制度的关注，在所有利益相关方的努力推动和倡导下，国际社会已经采取了一系列的治理措施，取得了诸多成效。正如赫尔弗教授在其2018年的论文中指出的，"目前围绕人权和知识产权关系的讨论，在国际、区域和国内层面，在国际组织、政府部门、法院和民间团体中，已变得极为常见。在不断的探讨中，大家对这两种制度产生的交集有了新的认识，并出版了许多的成果来分析它们之间的发展，提出诸多不同的规范框架。这些活动导致的结果是，现在有关知识产权与人权交集的场景，又已与十

---

[1] Laurence R. Helfer, Intellectual Property and Human Rights: Mapping an Evolving and Contested Relationship, in Rochelle C. Dreyfuss & Justine Pila eds., The Oxford Handbook of Intellectual Property Law, Oxford University Press, 2018, p.118.

年前大大不同了。"[1]

一、国际立法实效

在知识产权与人权的全球治理过程中，国际立法最能迅速地体现双方对对方利益和立场的关注。可以说，将知识产权与人权综合起来考虑的国际立法越来越多，也说明知识产权与人权从刚出现在理论与实务界研究视域时急剧的冲突关系到经过共同努力和全球治理后已经慢慢地趋向冲突缓和和利益平衡。

（一）人权文件中的知识产权

就达成世界普遍性共识的人权文件而言，《世界人权宣言》和《经济、社会及文化权利国际公约》中均对文化生活参与权、科学惠益分享权和智力成果利益保护权作出了规定。但是，这些权利在知识产权与人权交集于20世纪90年代中期之前，并未引起学者们的关注。自联合国促进和保护人权小组委员会通过著名的第2000/7号文件之后，联合国人权机构对知识产权表示了极大的兴趣，出台了一系列的文件。

1.《经济、社会及文化权利国际公约》第15条的一般性评论三部曲

由于《经济、社会及文化权利国际公约》第15条第1款丙项中的智力成果利益保护权成为知识产权的人权基石，学者们开始对第15条第1款甲乙丙三项中各自所涉的权利要素、相互之间的关系展开探讨，但是分歧很大。因此，经社文委员会作为《经济、社会及文化权利国际公约》的专门条约机构，分别于2006年、2009年和2020年对第15条的相关内容发布了一般性评论。

（1）2006年第17号一般性评论。2006年针对第15条第1款丙项智力成果利益保护权，作出了第17号一般性评论。该评论的主要内容在本书第三章中已有具体介绍，此处不再赘述。但必须重复两个重要观点，一是第17号一般性评论指出了"绝不能将知识产权与第15条第1款丙项中认可的人权等同起来"，[2] 这一论断否定了诸多学者持有的"知识产权是人权"的观点；二是该一般性评论仔细分析了第15条第2款丙项的各个要素，包括"作者""任何科学、文学

---

[1] Laurence R. Helfer, Intellectual Property and Human Rights: Mapping an Evolving and Contested Relationship, in Rochelle C. Dreyfuss & Justine Pila eds., The Oxford Handbook of Intellectual Property Law, Oxford University Press, 2018, p.117.

[2] Comm. on Econ., Soc. & Cultural Rights, General Comment No. 17: The Right of Everyone to Benefit from the Protection of the Moral and Material Interests Resulting from Any Scientific, Literary or Artistic Production of Which He or She Is the Author (Article 15, Paragrap.1 (c), of the Covenant), p.3, U.N. Doc. E/C.12/GC/17 (Jan.12, 2006).

或艺术作品""享受保护""精神利益""物质利益""产生"等,[1]这为后来分析知识产权与人权全球治理的框架、原则和内容提供了坚实的基础。

（2）2009年第21号一般性评论。即2009年针对第15条第1款甲项文化生活参与权的第21号一般性评论。[2]该一般性评论为理解文化生活参与权提供了一个基础性的框架，虽然并未指明文化生活参与权与知识产权之间的关系，特别是与第15条第1款丙项智力成果利益保护权之间的关系，但它在促进文化多样性、尊重世界多元文化特别是保护原始居民的文化方面有一些重要的论述。比如，在解释文化生活参与权的权利要素时，第21号一般性评论比较明确。[3]"人人"是指"文化权利可由一个人作为个人，或与其他人联合，或以上述两种方式在一个社区或团体内行使"。[4]在解释参加文化生活权利的各个要素时，"可提供性""适宜性"均有具体的说明。在需要特别保护的个人和社群中，也特别包含了原始居民，强调了原始居民可能具有的强烈族群性的文化生活价值观，原始居民对其文化遗产、传统知识和传统文化表达方式，以及其科学、技术和文化表现形式所拥有的权利，在涉及原始居民特殊权利的问题上应尊重原始居民自由、事先通知和知情同意的原则等。[5]

（3）2020年第25号一般性评论。即2020年针对第15条第1款乙项科学惠益分享权的第25号一般性评论。[6]该评论是关于《经济、社会及文化权利国际公约》第15条剩余权利的解释，其中特别论述了知识产权和参与科学进步及其

1　Comm. on Econ., Soc. & Cultural Rights, General Comment No. 17: The Right of Everyone to Benefit from the Protection of the Moral and Material Interests Resulting from Any Scientific, Literary or Artistic Production of Which He or She Is the Author（Article 15, Paragrap.1（c）, of the Covenant）, pp.7-17, U.N. Doc. E/C.12/GC/17（Jan.12, 2006）.

2　Comm. Econ., Soc. & Cultural Rights, General Comment No. 21: The Right of Everyone to Take Part in Cultural Life, Art. 15（1）（a）, U.N.Doc. E/C.12/GC/21（Dec.21, 2009）.

3　Comm. Econ., Soc. & Cultural Rights, General Comment No. 21: The Right of Everyone to Take Part in Cultural Life, Art. 15（1）（a）, p.7, U.N.Doc. E/C.12/GC/21（Dec.21, 2009）.

4　Comm. Econ., Soc. & Cultural Rights, General Comment No. 21: The Right of Everyone to Take Part in Cultural Life, Art. 15（1）（a）, p.9, U.N.Doc. E/C.12/GC/21（Dec.21, 2009）.

5　Comm. Econ., Soc. & Cultural Rights, General Comment No. 21: The Right of Everyone to Take Part in Cultural Life, Art. 15（1）（a）, pp.36-37, U.N.Doc. E/C.12/GC/21（Dec.21, 2009）.

6　Comm. Econ., Soc. & Cultural Rights, General Comment No. 25（2020）on Science and Economic, Social and Cultural Rights（Article 15（1）（b）,（2）,（3）and（4）of the International Covenant on Economic, Social and Cultural Rights）, U. N. Doc. E/C.12/GC/25（30 April 2020）.

应用并从中受益的权利之间的具体关系。首先，第25号一般性评论指出，科学研究大规模地私有化会产生一定的负面影响，由私人行为者进行或资助的科学研究可能会产生利益冲突，如过去一些烟草公司的情况就是如此。应为披露这些实际存在或外界认为存在的利益冲突建立机制。[1]其次，第25号一般性评论认为私人科学研究与知识产权法律制度的发展相关联，两者存在复杂的关系：一方面知识产权通过对创新的经济激励，促进私人行为者参与科学研究，从而推动科学技术发展；另一方面，知识产权至少在三个方面对科学进步和受益的机会可能产生负面影响。知识产权有时会造成科学研究资金来源的扭曲；一些知识产权法规限制科学研究信息在一定时期内的共享，一些"超TRIPS"条约中所含专利权人的数据排他性就是如此；[2]在某些情况下，知识产权可能会对希望利用科学进步利益的人构成重大障碍，而这种利用对于享有其他经济、社会和文化权利，如健康权，可能至关重要。[3]最后，国家应采取相应的措施来避免可能的负面影响。针对上述负面影响，国家应对为享有经济、社会和文化权利至关重要的研究提供充足的财政支持，还可以运用其他激励措施来促进开展研究；国家应根据所承担的国际人权义务，在本国知识产权法规和国际知识产权协定中保障知识产权的社会功能。必须在知识产权与科学知识及其应用的开放利用和共享之间达成平衡。[4]可见，在第25号一般性评论中，一般意义上的知识产权对科学惠益分享权产生的负面影响以及如何消除这种负面影响，经社文委员会都给予了一定的解释和指导。

---

1 Comm. Econ., Soc. & Cultural Rights, General Comment No. 25（2020）on Science and Economic, Social and Cultural Rights（Article 15（1）（b），（2），（3）and（4）of the International Covenant on Economic, Social and Cultural Rights）, pp.58-59, U. N. Doc. E/C.12/GC/25（30 April 2020）.

2 World Health Organization, Regional Office for South-East Asia, "Universal Health Coverage Technical Brief: Data Exclusivity and other 'TRIPS-Plus' Measures", 2017.

3 Comm. Econ., Soc. & Cultural Rights, General Comment No.25（2020）on Science and Economic, Social and Cultural Rights（Article 15（1）（b），（2），（3）and（4）of the International Covenant on Economic, Social and Cultural Rights）, pp.60-61, U. N. Doc. E/C.12/GC/25（30 April 2020）.

4 Comm. Econ., Soc. & Cultural Rights, General Comment No.25（2020）on Science and Economic, Social and Cultural Rights（Article 15（1）（b），（2），（3）and（4）of the International Covenant on Economic, Social and Cultural Rights）, p.62, U. N. Doc. E/C.12/GC/25（30 April 2020）.

2. 文化权利特别专员法里达的报告三部曲

（1）2012年《享受科学进步及其应用利益的权利》报告。第一份报告为2012年向人权理事会提交的《享受科学进步及其应用利益的权利》专题报告，指出科学权和知识产权的关系是需要进一步考虑的领域。[1]首先，知识产权制度存在阻碍利用新技术解决粮食、水、健康、化学品安全、能源和气候变化等重要人权问题的可能性。[2]在必要情况下，为维护其他权利，知识产权和作者权利都要受到限制。其次，知识产权公约或条约中某些例外和灵活性可用来确保科学权的实现。给予各国广阔且可能"不对称"的政策余地，允许"在符合原则和实质性规定的条件下实行不同的知识产权保护标准"。但"一些发展中国家在试图利用这些灵活性条款解决公共卫生问题时却受到来自发达国家和跨国医药公司的施压"。因此，根据知识产权条约，各国必须确立"最低标准的保护"，超过这类保护，可能并不总是与人权标准一致。相应的是，应当评估一下现行最低标准是否与人权标准一致。最后，在国际上已经出现了一些有助于保护人权的实践，比如无商标药品竞争、专利共享企业集团、跨国农业公共知识产权资源、开放生物学资源（BiOS）、传统知识数字图书馆等。[3]特别专员建议将知识创新和传播看作公共财产，同时建议重新考虑目前关于知识产权最大化保护的立场，探索对知识产权进行最小化保护的观点。[4]

（2）2014年《版权政策与科学和文化权》报告。第二份报告为2014年题为《版权政策与科学和文化权》的报告。就知识产权与人权的关系来看，该报告首先在序言中指出科学和文化不仅对于知识经济非常重要；还是人的尊严和自主权的基础。但在这一领域，两种有影响力的国际法范式——知识产权和人

---

[1] Farida Shaheed（Special Rapporteur in the Field of Cultural Rights）, The Right to Enjoy the Benefits of Scientific Progress and Its Applications, Human Rights Council, pp.56-65, U.N. Doc. A/HRC/20/26（May 14, 2012）.

[2] T. Faunce, Will International Trade Law Promote or Inhibit Global Artificial Photosynthesis？, Asian Journal of WTO and International Health Law and Policy, Vol. 6, 2011, pp.313-347.

[3] Farida Shaheed（Special Rapporteur in the Field of Cultural Rights）, The Right to Enjoy the Benefits of Scientific Progress and Its Applications, Human Rights Council, pp.61-64, U.N. Doc. A/HRC/20/26（May 14, 2012）.

[4] Yochai Benkler, The Wealth of Networks: How Social Production Transforms Market and Freedoms, Yale University Press, 2006; James Boyle, The Public Domain: Enclosing the Commons of the Mind, Yale University Press, 2008.

权——基本上是单独发展形成的。[1]自联合国促进和保护人权小组委员会通过第2000/7号决议以来,公共利益团体和发展中国家,都逐步加入"获取知识"运动,力求重新平衡国际知识产权治理。[2]然而,关于如何消除知识产权和人权之间的潜在紧张关系问题仍存在相当大的不确定性。科学和文化权——被理解为《经济、社会及文化权利国际公约》第15条的全部内容,即文化生活参与权、科学惠益分享权以及智力成果利益保护权——提供了特别有望成功的解决框架。[3]知识产权制度以及科学和文化权都要求政府"在认可和奖励人的创造力和创新的同时确保公众获得这些成果。在这两个目标之间取得适当平衡是两个制度所面临的主要挑战"。[4]重要的是,文化参与权和智力成果利益保护权本应是需要共同实现的人权原则。其次,在分析版权与科学和文化权这一对知识产权与人权的关系中,特别专员的报告中有几个尤为值得关注的重要论断:将知识产权等同于人权,或将《经济、社会及文化权利国际公约》第15条第1款丙项中规定的权利与TRIPS中所保护的知识产权等同起来,是错误的,且具有误导性;知识产权保护的一些方面,是确实有必要的,或至少是应极力鼓励的,当代知识产权法的其他方面则超出了作者权应受保护的权利范围和要求,甚至可能与科学和文化权不符;智力成果利益保护权作为一项人权,与大多数国家的版权法目前的规定相比,在某些方面要求更多,而在其他方面要求又更少;"精神权利"强调了创造性作品作为其作者个性的表现和独特的个人劳动产品这一性质,"功利主义"观点将版权保护视为旨在鼓励扩大创造性作品的制作和传播的一种商业形式;版权制度可能对作者的精神利益保护不足,因为制造者/出版商/发行商和其他"后来的权利持有人",与个体创造者相比,通常对立法有更大的影响力,而且在涉及这些权利时,可能有利益冲突,因而重要的是,必须超越版权制度中已经承认的精神权利,从人权角度(例如,特别是,艺术家和研究人员的创造、艺术和学术方面的自由、言论自由和个人自主权方面的利益)来识别更多或更大的精神利益;从人权角度来看,对版权政策和行业做法

---

1 Farida Shaheed(Special Rapporteur in the Field of Cultural Rights), Copyright Policy and the Right to Science and Culture, Human Rights Council, pp.1-2, U.N. Doc. A/HRC/28/57(Dec. 24, 2014).

2 Amy Kapczynski, The Access to Knowledge Mobilization and the New Politics of Intellectual Property, Yale Law Journal, Vol.117, 2008, p.804.

3 Lea Shaver, The Right to Science and Culture, Wisconsin Law Review, Vol.1, 2010, p.121.

4 Laurence R. Helfer and Graeme W. Austin, Human Rights and Intellectual Property: Mapping the Global Interface, Cambridge University Press, 2011, p.507.

的评判必须取决于它们为个人作者带来的利益，以及在文化参与中为公共利益服务的情况；公司权利持有者的物质利益不一定总与作者的物质利益相一致，智力成果利益保护权作为人权，要求特别关注那些利益有差异的情况；避免将《经济、社会及文化权利国际公约》第15条第1款丙项所保护的智力劳动者的"物质利益"这一说法与财产权利混为一谈，特别是当公司持有物质利益的情况下；版权的例外和限制情况界定了无须版权持有者许可的具体使用情况，是版权法在权利持有者的专属控制利益与其他人文化参与的利益之间必须取得的平衡的至关重要的一部分；国际版权法应承认一个列有最起码的例外和限制情况的核心清单，纳入那些目前被多数国家承认的规定，如引述和引文、个人使用、图书馆及档案馆为储存和更换而进行的复制、为交互性操作而对计算机代码进行复制和修改以及滑稽模仿等；[1] "知识共享"许可是使用最广的开放式许可，取得了一系列广泛而显著的成效。最后，特别专员在报告中总结认为，"人权视角重点关注将版权主要作为交易看待时可能会错过的一些重要主题：知识产权的社会功能和人的层面、涉及的公共利益、决策透明度和公众参与的重要性、制定版权规则使作者个人真正受益的必要性、广泛传播和文化自由的重要性、非营利性文化生产和创新的重要性、关于版权法对边缘化或弱势群体的影响的特别考虑。"[2] 报告在确保立法过程的透明度和公众参与、确保版权法符合人权、保护作家的精神和物质利益、对版权的限制和例外以及"三步测试法"、采取促进享有科学和文化的政策、原始居民和少数民族及边缘化群体的保护、数字环境下的科学和文化权与版权等七个方面提出了30项建议。[3]

（3）2015年《文化权利》报告。第三份报告为2015年题为《文化权利》的报告，但其重点在于阐述专利政策。报告首先在导言中指出，知识产权与人权之间的关系很重要，也很复杂，知识产权法的制订和实施可能会妨碍享受人权。关于这种互动，一个引人注目的实例是药品专利和药品承担能力与健康

---

1 Ruth Okediji, The International Copyright System: Limitations, Exceptions and Public Interest Considerations for Developing Countries, ICTSD Issue Paper No. 15, 2006, available at http://unctad.org/en/Docs/iteipc200610_en.pdf, pp.22-24, last visited on May 1, 2022.

2 Farida Shaheed (Special Rapporteur in the Field of Cultural Rights), Copyright Policy and the Right to Science and Culture, Human Rights Council, p.90, U.N. Doc. A/HRC/28/57 (Dec.24, 2014).

3 Farida Shaheed (Special Rapporteur in the Field of Cultural Rights), Copyright Policy and the Right to Science and Culture, Human Rights Council, pp.90-120, U.N. Doc. A/HRC/28/57 (Dec.24, 2014).

权之间存在的紧张关系。在农业、节能和气候变化缓解技术领域，专利政策有时可能会威胁享有食物和一个安全并且可持续的环境的权利。然后，在分析智力成果利益保护权中有关"作者"一词时，虽然经社文委员会认为"作者"包括科学创新的"创造者"，但是这种扩大的解读是在特定界限和保障之内，对此应当重新予以申明。法律实体根据知识产权条约享有的权益，由于他们所具有的不同性质，不受与人权同等水平的保护。据以质疑专利规则未充分保护他们的经济或商业权益。各国也不能利用精神和物质利益保护权为不充分尊重科学和文化权的专利法进行辩护。[1]再次，报告指出，各国政府在执行多边条约时，可以利用专利权的若干灵活性。这对于在私人和公众权益之间达成适当平衡和确保尊重一系列广泛的人权来说非常关键。虽然排除、例外和灵活性规定全部都是诸如TRIPS等国际知识产权法律中的内容，但从贸易法的观点看，它们仍然是任择性的。然而从人权观点看，它们常常被视为义务。并且，在结论和建议中，特别专员认为各国根据知识产权条约承担的义务，必须不妨碍它们落实人权条约义务。实施不合理的强力专利保护，可能构成对人权的侵犯。专利是鼓励创新和技术研究与开发的众多政策工具之一。在根据背景和所涉及的技术对它们的积极和消极效果进行评估时，需要更加审慎。人权法律是一种限制手段，在健康权、食物权、科学应用权和其他人权可能受到损害的情况下，防止专利持有人的经济诉求过度扩张。最后，报告认为应确保专利法、政策和实践与人权并行不悖。国际专利条约应当接受人权影响评估，并载入保障健康权、食物权、科学文化权以及其他人权的规定；世贸组织机构在解释世贸组织关于知识产权的规则时，应当将人权标准和义务纳入考虑范围。它们应当审查对实现人权产生负面影响的规则；各国应完成关于其国内专利法和政策对人权的影响的评估；国内法院和行政机构对国际和国内专利法的解释，应当符合人权标准；专利法不应对健康权、食物权、科学权和文化权加以限制，除非该国能证明这种限制追求合法目的，符合这项权利的性质，是促进民主社会普遍福利所绝对必要的，并在所有情况下均应采用限制性最小的措施；工商企业应尊重人权，并消除其活动对人权产生的不利影响。[2]

---

[1] Farida Shaheed（Special Rapporteur in the Field of Cultural Rights），Cultural Rights, United Nations General Assembly，p.34，U.N. Doc. A/70/279（Aug.4，2015）.

[2] Farida Shaheed（Special Rapporteur in the Field of Cultural Rights），Cultural Rights, United Nations General Assembly，pp.95-101，U.N. Doc. A/70/279（Aug.4，2015）.

特别专员法里达的这一系列专题报告为经社文委员会出台第25号一般性评论奠定了坚实的基础，也为明确知识产权与人权特别是版权和专利权的关系提供了强有力的指导。

（二）知识产权条约中的人权

自TRIPS通过并实施之后，欧盟、美国和其他发达国家和地区或相同兴趣的国家积极地谈判和签订了许多诸边贸易协定，[1]从表象上来看，国际知识产权条约的内容呈现扩张化趋势。但是，以人权为基础的方法不仅关注结果如何，也关注结果是如何达成的，比如国际知识产权条约的谈判与签署是否有利益相关人包括义务承担者和权利持有人的共同参与。[2]而这些协议是以非透明的程序进行谈判的，旨在建立俱乐部式的国家联盟，它们引起了人权保护与促进国际法治方面的严重担忧，从结果来看，知识产权内容的扩张对人权的实现也会产生负面影响。在这些分歧较大的诸边协议中，典型的有ACTA和TPP（后来的CPTPP）。作为对TPP/CPTPP的回应，中国和其他国家也开始了自己的诸边行动，即RCEP（区域全面经济伙伴关系）。[3]

1. 保障健康权三部曲及后续相关条约中对健康权的关注

与TRIPS实施有关的2001年的《多哈宣言》、2003年的《执行决议》以及2005年通过并于2017年正式生效的TRIPS修正案（第31条之二）构成了保障公共健康权的三部曲，其内容在诸多后续的国际知识产权条约或自由贸易协定的知识产权章节中均有所体现。

（1）ACTA中关于保障健康权的规定。即使在已经失败的ACTA（2012年1月签署）中，也有关于保障健康权的规定。ACTA序言最后一段为"承认遵守2001年11月14日在第四届WTO部长会议上通过的《关于TRIPS和公共健康的多哈宣言》所确定的基本原则"。由于ACTA序言对多哈宣言基本原则予以承认与尊重，即意味着《多哈宣言》保护的发展中国家的公共健康和药物获取权应该得到ACTA成员方的尊重。它也反映了发展中国家多年来在各种国际

---

[1] Peter K. Yu, The Non-Multilateral Approach to International Intellectual Property Normsetting, in Daniel J. Gervais ed., International Intellectual Property: A Handbook of Contemporary Research, Edward Elgar Publishing, 2015, p.83.

[2] Rhona Smith, Human Rights Based Approaches to Research, in Bård A. Andreassen et al. eds., Research Methods in Human Rights: A Handbook, Edward Elgar Publishing, 2017, pp.6, 7.

[3] Peter K. Yu, The RCEP Negotiations and Asian Intellectual Property Norm Setters, in Liu Kung-Chung & Julien Chaisse eds., The Future of Asian Trade Deals and Intellectual Property, Hart Publishing, 2019.

场合呼吁保护公共健康和药物获取权的努力得到了广泛的认可，也得到了国际知识产权领域的承认。ACTA在几乎没有发展中国家（除墨西哥外）参与制订的过程下，借承认《多哈宣言》的原则间接承认了发展中国家的公共健康和药物获取权，确实值得肯定。

（2）CPTPP中对健康权的保障。CPTPP（2017年11月正式取代原TPP，2018年3月签署）中对健康权也有保障。CPTPP的第18章为专门的知识产权章节，其中特别提及健康权的内容包括：首先，在第18.1条的相关定义中，解释了《TRIPS与公共健康宣言》指2001年11月14日通过的《TRIPS协定与公共健康宣言》（WT/MIN（01）/DEC/2）。其次，在第18.3条的"原则"规定中，第1款就指出"为保护公共健康和营养、公共利益"而采取措施的必要性。最后，第18.6条为"关于特定公共健康措施的谅解"，共2款，其中第1款重申"缔约方确认其在《TRIPS与公共健康宣言》中的承诺"，第2款要求"每一缔约方，如其尚未作出通知，则应将其接受2005年TRIPS修正案一事向WTO作出通知"，也就是CPTPP承认了2005年TRIPS修正案的效力和约束力。在CPTPP中，各缔约方还就健康权的问题达成了三项新的谅解：第一项新谅解为"本章（知识产权）的义务不会且不得阻止一缔约方采取措施保护公共健康。"该项新谅解承认了各缔约方为保护公共健康而采取相关措施，并且界定了采取这种措施时的条件，即"构成国家紧急状态或其他极端紧急的情况时"，包括出现"公共健康危机"时，还进一步列举了哪些情况属于"公共健康危机"的情况。第二项新谅解重申了2003年执行决议和2005年TRIPS修正案，并增加了执行决议和TRIPS修正案后所附加的各项WTO总理事会主席声明，确认各缔约方不会且不得妨碍TRIPS/健康解决方案的有效利用。第三项新谅解的新规定指出了在为保障公共健康而采取的措施与该章下规定的知识产权义务相违背时，缔约方应采取行动，即通过磋商来修改知识产权规定的内容。[1] 从某种程度上看，这也是间接地承认了保障公共健康权的义务优先于知识产权的保护义务。

（3）CETA中对健康权的规定

CETA（2016年10月签署，2021年4月1日正式生效）中对健康权也有规定。CETA第20.3条专门规定了公共健康问题。其中第1款首先表明成员方承认

---

[1] 中华人民共和国商务部网站，《全面与进步跨太平洋伙伴关系协定》（CPTPP）中英对照文本，http://www.mofcom.gov.cn/article/zwgk/bnjg/202101/20210103030014.shtml，2021年1月11日上传。

《多哈宣言》的重要性；然后规定，在解释和实施本章下（即CETA第20章，内容为知识产权）的权利和义务时，成员方必须确保与《多哈宣言》保持一致。该条第2款继续指出，成员方应尊重2003年关于《多哈宣言》第六段的执行决议以及2005年于日内瓦通过的TRIPS修正案，并应促进执行决议和TRIPS修正案的实施。在CETA的这一条款中，提及了公共健康权的三部曲，这与国际社会的努力是分不开的，也与加拿大作为发达国家中重要的仿制药生产国密切相关。CETA作为发达国家之间进行"北北合作"的典范，以及欧盟层面对外签订贸易协定方面的蓝本，其对健康权的尊重与促进有目共睹。[1]

（4）USMCA中有关健康权的规定。USMCA（2020年7月1日生效）中有关于健康权的规定。《美墨加协议》中，知识产权的规定位于第20章。其中第20.1.3条为"原则"，其第1款规定采用了几乎和CPTPP中完全一致的措辞。第20.1.6条为"对某些公共健康措施的共识"，重申"缔约方确认其在《TRIPS与公共健康宣言》中所负有的义务"。具体而言，各缔约方就健康权的问题达成的三项共识与CPTPP中第18.6条第1款中的三项新谅解内容完全一致：即在国家紧急状态或其他极端紧急情况下可采取措施保护公共健康，促进所有人获得药物的权利；重申了2003年执行决议和2005年TRIPS修正案；在为保障公共健康而采取的措施与该章下规定的知识产权义务相违背时，缔约方应通过磋商来修改知识产权规定的内容。[2]可以看出，USMCA有关公共健康权的内容与CPTPP的内容基本保持一致，并都强调公共健康权的效力优先于知识产权保护义务。

（5）RCEP中对健康权的重视。RCEP（2020年11月签署）对健康权高度重视。RCEP的第11章是专门的知识产权章节，其中也涉及保护公共健康权的规定。首先，第4条"原则"的第1款规定允许各缔约方在为保护公众健康权时而采取一些必要的措施，但该条款对这种必要措施有所限制，即这些必要措施需与该章的规定一致，似乎隐含的是知识产权的保护义务大于保护公众健康的义务。这种表述与其他区域多边协议的规定是不同的，如在CPTPP中，一缔约方采取的必要措施与其知识产权章节不同时，是由缔约方进行磋商，以修改

---

1 Government of Canada, Canada-European Union Comprehensive Economic and Trade Agreement （CETA）, available at https://www.international.gc.ca/trade-commerce/trade-agreements-accords-commerciaux/agr-acc/ceta-aecg/index.aspx? lang=eng, last visited on May 1, 2022.

2 Office of the United States Trade Representative, United States-Mexico-Canada Agreement, available at https://ustr.gov/trade-agreements/free-trade-agreements/united-states-mexico-canada-agreement, last visited on May 1, 2022.

CPTPP中的知识产权保护规定。其次，RECP第8条是专门的有关保护公共健康的规定。该条第1款重申《多哈宣言》，确认《多哈宣言》中正式认可的充分利用灵活性的权利，同意该章不阻止且不应阻止一缔约方采取保护公共健康的措施，并确认该章的解释和执行可以且应支持每一缔约方保护公共健康的权利，特别是促进所有人获取药品。该条第2款和第3款为缔约方认识到推动实施TRIPS修正案以及TRIPS附件和附件附录的国际努力所做贡献的重要性，考虑到缔约方在获取药品和公共健康方面的承诺，该章不阻止且不应阻止对这些文件的有效使用。[1] 由此可见，该条承认了《多哈宣言》和TRIPS修正案的效力，表明了缔约方推动实施这些内容的决心，允许缔约方充分使用灵活性规定的权利。唯一的不足是当缔约方采取保护公共健康的必要措施与该章的知识产权保护义务相冲突时，进行协调的方法似乎反映了优先保护知识产权的倾向。

不管怎样，这些后续的区域自由贸易协定中，都在知识产权章节重申了《多哈宣言》下的义务，并努力为保障公共健康权达成一些新的共识，还有一些协定进一步强调了执行决议和TRIPS修正案，并间接表明公共健康权优先于知识产权保护的义务。可以看出，人权活动家们的努力自《多哈宣言》之后，在诸多载有知识产权义务的自由贸易协定中都得到了体现。如果国际社会没有关注知识产权实施对人权的影响，从而提倡协调和缓和知识产权与人权之间的关系，公共健康权恐怕不会得到现在这般的重视和关注，并获得人权上的神圣话语权。

2. ACTA因忽视人权保护而遭受挫败

正如前所述，如果说公共健康权是正面推动国际知识产权协议不断修订和完善的动力源泉，也就是说，重视和关注人权的知识产权体系会得到更加平衡的发展和完善，那么，民主参与权和网络隐私权则成为反面阻碍内容扩大化的国际知识产权条约生效的重要因素，也就是说，忽略和漠视人权的知识产权条约将会前景暗淡，难以生效。

第一，ACTA与以往的国际知识产权条约不同，它表达了对某些方面的人权价值与观念的尊重和关注，比如它特别明确地提到了隐私和个人数据的保护问题。诸如《伯尔尼公约》和《巴黎公约》这样的有关版权和专利的主要国际公约，囿于制订时的历史背景，不可能规定任何有关隐私和个人数据保护的基

---

[1] 中华人民共和国商务部中国自由贸易区服务网，《区域全面经济伙伴关系协定》（RECP）协定正文，http://fta.mofcom.gov.cn/rcep/rcep_new.shtml，2021年3月31日下载。

本条款。TRIPS虽有这样的保护条款，比如第47条的告知权，但只是间接地提及。可以说，ACTA在人权的关注和保护方面，确实比其他国际知识产权条约更进一步，这也是与ACTA所面临的时代背景和所要处理的问题紧密相关的。

在一般性规定中，ACTA在序言中暗含了有关尊重和保护人权的内容。首先，序言第六段宣称"希冀以一种平衡相关权利持有人、服务提供商和最终消费者权利与利益的方式来解决知识产权侵权的问题，包括数字环境下的侵权，特别是侵犯数字环境下的版权与相关权利"。此段实为提倡知识产权的利益平衡原则。在知识产权所涉及的利益关系人中，主要为知识产权权利持有人、消费者和社会公众，因此，知识产权设计了一系列例外制度来保持权利人、消费者与公众之间的利益平衡。而在数字环境下，知识产权的利益相关方增加了网络服务提供商。因此，ACTA指出要在权利持有人、服务提供商和消费者及公众之间实现利益平衡。这种利益平衡，起码意味着要关注最终消费者的权利与利益。其次，ACTA第4条有关隐私和信息披露的规定体现了对隐私权或相关信息的保护。其中第4条第1款规定了在哪些情况下成员方不应披露信息，比如披露会违背其本国法律（包括保护隐私权的法律）或国际义务的一般信息，披露会违背公共利益或商业利益的机密信息。该款将信息分为一般信息和机密信息，同时特别指出在披露一般信息时，如果有违本国隐私权的法律时，则不予披露。第4条第2款规定了披露信息的程序和要求，特别对信息的使用作出了限制，信息接收方不得以提供信息时的目的之外的任何其他目的而披露或使用该信息，即信息使用目的的一致性，请求方在请求披露信息时应提出使用信息的目的，在接收到信息后只能以提出请求时的目的来使用信息，不得将信息用作其他用途，除非事先获得信息提供方的同意。该条主要针对知识产权侵权案件中对涉嫌侵权人资料的收集情况，同时考虑到在网络环境下或跨境贸易中涉嫌侵权人的个人数据信息保护，重点在于隐私权的保护。从此条的意图来看，这种隐私权，既包含个人隐私权和数据资料的保护，也涵盖了公司的信息资料和商业秘密的保护。最后，ACTA第6条隐含有正当程序权的保护。ACTA第6条为有关执法的一般义务，其中第2款规定各成员方为采取知识产权执法措施所规定或适用的程序应公平公正，如这些程序不应烦琐或成本高昂，或含有不合理的时间限制或不确定的时间拖延，并应确保所有受此程序影响的参与人的权利得到适当的保障。此条保护所面向的对象是"所有受此程序影响的参与人"，既包括知识产权持有人，又包括涉嫌侵权人。并且，此条作为知识产权执法的一般义务，对后面的民事执法、刑事执法、边境执法和网络执法措施均适用，具有总体的指导作用。根据序言、第4条和第6条在协议中所处的位置，可以推断出ACTA在其一般性、总体性和概括性的规定中，以一些灵活、弹性的条款包含对人权，包括公共健康和药物获取权、隐私权和个人数据的保护、正当程序权等的关注和尊重。

在一些特殊性规定中，ACTA也涉及一些相关的人权保护，特别是在网络执法措施中对表达自由权、正当程序权和个人隐私权的重视。ACTA第27条为有关数字环境下的执法措施，虽然只有一个条文，但却分为八个条款，内容规定细致而全面，从篇幅和长度上看其实也不少于其他执法措施。此条不厌其烦地连续在第2款、第3款和第4款重复规定"并应尊重法律的基本原则，如表达自由、程序公正和保护隐私"，可以说明以下几点：首先，这几项与基本人权相关的权利，如表达自由权、程序公正权和隐私权及个人数据保护，在网络环境下与知识产权产生潜在冲突的可能性最大，所以才特别要关注在保护知识产权时也要尊重这些人权。其次，这些条款中所使用的措辞为"法律的基本原则，如表达自由、程序公正和保护隐私"，而不是指"与缔约方法律保持一致，如表达自由、程序公正和保护隐私"，可以看出，不管成员方区域内的法律有无相关规定，或者规定的内容有何差异，ACTA的谈判者们已经将表达自由权、程序公正权和隐私权上升为一般的"法律的基本原则"。这种抽象和概括可以视为"国际法上的基本原则"，符合人权法中对人权普遍意义的一般认识，将表达自由权、程序公正权和隐私权提升至人权的高度。除了这些明确的规定，ACTA还有一些条款也与隐私权或个人数据的保护有关，比如证据的保存收集与认定、相关资料的跨境转移和国际合作中的信息共享，等等。因此，ACTA既直接又间接地指向了隐私权。

第二，虽然ACTA规定了相关人权条款，对人权给予了足够的重视，但在更大程度上，它对人权的漠视与威胁，正是它遭受多方反对的根源与症结所在。

首先，从制订过程来看，ACTA是少数发达国家在对WTO与WIPO主导下的国际知识产权制度深感不满与失望之后，试图在全球范围内推广与扩张其知识产权理念与制度的结果。经日本主动倡议、欧盟积极参与、美国主导推进，ACTA经充分酝酿、秘密谈判，形成最后的文本并经签署，但最终未能生效。

其次，从协议内容来看，ACTA的不同版本内容越来越向前推进，知识产权保护标准越来越高，成为国际知识产权领域的新标杆。但ACTA这种一意孤行的做法，不顾新的时代背景下国际法律环境的变化，更未吸取TRIPS对发展中国家公共健康权的忽视而出现《多哈宣言》的教训，最终会预示着它的失败。可以说，没有哪个国际知识产权条约如同ACTA一样，引发了人权领域的如此关切。正是因为在知识产权与人权领域近年来所产生的交集与冲突，才导致了不同利益团体对ACTA所可能产生的人权影响的争论。各方对ACTA的观点和态度都存在严重的分歧。推动ACTA制订的跨国公司与谈判成员方政府一直认为，ACTA的内容表达了对人权的关注与尊重，实际上，ACTA也是国际知识产权法历史上第一部明确规定有关保护人权，特别是隐私权与个人数据、表达自由权等内容的条约。而反对者们，包括欧盟议会、部分政府官员、发展中国家、国际非政府组织、专家学者、普通公众，认为ACTA严重妨碍了发展中国家的发展权、公共健康和药物获取权以及普通公众的基本权利与自由，包括民主参与权、隐私权、表达自由权等。这些反对的声音对欧洲公众的游行抗议，起到了推波助澜的作用，最后有效地阻止了ACTA的通过。

再次，ACTA无视发展中国家的人权，从而加深了其已经面临的人权危机。ACTA作为国际知识产权领域的一次重要立法活动，不管是立法的过程还是立法的内容，都表现出了对发展中国家所一直呼吁的发展权的明显排斥。在制订过程中，ACTA采取论坛转移的方式，将发展中国家排除在谈判之外；在运作机构的设计上，ACTA委员会将可能削弱发展中国家参与发展的能力，剥夺其享受发展的成果。在文化权上，ACTA将对发展中国家尊重、保护和实现其国内公民文化权的三大义务产生阻碍。在药物获取权上，ACTA对仿制药的态度、有关边境措施的严格规定等进一步影响了发展中国家利用《多哈宣言》实现药物获取权从而保护公共健康的能力。在经济独立自主权上，ACTA无视发展中国家经济发展的相对落后性和阶段性，采取"一刀切"的方法并不能有效解决国际贸易中的假冒和盗版问题。

最后，知识产权的第二次危机来源于发达国家内部知识产权权利人和知识产权使用人或普通公众之间的矛盾。ACTA的秘密谈判将公众排除在外，违背了发达国家民主社会所遵循的公开、透明原则，剥夺了广大公众的参与权。ACTA的数字执法措施回应了网络环境下打击知识产权侵权的需求，但其隐含的"断网"措施影响了普通公众获取信息和知识、形成观点与见解、进行交流与表达的基本权利。ACTA要求网络服务商向知识产权权利人提供用户信息，却未包含对公众有利的例外和限制性规定，对侵犯个人隐私权和保护个人数据信息造成了严重的威胁。最后的结果是，ACTA对人权采取了漠视和威胁的态度，而人权的呼声反过来又推翻了ACTA。

ACTA的失败让我们必须牢记，只有部分知识产权具有一定的人权属性，而大多数领域中的知识产权则以追求过高的经济利益和回报为目的。在知识产权和人权产生冲突时，必须衡量两种权利类型的属性、目的、价值、实现方式和隐含利益，要么知识产权让步于人权，要么在知识产权的内部体系中实现利益平衡。

3.《马拉喀什条约》对无障碍阅读权的保障

《马拉喀什条约》通过版权限制与例外降低无障碍格式版的制作成本，将有效改善无障碍格式版资源匮乏的现状。[1]它以《世界人权宣言》和联合国《残疾人权利公约》提出的人权原则为构想，是首部明确纳入了人权视角的版权条约。[2]

（1）条约中的基本定义。条约中的定义是理解该条约范围和适用的基础。这些定义阐明了谁能够享有该条约提供的限制与例外（即"受益人"），什么可以被获得（即"作品"），这种作品可以被转换成何种格式（即"无障碍格式"），以及被授权实体是什么、怎么发挥作用。[3]具体而言，首先，"受益人"。受益人是受多种残疾影响、无法有效阅读印刷品的人。这一定义的范围很广，包括盲人、视力障碍者、有阅读障碍的人或者因身体残疾而不能持书或翻书的人。其次，"作品"，指"形式为文字、符号和（或）相关图示"的作品，不论是已出版的作品，还是以其他方式通过任何媒介公开提供的作品，也包括有声读物。最后，"被授权实体"，定义较宽，包括了许多非营利实体和政府实体，要么被政府明确授权，要么得到政府"承认"，具有多种功能，包括为受益人提供教育和信息来源。[4]比如，作为非营利机构的图书馆完全符合被授权主体应具备的条件，那么，一缔约方应明确图书馆作为被授权主体应具备的条件、享有的权利、服务性质、图书馆无障碍格式作品种类、图

---

[1] 范兴坤、张天一："提高视障人群文化服务管理规范化水平——以推动加入《马拉喀什条约》为契机"，载《残疾人研究》2018年第3期，第54页。

[2] WIPO, Main Provisions and Benefits of the Marrakesh Treaty（2013）, 2016, https://www.wipo.int/edocs/pubdocs/en/wipo_pub_marrakesh_flyer.pdf, p.2, last visited on May 1, 2022.

[3] WIPO, Main Provisions and Benefits of the Marrakesh Treaty（2013）, 2016, https://www.wipo.int/edocs/pubdocs/en/wipo_pub_marrakesh_flyer.pdf, p.3, last visited on May 1, 2022.

[4] WIPO,《关于为盲人、视力障碍者或其他印刷品阅读障碍者获得已出版作品提供便利的马拉喀什条约》（提要），https://www.wipo.int/treaties/zh/ip/marrakesh/summary_marrakesh.html，2022年3月31日最后访问。

书馆规避技术措施的例外等。[1]但是，能否被认定为"被授权实体"主要是看其行为的性质而非政府的授权。[2]并且，《马拉喀什条约》本身并不要求某一组织履行任何手续或履行具体程序才能获得承认，成为被授权实体。但是，条约也没有限制这些措施，这意味着各国可以自行决定。[3]

（2）缔约方的主要义务。总体而言，条约要求缔约方在版权规则中规定一套标准的限制与例外，允许复制、发行和提供对视障者无障碍格式的已出版作品，允许为这些受益人服务的组织跨境交流这些作品。实际上，缔约方在国家层面实施条约时履行两项主要义务：第一项义务是在国内法中提供一个版权的限制与例外。[4]第二项义务是允许这些依据条约规定的限制与例外或依法制作的无障碍格式版"跨境交换"。[5]

（3）条约缺失的内容。该条约在国际知识产权立法领域，首次将公共利益置于首位，是对过去西方以权利为中心的知识产权立法范式的革命性变革，该条约的成功缔结反映了国际著作权领域立法的新动向与趋势。[6]但是，条约也存在一些缺陷，比如将商业可获得性作为对著作权保护作出限制和例外的前提条件，但又未对商业可获得性的合理条件进行明确规定；没有明确是否应当给予著作权人合理补偿，导致是法定许可还是合理使用的界限不明确；未提及对促进信息无障碍传播的计算机软件的著作权以及相关科技产品的专利权的限制和例外问题；没有规定缔约方违反条约义务时所应采取的具体措施，从而缺乏强制力，等等。[7]特别是，条约将商业渠道可获得性和例外与限制关联在一起，无疑将损害其文本的稳定性与效力，对发展中国家非常不

---

1 崔汪卫："《马拉喀什条约》对图书馆无障碍服务的影响与立法建议——兼析《著作权法（修订草案送审稿）》无障碍服务条款"，载《图书馆建设》2018年第8期，第14-15页。

2 曹阳："《马拉喀什条约》的缔结及其影响"，载《知识产权》2013年第9期，第82页。

3 https://www.wipo.int/marrakesh_treaty/zh/, last visited on May 1, 2022.

4 WIPO，《关于为盲人、视力障碍者或其他印刷品阅读障碍者获得已出版作品提供便利的马拉喀什条约》（提要），https://www.wipo.int/treaties/zh/ip/marrakesh/summary_marrakesh.html，2022年3月31日最后访问。

5 WIPO, Main Provisions and Benefits of the Marrakesh Treaty（2013），2016, https://www.wipo.int/edocs/pubdocs/en/wipo_pub_marrakesh_flyer.pdf, p.4, last visited on May 1, 2022.

6 曹阳："《马拉喀什条约》的缔结及其影响"，载《知识产权》2013年第9期，第81页。

7 李静怡："无障碍阅读权利研究——以《马拉喀什条约》为研究视角"，山东大学2019年博士学位论文，第86-91页。

利，将可能损害发展中国家相关群体的利益。[1]

（4）与其他条约的关系。《马拉喀什条约》和其他国际条约没有任何正式的关系，也不以各国需要加入其他版权条约作为批准或加入该条约的条件。但是，这一崭新的条约与其他版权和知识产权国际条约是完全兼容的。条约缔约方所要求引入的版权限制或例外符合所有其他条约中所规定的版权限制和例外的标准，包括所谓的三步测试法。更重要的是，《马拉喀什条约》也与国际人权法实现了很好的共融。它符合《世界人权宣言》和《残疾人权利公约》中所规定的原则。[2]《马拉喀什条约》是世界上迄今为止第一部，也是唯一一部在版权领域的人权条约。[3] 尽管《马拉喀什条约》还存在一些问题，但对其的各种赞誉都不为过，它是知识产权与人权交集领域的典范。

在知识产权与人权的全球治理过程中，国际立法是一个极其重要的手段，这是一场旷日持久的、艰难的、围绕知识产权和人权展开的博弈。这里，国际协议和条约是博弈的阶段性成果，它们的解释、实施和修改又无时无刻不在伴随着博弈。[4] 我们可以看到，不管是人权文件中的知识产权，还是知识产权条约中的人权，都已经相互引起了对方的关注和接纳，并产生了许多具有交叉性的成果。

二、国际司法实践

不仅国际立法领域已经关注到了知识产权与人权的协调问题，越来越多的司法实践中，也出现了许多融合知识产权与人权因素的案件。

（一）国际司法机构中涉及知识产权与人权的案件

1. ICSID中的知识产权案件

第一类案件为ICSID（英文全称为International Center for Settlement of Investment Disputes，中文全称为国际投资争端解决中心，以下简称ICSID）中的知识产权案件。2008年，乌拉圭颁布了《烟草控制法案》及其相关配套措施，国际烟草生产商菲利普·莫里斯烟草公司（以下简称莫里斯公司）认为此举构成对其投资财产权益的征收，向ICSID提起仲裁。该案的争

---

[1] 曹阳："《马拉喀什条约》的缔结及其影响"，载《知识产权》2013年第9期，第84页。

[2] WIPO, The Marrakesh Treaty – Helping to End the Global Book Famine, 2016, https://www.wipo.int/edocs/pubdocs/en/wipo_pub_marrakesh_overview.pdf, p.4, last visited on May 1, 2022.

[3] 王迁："《马拉喀什条约》简介"，载《中国版权》2013年第5期，第5-6页。

[4] 朱景文："一种博弈：在人权和知识产权之间"，载《法制日报》2007年11月18日，第14版。

议焦点之一是乌拉圭政府实施的行为是否侵犯了莫里斯公司投资（商标权）的间接征收，也就是商标权是否可以成为"投资"的种类之一。2016年7月，ICSID公布了该案裁决书，驳回了申请人莫里斯公司的请求，并裁决其赔偿乌拉圭政府700万美元。[1]正如有学者指出的，"财产本身并不是目的，显然，它必须为实现人类社会的更高目标而服务"。[2]消费者的生命与健康显然是更高目标，应优先于商标权这一投资财产权益。另外，2014年的礼莱公司诉加拿大案作为《北美自由贸易协定》下的首个知识产权投资争端案，虽然仅涉及专利，[3]但该案中加拿大法院基于公共利益的考虑而对礼莱公司的专利作出无效判决，最终ICSID仲裁庭于2017年3月作出裁决，认为加拿大法院的判决并未违反贸易协定下的义务，驳回了礼莱公司的请求。[4]这种涉公共利益知识产权投资争端关涉东道国公共利益和外资管制权、知识产权保护与公共利益，甚至人类可持续发展的冲突与协调，因而引起国际社会的广泛关注。[5]这也说明，国际投资与人权保护的关系日渐紧密，外商投资可能会影响东道国当地居民的健康权、文化权、环境权、原始居民权利、水权等人权，使人们希望作为处理国际投资纠纷的国际投资仲裁也能处理与投资相关的人权申诉。[6]特别是在知识产权的问题上，知识产权不仅在20世纪末与贸易结合在一起，对人权的实现造成了巨大的冲击，余家明教授还认为，在21世纪知识产权也已经实现了第二次转型，即知识产权与投资的结合。[7]由于投资是将知识产权作为资本，关注个人投资利益的保护，愈发导致了严重的不平衡问题。起码在TRIPS中，还有相关保护公共利益的规定，而在诸多双边或多边投资协议中，显然是没有这种考

---

1 Phillip Morris Products S. A. and Abal Hennanos S. A. v. Oriental Republic of Uruguay, ICSID Case No. ARB/10/7, Award. Jul.8, 2016.

2 Jakob Cornides, Human Rights and Intellectual Property, Conflict or Convergence？. Journal of World Intellectual Property, Vol.7, 2004.

3 Eli Lilly and Company v. Canada, Case No. UNCT/14/2, Final Award, March 16, 2017.

4 贾丽娜："知识产权投资争端问题探究——以'Eli Lilly v. Canada案'为视角"，载《武大国际法评论》2017年第4期，第32页。

5 何艳："涉公共利益知识产权投资争端解决机制的反思与重构"，载《环球法律评论》2018年第4期，第153页。

6 梁雪："人权法视野下国际投资仲裁机制的完善"，吉林大学2020年博士学位论文，第1页。

7 Peter K. Yu, The Second Transformation of the International Intellectual Property Regime, Texas A&M University School of Law Legal Studies Research Paper Series, Research Paper No. 19-60.

量的。[1]如何将人权纳入投资争议的解决过程，ICSID正在积累经验。

2. WTO中的知识产权案件

第二类案件是WTO中的知识产权案件。2011年澳大利亚颁布的《烟草控制法案》又将商标权与公共健康之间的利益之争推向了舆论焦点，[2]自2012年起，乌克兰、洪都拉斯、多米尼加、古巴、印度尼西亚等五国相继针对澳大利亚向WTO提请争端解决申请（WT/DS434/R、WT/DS435/R、WT/DS441/R、WT/DS458/R、WT/DS467/R），还有许多国家，比如阿根廷、巴西、智利、加拿大和中国等宣布以第三方身份参与该争端解决程序。[3]WTO最后将几个案件合并审理，专家组于2018年6月28日作出了最终报告，驳回了申诉方的申请，认为澳大利亚的《烟草控制法案》并未违反WTO项下的相关义务。需要指出的是，有学者认为，虽然维护公共健康在本案中得到了肯定，但这并不代表公共健康战胜了商标权，也无法视为专家组在价值判断上对公共健康有所倾斜，反而表明了专家组在考察公共健康作为限制事由时的严苛程度。[4]

（二）区域性司法机构中的知识产权与人权案件

进入21世纪之后，欧洲的法院在知识产权与人权领域作出了一个又一个重要的判决。如前述英格兰和威尔士上诉法院判决的阿什当诉电话集团公司一案（Ashdown v. Tel. Group., Ltd.）。[5]该案是一个平衡版权保护与言论表达自由的案例，涉及记者帕迪在选举后对英国首相布莱尔采访时所知悉的一份未公开的记录在报纸上公开出版的问题，[6]也表明了1998年人权法案中保护表达

---

1 Daniel J. Gervais, Investor-State Dispute Settlement: Human Rights and Regulatory Lessons from Lilly v. Canada, U. C. Irvine Law Review, Vol.8, 2018, pp.459-510; Cynthis M. Ho, Reexamining Eli Lilly v. Canada: A Human Rights Approach to Investor-State Dispute?, Vanderbilt Journal of Entertainment & Technology Law, Vol.21, 2018, pp.438-482.

2 全骞、杨霄飞："商标使用限制与保护公共健康的利益平衡及政策选择"，载《中华商标》2016年第3期，第71页。

3 万维："公共健康视域下商标使用限制措施的法律争议——以烟草平装措施为例"，载《时代法学》2016年第1期，第75页。

4 陈若愚："TRIPS第20条适用之探讨——以澳大利亚烟草平装案为视角"，华东政法大学2020年硕士学位论文，第42页。

5 Ashdown v. Tel. Group., Ltd., [2001] EWCA (Civ) 1142, [2002] Ch [149] (Eng.).

6 Michael D. Birnhack, Acknowledging the Conflict Between Copyright Law and Freedom of Expression Under the Human Rights Act, Entertainment Law Review, Vol.14, 2003, p.24.

自由的规定对英国版权法所造成的影响。[1]

1. 欧盟法院

欧洲联盟法院对 C-201/13 号案即德克明诉范德斯汀案（Deckmyn v. Vandersteen）的意见是近年来针对知识产权与人权进行平衡的一次尝试。法院指出，言论自由的基本权利要求欧洲国家允许在未经授权的情况下，出于滑稽模仿的目的而使用版权作品，即引用一个现有作品，但明显不同于原作，并构成幽默或嘲弄的表现，此种情况下不构成侵权。然而，法院也承认，特定的滑稽模仿行为可能毫无道理地侵犯了作者和版权持有者的合法权益，并且，如果滑稽模仿行为"传达了一种歧视性信息，造成受保护作品与此信息关联"，那么作者"在原则上，有确保受保护作品不与此信息牵连的合法权益"。[2]法院建议国内法院考虑特定案件的所有情况，以确定这一点。[3]也就是说，作为版权侵权的一项例外，和其他免责条款一样，滑稽模仿的认定必须保持版权人的权益与版权作品使用者之间的权益平衡。[4]

2. 欧洲人权法院

自上述欧洲人权法院判决的安海斯公司诉葡萄牙一案[5]以后，欧洲人权法院打开了保护知识产权的大门，对知识产权人的权利诉求给予高度关注。当然，安海斯公司诉葡萄牙案中的判决引发了诸多争议。但是，自2008年贝特尔斯曼出版集团公司案之后，欧洲人权法院对知识产权判例的态度开始从权利保护转向权利限制，体现了该法院未来将不再单纯地从财产权的角度保护著作权，而是试图兼顾私权、人权和公共利益三者之间的平衡，预示着知识产权制度均衡发展的未来走向。[6]自此，欧洲人权法院——和相关案件相对较少的欧

---

1 Kevin Garnett, The Impact of the Human Rights Act 1998 on UK Copyright Law, in Jonathan Griffiths & Uma Suthersanen eds., Copyright and Free Speech: Comparative and International Analysis, Oxford University Press, 2005, p.171.

2 Case C-201/13, Johan Deckmyn and Vrijheidsfonds VZW v. Helena Vandersteen and Others, 3 September 2014.

3 Farida Shaheed（Special Rapporteur in the Field of Cultural Rights）, Copyright Policy and the Right to Science and Culture, Human Rights Council, p.37, U.N. Doc.A/HRC/28/57（Dec. 24, 2014）.

4 龙井瑢："数字时代的戏仿与版权合理使用制度的新发展"，载《电子知识产权》2017年第3期，第59页。

5 Anheuser-Busch Inc. v. Portugal, 45 Eur. Ct. H.R. 36（2007）（Grand Chamber）.

6 向凌："欧洲人权法院对知识产权保护的兴起与转向——从Anheuser-Busch案到Verlagsgrupp. News GmbH案的司法考察"，载《学术界》2014年第2期，第219页。

盟法院——希冀努力去平衡知识产权保护与基本权利之间的关系。[1]这种平衡在涉及网络中间商的案件中尤其重要，因为这些案件不仅涉及网络用户的表达自由权，也涉及网络中间商开展商业活动的自由，而后者也是《欧盟基本权利宪章》第16条所认可的一项基本权利。[2]欧洲人权法院在一系列与奥地利版权法相关的经典案件中，[3]开始在知识产权利益平衡理论的推动下，在解释和适用《欧洲人权公约》过程中，逐渐为知识产权保护设置最低标准和最高限度。[4]

另外，受国际层面立法和司法实践的影响，许多国家国内的立法活动、司法实践、行政措施和科研项目等也体现了一方面保护知识产权，另一方面保护公众健康之间的平衡。1970年印度修订的《专利法》第3（d）节规定了一个不被视为"发明"的产品清单，如现有药物的新用途和最新形式。该规定导致诺华公司案发生，当时专利局拒绝登记一种新形式的用于治疗血癌的药物"格列卫"。2013年4月，印度最高法院驳回了该公司的上诉，因为该公司没有证明已知物质的新配方有更好的疗效，判决诺华公司对格列卫的专利申请败诉。这是印度首例药品专利诉讼案，[5]也反映了印度利用TRIPS灵活性条款的能力，从而促进从科学进步及其应用受益的权利，特别是在健康领域。[6]另外，美国联邦最高法院于2013年认为，如果仅仅在自然界发现了人类DNA（分离

---

[1] Henning Grosse Ruse-Khan, Overlap and Conflict Norms in Human Rights Law: Approaches of European Courts to Address Intersections with Intellectual Property Rights, in Jonathan Griffiths & Uma Suthersanen eds., Copyright and Free Speech: Comparative and International Analysis, Oxford University Press, 2005, pp.71-78.

[2] Charter of Fundamental Rights of the European Union art. 16, Dec.7, 2000, 2012 O.J. (C 326) 391.

[3] Osterreichischer Rundfunk v. Austria (2006), No. 35841/02, http://hudoc.echr.coe.int/sites/eng/pages/search.aspx? i=001-78381, last visited on May 1, 2022; Verlagsgrupp.News GmbH v. Austria (2006), No. 10520/02, http://hudoc.echr.coe.int/sites/eng/pages/search.aspx? i=001-78571, last visited on May 1, 2022; Krone Verlags GmbH & Co KG v. Austria (2002), No. 34315.96, http://hudoc.echr.coe.int/sites/eng/pages/search.aspx? i=001-60173, last visited on May 1, 2022.

[4] 向凌："欧洲人权法院对知识产权保护的兴起与转向——从Anheuser-Busch案到Verlagsgrupp.News GmbH案的司法考察"，载《学术界》2014年第2期，第220页。

[5] 景明浩："药品获取与公共健康全球保护的多维进路"，吉林大学2016年博士学位论文，第104-105页。

[6] Farida Shaheed (Special Rapporteur in the Field of Cultural Rights), Cultural Rights, United Nations General Assembly, p.77, U.N. Doc. A/70/279 (Aug.4, 2015).

基因），则不能为分离基因申请专利。但是，法院支持了麦利亚德基因公司（Myriad Genetics）的基因互补DNA专利，因为这是一种通常不存在于自然界中的合成物。[1]并且，巴西、厄瓜多尔、印度、马来西亚和泰国等国家已经开始为艾滋病毒/艾滋病相关药品和心血管、癌症及肝炎药品发放强制性和政府使用许可。近25个最不发达国家已经在药物产品方面利用它们的TRIPS过渡期，婉拒实施药品专利，从而能够进口较为廉价的抗逆转录病毒仿制药，用于治疗艾滋病。[2]为了打击生物剽窃，一些国家建立了资料库，用于记录和保存传统知识。比如秘鲁于2004年建立了国家打击生物剽窃委员会，将秘鲁35种具有重要用途和潜在价值的生物资源列为重点。委员会向第三国知识产权机构发送资料，促使它们作出决定，拒绝、放弃和撤回九种利用了秘鲁遗传资源和相关传统知识的有争议的专利。显然，秘鲁专利局在这方面的做法值得效仿，因为专利审查者最适合汇编有助于其他专利局作出知情决定的案卷。[3]在科研项目方面，美国提出的人类基因组项目，对人类染色体进行遗传信息摸底调查，以此作为未来医学研究的基础，该项目已经实现全球合作，在若干国家的大学和研究中心实施基因测序。该项目生成的信息，被公之于众，供所有科学研究人员免费使用。[4]美国斯坦福大学制订了一项政策，建议各大学等保留实施授权发明的权利，并允许其他非营利组织和政府机构实施授权，以鼓励技术开发和利用的方式建立独家许可，确保广泛利用研究工具并考虑在许可中纳入一些规定，解决未获得满足的需求，如被忽视的患者群体或地理区域的需求。[5]

由此可见，自知识产权与人权的交集问题在20世纪90年代中期进入各界视域后，在国际组织、政府机构中的政策制订者、民间团体和学术界中的兴趣

---

1 Supreme Court of the United States of America, Association for Molecular Pathology et al. v. Myriad Genetics, Inc., et al., Decision of June 13, 2013, No.12-398.

2 Farida Shaheed (Special Rapporteur in the Field of Cultural Rights), Cultural Rights, United Nations General Assembly, p.80, U.N. Doc. A/70/279 (Aug.4, 2015).

3 Farida Shaheed (Special Rapporteur in the Field of Cultural Rights), Cultural Rights, United Nations General Assembly, p.83, U.N. Doc. A/70/279 (Aug. 4, 2015).

4 Heidi L. Williams, Intellectual Property Rights and Innovation: Evidence from the Human Genome, Journal of Political Economy, Vol.121, 2013, available at www.hdl.handle.net/1721.1/78858, last visited on May 1, 2022.

5 Stanford University, In the Public Interest: Nine Points to Consider in Licensing University Technology, March 6, 2007, available at http://news.stanford.edu/news/2007/march7/gifs/whitepaper.pdf, last visited on May 1, 2022.

关注者的共同努力下,在国际层面与国内层面的知识产权和人权立法、司法实践中已经取得了一个又一个令人欣喜的成果。在国际场域中,国际法规则固然还不够完善,但它们仍然是必需的,而且它们反映了人类所能接受的最低行为标准,它们提供了一个衡量国际行为的合法性的标准。[1] 知识产权与人权的交集关系已表现特别突出,国际硬法、软法出现相互交融,知识产权与人权的立法、司法也出现互动,人权在某些方面已经成功地制约了知识产权的持续扩张,这不仅影响着国际知识产权法与国际人权法的未来发展,也最终影响着国际法的未来走向。

本章小结

知识产权与人权历经二十余年的交集,引发国际社会高度关注,取得诸多成效。在国际立法层面,人权文件中表达了对知识产权的关切,如联合国促进和保护人权小组委员会通过的第2000/7号文件,经社文委员会有关《经济、社会及文化权利国际公约》第15条的一般性评论三部曲(2006年第17号一般性评论、2009年第21号一般性评论、2020年第25号一般性评论),文化权利特别专员法里达的报告三部曲(2012年科学惠益分享权报告、2014年版权与科学权报告、2015年专利政策与文化权报告);知识产权条约中也越来越关注人权,如WTO中保障健康权的三部曲,即2001年《多哈宣言》、2003年《执行决议》、2017年生效的TRIPS修正案,以及后续相关条约包括ACTA、CPTPP、CETA、USMCA、RCEP对健康权的关注。另外,ACTA即使在某些方面表达了对人权价值与观念的尊重,但其因更大范围内和更大程度上对人权保护的漠视而遭受挫败,与此相对应,《马拉喀什条约》却因与国际人权法实现了很好的共融,成为知识产权与人权交集领域的成功典范。在国际司法实践中,ICSID和WTO等国际性司法机构越来越多地涉及知识产权与人权的案件,人权成为解决知识产权贸易和投资争端中的重要考量;在欧盟法院和欧洲人权法院等区域性司法机构中,法院也在不断平衡知识产权与人权之间的关系。

---

1 [英]菲利普·桑斯:《无法无天的世界:当代国际法的产生与破灭》,单文华、赵宏、吴双全译,人民出版社2011年版,英文版序第7页。

结论

知识产权与人权的未来交集发展

结论 知识产权与人权的未来交集发展

知识产权与人权的关系,既是一个新话题,也是一个老话题。它的"新",是因为它于20世纪末21世纪初才进入理论界与实务界的视野,迄今为止还不到30年的研究和发展历史;它的"老",正如赫尔弗教授所指出的知识产权与人权关系已历经四个阶段,似乎让人感觉这一问题早已"老去"。在国内于2010年前后掀起的知识产权与人权研究的热潮退去之后,学者们更是认为这一问题已无研究新意。殊不知,研究知识产权与人权的关系,更功利地说是用人权的手段来制约知识产权的"过度扩张",或者更确切地说是从人权的角度来分析知识产权制度,如同打开了"潘多拉之盒",质疑者有之,欢呼者甚之,各种学术理论、国际规则、法院判决等蜂涌而出。2010年之后,欧洲多国公民走上街头,游行抗议,最终让假借"贸易协议"之名实为提升知识产权执法水平的ACTA不善而终,对人权(普通公众的参与权、隐私权)的漠视正是这一条约失败的关键原因;2012年开始,WTO中商标权与公共健康权的系列案件引起广泛关注;2015年前后,联合国文化领域专员法里达连续三份报告,阐述了科学惠益分享权与知识产权、版权政策与人权、专利政策与人权之间的关系,而经社文委员会更是在2006年、2009年和2020年发布了第17号、第21号和第25号一般性评论,对《经济、社会及文化权利国际公约》第15条的规定进行了详细的解释;欧洲人权法院于2010年之后也涌现出诸多与知识产权保护相关的案件;WIPO中2016年的《马拉喀什条约》成为第一个集知识产权与人权于一体的条约。这些新发展、新动向无不表明知识产权与人权的关系和交集仍是一个新问题,值得进一步关注和探讨。

本书通过对知识产权与人权关系的理论本源和机制融合进行考察,提出了以下重要论断,希冀对知识产权与人权未来关系的发展有所启示:

第一,虽然知识产权与人权两者本身存在制度区别,在称谓定义、权利特征、发展历史上均有所不同,因各自不同的制度关注而相互区隔和独立发展,但自20世纪90年代中期开始,两个领域因全球化的时代背景以及TRIPS的实施,不可避免地发生了现代交错。由于知识产权和人权两种制度本身的强扩张性,它们发生关联和交叉的议题越来越多,原本就已经呈现出较为复杂关系的知识产权和人权交集问题变得更为复杂。知识产权和人权交集的不可避免性，表明无论是从原则上还是从现实政治上，都不应在两种制度中继续维持一道隔离墙，从而避免各自规范相互介入时所产生的难题。将知识产权与人权结合起来进行深入研究，有助于推动知识产权制度、人权制度的未来发展以及两种制度之间的有效互动，特别是对发展中国家知识产权制度的未来发展会大有裨益。

第二，对于"知识产权是否属于人权"的问题，不能简单地将知识产权与人权等同起来。知识产权不是人权的子集，知识产权与人权也不是完全平行而没有交集的两种权利形态，绝对的肯定论或绝对的否定论均有偏颇之处。若基于财产权为人权法依据的三段式推论，知识产权不一定是人权；若基于智力成果利益保护权为人权法依据的三段式推论，部分知识产权是人权。本书坚持"区分论"，认为"部分知识产权是人权，部分知识产权不是人权"，即知识产权的主体中，自然人、群体、社区拥有的知识产权具有人权属性，而法人拥有的知识产权不具有人权属性；知识产权的类型中，著作权或版权、专利的某些方面具有人权属性，而商标权、商业秘密、雇员发明、职务作品、邻接权、数据库保护等是否具有人权属性尚需另当别论；知识产权保护的利益中，精神利益具有人权属性，而物质利益则以能够满足创作者适足生活水准所必需的物质利益为最低限度，超出部分不在人权文件所规定的保护范围之内。由此也可得知，从人权的角度看知识产权保护，某些方面保护过度，某些方面却又保护不足。

第三，对于"知识产权与人权存在何种关系"的问题，不能简单地认为知识产权与人权完全冲突，也不能简单地认为知识产权与人权和谐共存。根据上述有关知识产权的人权属性中的区分论，对知识产权与人权关系的客观表述是，知识产权与人权存在交集。关键问题是，在区分论的基础上，厘清知识产权与人权各部分、各领域之间的具体关系，其难点问题是首先如何实现交集求同，也就是如何找出知识产权与人权交集的区域，解决人权至上原则的正当性问题和人权制度内部的权利冲突问题。其次是如何实现并集协同，也就是如何协调其他知识产权类型或知识产权的其他方面与其他人权之间的关系。

第四，知识产权与人权的冲突始于国际场域，由此决定了解决知识产权与人权的冲突也应基于国际法的视角。全球治理理论的引入，是应对全球化产生的诸多问题、解决知识产权扩张产生的困境、化解知识产权与人权紧张关系、缓和国际法规则和体系碎片化现象的重要语境和必然路径。知识产权与人权全球治理的要素包括主体、框架、原则、内容和实效等。从治理主体上看，包含国家，政府间国际组织，NGO，私益集团，个人或个人组成的协会、学会等，呈现多元化趋势；从治理框架上看，这一框架包含权利要素和义务要素，是一个囊括成果层、利益层、保护层和限制层四层等级的结构体系；从治理原则上看，包括区分原则、协调原则、民主原则和法治原则等四大原则，有助于区分知识产权的不同属性、区分人权制度所保护的不同知识产权利益、区分知识产权与人权的不同冲突、区分不同的知识产权类型等，从而确定所采取的不同保护方式、治理方法和两种机制的融合方法；从治理内容上看，就是如何理顺两者之间的关系，一方面可以通过交集求同和并集协同"两步走"的途径来协调知识产权与人权之间的冲突，另一方面在原来知识产权与人权已经相互促进的领域和事项上进一步补强，推动知识产权与人权之间的共融；从治理的实效来看，在国际社会采取一系列治理措施后，已经取得诸多成效，国际立法层面中，人权文件表达了对知识产权的关切，知识产权条约也越来越关注人权，国际司法实践中，国际性争端解决机构和法院也在不断平衡知识产权与人权之间的关系。通过实现知识产权与人权的机制融合，促进两者在国际法体系中的平衡保护，最终希冀达到公正、平等、民主、透明的国际法全球善治模式。

第五，虽然知识产权与人权的全球治理主体呈现多元化的局面，但国家仍然处于治理主体多元格局的中心位置。中国是重要的知识产权和人权全球治理的主体之一，并且中国在知识产权和人权保护方面已经有了长足进步，具备参与全球治理的基础。首先，不管是知识产权和人权各自独立发展，还是知识产权和人权已经在国际场合出现交集，在解决这些问题的时候，必须从全人类共同利益的角度，考虑各种类别的国家提出的各种发展和协调方案的可能性。"人类命运共同体"的提出，正是中国方案的世界回响，这一普遍性理论话语在知识产权与人权交集领域可以成为主导理念。其次，在知识产权与人权交叉议题的设置上，中国可将遗传资源、传统文化与民间文学艺术的保护作为突破口。这不仅是因为遗传资源、传统文化与民间文学艺术体现了中国的文化多样性和生物多样性，而且是因为中国在与部分发达国家和发展中国家的双边自由贸易协定知识产权章节中，均包含了对遗传资源、传统文化和民间文学艺术的保护，在与东盟的知识产权合作中，也正在研究如何加强对遗传资源、传统文化和民间文学艺术的保护。最后，中国应联合发展中国家，共同在知识产权与人权全球治理中发声。发展中国家在保护知识产权和人权方面，有着一些共同的利益和需求，特别是涉及知识产权与诸如自决权、健康权、发展权、环境权和民主权等集体人权相冲突的时候，中国应和发展中国家一起，提出反映共同利益和要求的主张，形成"一个声音"。

总之，就"全球治理语境下知识产权与人权的关系梳理与机制融合研究"这一课题，其基本框架和重要内容如图11.1、图11.2、图11.3所示。

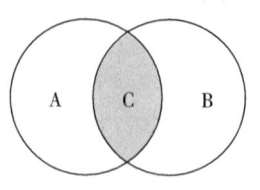

图11.1　基础性问题——知识产权的人权性质之区分论

A（左圆）=知识产权
C（中间灰色区域）=具有人权属性的知识产权
B（右圆）=人权
知识产权≠人权　　　　　　　C=A∩B

区分论的重要内容如下：

第一，知识产权不能等同于人权。

第二，只有部分知识产权或知识产权的某些方面具有人权属性，另外有些知识产权或知识产权的某些方面根本没有任何人权基础。因此应区分具有人权属性的知识产权和不具有人权属性的知识产权。

第三，国际人权文件因其蕴含的普遍国际共识，是寻找具有人权属性的知识产权的法律依据。其中，《世界人权宣言》第27条和《经济、社会及文化权利国际公约》第15条中所规定的智力成果利益保护权，可以作为部分知识产权具有人权属性的依据；而《世界人权宣言》第17条中有关财产权的规定，是否可以成为知识产权具有人权属性的依据，还存在诸多争议。

第四，具有人权属性的知识产权，即图中所示灰色区域C，主要指智力成果利益保护权，包含著作权（版权）、部分专利权，原始居民的知识产权正在向该区域发展的过程之中，有待于WIPO下的IGC的工作成果。

第五，以下类型的知识产权，如商标权、商业秘密、雇员发明、职务作品、邻接权、数据库保护等，不具有人权属性。

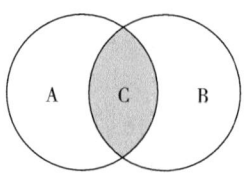

图11.2　基础性问题——知识产权与人权关系之交集论

A（左边白色部分）=不具人权属性的知识产权
C（中间灰色区域）=具有人权属性的知识产权
B（右边白色部分）=其他人权
知识产权（左圆）=A+C　　人权（右圆）=B+C　　C≠A∩B
交集论的重要内容如下：

第一，知识产权与人权存在交集关系。

第二，AC同属于知识产权，属于相同性质的权利类型，但C是具有人权属性的知识产权，A是不具人权属性的知识产权。若AC之间发生冲突，因C具有人权属性，遵循人权至上原则，A应让步于C。

第三，BC都是人权，也属于相同性质的权利类型，但C含有知识产权内容的人权，B是其他人权。若BC之间发生冲突，属于人权制度内部的权利冲突。但由于B和C都具有人权属性，不能适用人权至上原则，只能根据人权制度本身的办法，看人权是否有等级之分，生命权、健康权是否要优于智力成果利益（含物质和精神利益）保护权等；或采用适当补偿、最低限度的核心保护义务、渐进实现等方法；或采用其他国际法中解决冲突的办法，比如条约冲突解释法。

第四，AB之间无交集，A是不具人权属性的其他知识产权，B是除具人权属性的知识产权之外的其他人权，两者之间属于不同的权利类型。若AB之间发生冲突，根据人权至上原则，A应服从于B。

知识产权与人权的全球治理

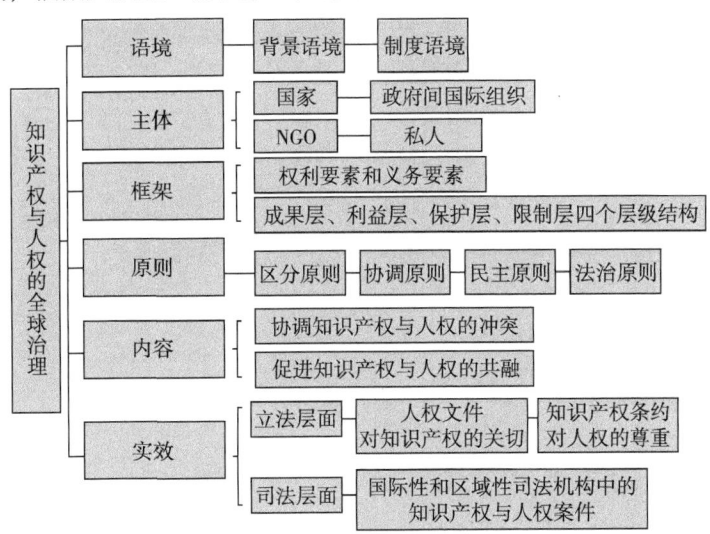

- 语境
  - 背景语境
  - 制度语境
- 主体
  - 国家
  - 政府间国际组织
  - NGO
  - 私人
- 框架
  - 权利要素和义务要素
  - 成果层、利益层、保护层、限制层四个层级结构
- 原则
  - 区分原则
  - 协调原则
  - 民主原则
  - 法治原则
- 内容
  - 协调知识产权与人权的冲突
  - 促进知识产权与人权的共融
- 实效
  - 立法层面
    - 人权文件对知识产权的关切
    - 知识产权条约对人权的尊重
  - 司法层面
    - 国际性和区域性司法机构中的知识产权与人权案件

图11.3　机制性融合——知识产权与人权全球治理

虽然菲利普·桑斯教授通过考察当代国际法的实践，得出结论认为，"国际法的最终关切，是人和政治。"本书认为，菲利普·桑斯教授指出了"人"在国际法中的重要地位，是值得肯定和赞许的，但对他认为的另一个国际法关切——政治，则并不苟同。政治体现的是利益的博弈，而利益博弈均应围绕一个国际法的核心要素来进行，即规则。如果国际法以整个人类的利益为中心，它必须：第一，以"人"为目标，既关注个人的发展，赋予作为个体的个人（作者和发明人）以基本的物质和精神利益，享受自己智力劳动的成果，也关注人类整体的发展，毕竟推动知识的传播、促进技术的进步、实现全人类的福祉是知识产权制度的终极目标；第二，以"规则"为手段，从某些方面看，国际知识产权法律制度为国际人权文件中所规定的人权的享有和实现做出了突出贡献，但从另外一些方面看，它又妨碍或延缓着人权从"应然"走向"实然"状态。各利益相关体所能做的，便是推动国际知识产权法律制度中的相关内容进行修订和调整，以实现"人的发展"这一目标。

在疫情防控期间，联合国人权理事会2021年2月的会议上重申各国有权利用TRIPS的灵活性，关注《多哈宣言》，应便利所有人以可负担的价格、及时、公平和普遍地获得COVID-19疫苗；2021年5月5日，美国贸易代表发布声明，表示美国政府支持"暂时放弃"对新冠肺炎疫苗的知识产权；2021年6月4日，欧盟致函世界贸易组织TRIPS理事会，建议以规则为基础的全球贸易体系在应对疫情危机时应采取紧急贸易政策，确保所有国家的所有人都能尽快获得安全有效的COVID-19疫苗。知识产权与健康权的关系，从最初的紧张和冲突，在经多方主体参与全球治理后，已经逐渐走向相互尊重，和谐共存，这就是全球治理的理论和实践在知识产权与人权交集领域如何协调两者关系的最佳典范，给知识产权和其他人权领域的全球治理提供了诸多启示。总而言之，不管未来怎么发展，知识产权与人权在国际场域下的交集已成必然趋势，但这两种制度之间的磨合并存还有赖于国际法理论与实践的推进。

参考文献

一、英文类
(一) 著作和论文集类

[1] AUDREY R C.Global Health, Human Rights, and the Challenge of Neoliberal Policies [M].London: Cambridge University Press, 2016.

[2] AUDREY R C, SAGE R.Core Obligations: Building a Framework for Economic, Social and Cultural Rights [C].New York: Transnational Publishers, 2002.

[3] ANNETTE K, MARIANNE L.Intellectual Property Rights in a Fair World Trade System: Proposals for TRIPS [C].Cheltenham: Edward Elgar Publishing, 2011.

[4] BEN W.Research Handbook on Human Rights and Digital Technology: Global Politics, Law and International Relations [C].Cheltenham: Edward Elgar Publishing, 2019.

[5] BENTLY, SHERMAN.Intellectual Property Law [M].Oxford: Oxford University Press, 2004.

[6] CAROLYN D.The Implementation Game: The TRIPS Agreement and the Global Politics of Intellectual Property Reform in Developing Countries [M].Oxford: Oxford University Press, 2009.

[7] CARLOS M C.Trade-Related Aspects of Intellectual Property Rights: A Commentary on the TRIPS Agreement [M].Oxford: Oxford University Press, 2007.

[8] CHRISTINE B K, FREDERICK M A, THOMAS C.International Trade and Human Rights [C].Ann Arbor: University of Michigan Press, 2006.

[9] CHRISTOPHE G.Research Handbook on Human Rights and Intellectual Property[C].Cheltenham: Edward Elgar Publishing, 2015.

[10] DANIEL J G.The TRIPS Agreement: Drafting History and Analysis[M].London: Sweet & Maxwell, 2003.

[11] DANIEL J G.Collective Management of Copyright and Related Rights[C].The Netherlands: Wolters Kluwer, 2006.

[12] DANIEL J G.Intellectual Property, Trade and Development: Strategies to Optimize Economic Development in a TRIPS Plus Era[C].Oxford: Oxford University Press, 2007.

[13] DAVID W.International Human Rights: Law, Policy and Process[M].London: Anderson, 2001.

[14] EIDE A, KRAUSE C, ROSAS A.Economic, Social and Cultural rights: A Textbook[C].Leiden: Martinus Nijhoff Publishers, 2001.

[15] JACK D.Universal Human Rights in Theory & Practice[M].New York: Cornell University Press, 2003.

[16] JAMES H.The Human Rights Impact of The World Trade Organization[M].Oxford: Hart Publishing, 2007.

[17] JAMES W N.Making Sense of Human Rights[M].New Jersey: Wiley-Blackwell, 2007.

[18] JESSICA S.The Eureka Myth: Creators, Innovators, and Everyday Intellectual Property[M].Palo Alto: Stanford University Press, 2014.

[19] JOHANNES M.The Universal Declaration of Human Rights: Origins, Drafting and Intent[M].Philadelphia: University of Pennsylvania Press, 1999.

[20] Laurence R H, Graeme W A.Human Rights and Intellectual Property: Mapping the Global Interface[M].London: Cambridge University Press, 2011.

[21] LIU K C, JULIEN C.The Future of Asian Trade Deals and Intellectual Property[C].Oxford: Hart Publishing, 2019.

[22] MARY A G.A World Made New: Eleanor Roosevelt and the

Universal Declaration of Human Rights[M].New York: Random House, 2001.

[23] MICHELE B, DAVID K L.Against Intellectual Monopoly[M]. London: Cambridge University Press, 2008.

[24] Paul T.Intellectual Property Law and Human Rights[C].The Netherlands: Kluwer Law International, 2020.

[25] PEDRO R, XAVIER S.The ACTA and the Plurilateral Enforcement Agenda: Genesis and Aftermath[M].London: Cambridge University Press, 2015.

[26] PETER D.A Philosophy of Intellectual Property[M].Ashgate: Dartmouth Publishing Company, 1996.

[27] PETER K Y.Intellectual Property and Information Wealth: Issues and Practices in the Digital Age[C].New York: Praeger Publishers, 2007.

[28] ROCHELLE C D, ELIZABETH S.Framing Intellectual Property Law in the 21st Century: Integrating Incentives, Trade, and Human Rights[C].London: Cambridge University Press, 2018.

[29] ROCHELLE C D, JUSTINE P.The Oxford Handbook of Intellectual Property Law[C].Oxford: Oxford University Press, 2018.

[30] SAM R.The Paris Convention for the Protection of Industrial Property: A Commentary[M].Oxford: Oxford University Press, 2015.

[31] SAM R, JANE C G.International Copyright and Neighboring Rights: The Berne Convention and Beyond[M].Oxford: Oxford University Press, 2005.

[32] SUSY F, DANIEL J G.Advanced Introduction to International Intellectual Property[M].Cheltenham: Edward Elgar Publishing, 2016.

[33] SUSAN K S.Private Power, Public Law: The Globalization of Intellectual Property Rights[M].London: Cambridge University Press, 2003.

[34] SUSAN P, CLAUDIA R.Human Rights and Digital Technology:

Digital Tightrope [M].New York: Palgrave Macmillan, 2017.
[35] TAKHMINA K.Human Rights and Development in International Law [M].New York: Routledge, 2016.
[36] TEUBNER G, KORTH P.Two Kinds of Legal Pluralism: Collision of Laws in the Double Fragmentation of World Society [M].Oxford: Oxford University Press, 2009.
[37] TIMO M, JANNE R H, JENS S.Global Genes, Local Concerns: Legal, Ethical, and Scientific Challenges in International Biobanking [C].Cheltenham: Edward Elgar Publishing, 2019.
[38] WILLEM G.Intellectual Property and Human Rights: A Paradox [C].Cheltenham: Edward Elgar Publishing, 2010.
[39] WIPO.Intellectual Property and Human Rights [EB/OL]. Geneva: WIPO, 1998. [2022-05-01].http://www.wipo.int/edocs/pubdocs/en/intproperty/762/wipo_pub_762.pdf.

(二) 论文类

[1] ANNEMARIE B.ACTA and the Specter of Graduated Response [J].American University International Law Review, 2011, (26).
[2] AUDREY R C.Approaching Intellectual Property as a Human Right (obligations related to Article 15(1) (c)), Copyright Bulletin, Vol., 2001, (35).
[3] CYNTHIS M H.Reexamining Eli Lilly v. Canada: A Human Rights Approach to Investor-State Dispute [J].Vanderbilt Journal of Entertainment & Technology Law, 2018, (21).
[4] CHRISTOPHE G.Fundamental Rights, a Safeguard for the Coherence of Intellectual Property Law [J].International Review of Intellectual Property & Competition Law, 2004, (35).
[5] DANIEL J G.Investor-State Dispute Settlement: Human Rights and Regulatory Lessons from Lilly v. Canada [J].U. C. Irvine Law Review, 2018, (8).
[6] DAVID S L.Transparency Soup: the ACTA Negotiating Process and "Black Box" Lawmaking [J].American University International Law Review, 2011, (26).

［7］DAVID W, KELL S.Human Rights Approach to Intellectual Property Protection: The Genesis and Application of Sub-Commission Resolution 2000/7［J］.Minnesota Intellectual Property Review, 2003, (5).

［8］FREDERICK M A.The WTO Medicines Decision: World Pharmaceutical Trade and the Protection of Public Health［J］.American Journal of International Law, 2005, (99).

［9］GABRIELLE M.WTO Dispute Settlement and Human Rights［J］.European Journal of International Law, 2002, (13).

［10］JAKOB C.Human Rights and Intellectual Property: Conflict or Convergence［J］.Journal of World Intellectual Property, 2004, (7).

［11］KAL R.Density and Conflict in International Intellectual Property Law［J］.U. C. Davis Law Review, 2007, (40).

［12］KIMBERLEE W.ACTA as a New Kind of International IP Lawmaking［J］.American University International Law Review, 2011, (26).

［13］LAURENCE R H.Human Rights and Intellectual Property: Conflict or Coexistence［J］.Minnesota Intellectual Property Review, 2003, (5).

［14］LAURENCE R H.Regime Shifting: The TRIPs Agreement and New Dynamics of International Intellectual Property Lawmaking［J］.Yale Journal of International Law, 2004, (29).

［15］LAURENCE R H.Toward a Human Rights Framework for Intellectual Property［J］.U. C. Davis Law Review, 2007, (40).

［16］LAURENCE R H.The New Innovation Frontier? Intellectual Property and the European Court of Human Rights［J］.Harvard International Law Journal, 2008, (49).

［17］LAURENCE R H.The New Innovation Frontier Revisited: Intellectual Property and the European Court of Human Rights［J］.Duke Law School Public Law & Legal Theory Series, 2019, (68).

[18] LEA S, CATERINA S.The Right to Take Part in Cultural Life: On Copyright and Human Rights [J].Wisconsin International Law Journal, 2009, (27).

[19] LOUIS J.Human Rights Versus Copyright: The Paddy Ashdown Case [J].Entertainment Law Review, 2002, (13).

[20] MICHAEL J D.Current Development, The Fifty-Seventh Session of the UN Commission on Human Rights [J].American Journal of International Law, 2002, (96).

[21] MOLLY K L.The Marrakesh Treaty as "Bottom Up" Lawmaking: Supporting Local Human Rights Action on IP Policies [J].U.C. Irvine Law Review, 2018, (8).

[22] PANAGIOTIS D.The Fragmentation of International Trade Law [J].TILEC Discussion Paper, 2010, (2).

[23] PETER D.Intellectual Property and Human Rights, Intellectual Property Quarterly, Vol., 1999, (3).

[24] PETER D.The Global Ratchet for Intellectual Property Rights: Why it Fails as Policy and What Should be Done About It [EB/OL].2003. [2022-04-5-01].

[25] PETER K Y.From Pirates to Partners: Protecting Intellectual Property in China in the Twenty-First Century [J].American University Law Review, 2000, (50).

[26] PETER K Y.Currents and Crosscurrents in the International Intellectual Property Regime [J].Loyola of Los Angeles Law Review, 2004, (38).

[27] PETER K Y.Anticircumvention and Anti-Anticircumvention [J].Denver University Law Review, 2006, (84).

[28] PETER K Y.Reconceptualizing Intellectual Property Interests in a Human Rights Framework [J].U. C. Davis Law Review, 2007, (40).

[29] PETER K Y.The International Enclosure Movement [J].Indiana Law Journal, 2007, (82).

[30] PETER K Y.International Enclosure, the Regime Complex and Intellectual Property Schizophrenia [J].Michigan State Law

Review, 2007, (1).

[31] PETER K Y.Ten Common Questions about Intellectual Property and Human Rights [J].Georgia State University Law Review 2007, (23).

[32] PETER K Y.Enforcement, Economics and Estimates [J].WIPO Journal, 2010, (2).

[33] PETER K Y.The Political Economy of Data Protection [J]. Chicago-Kent Law Review, 2010, (84).

[34] PETER K Y.The Graduated Response [J].Florida Law Review, 2010, (62).

[35] PETER K Y.Six Secret (and Now Open) Fears of ACTA [J].SMU Law Review, 2011, (64).

[36] PETER K Y.Digital Copyright and Confuzzling Rhetoric [J]. Vanderbilt Journal of Entertainment and Technology Law, 2011, (13).

[37] PETER K Y.Intellectual Property and Human Rights in the Nonmultilateral Era [J].Florida Law Review, 2012, (64).

[38] PETER K Y.The Rise and Decline of the Intellectual Property Powers [J].Campbell Law Review, 2012, (34).

[39] PETER K Y.Moral Rights 2.0 [J].Texas A&M Law Review, 2014, (1).

[40] PETER K Y.The ACTA Committee [J].Drake University Legal Studies Research Paper Series, 2014, (12).

[41] PETER K Y.The Anatomy of the Human Rights Framework for Intellectual Property [J].SMU Law Review, 2016, (69).

[42] PETER K Y.Five Decades of Intellectual Property and Global Development [J].Texas A&M University School of Law Legal Studies Research Paper Series, 2016, (17).

[43] PETER K Y.A Half-Century of Scholarship on the Chinese Intellectual Property System [J].American University Law Review, 2018, (67).

[44] PETER K Y.When the Chinese Intellectual Property System Hits 35 [J].Queen Mary Journal of Intellectual Property, 2018, (8).

[45] PETER K Y.Intellectual Property and Human Rights 2.0 [J]. Legal Studies Research Paper Series of Texas A&M University School of Law, 2019, (1).

[46] PETER K Y.The Algorithmic Divide and Equality in the Age of Artificial Intelligence [J].Florida Law Review, 2020, (72).

[47] PETER K Y.The Second Transformation of the International Intellectual Property Regime [J].Texas A&M University School of Law Legal Studies Research Paper Series, 2021, (19).

[48] PHILIPPE C.Human Rights and Intellectual Property in the TRIPS Era [J].Human Rights Quarterly, 2007, (29).

[49] PHILIPPE C.Human Rights and Intellectual Property Rights: Need for a New Perspective [J].International Environment Law Research Centre Working Paper, 2004, (4).

[50] ROBERT E.Conflicts at the Intersection of ACTA & Human Rights: How the Anti-Counterfeiting Trade Agreement Violates the Right to Take Part in Cultural Life [J].Intellectual Property Brief, 2011, (3).

[51] ROBERT L O.Intellectual Property: A Universal Human Right [J].Human Rights Quarterly, 1999, (21).

[52] SALMAN B.International Free Trade Agreements and Human Rights: Reinterpreting Article XX of the GATT [J].Minnesota Journal of Global Trade, 2001, (10).https://www.anu.edu.au/fellows/pdrahos/reports/pdfs/2003globalipratchet.pdf.

[53] SUSAN S.The Global IP Upward Ratchet, Anti-Counterfeiting and Piracy Enforcement Efforts: The State of Play [J].IQ Sensato Occasional Paper, 2008, (1).

[54] VICTOR L.Baidu's AI-Related Patented Technologies: Doing Battle with COVID-19, WIPO Magazine [J/OL].2020.[2022-05-01].https://www.wipo.int/wipo_magazine/en/2020/02/article_0003.html.

[55] WIPO, The Marrakesh Treaty—Helping to end the Global Book Famine [M/OL].2016.[2022-05-01].https://www.wipo.int/edocs/pubdocs/en/wipo_pub_marrakesh_overview.pdf.

二、中文类

（一）著作和教材类

［1］白桂梅.人权法学［M］.北京：北京大学出版社，2011.

［2］彼得，约翰.信息封建主义［M］.刘雪涛，译.北京：知识产权出版社，2005.

［3］蔡祖国.知识产权保护与信息自由的冲突与协调［M］.北京：知识产权出版社，2016.

［4］冯洁菡.公共健康危机与WTO知识产权制度的改革［M］.武汉：武汉大学出版社，2005.

［5］冯洁菡.公共健康与知识产权国际保护问题研究［M］.北京：中国社会科学出版社，2012.

［6］冯晓青.知识产权法哲学［M］.北京：中国人民公安大学出版社，2003.

［7］弗雷德里克，托马斯，弗朗西斯.世界经济一体化进程中的国际知识产权法：下册［M］.王清，译.北京：商务印书馆，2014.

［8］高兰英.《反假冒贸易协议》研究：基于人权视阈的分析［M］.北京：中国政法大学出版社，2018.

［9］古祖雪.国际知识产权法［M］.北京：法律出版社，2002.

［10］亨特.人权的发明：一部历史［M］.沈占春，译.北京：商务印书馆，2011.

［11］胡朝阳.知识产权的正当性分析：法理和人权法的视角［M］.北京：人民出版社，2007.

［12］李步云.论人权［M］.北京：社会科学文献出版社，2010.

［13］李春林.国际法上的贸易与人权问题研究［M］.武汉：武汉大学出版社，2007.

［14］刘春田.知识产权法［M］.4版.北京：中国人民大学出版社，2010.

［15］刘衡.国际法之治：从国际法治到全球治理［M］.武汉：武汉大学出版社，2014.

［16］刘银良.国际知识产权政治问题研究［M］.北京：知识产权出版社，2014.

［17］路易斯·亨金.权利的时代［M］.信春鹰，吴玉章，李林，译.北京：知识出版社，1997.

［18］洛克.洛克说自由与人权［M］.高适，译.武汉：华中科技大学出版社，2012.

[19] 曼弗雷德.国际人权制度导论［M］.柳华文，译.北京：北京大学出版社，2010.
[20] 毛金生，杨哲，程文婷.国际知识产权执法新动态研究［M］.北京：知识产权出版社，2013.
[21] 齐爱民.知识产权法总论［M］.北京：北京大学出版社，2014.
[22] 饶明辉.当代西方知识产权理论的哲学反思［M］.北京：科学出版社，2008.
[23] 苏珊.私权、公法：知识产权的全球化［M］.董刚，周超，译.北京：中国人民大学出版社，2008.
[24] 托马斯，黛娜，戴维.国际人权法精要：［M］.4版.黎作恒，译.北京：法律出版社，2010.
[25] 王迁.著作权法［M］.北京：中国人民大学出版社，2015.
[26] 王肃，李尊然.国际知识产权法［M］.武汉：武汉大学出版社，2012.
[27] 王渊.现代知识产权与人权冲突问题研究［M］.北京：中国社会科学出版社，2011.
[28] 吴汉东.著作权合理使用制度研究［M］.北京：中国政法大学出版社，2005.
[29] 吴汉东.知识产权制度基础理论研究［M］.北京：知识产权出版社，2009.
[30] 吴汉东，郭寿康.知识产权制度国际化问题研究［M］.北京：北京大学出版社，2010.
[31] 吴汉东.知识产权总论［M］.3版.北京：中国人民大学出版社，2013.
[32] 吴汉东.知识产权法学［M］.6版.北京：北京大学出版社，2014.
[33] 肖君拥.国际人权法讲义［M］.北京：知识产权出版社，2013.
[34] 徐显明.国际人权法［M］.北京：法律出版社，2004.
[35] 薛虹.十字路口的国际知识产权法［M］.北京：法律出版社，2012.
[36] 严海良.全球化世界中的人权：以拉兹为视角的展开［M］.北京：法律出版社，2015.
[37] 杨静.自由贸易协定知识产权条款研究［M］.北京：法律出版社，2013.
[38] 杨雄文.知识产权法总论［M］.广州：华南理工大学出版社，2013.
[39] 衣淑玲.国际人权法视角下《TRIPS协定》的变革研究［M］.厦门：厦门大学出版社，2010.

［40］张勤.知识产权基本原理［M］.北京：知识产权出版社，2012.

［41］郑成思.知识产权教程［M］.北京：法律出版社，1993.

［42］郑万青.全球化条件下的知识产权与人权［M］.北京：知识产权出版社，2006.

［43］周长玲.知识产权国际条约研究［M］.北京：中国政法大学出版社，2013.

（二）论文类

［1］奥德丽.将知识产权视为人权：与第15条第1款第3项有关的义务［J］.刘跃伟，译.版权公报，2001（3）.

［2］曹阳.《马拉喀什条约》的缔结及其影响［J］.知识产权，2013（9）.

［3］陈福利.《反假冒贸易协定》述评［J］.知识产权，2010（5）.

［4］丛雪莲.知识产权与人权之法哲学思考［J］.哲学动态，2008（12）.

［5］丁颖，冀燕娜.统一域名争议解决机制实施15年成就与挑战［J］.知识产权，2014（8）.

［6］杜颖.知识产权国际保护制度的新发展及中国路径选择［J］.法学家，2016（3）.

［7］董东晓.国际法视野下的知识产权与人权［D］.桂林：广西师范大学，2011.

［8］冯晓青，刘淑华.试论知识产权的私权属性及其公权化趋向［J］.中国法学，2004（1）.

［9］冯晓青.知识产权法的价值构造：知识产权法利益平衡机制研究［J］.中国法学，2007（1）.

［10］古祖雪.试论知识经济的特征及其对知识产权制度的影响［J］.现代法学，1998（6）.

［11］古祖雪.现代国际法的多样化、碎片化和有序化［J］.法学研究，2007（1）.

［12］何艳.涉公共利益知识产权投资争端解决机制的反思与重构［J］.环球法律评论，2018（4）.

［13］黄玉烨.知识产权与其他人权的冲突及其协调［J］.法商研究，2005（5）.

［14］贾丽娜.知识产权投资争端问题探究：以"Eli Lilly v. Canada案"为视角［J］.武大国际法评论，2017（4）.

［15］贾远琨.知识产权扩张与人权保护［D］.武汉：华中科技大学，2007.

[16] 景明浩.药品获取与公共健康全球保护的多维进路［D］.长春：吉林大学，2016.

[17] 李琛.质疑知识产权之"人格财产一体性"［J］.中国社会科学，2004（2）.

[18] 李静怡.无障碍阅读权利研究：以《马拉喀什条约》为研究视角［D］.济南：山东大学，2019.

[19] 刘茂林，刘永.中国知识产权国际保护的人权视野［J］.安徽农业大学学报（社会科学版），2010（4）.

[20] 莫世健.国际法碎片化和国际法体系的效力［J］.法学评论，2015（4）.

[21] 卿越.对知识产权法的哲学反思：以人权为视角［J］.云南大学学报（法学版），2012（2）.

[22] 仇华飞.习近平推进和引领全球治理体系变革理论与实践研究［J］.陕西师范大学学报（哲学社会科学版），2021（2）.

[23] 宋慧献，周艳敏.冲突与平衡：知识产权的人权视野［J］.知识产权，2004（2）.

[24] 宋慧献.财产权多元论与知识产权的非人权性［J］.北方法学，2011（3）.

[25] 孙海龙，董倚铭.知识产权公权化理论的解读和反思［J］.法律科学，2007（5）.

[26] 孙敬水，丁忠明.知识经济时代的知识产权保护［J］.现代法学，1999（3）.

[27] 孙世彦.《经济、社会、文化权利国际公约》研究述评：从《经济、社会、文化权利国际公约：评论、案例和资料》谈起［J］.国际法研究，2014（4）.

[28] 田胜.知识产权与人权的冲突和协调［D］.武汉：中南民族大学，2007.

[29] 王亮.知识产权的人权视野：从知识产权与人权关系谈我国的知识产权战略［D］.贵阳：贵州大学，2006.

[30] 王明国.全球治理机制碎片化与机制融合的前景［J］.国际关系研究，2013（5）.

[31] 王迁.论《马拉喀什条约》及对我国著作权立法的影响［J］.法学，2013（10）.

[32] 王迁.《马拉喀什条约》简介［J］.中国版权，2013（5）.

[33] 王舒培.知识产权与人权的联系、冲突与协调发展［D］.长春：吉林大学，2007.

［34］王燕.小议知识产权的私权和人权属性［J］.行政与法，2006（2）.

［35］王渊，马治国.现代知识产权与人权冲突的法理分析［J］.政治与法律，2008（8）.

［36］吴峰.知识产权、人权、发展［J］.上海理工大学学报（社会科学版），2005（3）.

［37］吴汉东.关于知识产权若干理论问题的思考［J］.中南政法学院学报，1988（1）.

［38］吴汉东.无形财产权若干理论问题［J］.法学研究，1997（4）.

［39］吴汉东.知识产权的私权与人权属性：以《知识产权协议》与《世界人权公约》为对象［J］.法学研究，2003（3）.

［40］吴汉东.知识产权VS.人权：冲突、交叉与协调［N］.中国知识产权报，2004-1-6.

［41］吴汉东.关于知识产权私权属性的再认识：兼评"知识产权公权化"理论［J］.社会科学，2005（10）.

［42］吴汉东.知识产权本质的多维度解读［J］.中国法学，2006（5）.

［43］吴汉东.知识产权的多元属性及研究范式［J］.中国社会科学，2011（5）.

［44］吴汉东.知识产权法价值的中国语境解读［J］.中国法学，2013（4）.

［45］吴汉东.知识产权法的制度创新本质与知识创新目标［J］.法学研究.2014（3）.

［46］吴汉东.中国知识产权法律变迁的基本面向［J］.中国社会科学，2018（8）.

［47］吴伟光.版权制度与新媒体技术之间的裂痕与弥补［J］.现代法学，2011（3）.

［48］肖声高.保护公共健康视角下的商标使用限制法律问题研究［D］.武汉：武汉大学，2014.

［49］熊文聪.避风港中的通知与反通知规则：中美比较研究［J］.比较法研究，2014（4）.

［50］徐含.知识产权与人权冲突法律问题研究［D］.重庆：西南政法大学，2010.

［51］徐显明，曲相霏.人权主体界说［J］.中国法学，2001（2）.

［52］徐显明.人权研究无穷期：中美人权学术研讨会闭幕词［J］.政法论坛，2004（2）.

[53] 徐瑄，袁泳.从Eldred v. Ashcroft诉讼案看美国版权法价值转向：美国200年来首次对"版权扩张"法案进行违宪审查［J］.中外法学，2003（6）.

[54] 严阳.刍论全球治理中的国际软法：以兴起、表现形式及特点为视角［J］.理论月刊，2016（7）.

[55] 衣淑玲.国际法视角下知识产权与人权关系之探讨：以《TRIPS协定》为中心［J］.国际经济法学刊，2007（4）.

[56] 衣淑玲.国际人权法视角下《TRIPS协定》的变革研究［D］.厦门：厦门大学，2008.

[57] 衣淑玲.《反假冒贸易协议》谈判述评［J］.电子知识产权，2010（7）.

[58] 杨鸿.《反假冒贸易协定》的知识产权执法规则研究［J］.法商研究，2011（6）.

[59] 杨泽伟.当代国际法的新发展与价值追求［J］.法学研究，2010（3）.

[60] 余成峰.全球化的笼中之鸟：解析印度知识产权悖论［J］.清华法学，2019（1）.

[61] 俞可平.全球治理引论［J］.马克思主义与现实，2002（1）.

[62] 曾令良.现代国际法的人本化发展趋势［J］.中国社会科学，2007（1）.

[63] 张爱宁.国际人权法的晚近发展及未来趋势［J］.当代法学，2008（6）.

[64] 张建申.关于知识产权概念内涵的质疑与外延的剖析［J］.知识产权，1992（1）.

[65] 张猛.反假冒贸易协定（ACTA）解析：标准之变与体制之争［D］.长春：吉林大学，2013.

[66] 张乃根.论TRIPS协议框架下知识产权与人权的关系［J］.法学家，2004（4）.

[67] 张雪莲.经济、社会和文化权利委员会的一般性意见［J］.国际法研究，2019（2）.

[68] 张铎.全球治理理论的困境及超越［J］.社会科学战线，2017（4）.

[69] 郑万青.知识产权法律全球化的演进［J］.知识产权，2005（5）.

[70] 郑万青.知识产权与人权的关联辨析：对"知识产权属于基本人权"观点的质疑［J］.法学家，2007（5）.

[71] 邹渊.知识产权的人权视野：从知识产权与人权关系谈我国的知识产权战略［D］.贵阳：贵州大学，2006.